传统与诠释

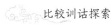

新与旧，舍其一则不堪为"比"；无"比"，遑论比较之学？树先兄之比较训诂学在今天的训诂学界，可谓先声夺人、独树一帜。虽此，其来亦有自焉。太炎先生曾云："如'能'，如'豪'，如'群'，如'朋'，其始表以猛兽羊雀。此犹埃及古文，以雌蜂表至尊，以牡牛表有力，以马爵之羽表性行恺直者。"（《检论·正名杂议》）——此可谓比较训诂之端倪。也有来自洋学者的比较训诂，如汉语家 Peter Boodberg（卜弼德）的"卿""飨"之解。其说如下（见 Alvin P. Cohen, eds., *Selected Works of Peter A. Boodberg*，1997：214-215）：

"飨"甲骨文作𗧷、𗧸，金文作𗧹，象二人对坐进食之形；其构意是"对食"。故"亯（享）""乡""卿""向""相"语意相通：祭毕祖先后，乡人同桌进餐。"乡"乃同族人，"卿"乃同桌对食者。亦即：

享、飨 =sacrifice 祭祀（参段玉裁："凡献于上曰亯，凡食其献曰飨。"）

乡、卿 =ritual meal（拉丁文 Convivium=group-food ← Convive = face-to-face，或 convivium "宴会" ← convivere "一起狂欢，共同生活"）

同乡 =messmate（同餐桌对坐伙伴：country "乡" ← contra "对"）

同享 =commensal（同吃、共生、共食友：parish ← paroikos）

进言之：

飨 =country-wick,commune, parish, convictorage, (con-)cenacle, coenositery, syndeipnon;

卿 =ruler's companion, paroeciarch, convictor, (con-)cenator, coenosite, syndeipnos, syndaitor.

更有趣的是卜弼德还用希腊语把"香"也系联进来：

序
一

冯胜利◎北京语言大学章黄学术理论研究所所长

　　曩闻树先先生在撰《比较训诂学》，心向往之；今先生寄来《比较训诂探索》大稿，更欣兴不已，窃为先生成就大作而击案称绝——中国训诂学史上又出现一部"古之所无，而后不可无"的传世之作。树先君嘱余为之序，欣然从命，与有荣焉！

　　训诂学是一门古老的学问。愚年未冠而有幸受业于陆颖民（宗达）先生。当时我叫他"外公"，先听唐诗，再课《左传》《说文》，始知训诂之旨在乎声音。后从陆先生读硕士，在陆、王二先生的指导和点拨下，渐悟训诂之根在语义，训诂之归在文献。陆先生发明"文献语言学"之根柢要义，或在于斯。这一点，章黄后继传人无不心知肚明。树先君，即其一也。树先兄是季刚先生三传弟子，受业于潜斋杨先生门下。潜斋先生曾撰《语言学》，是一部章黄学术传统与西方语言学理的合璧之作；无怪乎树先之学，并兼中西。信哉，非如此而不能为比较训诂之学！树先君训诂根植之深固，盖出《周礼正义》之基底；其古今音韵之纯熟，有赖博导潘君悟云之开启。"训诂"虽老，但"比较"维新；人非斯学，其谁与堪？

　　比较训诂学既是一门"旧学之新途"，也是一门"新学之旧基"。

图书在版编目（CIP）数据

比较训诂探索 / 黄树先著. -- 成都：四川大学出
版社，2024. 11. -- ISBN 978-7-5690-7213-6

Ⅰ. H13

中国国家版本馆 CIP 数据核字第 20244D8E49 号

书　　名：比较训诂探索
　　　　　Bijiao Xungu Tansuo
著　　者：黄树先

出 版 人：侯宏虹
总 策 划：张宏辉
选题策划：张宏辉　黄蕴婷
责任编辑：黄蕴婷
责任校对：毛张琳
装帧设计：何思影
责任印制：李金兰

出版发行：四川大学出版社有限责任公司
　　　　　地址：成都市一环路南一段 24 号（610065）
　　　　　电话：（028）85408311（发行部）、85400276（总编室）
　　　　　电子邮箱：scupress@vip.163.com
　　　　　网址：https://press.scu.edu.cn
印前制作：四川胜翔数码印务设计有限公司
印刷装订：成都金阳印务有限责任公司

成品尺寸：160 mm×235 mm
印　　张：28.5
字　　数：378 千字

版　　次：2024 年 11 月 第 1 版
印　　次：2024 年 11 月 第 1 次印刷
定　　价：128.00 元

扫码获取数字资源

四川大学出版社
微信公众号

本社图书如有印装质量问题，请联系发行部调换

国家出版基金项目
NATIONAL PUBLICATION FOUNDATION

比较训诂探索

黄树先 著

四川大学出版社
SICHUAN UNIVERSITY PRESS

第六章 篇章解读／337

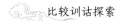

前言

　　语言和文献是不同的符号系统，语言是口头的交际符号，而文献是记录语言的符号。从时间上看，语言要远早于文献。汉语成熟的成系统的文献，现在已知的是甲骨文。甲骨文是殷商后期的占卜文字，出现的年代大约是公元前 14 世纪，距今约 3400 年。考虑到甲骨文是形体丰富、结构复杂的表意文字，并且是独自发展起来的自源文字，从产生到成熟还得经过较长时间的演进，那么甲骨文的起源时间应该再往前推算，不过具体时间难以遽定。在中国历史上有比较早的、数量可观的遗留刻符，饶宗颐先生的《符号·初文与字母——汉字树》（2000）、李孝定先生的《汉字的起源与演变论丛》（1986），收罗宏富，分析细致。不过，这些早期符号跟甲骨文是什么关系，记录的是什么语言，值得深入研究。

　　甲骨文记录的是什么语言，有各种推测，比较合理的认定应该记录的就是汉语。"汉语"一词出现很晚，最早见于《世说新语》，指的是当时的晋语（晋代汉语）。要讲清楚汉语的来源和历史，应该结合汉藏语系，方能正本清源。

　　中国早期各地有不同的语言，《礼记·王制》说："五方之民，言语不通。"各地讲不同的方言，这里的方言只是从地域来分，不同于现代语言学里有发生学关系的方言。为了沟通不同的方言，形成了通用的雅言。《论语·述而》记载"子所雅言,《诗》《书》、执礼皆雅言也"。雅言的形成,跟夏言有直接的关系。黄季刚先生《尔雅略说》认为,《荀子·荣辱》"越人安越,楚人安楚,君子安雅",《荀子·儒效》说"居楚而楚,居越而越,居夏而夏",据此可知"雅"即是"夏"之通假字,并推断说"一可知《尔雅》为诸夏之公言;二可知《尔雅》皆经典之常语;三可知《尔雅》为训诂之正义"。(黄侃2006a)

"雅""夏"古字通用,夏言是古代中原通用语言,传说中的夏代语言,被姬周沿用下来,复融合周边夷狄语言,形成了上古汉语。相关研究可参阅下列文章:俞敏先生《汉藏两族人和话同源探索》(《北京师范大学学报》1980年第1期);邢公畹先生《汉藏语系研究和中国考古学》(《民族语文》1996年第4期);郑张尚芳先生《夏语探索》(《语言研究》2009年第4期);陈其光先生《汉语源流设想》(《民族语文》1996年第5期)。郑张先生说,夏=雅,取义于正、大(《尔雅》《方言》),夏王称后,故称夏后氏,"后"对应藏文 hgo "首领"(2019:12-13)。《说文》:"夏,中国之人也。""夏"*graaʔ字对应藏文 rgya "汉人"(俞敏1989a;施向东2000)。南方的侗台人也称汉族人为"夏"(邢公畹1999)。

综上,我们知道"雅"来自"夏",夏语是古老的通用语言。通用语言可以发展出纯正、正确义。刘熙《释名·释典艺》谓:"《尔雅》,尔,昵也;昵,近也。雅,义也;义,正也。五方之言不同,皆以近正为主也。"雅言源自夏语,夏语从原始汉语发展而来,逐渐演变,形成华夏通用语言,所以夏语(雅言)是最古老的汉语。

汉语的形成时间,可从5000年前的汉藏语分出时算起,这跟中华文明五千年是很契合的。研究汉语早期历史,要将其和亲属语言进行比较,梳理出早期汉语的面貌。拙文《上古汉语词汇史》(未刊),把上古汉语词汇分为无文字记载和有文字记载两个时期。上古汉语的下限可暂定在东汉末期，即公元3世纪初年。东汉末期以前，可称为汉语的上古时期。王力先生《汉语史稿》有《汉语史的分期》，专门讨论汉语的分期，先生把汉语史分为上古、中古、近代、现代四个时期。其中的上古时期指公元3世纪以前的汉语，其中的3、4世纪为过渡阶段。郑张尚芳先生的古音史（《上古音系》），从史前一直到魏（甚至西晋），把上古汉语分为四期：（1）远古－原始汉语，指史前期的远古汉语；（2）前古－上古前期，约当殷商的前上古汉语；（3）上古－上古中期，约当两周的上古汉语；（4）次古－上古晚期，约当汉魏的次上古汉语。郑张先生说："原始汉语是参照了从亲属语比较所得的原始汉藏语形式来修改上古汉语形式所得的结果，它是'前古'汉语的某种重拟式。"（2013：6）

东汉末年以前的汉语，是上古汉语。从东汉末年再往前追溯，可分为两个大的时期：一个是有文字记载的时期，大约从殷商到汉末，这是我们通常理解的上古汉语时期；还有一个重要的时期，是没有文字记载的时期，可暂时把它叫作前上古汉语时期，也可称为无文字的上古汉语时期。无文字的上古汉语时期、有文字的上古汉语时期一起构成上古汉语。这两个时期都是汉语史上的重要时期，它们遗留下来的材料不同，研究应区别对待，用不同的方法对这两个时期的汉语进行研究。

无文字的上古汉语时期，即前上古汉语时期，它的下限在甲骨文时代，大约在公元前14世纪。其上限可从汉语自汉藏语系分化出来时算起。汉藏语系分化的年代，距今大约5000年较为合适。5000年前，就是大约公元前30世纪。王士元、梅祖麟等先生上推到6000年前（邓晓华、王士元2003；梅祖麟2008），比我们的推测要早大约1000年。

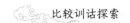

一、比较训诂

甲骨文是正式的汉语文献，汉语文献形成后，就要对其进行整理、解读，逐渐形成训诂学。训诂学是中国传统小学的组成部分，是最早形成的小学分支学科。王力先生把中国语言学的第一个阶段称为训诂为主的时期（1981）。训诂学是从整理文献开始的，西汉早期的《毛诗诂训传》，开启了系统的文献整理。文献的整理，字词是研究的基础，随着字词的深入研究，出现了诸如《尔雅》《说文》一类的训诂专书；专书的面世，以及随后的研究，又产生了雅学、说文学这些训诂的分支学科。从西汉到晚清，再延续到当今，训诂学人才辈出，成果迭出，各种理论和方法应接不暇，训诂学历经两千多年，长盛不衰。训诂学在现代语言学昌盛的新时代，应该有新的发展，本书提出了比较训诂这一研究思路。

比较训诂继承训诂学的传统，在经典训诂学的基础上，充分发挥传统训诂学的优势，添加汉藏语比较、词义比较的理念、方法和材料。比较训诂首先是把汉藏比较语言学的方法和成果运用到传统训诂的研究中。传统的训诂学只对留存的文献进行解读，引入汉藏语言学后，可以追溯汉语早期历史，对无文字记载的早期汉语进行探讨。借助历史语言学对没有文字记载的语言进行研究，是比较语言学兴起后给语言研究带来的新方法。西方学者特别重视历史比较法，布龙菲尔德说："比较法是我们重构史前语言的唯一方法。"（1985：400）比较法可以把语言的历史大大提早，房德里耶斯说："比较法只是把历史法往过去延伸。它的主旨是要把我们应用于历史时期的推理扩展到我们没有任何文献的时代。"（2012：352）用历史语言学理论和方法研究没有文字记载的语言，是有学理依据的，绝非空穴来风。历史语言学兴起后，西方语言学家自觉地借鉴历史语言学的方法，对古典语文学进行研究，从而形成新的语文学。汤姆森说："（梵语和古典语言）从历史比较语言学那里得到许多新的有益的推动。别的语族也被注意到了，它的详细研究又引起许多新的、充满生命力的'语文学'的建立，这些语文学迅速取得了很大的发展，也获得了许多很重要的成果，这部分地正是由于那些'语文学'乃是直接出自新的语言学，以及采用了它的方法。"（2009：92）汤姆森这里所说的古典语文学主要是指希腊语文、拉丁语文。

欧洲的语文学，在历史语言学兴起后，研究的触角延伸到了没有文字的史前时期。印欧语言学的成功，还带动了其他语系语言的研究。汉藏语系假说，就是在印欧语言学推动下形成的。汉藏语系经过一百多年的艰辛探索，已经积累了大量成果。在汉藏语系的大背景下，对汉语早期文献进行研究，条件业已成熟。国外第一代汉藏语学者，如孔好古、西门等研究汉藏语，都是从古代汉语入手。国内老一辈学者，如李方桂、马学良、邢公畹、俞敏等先生，具有深厚的小学功底，研究汉藏语得心应手，成就巨大。汉语丰富而古老的文献是从事汉藏语研究的宝贵财富，借助汉藏语言学可推动汉语文献的深入研究。

不要以为汉藏语言学只对早期汉语及文献的研究有帮助，汉藏语言学的研究对于研究中古及以后的汉语和文献，甚至现代汉语，包括各地的方言，都有重要意义。汉语来自原始汉藏语系，汉语的基本成分来自原始母语；原始汉语的词语在随后的历史长河里，不断派生演变。语言里的词语，原本只有数量无多的核心词，每一个核心词也大多是单一词义。这些核心词逐渐发展派生，形成数量庞大的词汇系统，以满足语言交际的需要。头发是斯瓦迪士百词表的一个概念，汉语用"髪"字标记，"髪"*pod，对应南岛语中"头发"的早期形式 balut 或 balot，在一些南岛语方言里变作 but 或 bot。在汉语里，"髪"发展出 30 余个不同的词义（黄树先《上古汉语词汇史》，未刊）。不少词语出现的时代比较晚，中古文献出现几个作土讲的字词，如"坺、垈、墢、埻、坲"，可能都跟汉语早期的"髪"有关。毛发、草可以是一个词，草和尘土语义关系密切，如：印尼语 rerumputan "各种野草；垃圾堆"；西班牙语 broza "残枝败叶；渣滓，污垢；灌木杂树丛"。训诂学的研究，溯源是重要的工作，段玉裁说得好，"训诂不通其源，斯误有如此者"（"揥"字段注）。依据文献只能追溯文献早期源头，引入汉藏语言学，追溯的源头就能大大提前。

语义类型学是跨语言的词义比较，最近十余年来进展颇快。比较词义的理念与成果，亦可运用到训诂学之中。我们主张用比较词义来整理汉语文献。比较词义是跨语言的比较，是语义类型学视野的探索（黄树先《比较词义探索》《比较词义再探》）。词义比较，不管语言有无发生学关系，也不管语言是否有文献，古老或现代，均可拿来比较。跨语言的词义比较，可供比较的语言众多，语言类型丰富，有广阔的研究空间。全世界的语言，包括正在使用的、业已死亡的，有7000 余种。把词义比较引进到训诂研究中，一定可以深化训诂学的研究。

人类的身体构造相同，思维没有太大的差别，又均借助语言进行交际。语言的表层尽管千差万别，但语言的背后有惊人的一致性。学者很早就意识到，需要有类型学的词义研究，房德里耶斯说："我们可以预见到将来会建立一门普通语义学，这门学科把各种语言里有关意义变化的资料集中在一起，将使我们不像迄今所做的那样单从逻辑观点，而是从心理观点去归纳出一些原理来。要做到这一点，我们不应该以词为出发点，而应该以词所表达的观念为出发点。"（2012：244）这就是语义类型学，是跨语言的比较词义。房德里耶斯又说："我们料想，以从各种语言里看到的形形色色的语义变化为基础，可以建立一种民族心理学。这种研究十分细致，但值得一试。研究的结果可能得不出任何确切的结论，可能会最后发现一切民族都具有几乎相同的心理倾向，这甚至就是人类精神的一般倾向，但是我们也许能够定出上限和下限，立出一些细微的差别。"（2012：249）

跨语言的词义比较，就是对人类自然语言的语义演变进行研究。研究语言结构有语法学，研究语音有音法学，研究语义演变模式，应该有义法学。基于此认识，把跨语言的词义比较引入汉语的研究，用义法来整理汉语文献，这是有学理依据的。

二、词义研究

词是音义的结合体，是语言里最重要的基本单位。每一种语言都有一个由数目惊人的词语构成的词汇系统，而这个词汇系统的中心由核心词构成。核心词的数目无多，但有强大的派生能力，文献记录语言的词语，经时代巨变，原本妇孺皆知的变得冷僻陌生。这些难以索解的词语，其实是从核心词派生出来的。从语言学的角度来看，语言里是没有冷僻词语的。所谓的冷僻词只能出现在文献里，是被时代遗忘了的核心词。把语言里的词汇分为常用词、冷僻词，进而把词汇切分为词汇学的词汇和训诂学的词汇，是不妥当的。运用汉藏语比较、词义比较，结合经典的训诂学，可以把冷僻词的面纱揭开，露出其基本词的真面目。这是比较训诂要做的基本工作。"芼"本是草，跟"毛"音义同，可以发展出采摘、选择、烹制、菜肴诸义。这几个意思分处在一个语义链的几个点上，在"左右芼之"这个句子里，跟上章"左右采之"相对，选择"采摘"更准确一些。具体见本书第六章的有关讨论。

语言里的词原本只有数量不多的核心词，核心词不断发展裂变。训诂学的基本研究，大多跟这个命题有关。本义和引申义是训诂学研究的重点。传统训诂学依据《说文》，结合其他经典，研究词的本义，根据本义梳理假借义、引申义，正如王念孙所说，"于许氏之说，正义借义，知其典要，观其会通"（《说文解字注序》）。本义的探求，除了传统的文献，包括早期甲骨文、金文外，还可以引入汉藏语言学，运用汉藏语成果来研究词的本义和引申义。利用亲属语言来研究汉语早期语义，可参考梅祖麟先生的《汉藏比较研究和上古汉语词汇史》（2008），这是一篇讲亲属语言跟上古汉语词义的重要文章。汉藏语言学对于汉语词语的研究，至少可以做以下工作：

第一，确立早期汉语词语出现的时代。每个词都有自己的历史，确立词语的历史，通常的做法是根据文献。但传世文献有其不足，且不说有些词文献失载，即便是见诸载籍的字词，也会屡经改易，也许早就不是原先的样子。历史比较可以确立汉语词语的来源。

第二，跟亲属语言进行比较，确立汉语核心词的早期意思。传统训诂学对词语的本义十分重视，本义的探讨无非也是依据《说文》等传统文献，或据出土的古文字字形体来加以判定。这种研究范式仍有其不足，凭借这些文献不能完全解决这个问题。我们可以举汉语"臾"字来看，亲属语言的比较，对确立汉语词语的历史、本义以及词义发展有一定的意义（黄树先2015a）。

跨语言的词义比较，对于词语的研究，尤其是词语的引申，有积极意义。国内最早提出语义类型学概念，并将之用到汉语词语研究的是伍铁平先生。他认为语义上允许参考非亲属语言，这是因为人类往往有共同的心理状态和社会生活。如汉语的"鬼"和"畏"同源，俄语бес"鬼"、беяться"畏惧"亦同源（伍铁平1986；1988）。借助类型学，伍铁平先生提出比较词源的研究思路，撰写了系列文章，以《比较词源研究》（2011）名义出版。伍先生用词源学来命名这种研究模式，是很有深意的。词源的研究，应该包括来自亲属语言的同源词、语言内部形成的同族词，还包括借进来的外来词。伍先生的研究以汉语同族词居多。伍先生的跨语言词义研究，要早于国外的语义类型学或语义地图，这是中国学者对语言学的贡献。伍先生的灵感，应该也来自中国学人的汉语研究。伍先生在文章中透露了这个秘密。他引用了王国维《释理》，复引王力先生的例子。王力先生说，汉语滋生词，"因为原始词和滋生词的意义很相近，和欧洲语言的滋生词相似"，列举的例子有：拉丁语 piscis（鱼）滋生为 piscari（捕鱼），和汉语"鱼"滋生为"渔"相近似；法语 balai（笤帚）滋生为 balayer（打扫），和汉语"帚"滋生为"扫"相近似；法语 fouet（鞭子）滋生为 fouetter（鞭打），和汉语"棰"滋生为"捶"相近似；法语 commander（统率）滋生为 commandant（统帅），和汉语"率"滋生为"帅"相近似；法语 large（广阔）滋生为 élargir（扩大），和汉语"广"滋生为"扩"相近似；法语 distiguer（辨别）滋生为 distinction（分别），和汉语"辨"滋生为"别"相近似。（王力 1982b）伍先生点评道："从王力所进行的上述比较我们还可以看出，在进行语义比较时，可以打破共时和历时的界限，这一点又不同于词源比较时所进行的语音分析。"（2011：26）王力先生在《汉语史稿·词汇的发展》中讲"日月"的演变，认为"时令的日月就是天象的日月，这是很自然的发展；因为每一次日升日落就是一天，每一次月圆就是一个月。天象的日和时令的日，在古埃及文字里也同属于一个字，但是读音不同（前者读 re，后者读 hrw），在汉语里，不但同字，而且同音"。拿汉语跟埃及语作比较，就是跨语言的词义比较。前辈学者的这些尝试，需要我们发扬光大。

新词新义，也是语言不同时期派生出来的词语，产生的新义项。这些考察可借助比较词义来完成。词语更替的研究，需要借助汉藏语比较，结合词义比较来做。比如依据文献我们知道"树"替代了

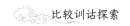

"木";依据汉藏语研究,我们知道汉语早期表示树木的是"薪",后来"木"代替了"薪",而"木"早期是"草"。"草"和"木"在语言里转换是很常见的。草木可发展出采摘、砍削等义,"科"是枝桠,到唐宋时期出现砍削枝桠这个意思。汉藏语言的比较,可以证明这一点。这个词义的出现及解释,依据汉藏语言学、比较词义,就可以得到很好的理解。(黄树先 2016;2014)

三、方言的类型学价值

本书的第三章对《方言》作专题研究。古代的方言指四方之言,一直沿用到晚清,张之洞创办方言学堂,方言指的是汉语之外的外国语言。扬雄的《方言》是田野调查,记录的是各地所讲的不同语言的词语。除了一部分周边民族语言外,绝大部分都是汉语方言材料。汉语的方言,是汉语在不同地域的语言变体,这种语言变体跟现代语言学上的方言是一致的。汉语是历史悠久的语言,使用的人数众多,通行的地域也辽阔。语言的变化是在使用过程中发生的。一种语言使用越久,人数越多,地域扩展越广,变化也就越大。

方言就是语言。王育德在 20 世纪 60 年代,用语言年代学方法考察了基础汉语方言分化的时代。作者使用了包括 200 个词的词汇表,考察了北京、苏州、广州、厦门的方言和以梅县方言为代表的客家话。根据 200 个词的计算结果,厦门方言分化出来的年代是公元 3 世纪,客家话是 11 世纪,广州方言是 12 世纪,苏州方言是 13 世纪(王育德 1960)。其他学者有类似的研究,他们认为汉语方言之间同源词的百分比与斯拉夫语族、罗曼语族、日尔曼语族或土耳其语族各语言间的情况大致相同(雅洪托夫 1986:82-83)。赵元任先生早就有类似的说法。他说,广东话和国语的差别就像荷兰话和德语,或者法语跟西班牙语一样，是两种语言（丁邦新 2005）。

语言不单单是学术问题，还涉及政治话题。作为中国的语言学人，我们坚持汉语是一种语言，是在长期的历史中形成的特殊语言。作为学术研究，我们主张汉语的每一种方言都是语言。语言是平等的。不同地区的方言，都是当地人民的交际工具。是语言，就有一个完整的结构，词汇系统也是完善的、不断变化的。方言的词语变化，一定会符合语言词语演变的一般规律，不太可能有什么特殊的地方。

现代汉语的各个方言，各有特色，丰富的方言，也是我们进行跨语言比较的绝佳材料，这些材料是其他语言不能比拟的。方言材料的收集、整理，可以有多种形式，专书研究、资料汇编是经典的做法，用词典的形式记录方言是一种很便捷而有效的方式。五四以后，尤其是 20 世纪 50 年代以来，各地方言词典陆续出版，数量庞大。可是以往的汉语方言词典，往往强调方言的特色，挖掘所谓的方言特色的多，而全面收集一种方言词语的词典却很少见（黄树先、吴娟 2019）。

西汉时期扬雄的《方言》，记录当时各地方言词语，可以视作一本方言分类词典，至少是方言分类词表。《方言》记录了西汉十四个方言区（林语堂 1989）的词语，是祖先遗留下来的宝贵资料。根据各地方言的演变，可以在类型学视野下进行研究，理清方言词义的演变路径。反过来，西汉这些有关方言词义的演变的材料，是人类自然语言词义演变的珍贵文献。在世界各种语言里，像《方言》所呈现的数量如此庞大、地域如此广阔的词义演变实例，十分罕见，弥足珍贵。本书全面梳理了《方言》里的这些演变模式，希望能给语义类型学注入新鲜血液。

《方言》之后，出现大量续修之作，记录了不同时代、不同地域的词语。这些方言词语，也是语义类型学的宝贵资料，值得深挖。五四以来，汉语方言的研究日趋成熟，成果丰硕，收集这些方言材料，

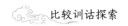

再结合各地仍然使用的方言材料，会给汉语词汇的研究，乃至类型学的研究带来新的材料。

四、同音词和语源研究

本书第四章对刘熙的《释名》作专题研究。字词的训诂方式有三种，前人称之为形训、义训和声训。《释名》运用声训对汉语词语进行解释。饶宗颐先生拿刘熙的《释名》跟尼卢致论进行比较。饶先生说耶斯卡（Yaska）认为所有的字都可以追溯其语源，最重要的原则是由动词推求名词在语源上的涵义。这跟我国东汉刘熙的《释名》所采取的解说字义的方法是相似的，而两者时间先后不同，地域不同，互相辉映，在语源学上都有同样的贡献。（饶宗颐 1993a）这种相同，可能只是一种巧合。用动词推演名词，并不完全符合汉语的实际。

《释名》溯源，释词和被释词原则上应该是同音的，至少应该是相近的。正因为如此，包拟古才能根据《释名》研究当时的音韵（Bodman 1958）。同音词在语言里是一个词，文献可用一个字标记。当词义不同的时候，也可用不同的汉字标记。同音词可以仅仅只是同音，语义没有联系，也可以语义有联系，无外乎这两种情况。

《释名》的语源，有合理的解释，也有牵强的地方。还有一种情况，可以证明释词和被释词有语义关联，但是词义演变的方向说反了。汉语语源的研究，应该包括三个大的方面：同源词、同族词、借词。同源词须借助汉藏历史语言学对汉语的词语进行溯源，同族词可以在汉藏历史语言学和类型学的视野下进行溯源，而借词要依据文献记载，结合汉藏语言学来研究。

五、同音和假借

语言和文献尽管有密切关系，但毕竟是两套符号系统，假借是文字现象，只能见诸文献。蒋绍愚先生说："假借只是文字问题，与词义无关。"（2005：70）所言极是。语言交际是没有假借的，只有用文字记录了语言，才有可能产生假借。用文字记录语言，基本上只有两种记录方式，一种记录语言的读音，一种标记语言里的词义，前者称表音文字，后者称表意文字。两分法是文字的基本分类，索绪尔《普通语言学教程》就是这么分的。当然，细分就复杂了，也没有必要切分过细。

假借在文献里很常见，也极其复杂，这是传统训诂学研究的重点，也是研究的难点。关于假借，前人的研究成果很多，遗留下来的问题也特别棘手。从语言学的角度来看，假借字必须同音，反映的是语言里的同音词。语言里的同音词，可以有语义的联系，也可以仅仅只是同音，语义没有关联。假借不太可能出现在表音文字系统里，只能出现在汉字这种表意文字系统里。语言里的同音词，被不同形体的文字标记，这些不同的文字当然首先得是同音，或者读音很近。接下来要做的就是判定这些假借字有无语义联系。

本书的第五章《假借说略》，借助段玉裁的《说文解字注》，选取段氏1000余条假借字材料，对其读音及语义进行梳理。前人判定假借字有无语义联系，依据的主要是汉语内部材料，结论见仁见智，颇有分歧。我们的研究引入汉藏比较语言学，对假借字涉及的字词进行追溯；复引入比较词义，对照人类自然语言的词义演变模式，对假借字的语义进行考索。由于篇幅过长，我们尽量选取先前关注得比较少的语义演变模式，尽可能跟《比较词义探索》《比较词义再探》中探讨的语义演变模式避开。

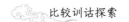

六、文献整理和篇章解读

训诂学是从训诂实践开始的，所谓训诂实践，主要是整理、注释文献。毛氏注释《诗经》，解释字词，经师整理注释典籍，他们关注的重点是字词的解释。秦汉时期儒生搜罗经师的解释，编纂成《尔雅》。《尔雅》的成书，当在汉代，周祖谟先生说，《尔雅》为汉人所纂集，"其成书盖当在汉武以后，哀平以前"（《尔雅之作者及其成书之年代》，1981：675）。郭璞序"夫《尔雅》者，所以通训诂之指归、叙诗人之兴咏"，邢昺疏申之曰："《尔雅》所释，遍解六经，而独云叙诗人之兴咏者，以《尔雅》之作多为释《诗》，故毛公传《诗》，皆据《尔雅》，谓之诂训传，亦此意也。"邢疏把经师注释与《尔雅》的关系说颠倒了，应该是注释在前，《尔雅》据注释而编纂在其后。欧阳修《诗本义》说《尔雅》，"考其文理，乃是秦汉间之学诗者，纂集说《诗》博士解诂之言尔"。其说近之。大体上可以说，《尔雅》是孔门弟子纂集诂训，主要是《诗经》故训，条分缕析，分门别类所作的词典，大约肇始于战国末期，成书于西汉，周公盖其依托也。

《尔雅》以解释《诗经》为主，是汇集《诗经》诂训而成的一部同义词词典。邵晋涵《尔雅正义》说"郭氏多引诗文为证，陋儒不察，遂谓《尔雅》专用释诗"。邵说可疑。《尔雅》词语以《诗经》为基础，而《诗经》305篇，今本有2830个单字（另有500条异文）（据向熹先生《诗经词典》修订本）。《诗经》的语言，既有来自民间的俚俗歌谣，又有士大夫创作的大小雅言，还有典雅庄重的颂乐，所以《诗经》的语言可以作为先秦汉语的代表。郭璞说《尔雅》"诚九流之津涉，六艺之钤键，学览者之潭奥，摛翰者之华苑也"，其言得之。

训诂肇始于文献的解读，传统的解读基本上是就汉语内部的材料来进行的。比较训诂除了继承和发扬固有训释理念、方法外，还引进了汉藏比较、词义比较。这两种新的方法，对于文献字词的溯源、词语理据的解释都有一定的意义。相较于以往的研究，是新理念的扩展，也融入了新的材料，希望能带来新的景象。本书第六章节录了《关雎》《七月》两首诗的解释，就是用比较训诂作的新注。

用比较训诂来解读文献，借鉴了历史语言学、汉藏语言学、语义类型学等理论和方法，这种研究的模式以前尚不多见，希望今后能在这些方面有所作为。

1939 年，周祖谟先生受聘为辅仁大学国文教员，主讲高本汉中国音韵学、比较训诂学、甲骨文研究等课程。周氏后来出版《方言校笺》（2004），罗常培先生在序言里说："《方言》是中国的第一本比较方言词汇。"从这些来看，周祖谟先生的比较训诂，应该就是依据《方言》所作的词汇比较，跟我们所说的比较训诂有所不同。

第一章 比较训诂

训诂对文献进行解读，训诂实践催生出训诂学。训诂学是最早成立的中国传统语文学分支学科，经过两千多年的发展，已成为经典的语言学学科。现代语言学兴起后，涌现出新的理念、新的方法以及新的材料，给传统的训诂学带来了新的发展契机。在继承传统训诂学的基础上，引入汉藏比较、词义比较，借鉴这些学科的理念和材料，运用比较训诂的方法对文献进行整理和研究，从而形成新的训诂学。

训诂学重视文献，研究文献。现代语言学也非常重视文献，用文字记载下来的文献是我们研究古代语言的主要依据。索绪尔说："我们一般只通过文字来认识语言，研究母语也常要利用文献。如果那是一种远离我们的语言，还要求助于书写的证据，对于那些已经不存在的语言更是这样。要使任何场合都能利用直接的文献，我们必须象当前在维也纳和巴黎所做的那样，随时收集各种语言的留声机录音的样本。可是这样记录下来的原件要为他人所认识，还须求助于文字。"（1985：47）索绪尔又说："假如一个人从思想上去掉了文字，他丧失了这种可以感知的形象，将会面临一堆没有形状的东西而不知所措，好像初学游泳的人被拿走了他的救生带一样。"（1985：59）从这段话可以看出

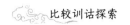

索绪尔特别重视文字，重视文献。

第一节　语言与文献

上古遗留下来的汉语文献，形式多样，内容丰富，数量庞大，涵盖传统文献的经史子集。研究上古汉语，主要是依靠汉语文献，再结合汉藏语比较，以追寻更早的语言面貌。研究文献，历来是传统小学的主要任务。早在先秦就有学者对文献进行研究。儒家学派的创始人孔子，汇集当时的主要文献，把《周易》《尚书》《诗经》等文献作为教学的教材，当作儒家的经典文献。在解释文献、争鸣学术的过程中，诸子百家各有创获，老庄申韩、三教九流各有撰述。到了汉代，有学者专门对古代遗留下来的文献进行研究。古代的文献研究，形成了以目录学、版本学、校勘学、辨伪学、辑佚学为中心的专门学科，经过两千多年的发展，形成了系统的中国文献学。前人遗留下来的文献，对于我们研究上古汉语来说是绝好的材料。

现代语言学和语文学关系密切，语言学的每一次进步都有赖于语文学。梅耶说："要确定过去的语言情况，语言学家应该利用最正确、最精密的语文学；在语文学的精密上每有一次进步，语言学家才可以有一次新的进步。"（2008：11）反过来说，语文学要进步，也必须依赖现代语言学。

解读文献，传统的文献学是切实可行的。在当今各个学科飞速进步的时代，除了继承借鉴以往的方法和成果，还可从很多方面来深化研究，比如历史考察，或运用哲学方法，比如流行的阐释学。但作为语言工作者，我们更应该从语言学出发，运用最新的语言学成果来解释文献。

乾嘉诸老早已经明白语言跟文献的这种密切关系。乾嘉以迄民国初年，学者多从小学入手来研究经史。段玉裁引述戴震的话："昔东原师之言：仆之学，不外以字考经，以经考字。余之注《说文解字》也，盖窃取此二语而已。"（陈焕《说文解字注》跋）黄季刚先生也说，段注《说文》主旨，在以经证字，以字证经。又谓段玉裁以经证字，以字证经，为百世不易之法（《文字声韵训诂学笔记》）。所言是也。段氏又有《诗经小学》，以小学解读《诗经》。这种研究思路跟现代理念很吻合。罗常培、董同龢先生主张用现代语言学来研究训诂学。董同龢先生有一个愿望，就是"用现代语言学的观点，来建立真正可以称得上一门学术的训诂学"（1974：314-315）。

语言学有多个分支学科，本节重点谈汉藏历史语言学以及现代语义学跟文献的关系，文献整理的最终目的是对文章字词句篇的理解，其落脚点就在语义。

汉藏历史语言学，对于汉语历史词义的研究大有裨益。张琨先生说："汉语史的研究已达到较高的程度，已构拟了不同时期的语音，并经过反复的校订，已经考虑到了较多的内部根据，但是外部根据还要通过同其他语言的比较，才能使这一研究达到新的境界，并从而使内部根据得到检验。"（1978）汉藏历史语言学与汉语历史词汇，关系也很密切。马学良先生说，亲属语言对汉语词源学的研究也开扩新的视野（1999a；1999b）。

现代语言学的理论和方法，对于文献的研究，亦有指导价值。类型学的词义研究，在文献学研究中也大有用武之地。拙文《比较词义与文献释读》（2012b）有比较详细的论述，此不赘述。

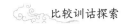

第二节　训诂学的新拓展

　　经典的训诂学，立足汉语文献，运用汉语内部材料对传世的文献进行研究。两千多年的训诂实践，名家辈出，成果丰硕。训诂学积累了丰富的文献材料，形成了独具一格的中国传统语文学，到乾嘉时期达到了学术的顶峰。

　　现代语言学的兴起，使得传统的训诂学有了新的发展契机，训诂学应该抓住机会，有新的发展，新的拓展。比较训诂是我们最近几年酝酿的整理和研究文献的思路，在传统训诂学的基础上，充分发挥传统训诂学的优势，添加汉藏比较、词义比较的理念、方法和材料。比较训诂首先是把百余年来汉藏比较语言学的方法和成果运用到传统训诂之中。语义类型学是跨语言的词义比较，十余年来进展颇快。比较词义的理念跟成果，可运用到训诂学研究之中。

　　比较训诂的第一个目标，就是承继汉唐训诂传统，发扬乾嘉段王学风，对文献的文字作校理，解释字词句篇。所用的材料是汉语内部材料，文献材料包括传世文献和出土文献。训诂的方法来自经典的训诂学、文献学及相关的传统学科。

　　训诂学是语文学，历经两千多年，有大量的训诂实践，总结出不少行之有效的方法，是一门很成熟的传统学科。俞樾说："尝试以为，读古人书，不外乎正句读，审字义，通古文假借，而三者之中，通假借尤要。"（《上曾涤生爵相》，《春在堂尺牍》卷八）这个意思也见于他的《群经平议》序目。正句读，审字义，通古文假借，三者之外，还需加上"审辞气"。杨树达先生说："余尝谓训诂之学，明义诂为首要矣，而尤贵乎审辞气。大抵汉代儒生精于义诂，而疏于审辞气，赵宋学者善于审辞气，而疏于义诂。"（《淮南子证闻后序》）句读跟辞气有重叠，都与语法、篇章有关系，但前者强调的是传统的标点句子，后者偏重于现代意义上的语法研究。

比较训诂以传统训诂学为主，依托汉语文献，采用传统的文献学方法对文献进行整理和研究；同时引进汉藏比较、词义比较的理念和方法，动用跨语言比较的材料，结合传统的文献材料和训诂学理念、方法，作综合的研究。具体来说，就是采用训诂学、文献学、汉藏比较、词义比较等相关学科的基本研究思路、方法；征引相关学科的主要文献和语料；汇集相关学科主要学者的研究成果。目前的状况是，训诂学、汉藏比较以及语义类型学等各学科画地为牢，各自为政，壁垒森严，鲜有勾连。各学科亟须沟通，取长补短，共同发展。

传统训诂学的材料、理念和方法，是比较训诂学的基础。要全面继承和发扬汉唐传统，吸收和借鉴乾嘉以来的训诂学成果。这个工作最为重要，是比较训诂的基础，也是比较训诂的起点，夯实了传统训诂的这个基础，才能进行下一步的工作。当然，没有下一步，就没有比较训诂。比较训诂，除传统训诂以外，还有两大块：汉藏比较、词义比较。

一、汉藏比较

汉藏语系是很重要的语系，语言众多，每种语言，各有特色；语系里有藏文、缅甸文、西夏文等古老的文字跟文献。汉藏语系的各种语言发展速度不同，或多或少保留原始母语的语言面貌。汉藏语系的研究业已超过百年，名家辈出，成果丰硕；亲属语言的比较，对于训诂的研究大有裨益。兹举《诗经》例证加以说明。（本书词条例证均按章连续编号）

（1）茇。《周南·甘棠》："召伯所茇。"笺云："茇，草舍也。"陈奂《毛诗传疏》以为笺云当是毛传所释。孔疏："茇，草舍者，《周礼》：仲夏教茇舍。注云：舍，草止也。军有草止之法。然则茇者，草也，草中止舍，故云茇舍。《载驰》传曰：草行曰跋。以其对涉是水行，故以跋为草行；且跋字从足，与此异也。""茇"，郑笺训草舍，释义正确。孔疏解释为草，也没有问题；又谓"茇"字与跋涉之"跋"有关，也能说得过去。郑笺孔疏把草、草舍、跋涉等几个相关的词语搅合在一起，释义虽无误，但仍未把问题讲透彻。"茇"是草舍，来自当草讲的"茇"。马瑞辰说："《说文》：茇，草根也。《毛诗》作茇者，废之借。《说文》：废，舍也。引《诗》召伯所废。盖本三家诗。释文引《说文》：废，草舍也。胡承珙曰：有草字为是。草舍谓之废，草行谓之跋。其义一也。"（《毛诗传笺通释》）段玉裁说"茇"字"引伸为《诗》《礼》草舍之茇"。

草与草舍有语义关系。《说文》作"废"，"废，舍也。从广，犮声。《诗》曰：召伯所废"。"茇"，本指草、草根，用草搭盖的草屋也叫"茇"，这是建筑原料与房舍共享一个词语。《释名·释宫室》："草圆屋曰蒲。""蒲"本指水草，见《说文》。"草寙"，是草舍，江淮官话、吴语是"草丛"（许宝华、宫田一郎 2020）。"茇"*pood 是草、草根，对应缅甸语 phut⁴ "散乱的头发、草等"。im¹phut⁴ "茅屋、茅舍"，缅甸语 im¹phut⁴ 照字面意思是"屋草"，im¹ 对应汉语的"宫"字；汉语"髪、茇"分别对应缅甸语 phut⁴。汉藏语系，乃至华澳语系，表示头发、草根的词是同源词，来自一个古老的词根。包拟古说，"茇、胈"是"髪"的同源异式词，语义上跟"草""杂草"，也许还跟"稻草"有关：比较列普查语 a-plóp "杂草"，tsóm a-plóp "梳落的头发"；还可比较藏语 phub-ma "短稻草"，phob-phon "一捆、一束稻草"。汉语"茇"*p(l)op/puât "草根"，"胈"*p(l)op/puât "肤上小毛"，"髪"**p(l)òp/p(l)jot/pjwet，"襏"**p(l)op/puât"稻草雨衣"
（包拟古1995：137）。临高话böt"草"，对应汉语的"茇"。印尼语
jembut"阴毛"，-but又作草讲：serabut"粗纤维，纤维，须毛"，-but
对应汉语"茇、髪"；bubut，membubut"拔（胡子、毛、草等）"，对
应汉语"拔"。可见"髪、茇、胈"是汉语古老的词语，来自包括南
岛语在内的亲属语言。

《周礼·大司马》："中夏教茇舍，如振旅之陈。"注："茇读如莱
沛之沛。茇舍，草止之也。军有草止之法。""茇舍，草止之也"者，
孙诒让《周礼正义》："谓于野地茇除草莱，而军止其中。"孙诒让用
"除""止"二字解释，窃以为应当落实到"止"。"跋涉"的"跋"来
自足义，从足发展出行走（黄树先2007）。

草根与草舍的语义关系，在自然语言里普遍存在，草与茅舍
可共享一个词，如法语chaume"谷物类的茎；茅屋"，西班牙语
champa"草皮；根；茅屋"。"召伯所茇"，此处是动词用法，不必确
指过夜，可理解为止息于此。程俊英《诗经译注》："废，茇的借字，
本义是草房，这里作动词用，住。"通过汉藏比较，我们知道"茇"是
草，与"髪"是同族词；草转指草舍，再由草舍发展出居住义。"居"
有居所、居住义，英语house名词"房屋"，动词"给……房子住，留
宿"。草舍、居住可以是一个词，如印尼语sapar"（森林中的临时）
茅屋"，bersapar"（在森林中的临时茅屋）过夜"。

（2）厌浥。《召南·行露》："厌浥行露。"传曰："厌浥，湿意也。"
马瑞辰说："厌浥即湆渪之假借。"《说文》："湆，幽湿也。从水，音
声。"又："渪，湿也。从水，邑声。"《广雅·释诂》一："湆、渪，湿
也。"王氏疏证引徐锴传云："今人多言渪湆也。"

"厌"ye[4]，於艳切*qem，又於叶切*qeb；"浥"，於汲切*qrub。
"湆"，去及切*khrub；"抱"，伊入切*qub。"厌浥"二字以及不同

字形的几个字，声韵接近，大致有 *qem-qrɯb，*qeb-qrɯb 两个形式。前后两个字单独是潮湿义，合在一起还是潮湿。"厌浥"二字韵母跟"湿" *hŋjɯb 相同；声母复杂，原因待考。同族词还有"隰" *ljɯb，是湿地，《说文》训"阪下湿也"。《邶风·简兮》："山有榛，隰有苓。""濕"，古水名，《说文》："濕，濕水，出东郡东武阳入海。从水，㬎声。"字后作"漯"，他合切 *ŋhl'ɯɯb>th-。河水之"濕"与潮湿之"溼"，读音相近，语义相关。参见本书第三章"（宋魏、陈楚、秦晋）流泪与潮湿及悲伤"条。水跟潮湿的关系，应该很密切，比如藏缅语 *ti(y)，坎布里拉瓦语（缅保保语）thi，怒语 thi "水"，克钦语 mədi "湿气，湿，潮湿"、mədit "使湿，弄湿，潮湿，湿气"（白保罗1972#55；1984：23）。王力先生认为"隰、濕、溼"是同源字（2007：1604）。俞敏先生拿藏语 tub "湿"跟汉语"湿"对应（1949：93）。藏语的读音切合汉语的他合切 *ŋhl'ɯɯb>*thɯɯb。追溯汉藏语系，我们知道"厌浥"是同义合成词，来自原始母语，二字分别当潮湿讲，组合在一起还是潮湿义。

汉藏语系语言的研究，业已超过了一百年。民族语言学已经是很成熟的学科，一大批学者活跃在民族语言研究领域，民族语言研究成果丰硕，这就给训诂学的研究带来极大的便利。许多老一辈学者，都强调上古汉语应该跟汉藏语言结合起来。李方桂先生说，汉语史上有许多问题单靠汉语文献是难以解决的，将来大部分汉语历史问题，还得跟别的语言像缅甸语及国内少数民族语言像藏语、彝语来比较（1982）。国内其他老一辈的学者也有类似的看法。

二、词义比较

词义比较是跨语言的比较，是语义类型学视野下的探索（黄树先

2012d；2015c）。语义类型研究起步较晚，把比较词义引进训诂学，基本没有做过。词义比较，不管语言有无发生学关系，也不管语言是否有文献，古老或现代，均可拿来比较。全世界的语言，正在使用的和业已死亡的，当以千数计。这些语言形式多样，类型丰富，有广阔的研究空间。词义比较引入训诂研究，大有可为，前景未可限量。把比较词义的方法和成果引入传统训诂之中，有重要的意义。我们先举《诗经》训诂两例，以窥管豹。

（3）砠。《周南·卷耳》四章："陟彼砠矣，我马瘏矣，我仆痡矣，云何吁矣。"传曰："石山戴土曰砠。"《说文》作"岨"："石戴土也。从山，且声。《诗》曰：陟彼岨矣。"段注："土在上则雨水沮洳，故曰岨。《诗》《尔雅》作砠，许作岨。主谓山，故字从山；重土，故不从石。""砠"，据毛传是戴土的石山，就是山顶覆盖泥土的石山。"砠"的解释，各家有分歧，段注谓："《释山》曰：石戴土谓之崔嵬，土戴石为岨。毛传云：崔嵬，土山之戴石者，石山戴土曰砠。二文互异而义则一。戴者，增益也。"《释山》的"土戴石为岨"就是土山山顶覆盖着石块，故郭注云："土山上有石者。"邵晋涵《尔雅正义》说："毛传：'崔嵬，土山之戴石者''石山戴土曰砠'，与《尔雅》正反，孔疏以为传写之误。然则《说文》：岨，石戴土也。《释名》云：石戴土曰岨，岨胪然。土戴石曰崔嵬，因形名之也。俱本毛传。疑所见本异也。""所见本异"，说明"砠、岨"有不同的解释，换言之，到底是石山还是土山，有根本的分歧。段注以"雨水沮洳"来解释。"沮洳"是湿润、低湿之地。《魏风·汾沮洳》："彼汾沮洳，言采其莫。"孔疏："沮洳，润泽之处。"解释跟毛传也不相同。段氏说"二文互异而义则一"，石山和土山，有很大的差异，不宜牵合。各家解释歧异严重，所释没有抓住词义的重点。"砠、岨"应是泛指一般的小山。语言里的小山，可用来指称蚂蚁冢、蚯蚓冢。汉语"垤"，蚁冢，《豳风·东山》：

"鹳鸣于垤。"传曰："垤，蚁冢也。"《方言》卷十："垤、封，场也。楚郢以南蚁土谓之垤。垤，中齐语也。""垤"字亦作"蛭"，《方言》卷十一："蚍蜉，其场谓之坻，或谓之蛭。""坻"都礼切 *tiil?（郭璞直尸反 *di），"蛭"丁结切 *tiig，二字的韵尾不同。

"垤"又指小土山，《孟子·公孙丑》上："泰山之于丘垤，河海之于行潦，类也。""坻"是蚁冢，也指山丘、山坡、水中高地。小山与蚂蚁冢的语义关系，可比较其他语言：罗马尼亚语 mușurói "蚂蚁窝；小土堆，小丘"；英语 busut "小丘，土岗；（蚂蚁等用泥筑起的）蚁垤，巢窝"，hill "小山"，anthill "蚁冢"，tump "小丘，小土墩，古坟，蚁冢"。汉语"封"是蚂蚁冢，见《方言》卷十，也指冢、土堆，可与英语比较。印尼语 busut "小丘，土岗；（蚂蚁等用泥筑起的）蚁垤，巢窝"。"砠"，石土山；"坥"蚂蚁冢，"砠、坥"从且得声，并音 *sha。《说文》："坥，益州部谓蟪场曰坥。从土，且声。"段注："按医书谓之蚓楼，今土面虚起者是也。"《方言》卷六："坻、坥，场也。梁宋之间蚍蜉、犂鼠之场谓之坻，蟪场谓之坥。"郭注："蟪，蛐蟮也，其粪曰坥。"王念孙说："天将雨，则蚁聚土为封以御湿，如水中之坻，故谓之坻。"（《广雅·释诂》"坻，场也"条疏证）。"砠"是山，"坥"是蚓楼，跟蚁冢是一类东西，指低矮的土堆。英语 wormcast 是"蚯蚓粪"，cast 是指蚯蚓等弄到地面的泥土（或排泄物）。这些泥土堆砌的土堆，犹如低矮的小山，"砠、坥"是一个词，书面写作两个字。通过汉语内部材料的梳理，再比较其他语言的语义情况，可证"砠"（岨）就是一般的小山，不必纠结是土山，还是石山。

（4）瑳。《卫风·竹竿》："巧笑之瑳，佩玉之傩。""巧笑"，善笑；"巧笑之瑳"，指笑得灿烂，笑得可爱。传曰："瑳，巧笑貌。"笑容可以说"粲然""灿烂"，是鲜艳的意思。"瑳"是鲜亮洁白，《说文》："瑳，玉色鲜白。从玉，差声。"又："玼，新玉色鲜也。从玉，此声。《诗》曰：新台有玼。"段注谓"玼"之或体作"瑳"，删去"瑳"篆。"瑳"七何切 *shlaal，又千可切 *shlaal？。"磋"，摩擦，《卫风·淇奥》："如切如磋。"传曰："治骨曰切，象曰磋。""瑳"，鲜艳洁白。摩擦后光亮洁白，两个语义的关系显豁，可比较英语 rub "摩擦"，rubbing "擦，擦净，擦亮"；shine 动词 "发亮，光亮；擦亮"，shine one's boots "擦靴子"，名词 "光，光亮；光泽；擦皮鞋，擦，磨"。"灿烂的笑"，可比较英语 bright "明亮的，发亮的；（颜色）鲜艳的，璀璨的；欢快的"，a bright smile "欢快的微笑"，a bright smiling face "欢快的笑脸"。又 radiant "明亮照耀的，光辉灿烂的"，radiant smile 亦可指 "灿烂的微笑"。

再看"凿"。"凿"是开凿，也指凿掉的物体部分。磨擦跟开凿，语义相近。《诗经》开凿与明亮的语义关联，可用比较词义加以说明。《唐风·扬之水》首章："扬之水，白石凿凿。"传曰："凿凿然鲜明貌。"笺云："激扬之水，波流湍疾，洗去垢浊，使白石凿凿然。"激扬之水，冲刷石块，故尔白色之石凿凿然明亮耀眼。孔疏："言激扬之水，波流湍疾，行于石上，洗去石之垢秽，使白石凿凿然而鲜明。""白石"即洁白的石块。"凿凿" zuò，明亮，语义来源于动词"凿"。《说文》："凿，所以穿木也。从金，糳省声。"段注："穿木之器曰凿，因之既穿之孔亦曰凿矣。""凿"在各切 *zoowG，洁白义读则落切 *ʔsoowG，洁白之精米曰"糳"，亦读则落切。英语 chisel 名词 "凿子"，动词 "雕琢，雕刻"，chiseled "雕刻成的；轮廓鲜明的，清晰的"，也指清秀、清丽，如 chiseled features "清秀端正的容貌"，a chiseled essay "清丽的散文"。

琢磨与光洁的语义关系，还可比较"莹"字。"莹"，玉色，《说文》："莹，玉色也。从王，荧省声。《逸论语》曰：如玉之莹。"动词是琢磨玉石，或琢磨使之光洁。段注："谓玉光明之貌，引伸为磨。莹亦作莹。"《慧琳音义》卷三引字书:"细磨曰莹。"又卷五十三引顾野王曰:"莹谓摩饰玉使光明也。"卷三十"磨莹"下谓"莹亦作莹"。《广雅·释诂》三:"莹,磨也。"王氏疏证:"莹与莹通。"左思《招隐诗》:"前有寒泉井,聊可莹心神。"《卫风·淇奥》:"充耳琇莹,会弁如星。"《释文》谓"莹音荣,徐又音营,又音莹磨之莹"。《尔雅·释鸟》:"鹛,须蠃。"郭注:"鹛,鹛鹛。似凫而小,膏中莹刀。"《释文》:"莹,乌瞑反,本今作莹。莹,磨莹也。""本今",法伟堂说"本今疑当作本亦"(2010:851)。此"莹、莹"是摩擦,也可理解为光洁。

"饰"是刷饰,又有洁净义。《说文》:"修,饰也。从彡,攸声。"段注:"饰即今之拭字,拂拭之则发其光采,故引伸为文饰。《女部》曰:妆者,饰也。用饰引伸之义。此云修饰也者,合本义、引伸义而兼举之。不去其尘垢,不可谓之修。不加以缛采,不可谓之修。修之从彡者,洒刷之也。"《慧琳音义》卷一引《考声》:"饰,装饰也,修理清洁也。"又卷八"莹饰"条引《集训》:"饰,清洁也。"

清洗跟明亮的语义关系,可举《邶风·新台》"新台有洒"为例加以说明。"洒",读 sǎ,所卖切,是洗涤、扫洒;读 cuǐ,取猥切,鲜艳的样子,一曰高峻貌,传曰:"洒,高峻也。"《说文》:"洒,涤也。从水,西声。古文以为洒埽字。""洒",《释文》引《韩诗》作"漼",音同,云"鲜貌"。"洒"先礼切 *suɯlʔ、思晋切 *suɯɯns、苏根切 *suɯɯn,俞敏先生拿"洒"对应藏文 bsil"洗"(1989a)。汉语"洒"有洗涤义,又有明亮、鲜洁义。比较罗马尼亚语 spălát"洗过的,干净的"。张元幹《水调歌头·今夕定何夕》:"万里碧空如洗,寒浸十分明月。"是"洗"状其明爽。《新台》首章"新台有泚,河水弥弥",传曰:"泚,鲜明貌。"《说文》:"泚,清也。从水,此声。""泚"是水清澈,清澈和鲜明、明亮义,语义有关联。《说文》引诗作"玼"。《说文》："澡，新也。从水，皋声。""泚、玼"千礼切 *shee?，"澡、漼"七罪切 *shluul?。"有洒"就该读作 sǎ，鲜艳明亮，从洒扫发展而来。

"濯"是洗涤，《大雅·泂酌》："可以濯罍。"传曰："濯，涤也。""濯"又指光明貌，《大雅·崧高》："钩膺濯濯。"传曰："濯濯，光明也。"《大雅·灵台》："麀鹿濯濯，白鸟翯翯。"传曰："濯濯，娱游也。翯翯，肥泽也。"笺云："鸟兽肥盛喜乐，言得其所。"孔疏申之曰："娱乐游戏，亦由肥泽故也，二者互相足。"肥泽，现在说肥白，"翯"正是这个意思，《说文》："翯，鸟白肥泽貌。从羽，高声。《诗》云：白鸟翯翯。"段注："《白部》曰：皬，鸟之白也。何晏赋：皬皬白鸟。翯与皬音义皆同。贾谊书作翯翯，《孟子》作鹤鹤，赵注与毛传合。"《小尔雅·广诂》："缟，白也。"王力先生说，"缟、皢、暤、皎、皦、翯、颢、皬、鹤、皓、晧"是同源字（1982a：205）。"鹤"得名于白，同族词还有"皬"（鸟之白）、"牮"（白牛）、"騜"（马白额），说见杨树达先生《释"皬"》（《积微居小学述林全编》）、张永言先生《词汇学简论》。"濯濯"后世指清朗，《世说新语·容止》"濯濯如春月柳"亦由"白濯"发展而来。

上面的这两个例子，我们先梳理汉语内部的材料，对词义作出解释，加上跨语言的词义比较，其语义及发展脉络就更加清晰，结论也更容易被接受。

第三节　比较训诂的三角关系

比较训诂在传统训诂的基础上，引入新的学科，添加新的材料与思路，是传统训诂的拓展和更新。比较训诂主要包括三个部分：传统训诂、汉藏比较、词义比较。需要强调的是，传统训诂、汉藏比较、词义比较，三者并非并列关系，轻重缓急当有所区别。传统训诂是比较训诂的基础，是核心。比较训诂的目的是解读文献，传统训诂所使用的方法以及材料，依然是主体。从本书对《周南》《豳风》两首诗的解读可以看出，传统训诂的分量最大。比较训诂的第二大块是汉藏比较，这是仅次于传统训诂的一个部分。汉语是从原始汉藏语分化出来的，早期汉语的面貌只有跟汉藏语进行比较，才有望得到圆满的解决。汉藏比较，其实就是在研究早期汉语。早期汉语亦可称为原始汉语，原始汉语是原始汉藏语的一部分。汉藏比较和传统训诂关系最为密切。词义比较是比较训诂的第三大块，词义比较是用词义发展的普遍规律来印证汉语词义的演变，义法启发我们更好地梳理词义的发展，运用这些规律来释读文献。词义比较是外部材料，在三个部分里处于最边缘的位置。比较词义揭示了词义演变的模式，启发我们更好地解释词义，理解原文。

比较训诂引进了汉藏比较、词义比较。三者渊源有自，各有来源。现在梳理传统训诂、汉藏比较、词义比较三者的关系。

传统训诂、汉藏比较、词义比较，非三足鼎立。传统训诂是核心。训诂学是一门很成熟的传统学科，是比较训诂的核心。训诂学是汉语传统语文学最早形成的分支学科，经过两千多年的发展，业已形成一套行之有效的研究方法，成果丰硕，前文已言及，此不赘述。

汉藏比较是对原始的汉藏母语以及子孙语言进行比较，引进汉藏比较语言学，是比较训诂最重要的一环。汉藏比较语言学，其实也是语言的内部比较，或者说是介于语言内部和语言外部之间，更偏向于语言内部。汉藏比较语言学与汉语研究交融在一起，探讨早期母语（汉藏母语、早期汉语），整理汉语文献。

比较词义是跨语言的词义比较，运用语言类型学的理论和方法，梳理人类自然语言的语义发展，在人类自然语言语义演变模式的大背景下进行汉语语义的研究。跨语言的词义比较，可以辅助汉藏语、早期汉语的研究。

传统训诂处于核心位置，汉藏语紧紧围绕这个核心；比较词义提供词义演变模式。比较训诂发挥核心作用，借助汉藏比较、词义比较，立体地展开研究。

下面列举实例来看三者的关系，讨论如何综合地把三者紧密结合起来，用以释读文献，研究训诂。在比较训诂的实践中，有时只涉及汉藏比较，有时可能仅引入语义类型学，最理想的做法是把三者有机地结合起来，融为一个整体。

像《诗经》这样的经典文献，几乎每一个字词都有不同的理解。词义比较可以在诸家不同的解释中，作出较为合理的抉择。人类思维模式大致相同，语义演变也有大体一致的倾向性，运用词义比较可以从中选择出较为恰当的意见。相关论述可参阅本书第六章的有关讨论。

比较训诂以经典的训诂为中心，引入汉藏比较、词义比较，可以在以下几个方面有所作为。

一、审字义，明故训

训诂的首要任务就是明故训。故训明则小学明，小学明则经义通。这是乾嘉诸老的主张。下面举例说明。

（5）若。"若"是草，"茹"是吃草，发展出吃粗粝之食义。这个结论的得出，需要从汉藏比较和词义比较两个方面来进行探究。汉藏比较，可以推测"若"的择菜义来自草蔬义。"若"*njaʔ、"茹"*nja，可与侗台语 *hn̩-"草"（百草总名）比较：傣雅语 n̩a³，西双版纳傣语

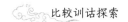

ja³，德宏傣语 ja³，泰语 ja³<*hŋ-（邢公畹 1999：197）。汉语以及汉藏语的草，跟"若、茹"音义相关的，还有汉语"苏、疏/蔬"等字。

草发展出择菜义，《说文》："若，择菜也。从艸，右，右手也。一曰杜若，香草。"从草发展出择菜义，词义演变可跟"芼、采"比较。"芼"是草、菜，发展出采摘义、择菜义，字作"芼"。择菜是从草的拔取义来的，草根义的"茇"，发展出"拔"。从草木发展出拔起、砍伐，参见拙著《比较词义探索》"树木与砍伐"条。"茹"有吃的意思，草和吃草、吃喝的语义关系，可比较：英语 grass 名词"青草；芦笋，龙须菜，莴苣"，动词"使吃草，放牧"；德语 Fressen"饲料；食物"，fressen"（动物）吃；（指人）大嚼，吃"。《说文》："茹，饲马也。从艸，如声。"

"若"又训佳善义。《大雅·烝民》："邦国若否，仲山甫明之。"笺云："若，顺也。顺否犹臧否，谓善恶也。"孔疏申之曰："畿外邦国之有善恶顺否，在远而难知者，仲山甫则能显明之。"《尔雅·释诂》："若，善也。"《尚书·立政》："我其克灼知厥若。"孙星衍注："若，善也。"齐整与佳好义，均从选择义而来。"选"有选择和优秀义，其语义发展，可作如下梳理：德语 klauben"（一个个费劲地）捡起来；采摘；挑选"，采摘跟挑选是一个词；印尼语 pengambilan"拿，取；采取，选取"；英语 select"选择；精选的，优等的；明断的"。文献里"若"字训顺，是从选择义发展出整齐义。"选"字也有整齐、优异义，《齐风·猗嗟》："舞则选兮。"传曰："选，齐也。"选择义发展出佳好义。传统训诂把齐整与佳好合并在一起，可看出二者之间的语义联系。挑选和优秀的语义关系，可参阅本书第六章的有关讨论。

（6）祳/蜃。《说文》："祳，社肉。盛之以蜃，故谓之祳。天子所以亲遗同姓。从示，辰声。《春秋传》曰：石尚来归祳。"段注："蜃、祳叠韵。经典祳多从肉作脤。《诗·緜》笺、《掌蜃》注径用蜃为祳字。""蜃"是贝壳，作为器物，亦名"蜃"；装在器物里的肉食，也叫"蜃"，作"祳"应是后来的事情。贝壳可作碗碟，用来装食物。形状似贝壳的碗碟，也可用贝壳命名。德语 Schälchen "（果、蛋、贝类）小壳；小碟（杯、碗等）"，Schale "碗，盘，杯，碟；壳，皮"。英语 sheel "动物的壳；锥形小啤酒杯"。法语 coquille "贝壳；盛在贝壳里的菜"。"祳、蜃"音义皆同，是同族词。"祳"，盛于蜃壳，故亦名"祳"；多用于祭祀，故字从示作"祳"。山西莜面面点盛于栲栳，因之名"栲栳栳"。容器跟食物共用一个词语，拙文《食物名探源》有详细的介绍。

（7）蓼。《小雅·蓼萧》："蓼彼萧斯，零露湑兮。"传曰："蓼，长大貌。萧，蒿也。"《说文》："蓼，辛菜，蔷虞也。从艸，翏声。"段注："蓼借为蓼萧之蓼，长大貌。"这个假借，并非单纯的同音，是词义的正常发展。"蓼、萧"是草，草可发展出长大茂盛义。"采"是草，发展出茂盛义，如"采采芣苢"。"蓼"也泛指薪草，《广韵·屋韵》："蓼，众薪也。"发展出长壮义。长壮义读力竹切 *ruɯwG。"萧"，《说文》："萧，艾蒿也。从艸，肃声。"又指草生长，《广雅·释诂》二："萧，褒也。"王氏疏证："萧之言萧梢，褒出之貌也。"张协《杂诗》："溪壑无人迹，荒楚郁萧森。"吕向注："萧森，条长貌。"草木茂盛义，字亦作"橚"，《说文》："橚，长木貌。从木，肃声。"段注："《九辩》橚即橚，浅人加艸耳。"《慧琳音义》卷九十九："橚，林木茂也。""萧、橚"，苏雕切 *suɯɯw。草可发展出众多的意思，如"莽"本指草，发展出莽莽义。"林、森"，本指树木，发展出茂盛众多的意思。参见拙著《比较词义探索》"树木与茂盛"条。临高话 but[8] "（草木、毛发等）浓密，繁茂"（刘剑三 2000：358）。临高话 but[8] 来自草、毛发，跟汉语"髪、芨"同源，参见本章前面的讨论。汉语"芨"也有茂盛的意思，字或作"茀"，《说文》："茀，道多草，不可行。从艸，弗声。"

（8）刀（舠）/苕。《卫风·河广》："谁谓河广？曾不容刀。"笺
云："小船曰刀。"《释文》："刀如字，《字书》作舠，《说文》作舼，并
音刀。"小船与草叶，其状或类似刀，因以刀命名。印尼语 lading "一
种短而宽的砍刀"，perahu lading "一种刀形独木舟"。《说文》："芀，
苇华也。从艸，刀声。"段注："《释艸》曰：苇丑，芀。颜注《汉书》
云兼锥者是也，取其脱颖秀出，故曰芀。《方言》：锥谓之鐯（音苕）。
因此凡言芀秀者，多借苕字为之。《韩诗》苇薍字作萰。""芀"从刀得
声。颜师古注谓兼锥脱颖秀出，《方言》"锥谓之鐯"，音苕，故段注：
"凡言芀秀者，多借苕字为之。"苇叶、花枝，其状扁长，形似刀片，
因以名之。刀片、叶片、花瓣，形状类似，可共用一个词语：葡萄牙
语 folha "叶；花瓣；刀，刀片；薄板"，lâmina "薄片；刀片，小刀；
叶片"；捷克语 čepel "刀口，刃；叶片"；英语 blade "刀身，刀片；
草片，（谷类等的）叶片"；德语 Blatt "叶，叶片，瓣；刀片，锯片，
斧身"；汉语"葉"字从枽，也来自薄片。《说文》："苕，草也。从艸，
召声。"草叶，殆亦因为形似刀片而得名。

"鐯"，《说文》："鉊，大镰也。从金，召声。镰或谓之鉊。张彻
说。"段注："《方言》：锥谓之鐯，其字从苕，取其象苕秀也。亦音
苕。"英语 awl "锥子"，awl-shaped "锥状的"，如 an awl-shaped onion
leaf "锥状葱叶"，awlword "锥叶芥（一种十字花科植物）"。

《说文》："芒，草耑也。从艸，亡声。"段注："《说文》无铓字，
此即锋铓字也。""铓"字为后起正字。草端与锋芒，其义相同。上文
举"芀"字讨论了叶片跟刀片的语义关系，还可比较英语 blade "叶
片；刀片"。尖锐的芒刺，跟刀剑顶端，可共用一个词，也指植物。
英语 prick "刺；（动植物）突出尖形器官（或部分）；尖器，尖头武
器"。英语 prick 是刺，也是尖头武器。汉语"棘"是荆棘，也指尖
头武器，《左传·隐公十一年》："子都拔棘以逐之。"杜注："棘，戟

也。""戟"是戟矛，《说文》："戟，有枝兵也。"段注："戟有刺，故名之曰棘。""戟"也指植物，如大戟科植物。"茅"是草菅，也当矛盾讲，《墨子·迎敌祠》："茅参发，弓弩继之。"孙诒让间诂："茅当作矛。"《玄应音义》卷三引《方言》："楚谓戟为矛。""剑"是刀剑，也指植物，如剑兰、剑竹。英语 spear "矛，枪；嫩枝"。《英汉大词典》分为两个词条，似可合并为一个词条。

英语 pricket "蜡烛干，烛台；（幼雄鹿的）未生叉的角"，这个意思可比较汉语"棘"的棱角义，《小雅·斯干》："如矢斯棘，如鸟斯革。"传曰："棘，棱廉也。"孔疏申之曰："毛以为言宫室之制，如人跂足竦此臂翼然，如矢之镞有此棱廉然，如鸟之舒此革翼然，如翚之此奋飞然。"英语 prickly "多刺的；易怒的；棘手的，难办的"，可比较汉语"棘手"。《小雅·出车》："王事多难，维其棘矣。"笺云："棘，急也。"这里的"棘"理解为棘手、难办，更为妥切。《说文》："棘，小枣丛生者。从并朿。"段注谓"古多假棘为亟字"，"棘、亟同音，皆谓急也"。"棘"，从荆棘义发展出刺激、棘手，转指急迫。《小雅·采薇》："岂不日戒，猃狁孔棘。"笺云："棘，急也。言君子小人岂不日相警戒乎？诚日相警戒也。猃狁之难甚急，豫述其苦以劝之。"英语 thorny "多刺的；苦恼的；棘手的"，德语 dornig "多刺的；棘手的，困难重重的"，意大利语 acuto "尖的；急剧的，急性的"，亦由尖锐义发展出急剧。

英语 prick "刺；（野兔等）动物的足迹"，动词"用刺痕（或刺孔、小圆点）标出；追踪（野兔）"。汉语"迹"，足迹，《说文》："迹，步处也。从辵，亦声。蹟，或从足责。速，籀文迹，从朿。"也指追踪，《周礼·地官·序官》"迹人"注："迹之言跡，知禽兽处。""迹"字或讹作"速"，《尔雅·释兽》："（鹿）其迹速。"《释文》谓字本又作"麤"，素卜反。引《字林》"鹿跡也"。段注谓《释兽》："速正速字之误。周时古本云其速速，速之名不嫌专系鹿也。《广雅》躔、疎、解、亢，迹也，即《尔雅》麋跡躔、鹿跡速、麕跡解、兔跡亢也。曹宪'疎'音匹迹反。《集韵》云：迹或作疎。然则《字林》从鹿速声、素卜反之字，纰缪实甚。或以窜入《尔雅》，又或以麤入《鹿部》麞、麠二字之间，其误可不辩自明矣。"段氏谓"速"字误作"速"，《字林》作"麤"，所言极是。曹宪"疎"音匹迹反，不妥。王念孙疏证谓"所未详也"。蒋礼鸿先生对曹宪音注作了说明（《广雅疏证补义》），可以参阅。我们推测"迹、跡"，或从束声，语源正来自"刺"。"迹"，资昔切 *ʔseg，郑张先生音 *ʔsljaag<ʔsleeg，"速"的读音跟"刺"*shegs 相同，和纪力切的"棘"*kruɡ 比较接近；"棘"后转入铎部。"迹"重文作"速"，资昔切。《小雅·沔水》："念彼不蹟，载起载行。"传曰："不蹟，不循道也。"陈奂《毛诗传疏》："蹟，迹之或字。迹，道也。"这个例子说明，比较词义可用于校雠。对照英语的例子，段说更加可信。

《诗经》重言极多，从单字的语义追溯其源头，语义就能明了。请看下面的例子。

（9）啊。《大雅·假乐》："不解于位，民之攸墍。"传曰："墍，息也。"笺云："成王以恩意及群臣，群臣故皆爱之，不解于其职位，民之所以休息由此也。"孔疏："《释诂》云：啊，息也。某氏曰：《诗》云民之攸啊。郭璞曰：今东齐呼息为啊。则墍与啊，古今字也。""啊"训息来自鼻，"自、鼻、啊"是一词，"准、拙"是一词，"墍"属于"准、拙"类。此条的有关解释可参阅拙著《汉语核心词探索》关于"鼻"字的讨论。

鼻发展出呼吸，在语言里很常见。《说文》："啊，东夷谓息为啊。从口，四声。《诗》曰：犬夷啊矣。"段注："凡古休息与鼻息同义"，"人之安宁与困极皆验诸息，故《假乐》《緜》之啊，不嫌异义同称。喉与咽，不嫌异字同义"。呼吸跟休息的语义关系明显，意大利语 respirare "呼吸；活着；休息"。英语喘息跟说话是一个词，如 breather "呼吸；喘气；歇口气；低声吸气地说，轻吟，发出低声"，breathering "呼吸；喘气；话，发言"；再如 gasp "喘气；发出喘气似的声音"。汉语"喘"，有喘气义，亦可作言语讲，《荀子·劝学》："端而言，蠕而动，一可以为法则。"杨倞注："端读为喘。喘，微言也。"文献"言喘"连文，熊廷弼《巡按奏疏》卷一："（建夷）任意践蹂驿卒，而解官坐视不敢喘言。"《荀子》"端而言"是轻轻地说，犹言呼吸一样，可与英语相印证。后人谓端正而言，失之。"啍"，由出气义发展出迟重貌，《说文》："啍，口气也。《诗》曰：大车啍啍。"《王风·大车》传曰："啍啍，迟重之貌。"又多言，《庄子·胠箧》："啍啍已乱天下矣。"郭象注："啍啍，多言也。"字通作"谆"，如说"谆谆教诲"。毛传所谓迟重之貌，是指大车艰难地缓慢前行。车辆缓慢前进，犹如人发出喘息声。英语 heave "（用力）拉，推，扯；（用力）举起；（沉重地）发出（叹息、呻吟等）"。

"咽"的疲劳义殆来自喘息，转指疲惫，现在说"累得气喘吁吁的"。英语 breath "呼吸"，breathless "气喘吁吁的；（由于惊恐等）呼吸急促"。《说文》："啴，喘息也。从口，单声。《诗》曰：啴啴骆马。"《小雅·四牡》："四牡骓骓，啴啴骆马。"毛传曰："啴啴，喘息之貌。马劳则喘息。""啴啴"，亦指士兵或马匹奔走。其语义演变可比较英语 pant "气喘；气喘吁吁地说（跑）；（心等）悸动"。

"啴"，也有喜悦义，《说文》："一曰喜也。"段注："《乐记》：其乐心感者，其声啴以缓。注：啴，宽绰貌。"英语 puff "喘息；膨胀；趾高气扬；使骄傲，使自负"，He is puffed up with pride when they gave him his medal. "当他们向他颁发奖章时，他显得得意洋洋。"俗语"说你胖你还喘起来了"，也是指人趾高气扬。

（10）填。《小雅·小宛》："哀我填寡，宜岸宜狱。"传曰："填，尽也。"王引之《经义述闻》："填读如殄，殄戮之也，作填者，假借字耳。"王说不确。《释文》："《韩诗》作疹。疹，苦也。"《说文》："嗔，盛气也。从口，真声。《诗》曰：振旅嗔嗔。"段注："《门部》曰：阗，盛貌。声义与此同。今《毛诗》振旅阗阗，许所据作嗔嗔。《玉藻》：盛气颠实。注云：颠读为阗。盛身中之气使之阗满。《孟子》：填然鼓之。是则声同得相假借也。古音陈，今俗以为填恚字。"

"填、塞"，有填补和充实义，是填补与盛大语义有关联。英语 fill "填满，装满；填塞；填写；鼓胀，变得丰满"。填塞发展出充实义，亦可发展出厌恶义。英语 full "满的，充满的；完全厌倦的"；stuff "填满，灌满；塞住，堵住"，stuffy "不通气，闷热的；沉闷的，乏味的；自负的，妄自尊大的"。汉语"窒"是填塞，也发展出窒息义。《说文》："窒，窒也。从珤从廾窒宀中。珤犹齐也。"段注："此与《土部》塞音同义异，与《心部》寒音同义近。"据《说文》，"窒"是窒息，"塞"是填塞，填塞发展出窒息义，字作"窒"，也作"寒"。可比较"满"字，"满"是充满、填满，也指郁闷，《汉书·石显传》："（石）显与妻子徙归故郡，忧满不食，道病死。"注："满读曰懑。"字通作"懑"。

"填"是填塞，又有盈满、众多义，《荀子·非十二子》："填填然。"王先谦注："填填者，盈满之容。"潘岳《藉田赋》："震震填填。"刘良注："震震，车马声也。填填，车马众貌。"又有痛苦义，说见前文。字也作"寘"，《楚辞·天问》："洪泉极深，何以寘之。"蒋骥注："寘、填同。""寘"见《说文新附》："寘，置也。从宀，真声。""寘"字，《说文》作窴："窴也。从穴，真声。"段注："窴、填同义，填行而窴废矣。""窴"的满盛义，《太玄·盛》："阳气隆盛充塞，物窴然尽满厥意。"司马光注："窴然，满貌。""阗"，《说文》训盛貌，也指填塞，《慧琳音义》卷六十三"阗噎"条引《文字典说》"阗，塞也。"左思《吴都赋》："冠盖云荫，间阎阗噎。"刘逵注："间阎阗噎，言人物遍满之貌。"《小雅·采芑》："振旅阗阗。"朱熹集传："阗阗，盛貌。"

二、通古文假借

训诂重视假借字的研究，明故训、审辞气、明假借，是经典训诂学的几个核心任务。我们举两个例子来说明。

（11）蝱／茵。《卫风·载驰》："陟彼阿丘，言采其蝱。"传曰："蝱，贝母也。升至偏高之丘，采其蝱者，将以疗疾。"笺云："升丘采贝母，犹妇人之适异国，欲得力助安宗国也。"《释文》："蝱音盲，药名也。"段玉裁说"茵"是正字，"蝱"是假借字。《说文》："茵，贝母也。从艸，明省声。"段注谓根下子如聚小贝。贝母字写作"蝱"，《说文》："蝱，啮人飞虫。从蚰，亡声。"贝母作"蝱"，不只是同音假借。英语 fritillaria "贝母；豹纹蝶，豹蛱蝶"。贝母，果实形似贝，枝叶形似蚊蝇，故名"蝱"。英语贝母与豹纹蝶共用一个词，其命名殆根据贝母的花叶形状及颜色。贝母种类颇多，其中有黄花贝母，花片有红色斑点，花萎谢时呈蓝色。花形多为窄钟状，颜色或深紫色，点缀有白色小斑点。贝母花片有小方格斑点，少数仅具斑点或条纹。豹纹蝶贝母，花朵下垂，色彩各异，具有斑点状或棋盘形花纹。豹纹蝶（Timelaeaalbescens），是蛱蝶科的蝴蝶，褐色翅膀背侧有黑或银色斑点。豹纹蝶酷似贝母的叶片，可取观比对。"蝱、茵"并武庚切 *mraaŋ。早期写作"蝱"，"茵"字有可能是晚出的后起正字。王筠《句读》谓："蝱，此小蚊，非牛虻也。"即便不是牛虻，也是小飞虫。段注谓："《本草经》有木蝱、蜚蝱。"

（12）瘵。《小雅·菀柳》："上帝甚蹈，无自瘵焉。"传曰："瘵，病也。"笺云："瘵，接也。""瘵"训病，亦见《尔雅·释诂》。郑笺训接也，孔疏申之曰："郑以上昵类之，读为交际之际，故言接也。"王引之述闻谓"昵"当训病。《广雅·释诂》："昵，病也。"王氏疏证引《菀柳》，并谓："言幽王暴虐，慎毋往朝以自取病也。下章云无自瘵焉，瘵亦病也。《广雅》训昵为病，当本之齐、鲁、韩《诗》，毛传训为近，非其义也。"王说是也。

"瘵"字也见于《大雅·瞻卬》："邦靡有定，士民其瘵。蟊贼蟊疾，靡有夷届。罪罟不收，靡有夷瘳。"传曰："瘵，病。瘳，愈也。"笺云："天下骚扰，邦国无有安定者。士卒与民皆劳病，其为残酷痛疾于民，如蟊贼之害禾稼然，为之无常，亦无止息时。施刑罪以罗网天下而不收敛，为之亦无常，无止息时，此自王所下大恶。"根据毛传及王氏父子的解说，"瘵"与"昵"同，是灾祸之义。许慎采用毛传解释"瘵"字，《说文》："瘵，病也。从广，祭声。"但"瘵"的音义尚未彻底理清，诸儒诠释诗句，多未涉及源头。孔疏谓康成"读为交际之际，故言接也"。段注谓"《诗》假瘵为际也"。《释文》："瘵，侧界反，毛：病也。郑音际。际，接也。"毛传训"瘵"为病，笺读为"际"。"瘵、际"同音，语义也有联系，并非单纯的同音假借。"瘵"，侧界切 *ʔsreeds；"际"，子例切 *ʔsleds。《说文》："际，壁会也。从阜，祭声。"段注谓："两墙相合之缝也，引申之凡两合皆曰际。际取壁之两合也。""际"是墙壁交会处，也指缝隙，《墨子·备穴》："柱善涂其窦际，勿令泄。"交接处与缝隙的语义关系，可比较"缝"字，缝合处，也指缝合，还指空隙。"隙"，墙壁的空隙，《说文》："隙，壁际也。从阜𡭴，𡭴亦声。"段注："引申之，凡坼裂皆曰隙，又引申之凡间空皆曰隙，假借以郤为之。""郤"字也作"郄"，缝隙，《史记·张释之传》"虽锢南山，犹有郤"，《汉书》作"隙"。《庄子·知北游》："若白驹之过郤。"缝隙是瑕疵，可转指疾病，《战国策·赵策》："恐太后玉体之有所郄也。"疾病发展出灾祸就很常见。英语 crack "缝隙；瑕疵；疯子"。"隙"，从郄，郄亦声。"隙、郄"音义皆同，《说文》："郄，际见之白也。从白，上下小见。"段注："见读如现。壁隙之光一线而已，故从二小。""郄"是缝隙透漏的一丝光线。缝隙跟光线的语义关系，还见于英语 chink "缝隙；弱点；（透过裂缝的）一线光"。

假借的基础是语音相同。有些看似膈膜的语音关系，借助新的上古音研究成果，可以得到证实。假借字是否有语义关系，还应在语义类型学的指导下进行判断。汉藏语的比较，可提供帮助。请看下面的一组字词的讨论。

（13）晒／蔫。《王风·中谷有蓷》："中谷有蓷，暵其干矣。有女仳离，嘅其叹矣。"传曰："暵，菸貌。陆草生于谷中，伤于水。"笺云："喻人居平安之世，犹雊之生于陆，自然也。遇衰乱凶年，犹雊之生谷中，得水则病将死。""暵"，干燥，暴晒，《说文》："暵，干也。耕暴田曰暵。从日，堇声。《易》曰：燥万物者莫暵乎火。"又："熯，干貌。从火，汉省声。《诗》曰：我孔熯矣。"段注："此与《日部》暵同音同义。"王力先生说，"干、暵、熯、旱、晞、蔫（殪）、蔫、萎（矮、委）、菸"是同源字（1982a：547）。"暵、熯"，呼旰切 *hnaans；"旱"，胡笴切 *gaan?；"蔫"，谒言切 *qan；"乾"，古寒切 *klaan。白保罗拿汉语"干、旱"对应藏缅语 *kan（1972# 注 444；1984：292）。"乾"跟"暵"同源，《说文》"乾"为乾坤字，干燥字文献作"乾"，亦作"干"，《庄子·田子方》："老聃新沐，方将被发而乾。"《释文》："而乾，本或作干。""有女仳离，嘅其叹矣"，笺云："有女遇凶年而见弃，与其君子别离，嘅然而叹，伤己见弃，其恩薄。"

要深刻理解诗意，须明了晒与蔫的语义关系。《说文》："菸，郁也。从艸，於声。一曰萎也。"段注："《王风》：中谷有蓷，暵其干矣。毛曰：暵，菸貌。陆草生于谷中，伤于水。玉裁按：暵即蔫字之假借，故既云暵其干，又云暵其湿，干湿文互相足。""暵"呼旰切 *hnaans，"蔫"於乾切 *qran。"暵、蔫"二字，语音看似膈膜，音义其实有密切关联，"熯、暵"上古是清鼻流音，"汉 *hnaans、灘 *nhaan"从"暵"声 *hnaans（郑张尚芳 2013）。"熯"有呼旱、人善两个读音，分别读 *hnaans、*njan?。看似语音有膈膜的"旱、暵、熯、蔫"，其语音交替有规律可循，这几个字不只是同音假借。炙烤与日晒，语义有关联，可发展出枯萎义，葡萄牙语 assar "烤，烘；使感到非常热，使发烧；使枯萎；烤，晒"。

"暵"是干旱、干燥，"熯"也是干旱。段注谓"熯、暵"同音同义，从火犹从日也，"字有分见而实同者，此类是也"。烧与晒，可以是一个词，意大利语 ardere "烧；晒"；arrostire "烤；烤火，晒太阳"。参见拙著《比较词义探索》"烧与晒"条。

烤炙与忧伤、恐惧有语义联系。《说文》："熯，干貌。从火，汉省声。《诗》曰：我孔熯矣。"段注："此称《诗》说假借也。《楚茨》毛传曰：熯，敬也。熯本不训敬而传云尔者，谓熯即戁之假借字也。《心部》曰：戁，敬也。《长发》传曰'戁，恐也'，是其义也。""戁"有肃敬、恐惧义，《商颂·长发》："不戁不竦。"传曰："戁，恐。竦，惧也。""戁"字段注："敬则必恐惧，故传说其引申之义。若《小雅》我恐熯矣，传曰：熯，敬也。此谓《诗》假熯为戁。""戁"，奴板切 *rnaan?，又人善切 *njan?。从这些材料来看，日晒的"熯"发展出恐惧义，字作"戁"。日晒火烤，可发展出烦躁、忧伤义，"烦""焦（虑）"这些字，也从炙热发展出烦躁。《说文》："痯，动病也。从疒，虫省声。"段注谓："即疼字，《释名》曰：疼，旱气疼疼然烦也。按《诗》旱既太甚，蕴隆虫虫，《韩诗》作郁隆炯炯，刘成国作疼疼，皆旱热人不安之貌也。今义疼训痛。"英语 adust"烧焦的；晒黑的；忧郁的"。热燥与烦恼、疼痛、痛苦的语义关系，可参阅本书第六章的有关讨论。

"暵、爆"与"旱"读音相同，也有语义关系。文献里"旱暵"连文，《周礼·舞师》："帅而舞旱暵之事。"注："旱暵之事谓雩也。"贾疏以雩祭释之。

从"暵"得声的还有"灘、難、嘆"等字，音义亦有关联。先看"灘"，《说文》："瀷，水濡而干也。从水，鶏声。《诗》曰：瀷其干矣。灘，俗瀷从隹。"段注："今《毛诗》作暵，盖非也。一章曰瀷其干矣，二章曰瀷其修矣，修且干也，三章曰瀷其湿矣。知瀷兼濡与干言之。毛传曰菸貌。菸者，一物而濡之干之，则菸邑无色也。"段说稍嫌迂曲。"灘"指河水因干旱而水少，继而沙化，甚或形成沙丘，《希麟音义》卷八："江东呼水中沙堆为潬，河北呼灘。"段注谓水濡而干，"瀷字古义如此，后人用为沙滩，此之谓古今字也。沙滩字亦或作潬"。"瀷、灘"，他干切 *nhaan。"灘"的沙滩义，由水干而沙化演变而来。朱骏声《说文通训定声》说："暵假借为瀷。"朱氏严格区分转注（语义引申）跟假借，却不知"暵"与沙滩之"灘"，语义也有关联。其他语言干旱与沙滩亦有语义关系：意大利语 secca"浅滩，（退潮时露出的）沙洲；困难，困境；干旱"；西班牙语 seca"干旱，旱季；沙洲"。干旱而沙化，语义演变很好理解。

"難、嘆"，是苦难、哀叹，这些抽象的语义，可能都是从暴晒炙烤、干旱义发展而来的。"難"，本是鸟名，段注："今为难易字，而本义隐矣。""難"，那干切 *nhaan。"難"有险难、困苦、劳苦等义，应是从干旱、沙滩义发展出来的，"艰难险滩"比喻困境。干旱、浅滩与穷困、厌烦有语义联系：意大利语 secca"浅滩，（退潮时露出的）沙洲；困难，困境；干旱"，seccaggine"旱灾；〔古〕讨厌，厌烦"；英语 drought "长期干旱，旱灾；长期缺乏，不足"；德语 Dürre "旱灾；干旱；荒芜，贫瘠；消瘦；贫乏，干巴巴"。

"嘆"，《说文》："一曰太息也。""歎"字段注："歎与喜乐为类，嘆与怒哀为类。"《广雅·释诂》二："嘆，慅也。"《王风·中谷有蓷》"嘅其嘆矣"，《释文》："嘆，本亦作歎。"

"嘆"，温热，奴案切 *naans。《说文》："嘆，安嘆，温也。从日，难声。""嘆"的温热义，亦来自暴晒烤炙。葡萄牙语 assar "烤，烘；使感到非常热，使发烧；使烧焦，使枯萎；烤，晒"；西班牙语 adurir "烧；使太热"；意大利语 arsura "炎热；[古] 焚烧"；俄语 гореть "燃烧；发烧，发热"。

汉语"嘆、歎、旱、難、嘆"这几个字的语义关系，根据汉语的内部材料，结合跨语言的词义比较，大致可以确定它们是同一个词族的词语，其语义关系显豁，语义演变链条明晰。语音的交替，郑张先生业已讨论。先生赞成朱骏声的说法，"漢"*hnaans、"灘"*nhaan 从"嘆"*hnaans 得声，认为上古清鼻流音有送气、前冠两类（2013）。郑张先生对读音的解说，足以让人信服。

假借是训诂最重要的内容。假借是文献上的用字，反映到语言里，就是同音词。同音词可以分为两种：一种有语义联系，语音相同，语义相同，分化出不同的义项；一种仅仅只是同音，没有语义联系。假借是用字记录语言里的同音词，所以假借字可以有语义联系，也可以没有语义联系。判断有无语义联系，是很费周折的工作。汉藏比较以及跨语言的词义比较，可为训诂学的假借研究提供帮助。在这个原则的指导下，我们对段注《说文》里的假借作了全面的整理，整理出《假借说略》，是本书第五章，此不赘述。

三、辨析名物典章

名物典章，是经典训诂研究的一个重点。比较训诂可提供新的研究思路跟材料。下面略举几例，以证成其说。

（14）兕觥。《周南·卷耳》："我姑酌彼兕觥，维以不永伤。"传曰："兕觥，角爵也。"笺云："觥，罚爵也。飨燕所以有之者，礼自立司正之后，旅酬必有醉而失礼者，罚之亦所以为乐。"《释文》："觵，古横反，以兕角为之，字又作觥。《韩诗》云容五升，《礼图》云容七升。"古人以牛角为杯，亦以角命名。"角"，兽角，也指用青铜做成的酒器，《仪礼·特牲馈食礼》："一角一散。"注："角，四升。""觥"*kwraaŋ，《说文》："觵，兕牛角可以饮者也。从角，黄声。觥，俗觵从光。"古汉语"角"曾有过 *kwraŋ 这个形式，用角制作的酒杯也叫"觥"*kwranŋ（黄树先 1991）。"觥"可比较藏缅语 *k-ruŋ、*k-rwa-ŋ〔参照加罗语 groŋ，博多语 goŋ"角"，迪马萨语 groŋ"角"、goroŋ"边，角（度）"、bogroŋ"角（落），角"〕（马提索夫 1985）。角与角杯在其他语言里也可以是一个词：西班牙语 cuerno"角；牛角杯"；英语 horn"角"，a drinking horn"角制杯"；德语 Horn"（兽）角"，rink Horn"兽角杯"。"兕觥"是犀牛角所制酒杯，"觥"是角，亦是角杯名。后用木制作，依旧叫"觥"，孔疏："刻木为之，形似兕角。盖无兕者用木也。"参见季旭升先生《诗经"兕觥"古义新证》。

草木虫鱼及饮食服饰，也是训诂学研究的重点。这些词语也可借助比较训诂，运用汉藏比较语言学以及跨语言的词义比较来考证。《豳风·七月》里对"断壶""衣褐"的解读，可以说明这一点。兹再举若干例子加以说明。

（15）蘋 / 萍莽。《召南·采蘋》："于以采蘋? 南涧之滨。"传曰：

"蘋，大萍也。""蘋"是水中浮萍，《释草》郭璞注曰："今水上浮莏也，江东谓之藻。"《广雅·释草》："薸，莏也。"王氏疏证："薸与藻同，莏与萍同。"

浮萍也说"苹"，《说文》："苹，莏也，无根浮水而生者。从艸，平声。"段注："《释草》苹字，一曰莏，一曰藾萧。"《小雅·鹿鸣》："呦呦鹿鸣，食野之苹。"笺云："苹，藾萧也。""萍"是水草，《说文》收在《水部》。"蘋"跟"莏、萍"似为一字。《说文》"苹、莏、萍"三字均指水草。又有"薲"，《说文》："薲，大萍也。从艸，宾声。"段注："薲、苹古今字。"要之，"莏、萍、苹、薲、蘋"均指水草；《释文》谓"莏"本又作"萍"，薄经反，一本作"苹"，音平。从协韵看，当作"苹"。"苹"字段注谓郑康成："似分别萍为水草，苹为藾萧。郑所据《尔雅》自作萍、莏。《毛诗》《夏小正》以苹为萍，皆属假借。许君则苹、莏、萍三字同物，不谓苹为假借。"照段氏的意见，"苹"与"莏、萍"不同，分别指水草、岸边的藾萧。"蘋、薲"符真切 *bin，"苹"符兵切 *beŋ，"萍、莏"薄经切 *beeŋ。从来源上讲，"蘋"与"莏、萍"均指草，原本是一个词，为了区别陆地上的藾萧和水里的浮萍，两个字读音稍异，用以表达不同的词义。这个区别类似"鴈、雁"与"鹅"的分化，都是同一来源的词，读音小变，用以区别不同的词义。

植物名与果实，也可以是一个词。《诗经》言"桃、李"，是木名，也是果实名。木名与果实名也可以稍变其义。读《诗》者，不得不辨。请看下面的例子。

（16）荠/茡。《尔雅·释草》："荠，茡实。"郭注："茡子名。"《释文》"荠"，才何反，又子邪反。邢疏："《诗·谷风》云：谁谓荼苦，其甘如荠。其子别名荠。""茡"是植物名，"荠"是其子实名。"茡"徂礼切 *zliilʔ，"荠"昨何反 *zlaal。主元音 i~a 交替，表示有关联的两个名称。相关物体的名称，诸如整体与部分、关联物的命名，语音有明显的联系，大致应有一个原始的语音，再屈折或附加，读音改易，以区别不同的词义。

（17）蓑／衰。《小雅·无羊》："尔牧来思，何蓑何笠。"传曰："何，揭也。蓑所以备雨，笠所以御暑。"《释文》："蓑，素戈反，草衣也。"蓑衣字，《说文》作"衰"，后转指孝衣。蓑衣之由来及与孝衣的关系，言者无多，特辨析如下。

《说文》："衰，草雨衣。秦谓之萆。从衣，象形。"段注谓衰本作"縗"，"衰"其假借字。《说文》："縗，丧服衣。长六寸，博四寸，直心。从糸，衰声。""衰、蓑"，苏禾切 *slool；"縗"，仓回切 *shluul。蓑衣用草编织，《国语·齐语》六："首戴茅蒲，身衣襏襫。"韦注："襏襫，蓑薜衣也。""襏"是草编制的蓑衣类雨具，可能来自草。包拟古拿藏语 phub"短稻草"跟"襏"对应（1995：137）。用原料表用具，在语言里习见，葡萄牙语 palha"稻草，麦秸"，palhoça"（渔民或乡下人披的）麦秆蓑衣"。草具是简陋的，跟丧服类似，草具与丧服共用一个词很正常。英语 weed"杂草，野草；（流浪汉的）帐篷"，又指"（戴在手臂上或缀在帽子上的）黑纱；（尤指寡妇所穿的）丧服；［古］服装"。"衰"后别作"蓑"，"衰"指孝服。愚谓"衰、蓑"一字，既指草雨衣，亦指孝服。太炎先生说"衰孳乳为縗"（《文始》二，2021a：230）。"薜"，是草，《尔雅·释草》："薜，山麻。"郭注："似人家麻，生山中。"邢疏："麻生山中者名薜。故注云似人家麻，生山中。""薜"又作"萆"，《广雅·释器》："萆谓之衰。"王氏疏证："《说文》：衰，草雨衣。秦谓之萆。《说文》：萆，雨衣。一曰衰衣。《齐语》：身衣襏襫。韦昭注云：襏襫，蓑薜衣也。薜与萆同。《六韬·农器篇》云：蓑薜簦笠。"

（18）褧／絅。《郑风·丰》："衣锦褧衣，裳锦褧裳。"传曰：

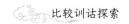

"衣锦、褧裳，嫁者之服。"笺云："褧，禅也，盖以禅縠为之中衣。裳用锦，而上加禅縠焉，为其文之大著也。庶人之妻嫁服也。士妻纣衣纁袡。"衣服上曰衣，下曰裳。此处用作动词，穿上上衣下裳。"褧"jiǒng，麻纱制作的单层罩衣，《说文》："褧，檾衣也。《诗》曰：衣锦褧衣。示反古。从衣，耿声。""褧"是麻衣，来自当麻讲的"檾"，《说文》："檾，枲属。从林，荧省声。《诗》曰：衣锦檾衣。""褧"与"顈、絅"音义同。"顈"，是单衣，也是草名，见《仪礼·士昏礼》。贾公彦疏谓"顈"字"此读如诗云褧衣之褧"。单衣也叫"絅"，见《礼记·玉藻》。"褧、顈、絅"口迥切 *khweeŋʔ，"檾"去颍切 *khweŋʔ。"檾"是麻，皮可缉成丝线，制作衣服则曰"褧"。原料与成品共用一个词。"褧、檾"二字韵母中古属于不同的等，其上古读音亦有差异。原料与衣物的语义关系，比较英语 fibre "纤维，丝；纤维制品"，flax "亚麻；亚麻纤维；［古］亚麻布"，linen "亚麻布；内衣，内裤；亚麻织品"。"褧、檾"语义演变，可参看《豳风·七月》"褐"与"葛"的讨论。

（19）蓝／葳。《小雅·采绿》："终朝采蓝，不盈一襜。"笺云："蓝，染草也。"《释文》："蓝，卢谈反，沈力甘反。"汉语"蓝"对应藏文 rams "蓝，靛青"（俞敏 1949b：88；包拟古 1995：89）。"蓝靛草"，泰语 khra:m²，傣语 ha:m²，龙州壮语 kja:m²，雍宁壮语 tsa:m²，武鸣壮语 ɕa:m²（梁敏、张均如 1996：231）。蓝靛草跟靛青、蓝色共用一个词，可比较英语 indigo "木蓝属植物；靛蓝；蓝色"，西班牙语 añil "［植］假蓝靛；靛蓝；深蓝色"，葡萄牙语 anil "靛青，靛蓝；［转］蓝色"。《尔雅·释草》："葳，马蓝。"郭注："今大叶冬蓝也。"《释文》："葳，之林反，又音咸。蓝，力甘反。"邢疏："葳，一名马蓝。郭云今大叶冬蓝也。今为靛者是也。"《说文》："蓝，染青草也。"又："葳，马蓝也。从艸，咸声。""蓝"就是一种青黑色。《春秋传》

有秦鍼虎，字或作"葴"。"葴"，《集韵》其淹切 *kjum；"蓝"，鲁甘切 *g-raam。"蓝、葴"来自同一个词，读音稍变，原因待考。

四、审辞气，明文法

《卷耳》《芣苢》"采采"，或释为外动词，训为采而不已，丁声树先生以为宜释为众盛之貌，是形容词，"夫外动词之叠用，此今语之恒有，而稽之三百篇，乃无其例"（2020：96-97）。现代语法的研究，对诗意的解读，有重要意义。

"彼其"屡见于《诗》，解释多有误。季旭升先生《诗经"彼其之子"古义新证》列举考古文献，以为"其"是氏族名，似为不妥，宜其说之不可信服。兹据俞敏先生研究，对"彼其"略作阐释。俞氏说古汉语的"其"字有粘到前边的字上拆不开的，像《诗经》的《扬之水》《羔裘》《汾沮洳》《椒聊》《候人》五篇里，有十四句"彼其之子"，《扬之水》的郑笺说："其或作记，或作己，读声相似。"俞氏认为这些"彼其"对应藏语的 p'agi，是个指示字，意思是"那个""那边儿""那边儿的"，或者"他的"（俞敏1949b）。俞说极精。底下一例，也可与汉藏语进行比较。

（20）于以。《召南·采蘩》："于以采蘩？于沼于沚。"笺云："于以，犹言往以也。"正义曰："言夫人往何处采此蘩菜乎？"《邶风·击鼓》："于以求之？于林之下。"正义："若我家人于后求我，往于何处求之？当于山林之下。"杨树达先生《诗于以采蘩解》谓："按孔氏用笺说释于为往，非也。其释以为何，则是。惟以缘何得训为何，未尝明记。今按以假为台。《书·汤誓篇》：夏罪其如台？《史记·殷本纪》作'有罪其奈何'，此台训为何之证。"诚如杨氏言，"于"字不能训往，"以""台"字同，也是正确的。胡适讨论"于以"，认为"于"字

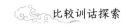

与"以"字连用，等于疑问副词"焉"，作"那儿"解（胡适1993：138，后附录杨树达、钱玄同关于"于以"的往来信件）。

"于以"是"何以"的弱化形式。汉语的"何其"，俞敏先生有一个解说：藏语表示疑问的语根是 ga，现在在 ga-adras "怎么样"、gana "哪儿"、gatsam "多少"、garu "上哪儿"、gare "什么"、gala "在哪儿"这些话里还是 ga；gagi 连着用，意思等于北京话的"什么"，或者"哪一个"（1995a：146–147）。汉语这边，跟它相当的是"何其"。郑张先生说汉语"何"，可以来自藏语的 gare "什么"、gala "何处"，并说"-l 可以来自后附音节的缩减形式"（2013：165）。汉语的"于以"*Gwa-lɯʔ，我们认为可跟原始藏缅语 *ga le 比较。请看吴安其先生的材料：原始藏缅语 *ga le "哪里"、*khala "谁"（2002：313）。藏缅语 *ga 相当于汉语"胡"，le 相当于汉语"以"。汉语的"于以"跟"于焉""于何"意思相同，"于以"应是弱式形式，"于何""于焉"则是强式形式。

第四节　比较训诂的几个设想

语言里词语数量庞大，是长期分化累积的结果。词汇要分层分级进行研究，语言里原本只有核心词，没有冷僻词，任何冷僻词都是由核心词派生出来的。有学者说，词汇学的词语研究，和训诂学的词汇研究是不同的。这种看法是不准确的，训诂学的词汇研究，其实依然只是在研究核心词。训诂学的核心词研究，就是要研究核心词是如何发展出其他词语的，或者说所谓的冷僻词是从哪些核心词派生出来的，派生的路径是什么。请看下面的例子。

（21）摽、受／飘、漂。"飘、漂"字习见，而"摽、受"字冷僻。从核心词研究来看，"摽、受"这些看起来极冷的词语，均来自平常的"飘、漂"。这个问题明了，"殍"的语义亦可明晰。

《召南·摽有梅》传曰："摽，落也。盛极则隋落者梅也。""摽"的本义是击打，《说文》："摽，击也。从手，票声。"《邶风·柏舟》："寤辟有摽。"传曰："摽，拊心貌。"用的是本义。《释文》"摽"，婢小反，徐符表反，《广韵》符少切 *bew?。飘落义，《说文》作"受"："物落也。上下相付也。从爪又。读若《诗》'摽有梅'。"段注："《毛诗》摽字正受之假借。""受"，《集韵》婢小切。击打的"摽"跟飘落的"受"，语义有联系，王引之《经义述闻》说"受是零落，摽是击之使落"，所言是也。在语言里，击打跟零落语义有明显的联系。"扑"，敲击，《战国策·楚策》："吾将深入吴军，若扑一人，若捽一人。"也指倒下，《史记·周本纪》："秦破韩魏，扑师武，北取赵蔺、离石者，皆白起也。"徐广曰："扑，一作仆。""抎"，敲击，《法言·先知》："琴瑟不铿，钟鼓不抎。"陨落，《说文》："抎，有所失也。"《战国策·楚策》："被磻礴，引微缴，折清风而抎矣。""挩"，捶打，《穀梁传·宣公十八年》："邾人戕缯子于缯。戕犹杀也，挩杀也。"注："挩谓捶打残贼而杀。"脱落，《说文》："挩，解挩也。从手，兑声。"段注："今人多用脱，古则用挩，是则古今字之异也。今脱行而挩废矣。""摽"是击打，也指落下。《郑风·萚兮》："风其漂女。"传曰："漂犹吹也。"段注："毛意漂亦受之假借。"从票得声的"飘、漂"，均有漂移、飘落义。又有"熛"字，《说文》："熛，火飞也。从火，票声，读若摽。"郑张先生拿藏文 fiphro"放弃"对应汉语"抛、摽"（2013：92）。可以看出，"飘、漂、摽、受、熛"是音义皆同的同族词。击打与飘落的语义关系，可比较英语：strike"打，击；打掉，击断；降（帆、旗等）"；fall"落下，降下"，也有"砍倒（树木），击倒，杀死"义。

"飘、漂、摽、受、㵾"来源相同，是同族词。文献里"饿莩"来源于陨落义。据《说文》及段注，"受"是零落，"摽"是落下，也是击打，"受、摽"，义为物落、敲打。陨落可发展出死亡义，"落"，草木零落，也指死亡，《尔雅·释诂》："落，死也。"字也作"殁"，见《玉篇》。"零"，凋落，《鄘风·定之方中》："灵雨既零。"传曰："零，落也。"由凋零发展出死亡义，《后汉书·冯衍传》下："顾鸿门而歔欷兮，哀吾孤之早零。""陨"，坠落，《说文》："陨，从高下也。"《左传·襄公三十一年》："巢陨诸樊，阍戕戴吴。"杨伯峻先生注："诸樊死于攻巢。""陨"，又作"霣"，亦有陨落、死亡两个意思。死亡义别作"殒"字，《玉篇》："殒，殁也。""颠"，坠落。《汉书·五行志》中："自上下者为崩，厥应泰山之石颠而下。"句中的"颠"表坠落而死。《左传·隐公十一年》："颍考叔取郑伯之旗蝥弧以先登，子都自下射之，颠。"杜预注："颠，队而死。"拉丁语 obitus "降落；死亡"；obeo "降落；死亡"。德语 fallen "落下；阵亡"。"殍"，草木枯死，《广韵·旨韵》："殍，草木枯落也。"也指死亡，《孟子·梁惠王》上："野有饿莩。"赵岐注："饿死者曰莩。"字亦作"殍"。《汉书·食货志》作"饿荽"。段氏谓"荽"是"受"之俗字。由枯落、降落发展出死亡义，字作"殍、莩、荽"；因"饿莩"连文，故一般释"殍"为饿死。"殍"就是死亡，也指死亡者，不限于饿死。死亡跟死人（死尸），可以是一个词，"死"是死亡，也指尸体（杨树达 1983b）。《说文》："屍，终主也。从尸死。"王力先生说"尸、屍、死"是同源字（1982a：423）。英语 corpse 名词"死尸；残骸"，动词"杀死"。"摽"抚招切 *phew，"受、殍、莩"平表切 *brow?，这几个字应是同族词，语义是敲打、落下、死亡、死尸，语义演变路径清晰。

文字常见，字面平常，但语义不明晰，或语义来源含混不清，均应该根据词语的来源，详加考察，务求追根溯源，明晰语义。请看底下几个例子。

（22）**略**。《周颂·载芟》："有略其耜，俶载南亩。"传曰："略，利也。"《释文》："略，字书作劆。""劆"是"劕"的重文，"略"又跟"劕"通。《说文》："劕，刀剑刃也。从刀，罗声。劆，籀文劕从韧各。"《匡谬正俗》卷六引张揖《古今字诂》云："略古作劆。"段注："以《说文》折衷之，劆者古字，劕者今字；劕者正字，略者假借字。"段氏以《说文》为标准，确立正字、假借字。"劕"，小徐《系传》谓"俗作锷"。《尔雅·释诂》："劆，利也。"《释文》："劆，诗本作略。"刀锋与锋利的语义关系，可比较"锋"字。"锋"本指兵器的尖端，《说文》："锋（鏠），兵耑也。从金，逢声。"也指兵器、农具，《论衡·幸偶》："等之金也，或为剑戟，或为锋铦。"英语 edge "刀刃；利刃；锐利"。经略、掠夺义，或有联系。《说文》："略，经略土地也。从田，各声。"锐利跟砍杀、武力恫吓语义有关联。《说文》："剡，锐利也。从刀，炎声。"也指砍杀，《荀子·强国》："案欲剡其胫而以蹈秦之腹。"杨倞注："剡亦斩也。"英语 sabre 名词"马刀，军刀；剑；武力，黩武政治"，动词"用马刀砍死（或砍伤）"，sabre-rattle "炫耀武力，武力恫吓"；sword "剑；造成伤害（或死亡、毁灭等）的根源；战争，武力"。

刀锋跟边界有语义关系，英语 edge "边，边界；刀锋"。《说文》："垠，地垠劳也。从土，艮声。一曰岸也。圻，垠或从斤。"段注："垠亦作圻，或作沂者，假借字。《淮南书》亦作埜。咢作鄂作锷者，皆假借字。或作壃作堮者，异体也。"《说文》："沂，沂水，出东海费东，西入泗。从水，斤声。一曰沂水出泰山盖，青州浸。""沂"，水名，"垠"一曰岸也。水名与堤岸，可以是一个词，比较"坡、陂"。"圻"作"沂"，不只是语音相近，语义也应有联系。"咢"是边界、边缘，字作"鄂"作"锷",段氏以为皆是假借。"锷"是剑锋,刀锋跟边界的语义关系,参见前文"剠(锷)"字条。"鄂",地名用字,《说文》:"鄂,江夏县。从邑,咢声。"地名用刀锋、剑锋命名的不少,"鄂"字得名语焉不详,不予讨论。

常见的字词,有很奇怪的用字,随后就有很多不得要领的理解。正本清源,才能解决问题。看"朝"写作"輖"的例子。

(23)**輖／朝**。《周南·汝坟》:"未见君子,惄如调饥。"传曰:"调,朝也。""调",《释文》张留反 *tɯw,又作"輖"职流切 *tjɯw;《易林》引齐诗作"周饥";"周" *tjɯw。说"调"是"朝"的借字,语音相去甚远。跟"昼" *tus 可能近一点。参见高本汉的《诗经注释》。

《说文》:"朝,旦也。从倝,舟声。"段注谓毛诗假"輖"为"朝"。"輖",车行迟重,《说文》:"輖,重也。从车,周声。"段注:"轩言车轻,輖言车重,引申为凡物之轻重。""朝"陟遥切 *ʔr'aw,"輖"职流切 *tjɯw。段注谓"舟声在三部,而与二部合音最近。殆音近假借"。黎明,汉语曰"遟明",似有迟重义。英语 break "(天)破晓;四轮无篷大马车;训练幼马的车架子",也用迟缓的马车比喻姗姗来迟的黎明。黎明跟缓慢有语义关系。《说文》:"邌,徐也。"段注:"或假黎为之,又或假犁为之。"《说文》:"黎,履黏也。""黎"本义是黏合鞋履。徐锴系传:"履以糊黏之也。"徐行字或假"黎、犁"为之。"邌",徐行,或假"遟"为之,徐行与晚,语义应有联系。《史记·高祖本纪》"黎明围宛城三匝",《汉书·高帝纪》作"遟明"。郑张先生说,"遟"从"犀" *slil 声,又通"黎",拟为"遟" *rlil、黎 *riil,则音近更为明显(2013:148)。英语 slow "缓慢的;(时间)慢了,迟的",tardy "慢的;迟到的;犹豫的"。意大利语 tardi "迟;晚",tardigrado "缓行的,行动迟缓的"。

"黎明"又说"遟明"，作"遟"并非简单的假借。徐行的"遘、遟"会发展出迟到、晚，也会发展出日暮义，英语 late "迟，迟到；（时间）近日暮的，深夜的"。《说文》："遟，徐行也。从辵，犀声。《诗》曰：行道迟迟。""晏"字很特别，文献指迟、晚，《论语·子路》："子曰：何晏也？"皇侃疏："晏，晚也。"也指晚上，《国语·越语》下："蚤晏无失。"注："晏，晚也。""晏"也指明亮，《说文》："晏，天清也。从日，安声。"《汉书·郊祀志》如淳注云："三辅谓日出清济为晏。"是黎明来自"晏"的明亮义。"遟"，组成"遟明"指黎明，也当晚上讲，《楚辞·离骚》："恐美人之迟暮。"注："遟，晚也。"英语 twilight "暮光，曙光；黄昏，黎明；朦胧"。德语 Dämmerlicht "黎明；黄昏；朦胧"。黎明、黄昏均是黯黑幽暗的，黎明是逐渐明亮，故俗语说"天亮"。西班牙语 albor "白色，洁白；曙光，黎明"。英语 light "光线；日光，白昼，黎明"。黄陂话黎明叫"天光、天亮"。"晓"，黎明，《说文》："晓，明也。"又有知晓义，《报任安书》："明主不深晓。"英语 dawn 名词"黎明"，动词"破晓；被理解，被领悟"。黎明是明亮，从明亮义发展出知晓义，犹如汉语说"明白"。黎明与夜晚的语义关系，参见本书第四章第（5）条有关"夙"的讨论。

（24）譈/醜。《郑风·遵大路》："无我譈兮，不寁好也。"传曰："譈，弃也。"笺云："譈亦恶也，好犹善也。子无恶我，我乃以庄公不速于善道使我然。"孔疏曰："譈与醜古今字。丑恶，可弃之物，故传以为弃。言子无得弃遗我。笺准上章，故云譈亦恶，意小异耳。"《释文》："譈，本亦作斀，又作毃，市由反。或云郑音为醜。"马瑞辰说："《说文》本毛传，毛诗原作斀，斀与譈音近通用。"（《毛诗传笺通释》）是"斀"与"譈"语义有联系，但并非同义。

《说文》："斀，弃也。从攴，嚣声。《周书》以为讨。《诗》曰：

无我殽兮。""殽"是"弃也",假借为"讨"。段注谓《郑风》郑笺乃读为"丑"。抛弃与讨伐、丑陋,有语义联系。"讨"是讨论、治理、声讨,《说文》:"讨,治也。从言寸。"段注谓"发其纷纠而治之曰讨"。"讨"字本身就有去掉义,《礼记·礼器》:"君子之于礼也,有直而行也,有曲而杀也,有经而等也,有顺而讨也。"注:"讨犹去也。"讨论跟去掉的语义关系,比较英语 discuss "讨论,谈论;消除,驱散"。

"醜",丑恶,《说文》:"醜,可恶也。从鬼,酉声。""醜"跟表阴部的"州"是同族词,段注引《礼记·内则》:"鳖去醜。"康成注云:"醜谓鳖窍也。"《广雅·释亲》:"醜,臀也。"王氏疏证:"醜与州声近而义同。"阴部跟丑恶、羞耻常是一个词:德语 Scham "羞耻;阴部";意大利语 vergogna "羞愧;耻辱;生殖器,阴部"。丑恶发展出厌恶,语义引申路径清晰。汉语"恶"字的语源是大便,发展出丑恶义,再发展出厌恶义。英语 hideout "极丑的,可怕的;令人厌恶的";ugly "丑陋的;可怕的;讨厌的"。厌恶发展出抛弃,也容易理解,"厌"是厌恶,也是嫌弃,组合词说"厌弃",《论语·雍也》:"予所否者,天厌之,天厌之。"邢昺疏:"厌,弃也。"朱熹注:"厌,弃绝也。"英语 repulse "击退的,驱赶的;使厌恶",repulsive "令人厌恶的;驱逐的;排斥的"。

极平常的字,语义也可能不太容易理解。跨语言的比较,可让语义变得很透明,容易理解。看"悸"的解说。

(25)悸。《卫风·芄兰》:"垂带悸兮。"传曰:"垂其绅带,悸悸然有节度也。"《广雅·释诂》一:"痵,病也。"王氏疏证谓《说文》:"痵,气不定也。"《汉书·田延年传》:"使我至今病悸。"韦昭注云:"心中喘息曰悸。""悸"与"痵"通。《说文》:"悸,心动也。"段注:"痵与悸义相近。""悸",绅带悸悸然有节度,指衣带飘动貌。物体飘摇不定，用以形容心神不宁，难以静止。"晃"，恍惚、摇曳，也指心神不宁。"摇"，《说文》训"动也"，心忧曰"摇、摇摇"。《王风·黍离》"中心摇摇"，三家诗作"愮"。《尔雅·释训》："愮愮，忧无告也。"英语 falter "摇晃；动摇，畏缩；颤抖"。意大利语 agitare "摇动，摇晃；使激动，使不安，使焦急"。

抽象的词语，一般来自较为具体的词。我们先看"谅"字的来源。

（26）谅 / 亮。《鄘风·柏舟》："母也天只，不谅人只。"《释文》："本一作亮。"《说文》："谅，信也。"段注："经传或假亮为谅。"明亮跟诚信有语义联系，所以《诗》作"谅"，也作"亮"。其语义关系，可作如下讨论。《说文》："亮，明也。"又诚信不欺，《尔雅·释诂》："亮，信也。"邵晋涵正义："亮者，通作谅。""谅"作"明"，是明亮与诚信有语义关系。"明"是明亮，同族词有"盟"。《小雅·黄鸟》："不可与明。"笺云："明当为盟。盟，信也。"孔疏云："《曲礼下》曰：约信曰誓，莅牲曰盟。盟是信誓之事，故云盟，信也。礼，诸侯有相背违者，盟以信之。而不信之人，既盟复背。"明亮与真实、诚实，可借助其他语言予以证实。英语 clear "晴朗的，明亮的；确信的"；plain "清楚的，明显的；真诚的"；white "白的；诚实的，正直的；真实的"。意大利语 pulito "干净的，清洁的；正派的，诚实的"。"明白"是明亮，也是理解，理解就是谅解，英语 understand "理解；明了；得知；谅解"。"谅"，又有薄、小义。英语 light "阳光；轻柔的；稀薄"。明亮与轻快语义有关联，是"谅"得以有轻薄义。光线或说"光柱"，以其形似柱子，英语 beam 名词"梁，桁；光线"，动词"照耀"。朱骏声《说文通训定声》谓"梁"假借为"谅"。《礼记·丧服四制》："《书》曰：高宗谅暗，三年不言。"《释文》："谅读为梁。""谅"有诚实、相信义，可比较英语 honest "诚实；可信任的"。

（27）洫／洫。"洫"是沟渠，也是流水，《大雅·文王有声》："筑城伊洫。"传曰："洫，成沟也。"《说文》："洫，疾流也。从水，或声。"段注谓"假借洫为洫"。《说文》："洫，十里为成，成间广八尺，深八尺谓之洫。从水，血声。《论语》曰：尽力于沟洫。""洫"是沟渠，也是护城河。沟渠、河流，与水流可以是一个词。葡萄牙语 regadeira "滂沱大雨；山洪；灌溉渠；排水沟"。沟渠与流动，英语 dyke 名词"堤坝；沟渠"，动词"挖沟；给（土地）开沟排水"；rill "小河，（冲蚀而成的）水沟"，动词"小河般地流"。意大利语 rivo "小溪；流出"。德语 Abfluß "流走；出水口；排水渠；流失"。"洫、洫"是沟渠，也是流水，"洫" *qhwruug、"洫" *qhwuug 语义原本就有关联。

《说文》："沈，水从孔穴疾出也。从水穴，穴亦声。""穴"是洞穴，也指水道，《海赋》："江河既导，万穴俱流。""沈"是水从洞穴快速流出。可比较"洞"字，水快速流动，《西都赋》："东郊则有通沟大漕，溃渭洞河。"后指洞穴。河流与山洞、裂缝的语义关系，比较英语 hollow 形容词"空的；凹陷的"，名词"洼地，洞穴；山谷"。意大利语 canale "运河；沟渠；（悬崖峭壁上的）裂缝"。水渠跟流动的语义关系参见上文"洫"字条。段注谓《韩诗》之"回沈"，《楚辞》之"沈寥"皆假借也。按"沈寥"指旷荡空虚，"回沈"指水弯曲漂流，跟水、水流可能均有语义联系，具体情况有待进一步探讨。

研究语源，可更好地理解原文。语源就是研究词与词之间的关系，关系理清了，对于词在文中的用法就能了解得更清楚。

（28）墓与莫／暮。"墓"字在《诗经》出现两次，"墓门"连文，见《陈风》"墓门有棘，斧以斯之"，又"墓门有梅，有鸮萃止"，传曰："墓门，墓道之门。"笺、疏无说。

"墓"，坟墓。古者人去世后，厚衣之以薪，其后改易埋入地下，入土为安。古人不封不树，但有墓穴而已。"墓"最初是指墓穴。人死后埋入黄泉，与泥土为伴，从此长眠于斯。坟墓的长夜、昏暗义，盖源于此。汉语的"穸""墓"，可能均跟黑夜有关系。我们分别讨论。

"穸"，"窀穸"，掩埋死者。"穸"，语源来自"夕"，夜晚，长夜。《左传·襄公十三年》："若以大夫之灵，获保首领以殁于地，惟是春秋窀穸之事，所以从先君于祢庙者，请为灵若厉，大夫择焉。"杜注："窀，厚也；穸，夜也。厚夜犹长夜。春秋谓祭祀，长夜谓葬埋。""穸"来自"夕"。"夕"，夜晚，又指坟墓，王缙《进王维集表》："魂而有知，荷宠光于幽穸。""殙"，《集韵·魂韵》："未立名而死。"作死亡讲的"殙"，亦应跟昏暮有关。

"墓"的语源，前人或谓来自"慕"，《周礼·春官·叙官》"墓大夫"，郑玄注："墓，冢茔之地，孝子所思慕之处。"《释名·释丧制》："墓，慕也。孝子思慕之处也。""墓"来自"慕"，过于抽象，没有语言上的证据。后人又另发新意，段注"墓"下曰："墓之言规模也。"王念孙《广雅疏证·释丘》说同："墓之言模也，规模其地而为之，故谓之墓。""规模其地而为之"，意思是说规划修建，故坟墓曰"墓"，这也没有语言根据。段、王的这些说法，来自《方言》及郭注。《方言》卷十三："凡葬而无坟谓之墓，所以墓谓之撫。"郭注："规度墓地。"引《汉书·刘向传》"初陵之撫"，后作"橅"（见段注"墓"字条），今本径改为"模"字。

"墓"是墓穴，幽暗之地，"坟"是坟墓隆起部分，《广雅》坟墓类词语归入《释丘》。山陵和坟墓可共用一个词语，汉语的"坟""陵"等词语同时有山丘和坟墓的意思。德语 Hügel "丘，小山；［诗］坟头"（黄树先《比较词义探索》"山与坟墓"条）。"墓"是墓穴，王念孙说"秦以前皆谓葬而无坟者为墓，汉则坟墓通称"。所言是也。

"墓"应该来自黑夜的"莫／暮"，其语义演变跟"穸"相同。《说

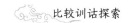

文》："莫，日且冥也。""莫/暮"指傍晚，亦泛指夜晚，《广雅·释诂》四："暮，夜也。"王氏疏证："凡日入以后，日出以前，通谓之夜。"又谓"夕、夜、莫三字同义"。太炎先生谓"墓"来自"莫"："莫亦孳乳为墓，丘也。"（《文始》五，2021a：332）。相较上举郑康成及段、王之说，太炎先生的说法是可取的。汉语用黑夜、幽暗表示坟墓，较为普遍，除了"莫/暮""夕/夕"外，有好几个相关的字词。"夜"，夜晚，坟墓曰"夜台"，李白《哭宣城善酿纪叟》："夜台无晓日，沽酒与何人。"王琦注引陆机诗，李周翰注曰："坟墓一闭，无复见明，故云长夜台，后人称夜台本此。""冥"，黑夜，《小雅·斯干》："哙哙其正，哕哕其冥。"笺云："正，昼也；冥，夜也。"字或作"瞑、晚"，《说文》："瞑，冥也。读若黾蛙之黾。"《集韵》眉耕切。《集韵·迥韵》："晚，日暗也。"也作"暝"，《玉篇》："暝，夜也。"字或作"瞑"，《广韵·径韵》："瞑，夕也。""瞑"可能是讹字，应从"日"。"暝"字作晚上讲，时代较早。李荣先生说，宗懔《早春》："昨暝春风起，今朝春气来。"庾信《秋夜望南飞雁》："无奈人心复有忆，今暝将渠俱不眠。""昨暝"就是"昨夜"，跟"今朝"对举；"今暝"就是"今夜"。闽语夜叫"暝"，也写作"冥"（李荣2014：28）。"冥府、冥界"，均指人去世后的地方。"幽"，幽暗，《小雅·隰桑》："其叶有幽。"传曰："幽，黑色也。"坟墓叫"幽坎"，韩愈《丰陵行》："哭声訇天百鸟噪，幽坎昼闭空灵舆。"还有"幽宫、幽间"，均指坟墓。

黑夜是幽暗的，也会给人带来悲伤之感。西班牙语noche"夜；黑暗；忧伤"。罗马尼亚语noápte"夜；黑暗；悲伤"。给人带来悲伤的莫过于死亡，在自然语言里，黑夜就有死亡、结束的意思。巴克的《印欧语语汇比较词典》：古冰岛语kveld，古英语cwield、cwield-tīƥ"夜晚时分"（evening-time）、cwield-seten"晚会；上半夜"

（evening-sitting，first part of night），古高地德语 quilti-werc "晚上的事情"（evening work）；类似的意思，古英语 cwield "毁灭；死亡"（destruction，death）、cwelan "死亡"（die）、cwellan "杀"（kill），立陶宛语 galas "了结"（end）（2017：997）。印欧语的"晚上"，在古英语里发展出死亡义，立陶宛语的了结义亦应跟死亡有语义关联。谢惠连《雪赋》："岁将暮，时既昏。"吕向注："暮，尽。昏，冥。"可跟立陶宛语比较。古英语用晚上表示"死亡"，跟汉语用"夕（夗）、墓（暮）"表示死亡、坟墓，其语义演变应相同。汉语"暮"表死亡的例子，《庄子·至乐》："生者假借也，假之而生生者，尘垢也。死生为昼夜。"成疏曰："以生为昼，以死为夜，故天地不能无昼夜，人焉能无死生。"《至乐》又曰："若果养乎，予果欢乎？"《释文》谓"养"字："司马本作暮，云：死也。"晚上是黑暗的，赶上夜晚有人去世，就更加恐惧、悲伤。

再讨论跟"莫"相关的几个字词。《说文》："莫，死宗莫也。从歺，莫声。"段注："宗莫犹嗼嗼也。"《说文》又有"嗼嗼"，云："嗼，嗼嗼也。从口，莫声。"段注："《歺部》云寂莫，义略同。""寂寞"跟死亡、坟墓，可能都有语义上的关联。英语 repose "歇息；长眠；安详；安静"。意大利语 dormire "睡；长眠；休眠；寂静"。葡萄牙语 descanso "休息；墓地；睡眠；安静；住宅"。但是"莫"跟来自晚上的"墓"，有没有语义上的关联，有待进一步的研究。太炎先生《文始》五谓"墓"跟"莫"有语义上的联系："莫又孳乳为莫，宗也。为嗼，嗼嗼也。为莫，死宗莫也。"（2021a：332）太炎先生的意见，值得重视。

（29）蔼。《卫风·考槃》："考槃在阿，硕人之蔼。"传曰："蔼，宽大貌。"笺云："蔼，饥意。"《释文》："蔼，苦禾反，《韩诗》作傩。傩，美貌。"《说文》"蔼"训草也，从艸，过声。段注谓"硕人之蔈","毛云宽大貌，郑云饥意。按毛郑意谓蔈为款之假借。《淮南书》窾者主浮。注：窾，空也，读如科条之科。然则蔈、款古同音。许君亦曰：窠，空也。毛郑说皆取空中之意"。段说是也。马瑞辰说，合三章观之，仍从传说为允（2010）。宽大、空虚与饥饿义，语义有联系，传笺可以合而观之，马说可商。郑张先生说，"款"*khoonʔ、"窾"*khloonʔ，通"空、孔"*khlooŋ、"科、窠"*khlool，与"穿"*khljon、"窟"*khluud 同源于"俞、裔"*lo（2013：201）。还可以加上"蔈"。"蔈"，苦禾切 *khlool。这是一个数量较多的词族，表示空旷、扩大。字有"款、阔、空"等多个写法，也借表示草的"蔈"字来标记。"空"发展出饥饿义，是常见的语义演变。可比较现代汉语"肚子（饿）空了"；英语 empty"空的；肚子空的，饥饿的"，hollow"空的，空心的；空腹的，饥饿的"。

  训诂学以及文献的整理，必须以核心词为中心。以核心词为中心，理清所谓冷僻词的来源，才能更好地理解原文。核心词的早期来源，是训诂学应该重视的研究课题，而研究早期核心词的来源，必须借助汉藏比较语言学才能完成。

  词语演变的中心是核心词，核心词不断派生出新的词语，训诂学要研究核心词派生的方向跟路径。考索词语的派出和派进，就是对词语派生进行研究，必须要有跨语言的证据。

词义研究

第二章

词语的解释，是传统训诂学一个很重要的内容。清代朴学又叫考据学，注重词语的考释，考据、义理是传统学问的重要组成部分。词语的考释包括确立词的本义，梳理引申义、同源字词的系联，也包括冷僻字词的考释。文献里的冷僻字词，大抵指字面生涩而义晦和字面普通而义别两种，这是以往训诂学研究的重点。其实，自然语言里并不存在冷僻字词，所谓的冷僻字词是由于时代的变易，以前的常语不为人知，或仅仅由于文字书写，才变得冷僻。比如当衣袖讲的词，字本作"胳"，后来写作"袼"，前者浅易，后者晦涩。其实这两个字在语言里是同音的，就是一个词，是书写造成了文字障碍。

第一节 本义和引申义

梅祖麟先生讲到汉藏语比较对研究上古汉语词汇的贡献时，一共讲了三条。第一，汉藏同源词给汉语词汇史添了长长的一段历史。第

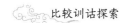

二，以前主要用古文字出现的先后给语词断代，以后可以引进汉藏比较。这两条，大体都是讲词语出现的时间，可合在一起讲。梅先生文章的最后一条，是"商周汉语以前也有词汇替换和语义演变这两个现象"，词语的替换与语义的演变，是"词如何替换了语义"（2008：2），这是汉语词汇史上很重要的研究课题。

词语本义和引申义，涉及词义的演变和发展。词义的梳理，要放在汉藏语系的大背景下进行，运用历史比较法，构拟语言的早期语音面貌，梳理早期的词语及词义。除此之外，探索词义，还要进行跨语言的词义比较。词义的演化，一定要符合人类自然语言的一般演变规律，能用义法进行解释。本节所考定的词义，不管是本义的溯源，还是引申义的梳理，都在历史语言学和语义类型学的视野下进行。

汉语词语的演变，离不开本义和引申义。研究文献记录的词语，除考察词语的词义演变外，还要考虑到用字的变化。词义的演变，大致可以分为废弃、替换、本义消失，这三者其实就是本义的进一步演化；引申义的产生，也反映汉字的使用情况。

一、废弃

废弃是指汉语某个古老的词语，很早就停止使用，成为最早的一批历史词，可称之为废弃词。通过汉藏语言比较，可确立早期的语义，我们举"页、奚"等例子加以说明。需要说明的是，废弃和更替略有不同，更替是一个新的词语取代了原有的词语，如"树"取代"木"，而废弃则看不出有哪个词语来取代它。

（1）页。汉语的"首"是古老的词语，本义为头。《卫风·伯兮》："首如飞蓬。""首"书九切 *hlju?<*qhljuq，跟汉藏语系语言，以及包括南岛语在内的东亚语言有广泛联系，是分布十分广泛的古老词

语。普沃语和斯戈语 kho"头"，藏语 mgo，迪加罗语 ku-ru~mku-ra，mkau，怒语 gɔ~əgɔ，加罗语 sko，迪马萨语 sagau（在复合词中），梅特黑语 məko"头"，源自藏缅语 *m-gaw~(s-)gaw（白保罗 1972#490；1984：157）。还可跟南岛语比较：*( )lu[ ]us，原始苗语 **hli=*hlwi 来自早期的原始澳泰语 *(h)loi（Benedict 1975：240）；*q[a]lu[b](u)，*q[ ]lu[b/]a，*k[ ]lu[b/]a，*k[a]la[b](u)"头"（1975：311）。

"首"这个词一直沿用到现在。还有一个古老的词语"页"，头的本义消失，变成了一个废弃词。"页"*gleed，《说文》："页，头也。""古文䭫首如此。""页"见于甲骨文，裘锡圭先生说，画头时如附带画出人身，就成了"页"字，"页"本是"首"的异体，yè 的读音大概是后起的（2013：115）。裘先生的说法值得再考虑。从藏文 klad-pa"头脑，脑袋"看，汉语"页"的读音及意义都是古老的。藏文 klad 还有不少引申义："前面，顶上，开始处"；klad-ma"最初，开始，上面"。"页"是汉语古老的词语，跟藏文对应，是来自原始汉藏语的古老词语。"页"在早期汉语应很活跃，故能成为《说文》540 个部首之一。参见拙著《汉语身体词探索》。

（2）奚。《说文》："奚，大腹也。""奚"胡鸡切 *gee，作大腹讲在后来的文献少见。马提索夫说，肠胃一类的词跟粪便有密切关系：原始澳泰语 *(N)q[a]ḷay、原始藏缅语 *k-ləy"粪便"。喀林语 cis-khli、切庞语 yoŋ-kliʔ"粪便"，阿博尔米里语 a-ki"腹，胃，肠"，松瓦尔语 ki"肠"；另一个可能用来作比较的是原始澳泰语 *[(M)pl]a(N)qi"粪便，肠"。（1985）马提索夫的这段话，值得关注。原始藏缅语 *k-ləy"粪便"，在有些语言里语义稍有不同，如阿博尔米里语 a-ki 就有"腹，胃，肠"三个意思。汉语"屎"*hliʔ<*qhjiʔ，也属于汉藏语系里的这个系列。汉语作大腹讲的"奚"和"屎、矢"是同族词，可与亲属语言 ki"腹，胃，肠"比较。后来作大腹讲的"奚"消失，成为一个废弃词，只保留在《说文》等文献里。

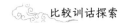

二、更换

废弃是古老的形式弃而不用，和它同时代的其他相同语义的古老词语得以胜出，并一直沿用下来。而更换则是旧有的词遭淘汰，被新出的形式取代。我们举"薪／木""木／树"略加说明。

（3）薪／木。汪维辉先生讨论了汉语"树、木"的使用，认为作为木本植物通称的词，春秋以前的汉语是一个——木，战国以后则是两个——木、树（2017：91）。根据汉藏语研究成果，表木本植物通称的词，最早是"薪"，其后才是"木、树"。"薪"*siŋ，跟藏缅语"树"有对应：藏语śiŋ，卡瑙里语śiŋ，马加里语śiŋ，瓦尤语siŋ，巴兴语siŋ，米里语ö-śiŋ，怒语śiŋ~thiŋ，缅语sats，卢舍依语thiŋ，米基尔语theŋ"树，木"；藏缅语 *siŋ（白保罗1972#233；1984：55）。文献里，"薪"作薪柴讲，《说文》："薪，荛也。"这是词义后来的发展，早期汉语"薪"当树木讲。在古汉语里，"薪"指粗的薪柴，尚存古义。《小雅·无羊》："以薪以蒸。"笺云："粗曰薪，细曰蒸。"大的树枝叫"薪"，尚保留早期的意思，以后词义逐渐发展，泛指一般薪柴。"薪"原本指树木，用作薪柴以后，树木义由"木"字替换。树木发展出薪柴，是很常见的语义演变模式。英语 log"圆木；干柴"。参见拙文《比较词义研究：薪柴与燃烧》。

（4）木。"木"在文献里指树木，《说文》："木，冒也，冒地而生。""木"来自汉藏语的草。汉语"木"*moog对应亲属语言的"草"：卡瑙里语 myag，缅语 mrak"草"，藏缅语 *mrak（白保罗1972#149；1984：41）。藏语来自 *a-lyag 的 'dźag-ma"草"属于这一组，为藏缅语 *m-lyak 所替代（因为藏语以藏缅语的 *a- 换 *m-）（1972# 注149；1984：215）。列普查语 muk"野草，垃圾"，米里语 pömuk"灰尘"，缅语 ăhmuik"垃圾，灰尘"，藏缅语 *mu·k

（1972#363；1984：80-81）。汉语草地、放牧等义的"牧"均从"木"的草义发展而来（黄树先2011b）。

三、本义消失

根据汉藏语系诸语言，可确定古老词语的早期语音面貌，以及早期的词义。以往确立词语的本义，主要是根据汉字的字形，结合文献的用例来确定词的本义。有了历史比较语言学，确立本义就多了一个有效的手段。从本义的消失来看，亦可认为这些消失了本义的词语也是废弃词。这里所讲的本义消失，跟前面讲的废弃有关联。下面两例可以说明这个问题。

（5）腴。《说文》："腴，腹下肥者。从肉，臾声。"许说非本义。"腴"字早期可能指腹部。《礼记·少仪》："君子不食圂腴。"郑注："《周礼》圂作豢，谓犬豕之属，食米谷者。腴有似人秽也。"孔疏："腴，猪犬肠也。""腴"*lo，可与亲属语比较：西夏语 lo"胃"（李范文、韩小忙2005）。胃、肠有密切关系。郑张先生拿汉语的"腴"对应泰文的 roo"大腹便便"（2001：182）。胃和仓库有语义关系，"腴"是胃，作仓库讲的有"庾"字，《说文》："庾，水槽仓也。一曰仓无屋者。"桂馥《说文解字义证》"臾"下说，"臾、庾古字通"。"腴"是胃，通过文献，再结合亲属语言，可判定胃是"腴"的本义；本义消失，只保留肥腴义。肥腴是从胃的大腹便便发展而来的。英语 abdomen"腹（部）"，abdominous"大腹便便，肥胖的"。法语 ventre"腹部；肠胃"，ventru"大腹便便"。

（6）柢。"柢"是树根，《说文》："柢，木根也。"字或作"柢"，见《墨子·经上》。字或作"氐"，《尔雅·释言》："氐，本也。"《小雅·节南山》："维周之氐。"传曰："氐，本也。"徐灏《说文注笺》"氐"

字下说："氐即根氐本字，相承增木字为柢。"在语言里，树木的根和人的足可共享一个词。一般来说，足产生较早，当树根讲的词是次生的，尽管在斯瓦迪士的百词表里列有树根（黄树先 2010a）。比较法语 pied "（人的）足；蹄；（菜蔬等）近地面的茎部，（树干的）根部"。

"柢"*tiilʔ 是古老的表示"足"的核心词，可跟南岛语"足"比较：原始南岛语 *til（Benedict 1975：295-296）。与南岛语比较后，我们知道汉语"柢"的本义是足。"足"发展出树根，字写作"柢"。"柢"的足义，发展出动词"抵"。腿、足可发展出行走义：英语 leg 名词"腿"，动词"疾走，跑；用腿抵住运河隧洞推船通过"；shin 名词"胫"，动词"攀爬；快步走"。汉语"柢"的足义，发展出低、底下义，字作"低、底"，《说文》："底，一曰下也。"《说文新附》："低，下也。"汉藏语系其他语言也有这样的语义演变，郑张先生拿汉语"底"*tiil 对藏文 mthil "底，掌心"（2013；亦参潘悟云 2000：215）。王力先生说，"低（氐）"和"氐、柢、底"是同源字（1982a：415）。与南岛语比较后，可确定"氐、柢"的本义是足，在汉语里人的足这个本义消失了，只保留下来树根、底部这些引申义。

四、词义的分化

词语发展出相关的词义，语音可保留不变，也可小变其音。读音虽然有变化，但依旧很接近。本书第一章也有这样的例子，可参阅"莝 / 荞"等词条的讨论。再举"粮"字加以说明。

（7）粮。"粮"，文献指鸟类的嗉，《尔雅·释鸟》："亢，鸟咙，其粮，嗉。"王引之《经义述闻》："家大人曰：粮之言韣也。《广雅》曰：韣，弓藏也。故鸟兽藏食之处通谓之粮。"王氏说"粮、韣"二字语义有关系，可信。杨树达先生有类似的说法（1983a：27）。藏缅语一些语言里，"肠、胃"有共同的来源，为了区别这两个意思，读音稍有不同，如羌语南部方言的曾头寨话，pu"胃"，puɯ"肠"（蓓蒂·谢芙茨、张琨 1984–1985），借助元音的交替来区别胃与肠。汉语"粮"*taŋ<*k-laŋ，跟"肠"*daŋ<*g-laŋ 是一个来源，《说文》："肠，大小肠也。""粮"指嗉子，是鸟兽的胃。汉语为了区别这两个意思，采用了辅音的清浊交替。自然语言里，嗉子和胃可以共用一个词：英语 maw"动物的胃；（鸟的）嗉囊；人胃"；法语 jobot"嗉囊；胃"，poche"口袋；（鸟的）嗉囊"。这和"粮、輾"的语义发展完全相同。

第二节 疑难字词考释

语言是人类最重要的交际工具，语言里的词语都是人们熟知的，人尽知晓，故能出诸口吻，而达于两耳，从而达到交际的目的。在语言里，不大可能有影响交际的冷僻词语。只是由于时代的变迁，不少词语变得越来越陌生，成为后人难以索解的疑难词语。疑难词语是历史造成的，是历时语言积累下来的；在共时平面是不太会出现疑难词语的。可以通过历史比较、跨语言的词义比较，寻找已经消逝了的历史真相，剥下疑难词语的重重伪装，还疑难词语的本来面目。

一、字面简单的字词

许多字面简单的字词，其读音、早期语义，以及后来词义的发展，并非毫无问题。我们先举"手"为例加以说明。

（8）手。《说文》："手，拳也。"段注："今人舒之曰手，卷之曰拳，其实一也。"手"见于甲骨文。郑张先生说汉语的"手"*hnju'和"杻、枓"*nu 相谐，和缅语的 hnjouh 对应（2013：127）。文献材料也表明，"手"和"杻、枓"其义也相联系。《说文》："枓，械也。从木手，手亦声。"唐写本有"读若丑"，今本脱。莫友芝《唐写本说文解字木部笺异》谓"读若丑三字二徐无"。朱骏声《说文通训定声》曰："枓，在手曰梏。按即丑之或体，因丑为借义所专，乃制此字。""手"是手足，"枓"是木质手铐类刑具。语言里，表身体部位的词语，可拿来表示该部位的服装、饰物以及刑具。上面的证明材料有汉语内部材料，也有汉藏历史语言学的证据，还有跨语言的语义比较。通过这一系列论证，大体可确立"手"的早期读音，梳理其语言演变的轨迹。

"手"是很常见的字，可是读音仍然有这么多的问题，须要澄清。跟"手"有关的"狃"，考索起来就更加麻烦。

（9）狃。汉语"手"，早期读 *hnjɯ'。"狃"*nuʔ，脚趾头，《尔雅·释兽》："猩猩，小而好啼，阙泄多狃。"郭注："说者云：脚饶指。未详。"郝懿行义疏："狃为借声，谓脚指头。"《尔雅·释兽》云："狸、狐、貒、貉丑，其足蹯，其迹内。"郭注："内，指头处。"《释文》："内，女九、人九二反。《说文》云：兽足蹂地也。古文为蹂，《字林》或作狃。"根据这些材料，我们认为"狃、内"是脚趾，和"手"字是同族词。手指跟脚趾共享一个词语，在自然语言里很常见，如：英语 digit"手指，脚趾；一指宽的长度"；法语 dedo"手指；脚趾；一指之宽，一中指之长"；捷克语 prst"手指；脚趾；（脊椎动物的）趾"。

二、疑难字词

传统训诂学更多致力于疑难字词的考释，对所谓的冷僻词语尤为关注。所谓冷僻，是历时语言里存在的现象。造成冷僻，有语言本身的原因，也有文字的原因。先看文字方面的原因。语言里的词语，原本可能只有一个形式，可以是一个读音；因语义发生了裂变，一个词义派生出另一个词义，读音可以不变，也可以发生变化。但在书面语里，记录的汉字显得冷僻，也习惯把它当作冷僻词。其实，这只是文字障碍，只要把文字记录弄清楚了，冷僻词就变得极常见。文字书写尽管不同，但在语言里，只是一个极普通的常用词语。冷僻是历时语言里形成的现象，借助历史语言学、语义类型学，可还原其本来面目。先看上古汉语里的"膰"。

（10）膰。"膰"字在先秦是指祭祀用的熟肉，《左传·成公十三年》："祀有执膰，戎有受脤。"杜注："膰，祭肉。"煮熟了的食物，可能来自表示煮的动词"燔"。"燔"是烧烤，烧烤好了的肉也叫"燔"，字或作"膰"，《左传·襄公二十二年》："与执膰焉。"《释文》："燔又作膰，音烦，祭肉也。"《说文》作"膰"："宗庙火孰肉，天子所以馈同姓。从炙，番声。《春秋传》曰：天子有事膰焉。"段注："今世经传多作燔、作膰，惟许书作膰。《火部》燔下云：爇也。是《诗》作燔为假借，他经作膰乃俗耳。"从来源看，"燔"是最早的形式，从烧烤发展出炙烤的熟肉，字写作"膰、膰"。一个原本常见的"燔"，变成了"膰、膰"，语义演变的路径也模糊不清。汉语"炙"是炙烤，炙烤好了的肉也叫"炙"，语义演变路径与"燔、膰、膰"相同。"炙"字习见，"（吴人）火旁庶为炙字"（《颜氏家训·书证》），作"爁"就有点难晓了，《集韵·祃韵》"炙，燔肉也。或从肉"，字作"胒"就算是极其冷僻了。追根溯源，还其本来面目，这些所谓的冷僻字词就是语言里最常见的词语。动词"烧烤"，发展出名词"吃烧烤"，语义演变也极其自然，是语言中常见的语义演变模式。英语 grill 动词"炙烤"，名词"（烤肉的）烤架；炙烤的肉类"。

再看一个例子。《玉篇》："膰，肝也。"或作"膰，膰肝也"（黄树先 2016b），这条材料有点奇怪，可作如下解释。作肝讲的"膰"，应来自烧烤的"燔"，可比较俄语相同的语义联系：лечнь"肝"，由动词лечь"烤，煎"构成（王丽媛 2013）。"膰"字在先秦指祭祀用的熟肉，来自动词"煮"。"燔"是烧烤，烧烤好了的肉也叫"燔"，字或作"膰"。俄语 лечнь 指肝，方言里也指烤肉，均来自动词，其词义发展轨迹跟汉语完全一样。

（11）胹。跟"膰"语义来源相同的还有"胹"，"胹"*kljɯŋ 来自"蒸"*kljɯŋ。"蒸"本是麻秆，《说文》："蒸，析麻中干也。"段注："今俗所谓麻骨棓也。"又泛指细小薪柴，《小雅·无羊》："以薪以蒸。"笺云："粗曰薪，细曰蒸。"薪柴可发展出燃烧义，《韩非子·二柄》："桓公好味，易牙蒸其子首而进之。"（梁启雄 2009：43）"子首"宜作"首子"，前人辨之甚详（宋翔凤《过庭录》卷十三"易牙蒸其首子而进之"条）。薪柴发展出燃烧，相同的语义演变可比较：原始印欧语 *aidha-"烧"，梵语 edha-"木柴"，古高地德语 eit"篝火"（吴安其 2022：118），西夏文 thwər"烧、柴、薪"（李范文、韩小忙 2005：333）。

"胹"与"蒸"同音，《说文》"胹"读若"丞"。杨树达先生说，"丞"是误字，应作"烝"（2007b：182）。"胹"是熟肉，也指把熟肉装进鼎俎，《仪礼·燕礼》："脯醢，无胹。"蒸煮是动词，蒸煮好了的食物可用相应的动词来表示。参见上文"燔"的讨论。比较英语由cook 派生出来的 cookie（或作 cooky），在口语里指"（女）厨师，厨师助手"；英语 cookie 一词还有"家常小甜饼干"的意思，在苏格兰则指"普通小饼干"。表薪柴的"蒸"，发展出蒸煮义，是薪柴与燃烧的语义关系，再发展出指蒸煮好的食物。这些语义演变，与其他自然语言完全一致。

三、派生词语

从核心词派生出来的词语，读音可不改变，如上文所讨论的"膰、胙"就跟"燔、蒸"读音一样。也可以改变读音，比如下面要讨论的"畴"。

（12）畴。"畴"力求切 *ruːw。《说文》："畴，烧种也。从田，翏声。汉律曰：畴田祓草。"段注："谓焚其草木而下种，盖治山田之法为然。"从"翏"得声的还有"藜"字，戴家祥先生说，"燎"亦同"藜"（1999）。其说可从。"畴"的烧荒耕种义，亦从"燎"的燃烧义 *reew? 发展而来。印尼语 parun"烧，焚烧（垃圾、干草等）"，perun"（开荒时）第二次焚烧（清除残枝、落叶等）；火耕"。印尼语的火耕也来自燃烧，两个有关联的词语，读音也发生了小的变化，演变情况一如汉语。

四、方言词

汉语的一些基本词，读音发生改变，除了区别语义外，还可能跟不同地域有关，也就是说，不同的读音，可能是方言变体。兹事体大，还需仔细研究。我们举"乃"略作说明。

（13）乃。汉藏语"日，太阳"是 *ni，也表"年"，如傈僳语 ni^2"年"。缅彝语支语言，也有添加 *-k 尾，表示"年"，如缅甸语 nik"年"。汉藏语"日"，元音是 *i，不少语言仍读 i，也有语言读 e：藏语 nyi-ma，卢舍依语 ni"太阳，日"，缅甸语 ne"太阳"、né"日"，克钦语 ni"日"（dai-ni 照字译是"这一天"），迪马萨语 di-ni"今天"；藏缅语 *niy（白保罗 1972#81；1984：27–28）。汉语"乃" *nɯɯ? 读 ɯ，也是正常音变。汉语"年" *niŋ，是在汉藏语词

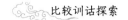

根 *ni 的基础上添加 -ŋ 尾。也可像傈僳语一样，不加 *-ŋ 一类的韵尾。李学勤先生说，云梦睡虎地秦简《封诊式》有三处见"洏某月"，其语译都把"洏"译作"本年"。秦汉简文中的"洏"，就是何休所说的"乃"，意思是"是岁"，字写作"乃、洏"。（1998：201-202）。"洏、乃" *nɯɯʔ "是岁"，和傈僳语 ni² "年"一样，来自汉藏语 *ni "日，年"。

五、引申义

词的本义、引申义，是很复杂的问题。讨论这些问题，除了依据汉语内部材料，包括基本的训诂材料，以及文字学、音韵学的支撑，还需要进行跨语言的词义比较。关于跨语言的类型学比较的意义和目标，我们已有讨论（黄树先 2012d）。底下举例，用以说明跨语言的词义比较，对于梳理引申义，也有重要价值。

（14）率。"率、帅、衔、達"有率领义。《说文》："衔，将衔也。"陆宗达先生说，表示先导的"衔、達"是从"率"而来，引申为引导义，故"率"派生词有"達"，有"衔"（1980：120）。陆先生的说法，可比较法语 mener "带领；牵，赶；率领；领导，指挥"，meneur "［古］带领者；领导者，头目"。经典的词义研究，主要是借助汉语内部的材料，引入比较词义，前人考订的成果就能得到印证。

六、同源词

疑难字词的考释，关键是梳理核心词，找到核心词最早的源头。这个源头是指汉藏语系最早的语言形式，包括早期的语音面貌、基本语义。源头找寻后，再根据文献记载，结合语义类型学，语义的发展就容易弄清楚。请看下面两个例子。

（15）樵。"樵"*shrins，古今解释有分歧，文献里当伐薪讲，《尔雅·释木》："谓樵，采薪。采薪，即薪。"此句各家解释不一致，照郭璞的说法"谓樵"是伐薪。《释文》引李曰："采薪，一名汇樵；言即薪，谓二薪也。"邢昺疏曰："郭云指解今樵薪。一名樵，一名采薪，一名即薪。《公羊》谓之薪采。《左传》云不樵树。《史记》云：樵苏后爨，师不宿饱。注云：樵，取薪。苏，取草。皆谓取草木为薪也。"邢疏引《公羊传》，见《哀公十四年》："然则孰狩之？薪采者也。"徐彦疏："薪采犹言采薪也。""薪采"，即打柴、砍柴。

"薪"*siŋ，在文献里是薪柴，《说文》："薪，荛也。"跟亲属语言比较，知汉语的"薪"来自汉藏语的"树木"*siŋ（白保罗1972#233；1984：55）。自然语言里，树木与伐木可共享一个词，如英语 limb 名词"大树枝"，动词"（从倒下的树上）砍去枝桠"；log"原木，木材，干柴"，动词"伐木"；lumber 名词"木材"，动词"伐木"（黄树先 2012d）。

"樵"又指棺木，《说文》："樵，棺也。"《左传·襄公二年》："穆姜为樵。"孔疏："樵，亲身棺也。以亲近其身，故以樵为名。"以"亲"释"樵"，非确诂。"樵"指棺木，来自作"树木"的"薪"。用树木指代棺材，汉语有"寿木、行将就木"一类的说法。黔东苗语 det"树，棍子，木头；棺材"（张永祥 1990：65）。

汉语早期作树木讲的是"薪"，后被"木"取代；"薪"由树木发展出薪柴义，在语言里很常见（黄树先 2008）。树木当棺木讲，也是很常见的词义演变。《尔雅·释木》"谓樵"就是"采薪"，"樵、薪"是同族词，这样，《尔雅》的原文就容易理解了。

（16）茮。"茮、荍"*greew?，"茮"，是草根，《尔雅·释草》："芶，茮也。"字又作"荍"，《广韵·巧韵》："荍，草根。或作茮。"

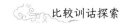

《广雅·释草》:"菝,根也。"《玉篇》:"江东呼藕根为菝。"桂馥对《尔雅·释草》有一段详细的考证,见《札朴》卷五"菝"字条。桂馥谓"《尔雅》本作茇,转写讹为茭",证据不足,因不清楚"茭"当草根的来源,故有此说。汉语作"根"讲的"茭",亦来自当"足"讲的"骹"。《说文》:"骹,胫也。从骨,交声。"段注:"凡物之胫皆曰骹。《礼》多假校为之,《士丧礼记》:缀足用燕几,校在南。注:校,胫也。《祭统》:夫人荐豆执校。注:校,豆中央直者也。此皆假校为骹也。""骹"本指小腿,后指足。刘又辛先生《说"骹"》一文对"骹"词义的演变有详细的说明(2005:301)。足与根的语义关系,参见上文"柢"字条。"骹"也指膝盖骨,《集韵·爻韵》:"骹,膝骨也。居爻切。"郑张先生拿"骹"对应泰文 khauh"膝"(2013:163)。

第三节　新词新义

训诂学也关注新词新义的产生。一个新词新义的产生,顺着它的派出、派进途径来追寻,词义演变就十分清楚。如"科"原本是树木及一些草本植物的茎、枝桠,引申出砍去枝桠。

(17)科。《广雅·释诂》:"科,本也。""科"还可作动词,当砍去枝桠讲。唐人薛能《寄终南隐者》:"扫坛花入箒,科竹露沾衣。"曾仲珊先生说,"科竹"意即"砍去竹子"(1983)。解释不准确。崔山佳、李有全先生说,"科"是斫去枝桠(1984)。崔、李说更准确些,但还未把问题说透。"科"指枝桠,是名词;用作动词,就是砍去枝桠。英语 limb 名词"(树)大枝",动词"(从倒下的树上)砍去枝桠"。相同的语义发展,可比较汉语"薪、樵、荛"等字。

（18）骗。"谝"是能言善辩，《说文》："谝，便巧言也。从言，扁声。《周书》曰：截截善谝言。《论语》曰：友谝佞。"有学者认为，欺骗义的"骗"来自"谝"。"骗"字的欺骗义另有来源。"骗"字指跃上马、骑，《玄应音义》卷七引《字略》云："骗，跃上马也。"《南史·兰钦传》："宋末随父子云在洛阳，恒于市骗橐驼。""骗"字还有拐骗、引诱等义，产生较晚，习见于宋元文献。"骗马"见《西厢记》三本三折："不想去跳龙门，学骗马。"顾学颉等先生说，"骗马"有二意，一谓跃而上马；二谓调哄妇女。骗马的调哄、勾引妇女之义，盖引申前义，是当时的俗语。（顾学颉、王学奇 1988）上马、骑马跟哄骗有语义关联。其他语言骑马跟欺骗的关系，可比较英语 ride "骑，乘车，骑马；诈骗"，德语 aufsitzen "上马，骑上；上当受骗"。德语骑自行车也可发展出哄骗义：radfahren "骑自行车；诿上欺下"。上马、骑马跟哄骗的语义关系，是否可以这样理解：骑马是骑在马背上，压在其身上，发展出欺压之义，进一步发展出欺骗义。

早期的语言，大约总是由很少的核心词构成。在语言使用和发展中，词语不断派生出新的词义，形成新的词语。研究新词新义，其实就是讨论词语的裂变。

第四节　比较训诂的词义研究方法

上古汉语词汇的研究，主要是依托汉语文献。上古汉语的词汇信息，大多保留在文献里，文献是上古汉语词汇研究的基础。同时，汉藏历史语言学、跨语言的词义研究，应该为文献的整理和释读提供帮助。

前人的训诂研究，主要依托汉语内部的材料。比如"之"的语义考察，王引之说："其犹之也，《尚书·康诰》曰：朕其弟。"（《经传释词》卷五）章太炎先生也说："之、其同部，古亦通用。《周书》：孟侯朕其弟，其即之也。"（《新方言·释词》）汉藏历史语言学，为汉语词语的解释注入新鲜血液。俞敏先生《汉语"其"跟藏文的 gji》解读"朕其弟"、《左传》"彼其、夫其"，极为精彩。俞先生说："《尚书·康诰》'朕其弟'之类的用法。朕其弟＝我的兄弟。彼其、夫其、何其，和藏文的 p'gi、gagi 用法相同。西藏话 p'agi 这个字等于北京话的'那边儿'，也等于'那边儿的'。汉语这边儿跟他相当的是'夫其'跟'彼其'或者'彼己'。周朝的'彼其之子'就等于西藏的 p'agi mi adi。"（1995a：146；1949b）。俞敏先生的解释，引入汉藏语早期的语言材料，更加直接，也容易让人明白。

再比如"鶩"的解释。《礼记·曲礼》："庶人之挚匹。"郑玄注曰："说者以匹为鹜。"《广雅·释鸟》字作"鶩"，训作鸭。闻宥先生结合亲属语言，详细讨论了"鶩"这个词（1980）。潘悟云先生也有讨论。"鸭子"，印尼语 bébék，对应壮语、布依语的 pit[7]，傣语、拉珈语的 pet[7]。韵尾 -k 是较早的形式，-k 在前高元音的同化下变作 -t。"鸭"在汉语中的同源词为"匹"*phet<*phek。这种形式的同源词也出现在藏缅语里，如景颇语"鸭子"khai[33]pjek[55]、载瓦语 pjet[55]（1995）。

以汉语内部材料为中心，引入汉藏历史语言学、跨语言的词义比较，对于汉语词语的研究有重要意义。本节辑录上古时期一些重要的词语，吸收前贤的成果，运用汉藏历史语言学、跨语言的词义比较，对这些词语的来源、本义、基本词义等进行考释；对于聚讼有年的词义问题以及文献考释，尤为重视。我们希望在继承训诂学优良传统的基础上，运用现代语言学，对上古汉语的词语考释，作一些新的尝试。

一、溯源

前人解释文献，对关键字词的来源颇为留意。自春秋战国开始，对词语的来源进行探索，"乾，健也"一类的解释，就是对词源进行解释。对于前人的这一类探索，我们可用新的视角来评判，也应该用新的方法对词语的来源进行解释。每个词都有自己的历史，词的来源梳理清楚了，对文献的理解也就深刻了。

（19）狗。"狗"*koo?/*kloo? 来源于幼小的动物，汉语有一系列相关的字词，构成一个较大的词族。"狗"是斯瓦迪士百词表里的词语，早期汉语代表字是"犬"，后出现"狗"，并逐渐取代"犬"。根据《尔雅》，"狗"是未长毛的小狗，《尔雅·释兽》："（犬）未成毫，狗。"郭璞注："狗子未生翰毛也。"标记狗的字，汉代文献有不同的写法（陈直 1981：23）。《说文》"狗"下段注："与马二岁曰驹、熊虎之子曰豰同义，皆谓稚也。"王力先生说，"狗、豰、驹、羔、豿"同源（1982a：182）。"狗"与藏文 gu"幼小动物"有对应关系（陆宗达、王宁 1996：227；黄树先 1993）。

从汉、藏比较可看出，汉语表"幼小"的词跟藏文 gu/ɦu 同源。黄树先曾拿包括"狗"在内的一组表示"幼小动物"的词跟藏语进行比较（1993）。汉语表幼小的动物，有一组词都跟汉藏语表幼小的这个词有关：

①豿 *koo?。熊虎的幼子。《尔雅·释兽》："熊虎丑，其子豿。"《释文》："豿本或作豰。"卢文弨考证："此俗字也。"《集韵·厚韵》："豿，熊虎子也。汉律'捕虎购钱三，其豿半之'是也。通作狗。"字亦作"貓"，《集韵·候韵》："貓，熊虎子名。或作豿、狗。许候切。"

②㸲 *qhoo?。牛犊，《尔雅·释畜》："（牛）其子犊。"郭璞注："今青州呼犊为㸲。"呼后切。

③ 輂 *go。"輂"本是车轭两端弯曲的部分。汉代"輂牛"指小牛牵拉之车，疑"輂"亦跟牛犊有关。《汉书·游侠传》说朱家："食不重味，乘不过輂牛。"晋灼注："輂牛，小牛也。"王先谦引沈钦韩说"据此时贱牛车，而朱家所乘，并是挽輂之小牛，言其贫薄"。"輂"又古侯 *koo、古候二切 *koos。

④ 牯 *qhoo?。夔牛之子，《江赋》："夔牯翘踱于夕阳，鸳雏弄翮乎山东。"李善注："牯，夔牛子也。牯与㹊同，火口切。"

⑤ 驹 *ko。马驹，《说文》："驹，马二岁曰驹，三岁曰駣。从马，句声。"又泛指幼小动物，《尸子》下："虎豹之驹未成文，而有食牛之气。"亦代指年少之人，《汉书·刘德传》："少时数言事，召见甘泉宫，武帝谓之千里驹。"颜师古注："年龄幼小，故谓之驹。"

⑥ 㝅 *koogs，*kook。生育、幼子，《广雅·释亲》："㝅，子也。"又《释诂》："㝅，乳也。"王氏疏证："㝅、穀、縠并通。"

⑦ 縠 *koogs，*kook。《荀子·礼论》："君子以倍叛之心接臧縠，犹且羞之。"杨倞注："或曰：縠读为斗縠於菟之縠。"是杨本作"縠"。

⑧ 穀 *kook。幼子，《庄子·骈拇》："臧与穀二人相与牧羊，而俱亡其羊。"《释文》："崔云：孺子曰穀。"

⑨ 䨹 *khoogs。鸡雏、幼鸟，《方言》卷八："北燕朝鲜洌水之间谓伏鸡曰抱，爵子及鸡雏皆谓之䨹。"字或作"鷇"，《广雅·释鸟》："鷇，雏也。"王氏疏证："䨹与鷇同。"

⑩ 豰 *koogs。小猪崽，《说文》："豰，小豚也。"《集韵》居候切。字亦作"縠"，《尔雅·释兽》："貔，白狐，其子，縠。"《释文》："本亦作豰。"

⑪ 縠 *koogs。小猪崽，段玉裁"豰"下注："《左传·宣公十二年》晋有先縠，字彘子，盖縠即豰字。"

⑫ 鼩 *go。小鼠，《说文》："鼩，精鼩鼠也。从鼠，句声。"段注：

"《尔雅（释兽）》谓之鼩鼠。郭注：小鼱鼩也。"

⑬ 貜 *gloʔ。《尔雅·释兽》："貜子，貜。"《广韵》其矩切，《集韵》龙珠切，当来自 *gl-/gr-。

罗杰瑞认为汉语"狗"借自苗瑶语（1995：17）。其说可疑。自然语言里，跟人密切的动物，常会拿幼小的名称作为通称，布龙菲尔德曾说：古英语 hund "狗" > 现代英语 hound "一种猎犬"；中古英语 dogge "一种狗" > 现代英语 dog "狗"；中古英语 bridle "小鸟，幼雏" > 现代英语 bird "鸟"（1985：527）。英语 pup 是小狗，也泛指小狐狸、小狼、小海豹等动物，也转指自负的小年轻、令人厌恶的少年。汉语内部的词族以及汉藏语亲属语言的同源词说明，包括"狗"在内的这组词语，应该是汉语固有词。

文献里的专名（人名、地名、山川河流等），有些也可以追溯其来源。"飞廉"来自"风"，学者多有讨论。兹再举两例略加说明。

（20）望舒。"望舒"是给月亮驾车之仙人，亦指月亮，《离骚》："前望舒使前驱兮，后飞廉使奔属。""飞廉"是风神，得名于"风"。"望舒"可能得名于"月"。"望舒" *maaŋs-hlja → *m-la，其词根可能是 *la，对应亲属语 *g-la "月亮"：藏语 zla-ba，巴兴语 la，瓦尤语 tśolo<*tśăla，迪加罗语 həla~hlo，怒语 səla，缅语 lá（塞芒语 səla，倮倮语 *hla），克钦语 śata，卡杜语 səda "月亮"；藏缅语 *s-la（白保罗 1972#144；1984：39-40）。

（21）王良。先秦文献中有位善御马的伯乐，相传名孙阳。据石氏《星经》，伯乐又为天上星名，主典天马（陆德明《庄子·马蹄》释文引）。先秦有好几个孙阳（伯乐），后世学者没少费笔墨争论。周寿昌《思益堂日札》卷二"王良有二"条说："《国策》：段干越人谓新城君曰：王良之弟子云云。又造父之弟子云云。案王良当赵简子时，造父周穆王时。世代相去甚远，是当别有一王良在先，非晋之王良也。"（1987：24）造父是周穆王时人，周穆王元年约公元前976年（见杨宽2016）。春秋晋国的善驭者王良当赵简子时，《左传》记载，在鲁哀公二年（公元前493年）的晋国和郑国的铁之战中，王良给晋国的主帅赵简子驾车。善于驾车的叫王良，又指天上的一颗星，亦跟车马有关。《史记·天官书》："汉中四星，曰天驷，旁一星曰王良。王良策马，车骑满野。"张守节正义："王良五星，在奎北河中，天子奉御官也。"因其人善御马，故称王良，天上的奉御官亦称王良。疑"王良"*maŋ *raŋ → *m-raŋ、"孙阳"*sən-rang <*srang、"伯乐"*prək-lawk < *p-lawk<*b-lang，其内部形式均来自"马"（黄树先1998）。"王良"可能来自 *m-raŋ，和缅甸语 mrang "马"的语音面貌相同。缅甸语的 mrang，《华阳国志》卷四记作"无梁"（闻宥1980）。

溯源跟传统训诂学的声训有一定的联系，跟寻找词的本义有差别。词的本义、引申义，是一个语言内部的词义梳理。研究汉语词本义、引申义，主要依据汉语内部材料，涵盖汉语基本的训诂材料，借助文字学、音韵学的成果，确定词的本义。详细的讨论可参考上文词语考释的相关部分。

二、印证

汉语早期的词语，来自古老的汉藏语系，在汉语文献里留下了痕迹。这类词语后来消失，在汉语里不再使用。借助汉藏历史语言学，可以对这类词语进行解释。印证就是一种旁证，用汉藏语的材料来印证前人的古训。

（22）阴。《豳风·七月》："二之日凿冰冲冲，三之日纳于凌阴。"传曰："凌阴，冰室也。"孔颖达正义："纳于凌阴，是藏冰之处，故知为冰室也。"毛传把凌阴解释为冰室，后人理解为冰窖（如《辞海》、王力主编《古代汉语》），究其原因是对凌阴之"阴"的含义不甚了解。冰应藏于地下，故想当然而把凌阴释为藏冰的地窖。"阴" *kruum 是房屋的意思，毛传是这样解释的，尽管在古籍中找不出更多的材料证明，这条古训也不能轻易推翻。还可以从其他语言方面寻找旁证：藏语 khyim，藏缅语 *kim "房子，家宅"（白保罗 1972#53；1984：22）；马提索夫拿藏缅语 *kim 和汉语"宫" *kiôŋ < *kyum 进行比较（白保罗 1972#476）。"阴" *kruum 和藏缅语 *yim 可比较。"凌阴"即冰室，后人以"地窖"释阴，未得确诂。一般辞书不为"阴"立房屋义，也不恰当。"凌阴"的考释还为汉藏语研究提供了一个可供比较的基本词语，参见本书第六章有关讨论。

（23）膋。《小雅·信南山》："执其鸾刀，以启其毛，取其血膋。"笺云："膋，脂膏也。血以告杀，膋以升臭，合之黍稷，实之于萧，合馨香也。"先秦文献里，"膋"字习见，前人依据不同的语言环境，对"膋"作出不同的解释。《礼记·祭义》："鸾刀以刲，取膟膋。"郑玄注："膟膋，血与肠间脂也。"又《礼记·郊特牲》："取膟膋燔燎升首，报阳也。"注："膟膋，肠间脂也。"王先谦《三家诗义集疏》说郑玄"初无定说"。又说："《祭义释文》（当作《正义》）引《字林》，膋是牛肠间脂也，与《说文》合，是《说文》义为确矣。"《字林》训"膋"是牛肠间脂也，当是依据《说文》。《说文》："膋，牛肠脂也。从肉，尞声。《诗》曰：取其血膋。膋或从劳省声。"根据《广雅》和《经典释文》，结合《礼记·内则》来看，"膋" *reew 殆指动物油脂。侗台语动物油脂是 la:u^2，植物油从不称 la:u^2；汉语的"膋"也不用来称植物油。我们认为"膋"指的是动物脂肪，若以"膋"仅仅指肠间脂，甚至仅仅是牛肠间脂，就未免过于偏狭了。

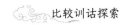

三、比较

溯源和印证主要是借助汉藏语系成果，对汉语的文献进行研究。比较是指跨语言的词义研究，也就是借助语义类型学的方法和成果，对汉语文献里的词语进行研究。

（24）燎。"燎"是薪柴，烧柴祭天也叫"燎"，《白虎通·封禅》："燎祭天，报之义也。望祭山川，祀群神也。"《说文》"燎、尞"二字分训："尞，柴祭天也。""燎，放火也。"两个字的来源相同。晚上放火夜猎也叫"燎"，《潜夫论·贤难》："昔有司原氏者，燎猎中野。"汪继培笺曰：《尔雅·释天》云：宵田为燎。郭注：即今夜猎载炉照也。燎与獠通。"彭铎（1979：50）曰："《诗·魏风·伐檀》笺：宵田曰猎，即本《尔雅》，是燎即猎也。"《尔雅·释天》正义亦谓"獠与猎义同"，是其所本。

"燎"并非就是"猎"。"燎"*rews，字或作"獠"*reew，《尔雅·释天》："宵田为獠，火田曰狩。"郭注："今江东亦呼猎为獠。或曰即今夜猎载炉照也。"宵田，火烈俱举，故《郑风·大叔于田》孔疏说："此为宵田，故持火照之。"桂馥说，宵田为"獠"，《释文》云："郭音辽，夜猎也。"或作"燎"，宵田也。《蜀都赋》："将饷獠者。"刘逵本作"僚"，云："僚，猎也。"馥谓"燎"误为"僚"（《札朴》卷七"獠"字条）。桂馥列举的"燎、獠、僚"字，同音通用。"燎"*reew?，本是燃烧，夜猎也叫"燎"，力照切*rews，来自火光，可比较法语 fouée，在方言里指"夜间借火光猎鸟"，这个词还有"灶火、柴捆"两个意思。

"燎"有宵田义，也就是夜晚燃火打猎，除了根据汉语内部文献材料，还动用了跨语言的词义比较。词义的比较，是类型学的视野，比较词义的运用也是基于汉语内部材料，借助汉藏历史语言学。单纯的词义比较是不存在的，也没有任何意义。我们讨论当大肚皮讲的"䐑"，首先是根据上古文献记载，以及汉藏历史比较，在此基础上证明人类自然语言腹部和肥腴有语义联系。如此，汉语"䐑"的词义发展就更加坚确。"巷"的道路义与村庄、房舍义的关系，也作如是观。

（25）䐑。俞敏先生拿藏文的 phyal"大肚皮"跟汉语"皮"对应（1989a）。古汉语的大肚皮是"䐑"*baal，《左传·宣公二年》："睅其目，皤其腹。"杜注："皤，大腹。"比照藏文，汉语"皮""䐑"可能有语义关系。还可对照汉语另一个词"胪（膢）"*b-ra，同时也有皮肤和大肚皮两个意思。《集韵·鱼韵》："膢，腹前曰膢，籀省。"《豳风·狼跋》："公孙硕肤，赤舄几几。"马瑞辰《毛诗传笺通释》说："肤当读如肤革充盈之肤。硕肤者，心广体胖之象。"仍未切中语义。闻一多《诗经通义》的《豳风·狼跋》"肤"字条谓："《汉书·地理志下》注：腹下之肥曰腴。然则硕肤解为大腹亦无不可。《楚辞·天问》：平（骈）胁曼肤，何以肥之？曼肤犹硕肤，亦谓大腹也。"（1993：367）腹部和肥硕的关系，参看拙著《比较词义探索》"腹与大腹便便"条。

（26）准。"准"*qwjed, *qwjin?，见于《史记·高祖本纪》《汉书·高帝纪》，读音和释义，历来有分歧。"准"，职悦切，当"鼻"讲。《史记·高祖本纪》："高祖为人，隆准而龙颜。"裴骃集解："服虔曰：准音拙。文颖曰：准，鼻也。"司马贞索隐："李斐云：准，鼻也。始皇蜂目长准，盖鼻高起。文颖曰：高祖感龙而生，故其颜貌似龙，长颈而高鼻。"《战国策·中山策》："其容貌颜色，固已过绝人矣。若乃其眉目、准頞、权衡、犀角、偃月，彼乃帝王之后，非诸侯之姬也。"缪文远注："吴正曰：准，鼻头。"（1987：1155）或谓"准"读之尹切，指颧骨，《汉书·高帝纪》注："服虔曰：准音拙。应劭曰：隆，高也。准，颊权准也。李斐曰：准，鼻也。文颖曰：音准的之准。

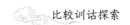
晋灼曰：《战国策》云'眉目准（颊）〔頯〕权衡。《史记》：秦始皇蜂目长准。李说文音是也。师古曰：颊权頯字，岂常借准为之？服音、应说皆失之。"

晋灼、颜师古都认为服虔"准"音"拙"不对。比较汉藏语系的语言，这个音应该是有根据的。"准"音"拙"，读 *kljot，和苗瑶语 *blot（吴安其 2002：287）同，可能只有前缀的不同。原始苗瑶语前面也许还有一个鼻冠音，唐纳拟作 *nbr-（1986），王辅世先生拟作 *mbr-（1988）。汉语"自" *sbits，和"鼻" *bits 读音亦近（黄树先 2005：97-98）。金理新先生赞成黄树先的说法，他把苗瑶语的"鼻子"构拟为 *mbru^C，"鼻涕"构拟为 *brut^D（2007：107）。文颖的注音，也是有根据的。杨树达先生说，《汉书·高帝纪》云："高祖为人隆准而龙颜。"服虔注："准音拙。"按："准"本痕部字，音拙，则读入没部（1983e）。在民族语言里，也发现了跟之尹切对应的说法：苗瑶语"鼻涕"，勉瑶语 but^8（biut^8），标敏瑶语 blin^4（中央民族学院苗瑶语研究室 1987：171）、东山瑶语 blun^8（王辅世、毛宗武 1995：127）。大体可根据苗瑶语"鼻子、鼻涕"的读音，推测早期汉语的"准"也应有两个读音。"准"读职悦切 *qwjed 是常见的读音，一如苗瑶语；之尹切，上古音 *qwjin? 可能是变例，这可能也跟苗瑶语的情况相类似。

"鼻子"跟"颧骨，脸颊"在词义上，是可以转换的。郑张先生说，近部位变义，如藏语 gdoŋ 兼指鼻梁和脸，此词对应的印尼语 hiduŋ 和泰文 ?dangx，只指鼻、鼻梁；但以藏语 sna（鼻）对缅甸语 hnaa（鼻）、泰语 hnaax（脸）时，白保罗对这一变义比对就很不以为然，他忘了藏文本身就有"鼻脸"同词的先例（1995）。法语 nez 是"鼻"，口语里当"脸，面孔"讲，亦可证明。

（27）嫠。"亡""丧"的同族词还有"孀"，《白虎通·灾异》："孀之为言亡也。"孀妇是丈夫死后的未亡人。当然，"孀"指与丈夫分离而独居，不一定指丈夫已死的寡妇。"寡"亦有此义（蔡镜浩 1990：308-309）。这是另一种语义演变模式。孀居、寡居来自夫妻分离。汉语"嫠"，作未亡人讲，也来自分离，不过这种夫妻分离是生死离别。英语 widow "寡妇"指和丈夫分开、独居的女人，源自印欧语词根 *weidh- "分离，分开"。印欧语系"寡妇"这个词或源自 *weidh- 这个词根，包括拉丁语 vidua、俄语 vdova、捷克语 vdova、威尔士语 gweddr、德语 witwe、荷兰语 weduwe、梵语 vidhava。这个词根还演变出英语 divide "隔开，分割"和梵语 vidhu- "孤独的，独立的，单一的"（黎金娥，未刊稿）。汉语"嫠"，寡妇，《左传·襄公二十五年》："嫠也何害？先夫当之矣。""嫠"的同族词有"劙"，分割、切割，扬雄《长杨赋》："分劙单于，磔裂属国。"《汉书·扬雄传》作"分梨"。王力先生（1982a）说，"劙、劙"同源。《方言》卷十三："劙，解也。"

文献里记载的词义发展，一般而言是语言自身的演变。外部的影响尽管也可能存在，但语言本身的发展是第一位的。请看"脐"的语义演变。

（28）**脐**。脐位于身体中心部位，"脐"发展出中心义是很自然的事情。饶宗颐先生曾讨论汉语"脐"的中心义，认为对"脐"部位之重视，似出自印度人之观念（1993b）。汉语用"脐"表示中心，是语义的自然演变，受印度影响云云，不确。其他自然语言，"脐"也可发展出中心义，如英语 navel "脐；中心点"，omphalos "中心；脐"（黄树先《比较词义探索》"脐与中心"条）。

（29）**项领**。《小雅·节南山》："驾彼四牡，四牡项领。"传曰："项，大也。"马瑞辰认为"项"是"𩑡"之假借，《说文》："𩑡，鸟肥大𩑡𩑡然也。"朱骏声说"𩑡"是"穹"字的假借（《说文通训定声》"项"下注）。这些意见都不一定对。"项领"本指颈部、脖子，

《抱朴子·清鉴》："物亦故有远而易知，近而难料，譬犹眼能察天衢，而不能周项领之间。"颈部可以发展出脖子粗大，还可以发展出大脖子病（黄树先《比较词义探索》"脖子与大脖子"条）。身体其他部位名，可发展出粗大、肥硕义，比较其他语言类似说法：英语bust"（人的）前胸，（女人的）胸部、胸围"，busty"胸部丰满的"；法语 jambe"胫，小腿"，jambé"腿长得好看；腿长"。又如汉语"胫"，指小腿，"婞"是女人身材修长；比较法语 taille"人的身高"，taillé"形体长得……的"。

（30）**骚**。屈原有《离骚》，《史记·屈原列传》说，"离骚者，犹离忧也"，王应麟以为"离骚"即"骚离"，并谓"皆楚言也"（《困学纪闻》），后世多目为联绵词（说详姜亮夫《重订屈原赋校注》），不妥。"蚤"见于甲骨文，这种小虫子的叮扰，使人厌烦。汉语有几个从"蚤"得声的字，可能也跟蚤这种小虫子有关。"骚"，《说文》："骚，扰也。""慅"，忧愁，《陈风·月出》："劳心慅兮。"比较英语 bug 名词"臭虫，头虱；虫子"，动词"烦扰，纠缠"；gnat"（叮人的）小昆虫，蚊子；小烦扰，琐碎的事情"；fleabite"蚤咬，蚤咬的红斑；轻微的伤痛；小麻烦"。捷克语 červ"虫子；令人痛苦不安的感觉"。拙著《比较词义探索》"蚤与搔"条讲到蚤与搔、骚扰、忧愁的联系甚详，此不赘述。

上面这些词例，在传统训诂学的基础上，添加了新的元素。在整理汉语内部材料的基础上，引入汉藏语系、比较词义学的方法和材料，结合经典的训诂方法，汉语词义的研究可以大大拓展。

第三章

《方言》俗语

《方言》辑录秦汉时期绝代语及别国方言，是现存最早的汉语方言记录。《方言》除了记录当时的汉语方言，尚收集部分周边的民族语言。林语堂根据《方言》的记录，划分了西汉十四个方言大区。不同的方言，就是不同的语言。这些方言（语言）正是今天语义类型的宝贵材料。不同的语言材料，词义演变正适合作词义比较。本章对《方言》进行专题研究，主要梳理秦汉时期的语义演变模式。

第一节 方言与方言词

《方言》成书大约在公元前 2 世纪的西汉，旧题扬雄注。宋以后，有关作者的争议代不乏人。《四库全书总目》说《汉书》扬雄本传备列所著之书，不及《方言》一字；东汉 190 年中，亦无称雄作《方言》者；称扬雄作《方言》，实自东汉应劭始，"反覆推求，其真伪皆无显据。姑从旧本，仍题雄名，亦疑以传疑之义也"。四库馆臣的论断是谨慎的，《方言》的作者难以坐实。旧题扬雄《答刘歆书》，记载扬雄收集、记录当时方言情况。"故天下上计孝廉及内郡卫卒会者，雄常把三寸弱翰，赍油素四尺，以问其异语。归即以铅摘次之于椠，二十七岁于今矣。"上计是古代年终考绩制度，统计各地政府的各种基本情况，派专人上报给朝廷。两汉时期，郡国岁终遣吏赴京师上计。汉律中有《上计律》，是处置上计事务的专门律条。举荐孝廉是汉武帝开始的，郡国依据才德标准，向朝廷举荐人才。内郡又叫内郡国，《汉书·宣帝纪》："诏内郡国举文学高第各一人。"颜师古注引韦昭曰："中国为内郡，缘边有夷狄障塞者为外郡。成帝时，内郡举方正，北边二十二郡举勇猛士。"卫卒即护卫兵卒。扬雄列举的调查对象包括各地来京城的上计官吏、荐举的孝廉以及服役的兵卒。

罗常培先生高度称赞扬雄所运用的方言调查方法，"这简直是现代语言工作者在田野调查时记录卡片和立即排比整理的功夫。这真是中国语言史上一部'悬日月不刊'的奇书，因为它是开始以人民口里的活语言作对象而不以有文字记载的语言作对象的"（《方言校笺·罗序》）。

《方言》收集的是当时活的语言，但方言的概念跟我们现在所说的方言有比较大的不同。中国古代文献里的方言是根据地域来划分的，《礼记·王制》："五方之民，言语不通，嗜欲不同。"西方的方言概念来自古希腊，而古希腊境内的方言也是不同的语言（梅耶 2008：55）。现代语言学里的方言是根据历史语言学来划分的。历史语言学寻找语言的亲属语言，根据谱系树理论，把有发生学关系的语言划分为语系—语族—语支—语言，一种语言的内部再切分为若干不同的方言。

现代语言学所说的方言，是指语言内部不同区域的地方变体，这跟扬雄的方言有本质的区别。《方言》着眼于不同地域的差别，并不关注各方言之间有无联系。《方言》保存不少民族语文材料，这些非汉语词语对于缺乏文献的民族语文来说，是十分珍贵的。从方言记载来看，方言所载多为南方少数民族语文。李敬忠先生《方言中的少数民族语词试析》（1987），对《方言》里的民族语文进行了考证。黄树先亦有考证（1995）。

《方言》用汉字作为标记方言的工具，扬雄用了"转语"一词。转语是指词依然是那个词，读音在不同的区域却发生了转变。

（1）《方言》卷十一："蝇，东齐谓之羊。陈楚之间谓之蝇。自关而西秦晋之间谓之蝇。"郭注："此亦语转耳。今江东人呼羊声如蝇。凡此之类皆不宜别立名也。"郭璞知道只是词的读音发生了变化，认为不必用另外的汉字来标记。戴氏疏证："蝇、羊一声之转。羊可呼蝇，蝇亦可呼为羊。方言既异，遂成两名。书中皆此类，注以为不宜别立名，非也。"钱绎笺疏也批评说："此说非也。盖音随地异，遂成两名，书中此类，十居七八。如郭所言，则《方言》之作皆为不必，何烦更为之注耶？"戴、钱二氏所言极是。"蝇"，余陵切 *b-lɯŋ，"东齐谓之羊"者，"羊"，与章切 *laŋ。东齐读"蝇"元音发生了变化，*a 元音读为 *ɯ，元音高化。这里的"羊"字就是转语，仅有标音的功能。"蝇"可用"羊"标记，但"羊"不一定读如"蝇"。戴说有误。转语是值得重视的术语。有了转语，方块汉字作为记录方言的工具就得以成立。两千年后，可依据转语来研究当时不同地区词语的读音（黄树先 1986）。

《方言》记录各地不同的词语，有多方面的语言学价值。各地方言音义来源相同的词，同一个方言点如果读音有改易，语义或者词语搭配、用法应该有所不同。用现代语言学的观点来审视，最有可能的就是形态的变异，包括构词和构形两种形态。

（2）《方言》卷一："假、佫，至也。邠唐冀兖之间曰假，或曰佫。"《广雅·释诂》："假，至也。"王氏疏证："《说文》：假，至也。《尔雅》作格，《方言》作佫，并同。"所谓并同是说"假、格、佫"

三字来源相同。表示来到、行走的"假、格、徦",是古老的词语,来自汉藏语古老的词语,跟表示足、腿的词语音义相同。表示行走的"假"字,《说文》写作"徦","徦,至也。从彳,叚声"。"徦、假"*kraaʔ,与"格、徦"*kraag 均来自表示足、腿的"脚"*kag,同族词还有"胳"*klaag、"跲、躐、墟"*klag、"亦(腋)"*laag。这组词可与藏缅语 *lak/g-lag"手臂"比较(白保罗 1972#86、注458;1984:28、299)。邠唐冀兖之间至曰假,或曰徦者,表明"假、徦"二字是这个方言区共时平面的语音表现,形态变化的证据明显。"徦、假"*kraaʔ,与"格、徦"*kraag,韵尾 *-ʔ~*-g 交替。上古汉语 *-ʔ<*-q,*-q 与 *-g 交替,交替起什么作用,值得深究。

(3)《方言》卷二:"翈、猍,黏也。齐鲁青徐自关而东或曰翈,或曰猍。""昵",尼质切 *nig,《说文》重文作"翈",段注谓刃是声符。"刃",而振切 *njɯns。"猍"字不见《说文》,《广韵》人渚切 *njaʔ。王氏《广雅疏证》:"黏、翈、腝、昵并通。黏、黏、猍,一声之转也。"("黏也"条)。根据这些材料,齐鲁青徐一带,黏合曰"翈"、曰"猍",就有三个读音 *nig、*njɯns、*njaʔ。这三个读音声母相同,元音和韵尾有交替。这三个读音是《方言》记载的这一小片的内部差异,还是形态或语义的不同,值得研究。

(4)《方言》卷三:"慰、廛、度,尻也。江淮青徐之间曰慰,东齐海岱之间或曰度,或曰廛,或曰践。"东齐海岱之间,表居处义有三个词"度、廛、践",均跟行走有关系。"度",通作"渡",表行走、通过;"廛、践"是践踏、运行。钱绎笺疏说:"廛、践,古同声。"王力先生说"廛、践"是同源字(2007:1382)。东齐海岱的"廛*dan、践 *zlenʔ",声母不同,元音也有交替。居处词跟行走义的词有语义关联,与来自道路的词语当是同一个来源。在语言里,行走跟道路可以是一个词,印尼语 jalan"街,道路;〔口〕(=berjalan)走,走路"。英语 trace 名词"足迹；小道"，动词"（沿着小路）走过"。

（5）《方言》卷三："迨、遝，及也。东齐曰迨，关之东西曰遝，或曰及。""迨"，徒亥切 *l'ɯɯʔ；"遝"，徒合切 *l'uub；"及"，其立切 *grub。关东"遝、及"并用，声母 g- 似乎把"遝、及"这两个形式区分开来。东齐跟关东比较起来，似乎暗示既无 g-，亦无 -b 尾。《说文》："隶，及也。从隶，枲声。《诗》曰：隶天之未阴雨。"黄季刚先生《尔雅音训》说："迨作隶、逮、隶，俱通。"（2007）

（6）《方言》卷三："裕、猷，道也。东齐曰裕，或曰猷。"东齐曰"裕"*logs，或曰"猷"*lu。"裕、猷"两个词并用，"猷"也作"猶"，《广雅·释诂》："牗、裕，道也。"王氏疏证："猷、裕、牗，声并相近。"戴氏疏证："裕、繇，古通用。《尔雅·释诂》：繇，道也。"钱氏笺疏："裕、猷一声之转。""裕、猷"韵尾不同，应该来自通语的"道"*l'uuʔ。

来源相同的词，不同地方读音可能不同，《方言》用不同的汉字标记。透过这些用汉字记录的转语，可研究当时的读音差异。

（7）《方言》卷二："燕记曰：丰人杼首。杼首，长首也。楚谓之仔，燕谓之杼。"楚谓之仔者，郭音序，燕谓之杼，《方言》写作两个不同的字，表明楚、燕二地读音不同。"仔、杼"皆从"予"得声，暗示二者来源相同，《广雅·释诂》作"抒"，戴氏疏证："杼、抒古通用。"钱氏笺疏："杼与仔，声义并同。"来源相同的两个字，记作不同的读音。"仔"，以诸切 *la；"杼"有两个读音，持纬之"杼"读直吕切 *l'aʔ，木名义读神与切 *ɦljaʔ。"杼"读塞化的 l'-，也读带浊擦音的 ɦ-。比较方言的读音，大致可以看出不同地方的语音差异，值得研究方音史的学者关注。

（8）《方言》卷二："鈂、挽，裁也。梁益之间裁木为器曰鈂，裂帛为衣曰挽。鈂又斫也，晋赵之间谓之鈂鈂。"卢氏疑"鈂鈂"衍一

"鉯"，钱本依其说删。郭注"撌"音规。王氏疏证谓"撌之言刲也"（《广雅·释诂》"裁也"条）。"撌"，居隋切 *kwel；"刲"，苦圭切 *khwee。王说可从。扬雄"刲"字别作"撌"，读音略有不同。读音的不同，是地域变读，还是"刲、撌"的语义缩小所致，不得其详。

（9）《方言》卷二："撊、梗、爽，猛也。晋魏之间曰撊，韩赵之间曰梗，齐晋曰爽。""撊"，郭璞呼旱反 *qhaanʔ，《集韵》下赧切 *graanʔ。"梗"，古杏切 *kraaŋʔ。晋魏之间曰撊者，"撊"，元部字，与韩赵之间的"梗"，语音有对应，但韵尾不同。上古元部、耕部字有明显的关系（黄树先 2006）。齐晋读"爽" *sraaŋʔ，与韩赵所读的"梗"只是前缀音不同。

方言韵尾的交替，也很常见。在不同的地域，韵尾的有无，表现各不相同。

（10）《方言》卷二："翿、幢，翳也。楚曰翿，关西关东皆曰幢。"郭璞注"翿"音涛；"幢"，徒江反，《广韵》有平、去两个读音，后世通读去声。"翿"，徒到切 *duus；"幢"，直绛切 *rdooŋs，南方的楚语好像没有 -ŋ 尾。吴予天《方言注商》："翿、幢声相转。"

（11）《方言》卷三："陈楚之间凡人兽乳而双产谓之釐孶，秦晋之间谓之僆子，自关而东赵魏之间谓之孪生。"王氏疏证说"釐、连，语之转，釐孶犹言连生"（《广雅·释诂》"孿也"条）。"厘"，里之切 *rɯ；"孶"，子之切 *ʔslɯ；"子"，即里切 *ʔslɯʔ；"僆"，力展切 *renʔ。"子、孶"是同族词。孩子与生孩子，在语言里共用一个词。"釐、僆"的韵尾有差异，陈楚是开音节，秦晋有 -n 尾。赵魏之间谓之孪生，"孪"从䜌声，生患切 *smroons>roons。郭璞苏官反，可能还有 s- 头。钱氏笺疏说："釐、僆、孪，并声之转也。"

（12）《方言》卷三："蔿、譌、譁、涅，化也。燕朝鲜洌水之间曰涅，或曰譁。鸡伏卵而未孚、始化之时谓之涅。"周校疑"燕上脱北字"，是也。"蔿、譌、譁"，郭璞音五瓜反，以为皆化声之转。是"蔿、譌、譁、化"四字同一来源，而并列为一条。"蔿"，郭音花，《集韵》呼瓜切 *qhwraa<*qhwraal；"譌"，五禾切 *ŋwaal；"化"，呼霸切 *hŋwraal/s；"譁"，呼瓜切 *qhwraa。北燕朝鲜洌水之间或曰譁者，似乎暗示没有 -l 尾。"化"字有化育的意思，俞敏先生拿汉语"蛾"ŋaal 对应藏文 mñal"胎"（1989）。

（13）《方言》卷三："斟、协，汁也。北燕朝鲜洌水之间曰斟，自关而东曰协，关西曰汁。"此谓汁液。器皿与器皿中的食物，可共用一个词，英语 dish"盘子；菜肴，食品"。勺子的功能就是舀汤、盛汤，从舀汤义发展出盛于勺、舀取。英语 ladel 名词"长柄汤勺"，动词"（用勺）舀，盛"；spoon 名词"勺子"，动词"舀"。北燕朝鲜洌水之间曰斟，关西曰汁者，"斟"，职深切 *kljum；"汁"，之入切 *kjub，"斟、汁"是 -b~-m 韵尾的交替。《方言》记录的这两个地方，韵尾交替。韵尾的这种交替，也可能有区别词义的作用，"斟"是勺，也是汁液；而"汁"是汁液，《说文》："汁，液也。从水，十声。"关东曰协者，"协"，胡颊切 *fileeb，用"协"标记关东的读音。郭注云："谓和协也，或曰潘汁，所未能详。"疑莫能定。段注谓"汁液必出于和协，故其音义通也"。其说可从。汁液可发展出润泽义，汉语"泽"有湖泊、水、光泽义。

《方言》的转语，可以看出不同地方的词语，读音有差异。

（14）《方言》卷四："帬，陈魏之间谓之帔，自关而东或谓之襬。"郭注："今关西语然也。"郭璞"帔"音披，敷羁切 *phral；"襬"彼为切 *pral，郭璞"襬"音"碑"*pre，没有韵尾 -l。钱氏笺疏："襬与帔声之转耳。"

（15）关东方言的某些词，暗示有 *s- 词头。《方言》卷四："緉、緉，绞也。关之东西或谓之緉，或谓之緉。绞，通语也。"郭璞"緉音两，緉音爽"。"两、緉"良奖切 *raŋʔ；"緉、爽"疏两切 *sraŋʔ。《说文》："緉，履两枚也。一曰绞也。从糸网，网亦声。"段注谓"履必两而后成用也，是之谓緉。緉之言两也，緉之言双也"。段说是也。

（16）《方言》卷五："釜，自关而西或谓之釜，或谓之鍑。"注："鍑亦釜之总名。""釜" *baʔ<*baq；"鍑" *pugs，又方六切 *pug。"釜、鍑"最有可能的是元音 a~u 的交替。关西两词并列，也许是同一方言区不同地区土语的差异。还有一种可能，就是区别词义，颜师古注《急就篇》："大者曰釜，小者曰鍑。"王氏疏证："《说文》：鍑，如釜而大口。《众经音义》卷二引《三仓》云：鍑，小釜也。与《说文》异义，未知孰是。"大口和小釜并不矛盾。大小锅用元音的交替来区分，也是正常的音义演化。

（17）《方言》卷五："甑，自关而东谓之甂，或谓之鬵，或谓之酢馏。""甑"，子孕切 *ʔsɯŋs；关东或谓之鬵者，《说文》："鬵，大釜也。一曰鼎大上小下若甑曰鬵。从鬲，兓声。读若岑。""鬵"，昨淫切 *zɯm。关东与通语韵尾不同，声母清浊不同。郭璞音"岑"，郑张先生说，"岑"既从"今"声又通"琴"，则锄针切应为 *sgrɯm（2013：153）。

（18）声母 l-、dj- 交替。《方言》卷五："罃，陈魏宋楚之间曰甀，或曰瓨。"郭璞注："甀音臾，瓨音殊。""甀、臾"羊朱切 *lo，"瓨、殊"市朱切 *djo。流音塞化，l->d- 是常见的音变。

（19）《方言》卷六："䋞、筳，竟也。秦晋或曰䋞，或曰竟，楚曰筳。""䋞"，戴本作"緪"，与《说文》合。"䋞"，郭璞冈邓反 *kɯɯŋs；"竟"，《广韵》居庆切 *kraŋs。秦晋地区有"䋞、竟"两个词，好像是元音交替，-r- 音也不同，原因不详。楚曰筳者，"筳"，郭璞注汤丁反 *lʼeeŋ>*theeŋ。汉藏语及早期汉语 kr- 可以演变为 th-。

（20）《方言》卷八："貆，关西谓之貒。"郭注："貆，豚也，音欢。"跟《说文》合。《说文》："貛，野豕也。从豕，藋声。读若湍。"关西谓之貒者，郭璞音波湍。"湍、貒"他端切 *thoon，"貛"呼官切 *qhoon。段注："貒作貛，盖貒、貛本一字，貛乃貒之或体。"字也作"狟"，钱氏笺疏："狟与貛，声义并同。或谓狟为貛之异文。"关西读音特殊。

（21）长短元音的交替。《方言》卷六："参、蠡，分也。齐曰参，楚曰蠡，秦晋曰离。"注："（蠡）谓分割也。"分离义，楚曰蠡，秦晋曰离，当是一个词在各地读音的不同。"蠡"，郭璞音"丽" *reels。"蠡"又作"劙"，郎计切 *reels；"離"，吕支切 *rel。《广雅·释诂》："劙，解也。"王氏疏证："离、蠡、劙，亦声近义同。""离、蠡（丽）、劙"主要的差异是中古时期的韵等不同，上古时期可能就是元音长短的不同。

（22）《方言》卷十："崽者，子也。湘沅之会凡言是子者谓之崽，若东齐言子矣。"注："崽音枲，声之转也。（东齐言子）声如宰。""枲"，胥里切 *sluɁ；"崽"，《广韵》两个读音，山佳切 *sruɯɯɁ、山皆切 *sruɯɯ，《集韵》子亥切 *ɁsluɯɯɁ。"崽"应该是"子" *ɁsluɁ 的变读。郑张先生说，"子"分化为"崽"：山皆切 *sruɯɯ、子亥切 *sl'ɯɯɁ；又说广州"子"读 tsi³，口语说 tsɐi³，即"子"的洪音，跟山皆切之"崽"不同。《方言》："湘沅之会凡言是子者谓之崽。"郭注："崽声如宰。"《集韵》子亥切，则正是"子"的洪音。（2013：180）"是子"，不是一般的"子"，戴氏疏证："《广韵》引《方言》云：江湘间凡言是子谓之崽。又云：自高而侮人也。"钱氏笺疏："《广韵》引《方言》又云呼彼之称。""是子"不必如《广韵》所释，倒像是特指或强调，长元音加 r 垫音的添加，似乎有强调的意思。

（23）《方言》卷十二："一，蜀也。南楚谓之独。"注："蜀犹独耳。""蜀"市玉切 *djog，"独" *doog。南楚读长元音，不同于读短元音的"蜀"。

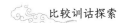

汉语形态的研究，最大的困难是无法区分共时音变、历时音变及地域音变。《方言》的记录，对于我们探讨汉语形态变化、梳理词族提供了帮助。底下的"火"在不同地区有不同的读音。

（24）《方言》卷十："煤，火也，楚转语也，犹齐言焜火也。""煤"呼罪切 *qhoolʔ，"火"呼果切 *qhwaalʔ，"焜"许伟切 *hmɯlʔ，《说文》："焜，火也。从火，尾声。"郑张先生说，藏语 smje"火"，泰语 hmai'"烧"，对应汉语"焜"许伟切 *hmɯlʔ>hwɯl'（2013：145）。同族词还有"燬"*hmralʔ、"燹"*smanʔ。不同地区"火"的读音不同，可窥见各地的语音差异。"火"*qhwaalʔ 是通语，楚地读"煤"*qhoolʔ，齐方言读"焜"*hmɯlʔ。

俗语源在《方言》里记载比较多。请看下面的例子。

（25）《方言》卷八："鸭鹍，周魏齐宋楚之间谓之定甲，或谓之独春。自关而东谓之城旦，或谓之倒悬，或谓之鸣鹍。自关而西秦陇之内谓之鹖鹍。""鹍"是类似鸡的鸟，《说文》："鹍，渴鹍也。从鸟，旦声。"文献作"鸭鹍、鹖鹍、侃旦"，段注谓皆一语之转。段说是也。关东谓之城旦者，郭注："言其辛苦有似于罪祸者。"殆附会犯罪之城旦。疑"城旦"也是"鸭鹍"的音变。"鹖"苦旰切 *khans，"城"是征切 *djeŋ<gljeŋ。"城"是禅母，可能有 glj~d 来源。上古时期，元部字跟耕部字有对应关系（黄树先 2006）。《方言》俗语源的形成，可能有扬雄调查时的土人感，也有记录者扬雄的望文生训，或者叫听闻生训。

第二节　早期亲属语词语

《方言》记录秦汉时期四方之语，包括中原汉语，也涵盖四夷之言。中原周边的语言，不少跟中原汉语有发生学关系，还有部分语言融合到汉语之中。汉语文献的记载，一部分词是汉藏语同源词，一部分可能是借词。借助《方言》可梳理汉藏语早期词语，也可研究来自周边的民族语言词语。

（26）《方言》卷三："苏、芥，草也。江淮南楚之间曰苏，自关而西或曰草，或曰芥。南楚江湘之间谓之莽。苏亦荏也。关之东西或谓之苏，或谓之荏。周郑之间谓之公蕡。沅湘之南或谓之蒩。其小者谓之蘸葇。"这一组表示草的词语，可分为三组："苏"*sŋaa、"蒩"*ŋa 是一组，汉语同族词还有"疏、蔬"*sŋaa，见于秦汉时期的江淮南楚、关之东西。可对应藏文 rŋa "割草"。"草"，道孚语 rŋə rŋa，贵琼语 nõ⁵⁵（黄布凡 1992）。"芥"kreeds、"蒩"（郭音车辖，《广韵》胡鎋切 *graad）是一组，见于关西、沅湘，两地声母清浊不同。第三组是"莽"，郭音嫫母，《说文》："莽，南昌谓犬善逐兔草中为莽。从犬从茻，茻亦声。""莽"字宋本作"芥"，据戴本改。郑张先生说，"莽"字模朗切 *maaŋʔ，又莫补切 *maaʔ，"莽"对缅文 mrak "草"（2013：210）。汉代方言词语的分布，是我们观察当时语言的一个最佳窗口。

文献记载的南方方言，现在在南方少数民族语言中依然可以看到，如：

（27）《方言》卷四："裈，陈楚江淮之间谓之㡓。""㡓"，《说文》作"幒"，"幒，幝也。从巾，忽声。一曰帙。㡓，幒或从松"。郑张先生拿且勇切的"幒"*shoŋˀ 对应老挝语 song³、石家语 sooŋ³ "裤子"（2024：209）。"㡓"，宋浔阳郡斋本郭璞音错勇反，卢本作息勇反："俗本作错勇反，今从宋本。"卢本所据宋本为宋代曹毅之本，系明代正德己巳（1509）影抄本。刘台拱补校说："俗本是。"郑张先生说，"幒""裤"，《广韵》且勇切，《集韵》取勇、笋勇切义裈是；《说文》注职茸切是误取裩音sooŋ⁵（2013：96）。且勇切和错勇切一致。从

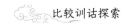

"裞"与南方亲属语的对应来看，卢本的息勇反最为契合。

南楚瀑洭，是南方少数民族聚居地，语言不同于中原。

（28）《方言》卷六："傁、艾，长老也。东齐鲁卫之间凡尊老谓之傁，或谓之艾。周晋秦陇谓之公，或谓之翁。南楚谓之父，或谓之父老。南楚瀑洭之间母谓之媓，谓妇妣曰母妼，称妇考曰父妼。"注："古者通以考妣为生存之称。"《广雅疏证》引《说文》"江淮之间谓母曰媞"，谓"媞"与"妼"声义相近（《广雅·释亲》"母谓之母妼"条疏证）。又说"妼"与"爹"声亦相近（《广雅·释亲》"父也"条疏证）。王说不无道理。民族语言，跟中原汉语有发生学关系，又有相互的借用（黄树先 1989）。印尼语 mentua、mertua "岳父，岳母，公公，婆婆"。印尼语 -tua 亦可对应《方言》记载的"妼"。

来自周边民族的词语，可与汉语比较，因为均来自原始汉藏语系。这些民族语进入汉语文献后，有各种流俗语源的讨论，大多是穿凿附会。《广雅·释兽》："於䖘、李耳，虎也。"王氏疏证："於䖘、李耳，皆叠韵字；李耳、李父，语之变转，而《御览》引《风俗通义》云：俗说虎本南郡中庐李氏公所化为，呼李耳因喜，呼班便怒。《方言注》又云：虎食物值耳即止，以触其讳故。皆失之凿矣。《易林·随》之否云：鹿求其子，虎庐之里。唐伯李耳，贪不我许。岂更有唐氏公所化哉。"王氏所斥是对的，但谓"李耳、李父，语之变转"，亦失之。

（29）《方言》卷八："虎，陈魏宋楚之间或谓之李父，江淮南楚之间谓之李耳，或谓之於䖘。自关东西或谓之伯都。"这里出现了四个有关老虎的词语。"李父、李耳"是一组。王静如先生考证，土家语、彝语"老虎"说 lɑ、la，"李父、李耳"不过是虎的雄雌之分，方言的收集者就本地人的偏称而加以记录，于是有江淮－南楚及陈楚－宋楚的地区分别（1998：283–331）。"李父"*rɯʔ-*baʔ、"李耳"*rɯʔ-*njɯʔ、"老虎"的词根是 *rɯʔ<*raʔ。彝语、土家语 la "虎"，跟汉

语"虎"*qhlaaʔ的词根相同。白保罗认为原始彝缅语的"虎"*kla（缅语 kya），是来自孟高棉语（khla~kla）的借词（而不是相反），因为这个词根出现在印度的蒙达语里（kula~kul 的形式）（1972# 注 83；1984：203）。白氏之说有待进一步的研究。"李父、李耳"的"父、耳"和汉语"父、妳"是同源词，表示雌雄。"於檡"，郭璞注："於音乌，今江南山夷呼虎为檡，音狗窦。""檡"，《左传》作"於菟"（《广韵·模韵》）。戴氏疏证："菟即檡，古字多假借。""檡、菟"同都切 *daa。"於檡"*qaa *daa，周及徐先生有考证（《於菟之"菟"及其同源词》）。老虎是凶猛的百兽之王，称之为"檡"，也许是出于忌讳，不必过于深究。"伯都"，郭璞注："俗曰伯都事抑虎说。""抑"字戴震说当是"神"字。"伯都事神虎"也是个流俗语源。刘志成先生曾有考释（《楚方言考略》），可参考。

（30）《方言》卷八："貔，陈楚江淮之间谓之猍，北燕朝鲜之间谓之豿，关西谓之狸。""貔"音 *bi。张永言先生认为这个"貔"可能就是"豿"的变音，并引用《仪礼·大射仪》郑玄注"不来"，郭璞《方言》注"豿狸"、《尔雅》注"豾狸"，认为其原始形式当念 pl-/pʻl-，是来自苗语的一个借词（1983）。戴氏疏证："豿狸，转语为不来。"郑张先生说，"豾"攀悲切 *phruɯ，原音近于"不来"；也可比较四川叙永苗语野猫 pli[7]，"狸"*ruɯ、"豾"*phruɯ 显为同根分化（2013：130）。根据郑张先生的意见，汉语的"豿狸、豾狸"是古老的固有词，《方言》所记载的这些野猫的形式殆为当地的语言。这些民族语文跟汉语有对应关系，是同源词。同源词保留在汉语里，在各地方言又发展出不同的读音。

（31）《方言》卷十："膊，兄也。荆扬之鄙谓之膊。"注："此音义所未详。""此"字卢本作"皆"，不妥。注谓"膊"作"兄"，此音义未详。"膊"匹各切 *phaag。苗语（养蒿）pə[3]，布依语（兴义巴结

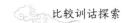

等地）pi⁴"哥哥"。境外藏缅语有喉塞音尾，暗示早期亦有入声尾。切邦语（Chepang）、林布语（Linbu）puʔ（孙宏开等 2017：794）。

（32）《方言》卷十二："娧、孟，姊也。"注："娧音义未详。"今台语"姑娘"，傣德语 puˡsaːuˡ。puˡ 是词头，saːu 是"女人，姑娘"的意思。李方桂先生构拟的原始台语声母为 *s-（2011）。从汉语内部材料来看，仍然有跟汉语对应的同源词。王氏疏证："娧，《广韵》作嫂，云：齐人呼姊也。"（《广雅·释亲》"姊也"条）《说文》："頄，女字也。从女，须声。《楚词》曰：女嬃之婵媛。贾侍中说：楚人谓姊为嬃。""叟" *suuʔ、"嫂" *suuwʔ，跟"娧" *sreew 音义殆相同（黄树先 1995）。

第三节　《方言》的类型学价值

《方言》一书是田野调查的结果，记录活的语言，在中国语言学史上占有崇高地位，对上古汉语词汇，尤其是当时各地不同的词汇研究，有重要价值，可据该书研究两汉方言。林语堂先生《前汉方音区域考》，分十四个方言区。

从学术的角度来看，古代汉语和现代汉语应是不同的语言，各种方言也是不同的语言。历史悠久的汉语，是一种很特殊的语言。这种特殊的语言，其实是不同质的。把历史悠久、地域广袤的汉语材料放在一起进行研究，本身就具有类型学的意义。

各个时代不同地域的汉语，是不同质的，并非一个共时平面的语言，古代汉语和现代汉语都是在历史长河里逐渐累积而形成的。我们现在看到的汉语，有历史文献记载的古代汉语，也有活着的各种现代汉语，包括复杂的现代汉语方言。汉语的历史主要见于文献的记载，不同时代的书写文献记录的是不同时代不同特色的不同汉语。这些不同时代的语言材料，是不同性质材料累积而成的。现代汉语方言也是语言，应该是我们研究现代汉语的出发点。各种不同方言之间的差异，值得深入研究。

汉语的特殊，主要表现在历时和共时两个层面，这些都可看作不同的语言，这些材料，不管是古代的，还是现代的，均是异质的。既然汉语的材料是异质的，所做的汉语研究，从某种意义上说，就是类型学的研究。也可以说，传统小学的许多研究，其实已经动用了不同时代、不同地域的汉语语言材料，所作的研究，其实就是跨语言的比较，就是类型学的研究。汉语的这个特殊性，使得汉语的材料可看作类型学研究最宝贵的材料。这些材料大致包括文献材料和方言材料两个大的部分。

现代汉语的各个方言，从学术上讲，可视作有差异的语言。方言的材料，也是进行跨语言比较的绝佳材料，是其他语言不能比拟的。方言材料的收集、整理可有多种方式，专书研究、资料汇编都是常见的方式。用词典的形式记录方言，是一种较便捷而有效的方式。中国有编纂方言词典的传统，如果降低要求来看，扬雄《方言》可视作一本方言的分类词典，至少是方言分类词表。五四以后，尤其是 20 世纪 50 年代以来，各地方言词典正式出版的数量庞大。可是以往的汉语方言词典过于强调方言特色，挖掘所谓的方言特色的多，而全面收集一个方言词语的词典却很少见（黄树先、吴娟 2019）。

《方言》记录秦汉各地不同的词语，同一个语义，不同地方用不同的词语表达。一组词语，在不同地方，表达不同的语义，而这些语义之间有明显的语义关系。语义类型学选择不同的语言看同一个概念，不同语言语义的演变有共性。《方言》里不同的语言，同一个概念，其中语义的演变，正可以起到语义类型学的功效。先从《方言》卷一前面的几个词条说起。

（33）**明亮与聪慧**。《方言》卷一："党、晓、哲，知也。楚谓之党，或曰晓，齐宋之间谓之哲。"明了、聪慧义，楚地用"党、晓"表示，齐宋用"哲"字表示。"党、晓、哲"都有明亮义，由明亮义发展出知晓、聪慧义。郭璞注云："党朗也，解寤貌。"戴氏疏证："党朗，叠韵字也，《广韵》作熿朗，云：火光宽明。"王念孙也说"熿与党义相近"（《广雅疏证》）。"哲"字亦作"晣"，《广雅·释诂》："晣，明也。"王氏疏证云："晣之言明哲也。"明亮与聪明，语义关系显豁，吴予天《方言注商》说："党即朗之语转也。朗，明也。盖古人以光明喻智慧，而以黑暗比愚蠢，故知者谓之明，愚者谓之昧，此语词孳乳于悬拟也。"悬拟犹如现在说的想象，词语通过联想而产生新的词义。其他语言也是这样，可比较德语 klar "明亮的；清澈的；清新的；清楚的；聪明的"。

（34）**快捷、敏捷与聪慧**。行走，尤其是快速运动，可发展出聪明义，与之相反，缓慢则意味着迟钝、蠢笨。在《方言》里，可发现各地不少方言，用快捷表示聪明。某人反应快，我们就认为他聪明。汉语"捷"，有快捷、敏捷义。英语 fly "飞；飞跑；敏捷的，机敏的"。印尼语 campin "敏捷；聪明，能干"，tangkas "（动作）快；敏捷，灵巧"。《方言》卷一："虔、儇，慧也。秦谓之谩，晋谓之懇，宋楚之间谓之倢，楚或谓之譎。自关而东赵魏之间谓之黠，或谓之鬼。""虔、儇、倢、倢、譎"表聪慧义，均来自快捷。《说文》："虔，虎行貌。从虍，文声，读若矜。""虔"字有固、敬、慧、杀、谩等多个意思，段注谓"《方言》不可尽知其说"。虎行貌，是行走之快速。朱骏声《说文通训定声》谓"虔"字"又假借为儇"。"虔"渠焉切 *gren，"儇、翾"同音许缘切 *qhwen。《说文》："儇，慧也。从人，㥊声。"偄、翲"语义也有关联。郭注"偄音翲"。"翲"是飞翔，《说文》："翲，小飞也。从羽，㥊声。"段注："《荀子》：喜则轻而翲。假翲为偄也。""虔、偄"由快速义发展出聪慧义，正可以跟英语 fly"飞"作比较。

（35）**聪慧与欺骗**。"虔"字又有欺骗义，《方言》卷十二："虔，谩也。"《广雅·释诂》："虔，慧也。"王氏疏证："《方言》：虔、谩也。又云：虔，慧也。""谩、譑"是聪慧，也有欺骗义。王氏《方言疏证补》又说："凡慧黠者多诈欺，故欺谓之讵，亦谓之谩；慧谓之谩，亦谓之讵矣。"（魏鹏飞 2023）"谩"的聪慧义，来自欺谩。钱氏笺疏："盖人用慧黠以欺谩人，故慧亦谓之谩也。""譑、虔"字有聪慧义，同时也有欺骗义，语义演变路径相同。秦谓慧曰谩者，郭璞注云："言谩訑也。"字亦作"慢"，《广雅·释诂》："慢，欺也。"王氏疏证："慢与谩同，《说文》：谩，欺也。"楚语谓聪慧曰"譑"，郭注他和反，"亦今通语"，是郭璞所见其通行范围更广。《广雅·释诂》："譑，慧也。"王氏疏证："字或作讵，又作訑。"又卷二："讵，欺也。"王氏疏证："《说文》：沇州谓欺曰讵。《燕策》云：寡人甚不喜訑者言也。訑与讵同。今江淮间犹谓欺曰讵，是古之遗语也。""譑、讵、訑"并歌部字。聪明义，发展出卖弄聪明，英语 clever"聪明的；机灵的；善良的"，clever-clever"卖弄小聪明的，聪明过头的"。卖弄聪明，就很容易发展出欺诈义，英语 wise 形容词"聪明的；精明的，狡猾的；骄横的"，动词"引开，诱离"。汉语的"慧"有聪慧义，也有狡猾义；狡猾跟机敏义有关，《三国志·董允传》："（黄）浩便辟佞慧，欲自容入。""惠"，美丽，陆机《赠冯文罴迁斥丘令》："利断金石，气惠秋兰。"李周翰注："惠，美也。"江淹《杂体诗三十首·殷东阳仲文》："青松挺秀萼，惠色出乔树。"张铣注："惠，媚。"聪慧与美丽的语义关系，参见下文第（36）中的"妍"字条。汉语"惠、慧"、英语 clever

均从聪明发展出善良仁爱、佳好、病愈健康。《诗经》"惠"字凡二十三见，除仁爱义外，还有恩赐、温顺、友好诸义，义虽分释，但来源相同，核心语义并无二致。明了于此，诗义的理解就会更加深刻。

聪明的人，举止得体，办事妥当，很容易发展出仁慈、美丽、健康义。英语 bright "明亮的；聪明的；美艳的"；clever "聪明的；美丽的，善良的；身体健康的"。根据《方言》，我们来梳理聪慧与仁慈、美丽、健康这几个语义之间的语义联系。

（36）聪慧与美丽。"嬛"字是聪慧，也有美丽义。《方言》卷二："娃、嬛、窕、艳，美也。吴楚衡淮之间曰娃，南楚之外曰嬛，宋卫晋郑之间曰艳，陈楚周南之间曰窕。"《广雅·释诂》："嬛，好也。"王氏疏证："《方言》注云：嬛言婘嬛也。字亦作婘，《列子·杨朱篇》云：皆择稚齿婘婘者以盈之。宋玉《神女赋》：嬛被服。李善注引《方言》：嬛，美也。"

《方言》卷一："娥、嬴，好也。秦曰娥，宋魏之间谓之嬴，秦晋之间凡好而轻者谓之娥。自关而东河济之间谓之媌，或谓之姣。赵魏燕代之间曰姝，或曰妦。自关而西秦晋之故都曰妍。好，其通语也。"这一条里，"姣、妍"两个词值得关注。"妍"字《说文》释作"妍黠"，本指聪慧，后指美丽。《说文》："妍，技也。一曰不省录事也。从女，开声。一曰难侵也，一曰惠也，一曰安也。""技"字是巧也，跟"一曰惠也"是一个意思，均指巧慧。"妍"字文献常见的意思是美丽。王氏《方言疏证补》以为《方言》当作"忓"："注文本作'忓，五干反'，只因五干讹作五千，与妍字之音相同，而《广雅》妍字亦训为好，后人多见妍少见忓，遂改忓为妍，以从五千反之音，而一本作忓乃是未改之原文。""忓"字《广韵》古寒 *kaaan、侯旰 *gaans 二切，《集韵》俄干切 *ŋaan。王氏谓"俄干切之音本于《方言注》（俄干即五干），则注文之作五干反又甚明"。《集韵》注音，与五坚切

*ŋeen 的"妍",读音一致。这样看来,问题还比较复杂,《方言》原文是不是就写作"忓"还要再研究。即便《方言》原文写作"忓",读五干反,亦与"妍"音义皆同。"好"字是美丽,《说文》:"好,美也。从女子。"又指巧慧,《管子·轻重甲》:"唯好心为可也。"张佩伦引《释名·释言语》:"好,巧也。如巧者之造物,无不皆善,人好之也。"(郭沫若《管子集校》)"慧"有聪明、狡黠义,"慧美"连文,表示既聪明又美丽。"姣"字《方言》是美丽,郭注谓"言姣洁也,音狡"。《广雅·释诂》:"姣,好也。"王氏疏证:"姣与《诗》佼人之佼同。《方言》:自关而东河济之间或谓好曰姣。"

(37)聪慧跟美丽连在一起,所以"媞"有安舒、舒缓义。《广雅·释诂》:"媞,安也。"《尔雅·释训》:"媞媞,安也。"《楚辞·怨世》:"西施媞媞而不得见兮。"注:"媞媞,好貌也。""媞媞"应理解为美丽貌。舒缓、时髦,均是美丽,这些行为都与知晓、聪慧有关。聪明发展出来的美丽,应该是内在的美、气质的美,是由灵性发展出来的美,不是外在的美丽。弄清楚了语义的来源跟发展,就能深刻地理解诗意。英语 smart "聪明的,精明的;时髦的,巧妙的"。

"提提"是美丽,《卫风·葛屦》:"好人提提。"传曰:"提提,安谛也。"这里的美丽义,也来自聪慧,由聪慧发展出美丽义。《说文》:"寀,悉也,知寀谛也。从宀釆。"段注:"谛,《广韵》引作諟,古同部假借也。""谛"是知晓、审知,"諟"是正确、改正。《说文》:"谛,审也。从言,帝声。""是、諟"是同源字,王力先生说两字同音,都有正义,实是一词,"諟"为后起分别字(2007:1288)。正确与改正,可比较英语 correct 形容词"正确的;正当的",动词"改正;校正;惩治";right 形容词"正确的",动词"纠正,改正;补救"。知晓可发展出智慧义,汉语"知、智"同源,可比较英语 know "知晓;确知;明了",knowing "通晓的;聪明的,精明的"。认知和真实有语义联系，英语 understand "通晓；认为；认为……理所当然（不言而喻）"。"是"是正确，也有认为正确义，《墨子·尚同》上："国君之所是，必皆是之。"后世文章，结论每言"是……"，亦是认为理所当然，不言而喻。《说文》："諟，理也。从言，是声。"《尚书·泰甲》上："先王顾諟天之明命。"传："諟，是也。"意思是认为正确、理所当然。"諟"字也作"是"，段注引《左传》"君与大夫不善是也"，《国语》作"王弗是"，韦昭注曰："是，理也。"段氏谓"是者，諟之假借字"。"諟"训理，不仅仅是正，还有真理、理所当然的意思。"谛"是知晓，"帝"有明智义。《说文》："媞，谛也。从女，是声。一曰妍黠也。""媞"是熟悉、知晓。还有两个意思值得注意：一是聪慧，一是安舒。"媞"由审谛，发展出妍黠。知晓、聪明和美丽的语义关系，可比较英语 knowing "熟悉的，知晓；聪明的；时髦的"，fly "机灵的；灵巧的；时髦的，漂亮的，迷人的"。

（38）**聪慧与仁慈**。《方言》卷一："虔，慧也。"又卷十二："儇、虔，谩也。"郭注："谓惠黠也。"《广雅·释诂》："虔，慧也。"王氏疏证谓"惠、慧字通"。《邶风·北风》："惠而好我，携手同行。"传曰："惠，爱。"笺云："性仁爱而又好我者，与我相携持同道而去。""惠"的仁爱义来自聪慧。《说文》："惠，仁也。从心叀。"段注谓"经传或假惠为慧"。"慧"，聪慧，《说文》："慧，儇也。从心，彗声。"聪明跟仁爱有语义关系，英语 clever "聪明的；善良的，和蔼可亲的；好的，令人满意的；机敏的；身体健康的"，这几个意思，跟汉语"惠、慧"的语义一一对应，clever 的"身体健康"可对应慧的病愈义；英语 quick "［古］活着；聪明的"。

（39）**聪慧与健康**。《方言》卷三："知，愈也。南楚病愈者谓之差，或谓之间，或谓之知，或谓之慧，或谓之憭。"注："慧、憭皆意精明。"戴震说"知通智"。钱绎笺疏："凡人病甚，则昏乱无知。既差则明了快意，故愈谓之慧，知亦谓之慧。"昏厥后苏醒则曰"清醒"。黄陂话"敨泰"，舒服快意，病转好也说敨泰。《说文》："憭，慧也。从心，尞声。"

快速与聪明、美丽，在这几条资料里集中体现出来了。段注谓"为惠者必谨"，"悊"同"哲"，是智慧，也指恭敬，《说文》："悊，敬也。"这些语义关联都值得我们关注。

跨语言的词义比较，依托汉语材料，借助自然语言，梳理语言里词义的演变模式，研究的目的就是发现词义演变的规律。研究句子的结构和变化有语法学；研究语音，近年来有音法学。仿照语法学、音法学，作跨语言的词义比较，就可以建立起义法学。义法学就是依托汉语，作跨语言的词义比较，总结人类自然语言语义演变的一般规律。

第四节 《方言》词语比较研究（上）

《方言》记录秦汉时期各地方言词语及词义演变，是研究语义类型的绝佳材料，对义法的构建有重要意义。两千多年前的方言材料，是非常珍贵的词义演变的实例。本书梳理这些材料，引进跨语言的词义比较，旨在说明秦汉时期的这些语义材料，可为现在的语义类型学研究提供证明。本章将分三节整理《方言》的语义演变模式。

本节选取《方言》卷一到卷四的方言材料。每一词条包括通行地域、语义演变类型。不同地域的方言，用括号标记出来。为了节省篇幅，对方言地域作了尽可能的简省，省去了诸如"之间、之郊"一类的表述；有些地域标记用了简称，如"自关而东、自关而西"简称"关东、关西"。《方言》的地域标记，本来就较为模糊，这样处理后，

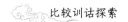

虽然节省了篇幅，但表述可能更加不清晰。

本书征引《方言》及郭璞注，以周祖谟先生的《方言校笺》（中华书局，2004）为主，参校宋本《方言》（国家图书馆出版社，2017）、钱绎《方言笺疏》（影印本，上海古籍出版社，1984；李发舜、黄建中点校本，中华书局，2013）、华学诚《扬雄方言校释汇证》（中华书局，2006），文字不同者，择善而从。

（40）（晋卫、秦晋）**薪柴与燃烧**。薪柴可用来做燃烧的原料，语言里薪柴与燃烧就有语义关联。汉语文献里，"栵"指小树，特指排成行的小树；萑苇可以做笤帚，做成的苕帚叫"荝"，萑苇亦可作燃料。燃烧以及燃烧之火则曰"烈"（黄树先2008）。王引之说："栵，读为烈。烈，栟也，斩而复生者也。"（《经义述闻》"其灌其栵"条）。原始印欧语 *aidha- "烧"，梵语 edha- "木柴"，古高地德语 eit "篝火"。《方言》可提供类型学的例子，《方言》卷一："烈、栟，余也。陈郑之间曰栟，晋卫之间曰烈，秦晋之间曰肄，或曰烈。"郭注："谓烈余也。"卢文弨改"烈余"为"遗余"，恐非。王念孙谓"栟、肄，语之转耳"（《广雅疏证》）。"栟、肄"均指树木砍伐后萌生的枝条，枝条发展出燃烧、火烈。塞尔维亚克罗地亚语 gòra "森林；砍下来的树枝"，gòreti "燃烧"，gòrivo "燃料；〔转〕火"。

（41）（晋卫燕魏、汝颍梁宋）**胎与孕育**。《方言》卷一："台、胎、陶、鞠，养也。晋卫燕魏曰台，陈楚韩郑之间曰鞠，秦或曰陶，汝颍梁宋之间曰胎，或曰艾。"此条的养育义，值得注意的是"台、胎"二字。郭注谓"台犹颐也。"《广雅·释诂》："颐，养也。"王氏疏证与郭注基本相同。《说文》："胎，妇孕三月也。从肉，台声。"段注谓胎的养义"此假借胎为颐养也"。其说与郭、王无异。"胎"，土来切 *lhɯɯ，从"台"*lɯ 得声。"台"也可用作怀胎字，《楚辞·九辩》："收恢台之孟夏兮。"洪兴祖补注引黄鲁直说"台即胎字"。朱骏声《说文通训定声》说"台"假借为子嗣字，益可证"台"即"胎"字。怀孕、孩子、生育共用一个词在语言里很常见。"子"是孩子，"字"是生孩子。据《方言》记载，晋卫燕魏曰台，汝颖梁宋之间曰胎，说明这两个方言区读音有差异，但有可能都是从怀孕义发展出养育义。怀孕跟孕育语义有密切的关联，"育"是生育，也有养育、教养的意思。葡萄牙语 criança"儿童；孩子气的；教养，教育"。

（42）（韩郑、晋卫、宋卫邠陶）遮掩与爱护。汉语表示仁爱的"爱"，来自表遮盖的"薆"。《尔雅·释言》："薆，隐也。"郭注："谓隐蔽。""薆、爱"字通用。印尼语 mengayomi"遮蔽，爱护"。汉语仁爱之"爱"，正是来自遮盖之"薆"（黄树先 2016c）。《方言》卷一："忨、俺、怜、牟，爱也。韩郑曰忨，晋卫曰俺，汝颖之间曰怜，宋鲁之间曰牟，或曰怜。怜，通语也。"这一条表示怜爱的"忨、俺"二字殆来自遮盖。《广雅·释诂》："翳、忨、俺，爱也。"王氏疏证："俺、爱一声之转，爱之转为俺，犹薆之转为掩矣。"王说待证实。"俺"与"掩"字通用，《说文》："荒，芜也。从艸，巟声。一曰草掩地也。"段注："《周南》《鲁颂》毛郑皆曰：荒，奄也。此草掩地引伸之义也，一本掩作俺。"钱绎笺疏亦谓："俺与掩亦同。"《说文》："忨，恶也。从心，无声。""忨"与荒芜遮盖之"芜"，语义殆有关联，可参考《说文》"荒"字的解说。《方言》卷一："怜、忨、俺，爱也。陈楚江淮之间曰怜，宋卫邠陶之间曰忨，或曰俺。"

（43）（赵魏燕代、楚、吴越）怜爱与哀痛。"忨、怜"是爱，亦有哀伤义，《方言》卷一："悢、忨、矜、悼、怜，哀也。齐鲁之间曰矜，陈楚之间曰悼，赵魏燕代之间曰悢，自楚之北郊曰忨，秦晋之间或曰矜，或曰悼。"《广雅·释诂》："悢、忨、悼、怜，哀也。"王氏疏证："哀与爱，声义相近，故忨、怜，既训为爱，而又训为哀。""悢"字郭注："悢亦怜耳，音陵。"王氏《方言疏证补》曰："真、蒸二部

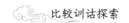

声相近，故从炗、从舜之字或相转。""悡"字不见于《说文》。房德里耶斯说，忧伤、疼痛很容易发展出怜爱义（2012：247）。英语ache"痛；同情"。汉语普通话说"疼""疼爱"。怜爱与哀痛的语义关系，在《方言》里就存在，正是类型学的极好例证。《方言》卷七："怜职，爱也。言相爱怜者，吴越之间谓之怜职。"

（44）（楚、燕、朝鲜洌水、秦晋）哭泣与喊叫。汉语"嚣、叫"均是大声喊叫，俞敏先生拿藏文ñu"哭"对应汉语"嚣、叫"（1989a），汉语也说"叫嚣"。呼叫发展出啼哭，汉语说"哭叫"。巴克说，印欧语大多数表哭泣的词来自"呼喊、尖叫、哀嚎、呻吟"（2017：1128）。英语cry"哭；叫喊"。印尼语meraung"吼叫；嚎啕大哭"。《方言》卷一："咺、唏、忊、恒，痛也。凡哀泣而不止曰咺，哀而不泣曰唏。于方，则楚言哀曰唏；燕之外鄙朝鲜洌水之间，少儿泣而不止曰咺。自关而西秦晋之间，凡大人少儿泣而不止谓之唴，哭极音绝亦谓之唴。平原谓啼极无声谓之唴哴，楚谓之噭咷，齐宋之间谓之喑，或谓之怒。"哭泣曰咺、曰唏、曰唴者，"咺、唏、唴"这几个字也有呼叫的意思。《方言》卷十三："喊、唏，声也。"《说文》："唏，笑也。从口，希声。一曰哀痛不泣曰唏。"

（45）（秦晋、平原、楚、齐宋）哭泣、哭泣貌与嘶哑。《方言》卷一："自关而西秦晋之间，凡大人少儿泣而不止谓之唴，哭极音绝亦谓之唴。平原谓啼极无声谓之唴哴，楚谓之噭咷，齐宋之间谓之喑，或谓之怒。""唴、唴哴、噭咷"是哭泣，发展出嘶哑义。大哭不止，可能会声嘶力竭。"喑"，哭泣、大叫，也指声音嘶哑，王念孙《方言疏证补》："啼极无声谓之喑，犹不能言谓之瘖也。"钱绎笺疏亦曰："喑之言瘖也，谓瘖哑无声也。""噭"是哭泣、吼叫，也指哭泣貌，《公羊传·昭公二十五年》："昭公于是噭然而哭。"何休注："噭然，哭声貌。"哭泣与哭泣貌及嘶哑，可比较英语blubber"哭诉；哭肿，哭湿，哭得扭歪"。

（46）（汝颍陈楚、汝、秦晋、宋）哭泣与悲伤。"咺、唏、唉"是哭叫，又当悲伤讲，是哭泣与悲伤语义有关系。哭泣，"齐宋之间谓之暗，或谓之怒"，"怒"又有悲伤的意思。《方言》卷一："悼、怒、悴、愁，伤也。自关而东汝颍陈楚之间通语也。汝谓之怒，秦谓之悼，宋谓之悴，楚颍之间谓之愁。"又卷十二："怒，怅也。"《广雅·释诂》同。《方言》卷六："爱，嗳，恚也。楚曰爱，秦晋曰嗳，皆不欲噉而强噉之意也。"郭注："谓悲恚也。"又卷十二："爱，嗳，哀也。"郭注："嗳哀而恚也。"《广雅·释诂》："爱、嗳、愠、愁，恚也。"王氏疏证谓"爱、嗳、咺，古同声而通用"。《说文》："哭，哀声也。"《周礼·女巫》："歌哭而请。"贾公彦疏："哭者，哀也。"英语weep"哭泣，流泪；悲哀"，weepy"流泪的；催人泪下的"。意大利语pianto"哭，哭泣，眼泪；痛苦，哀伤"。

（47）（宋魏、陈楚、秦晋）流泪与潮湿及悲伤。《方言》卷一："慎、济、瞥、怒、湿、桓，忧也。宋魏或谓之慎，或曰瞥。陈楚或曰湿，或曰济。自关而西秦晋之间或曰怒，或曰湿。自关而西秦晋之间，凡志而不得、欲而不获、高而有坠、得而中亡谓之湿，或谓之怒。"郭注："湿者，失意潜沮之名。"《广雅·释诂》："瞥、济、怒、湿，忧也。"王氏疏证引《玉篇》："瞥，音潜"，谓"瞥之言潜也，即郭所云失意潜沮也"。此条"济、湿、潜"似均有潜沮义。值得注意的还有"湿"字，戴氏疏证引《荀子》的《修身》《不苟》，杨倞注援引《方言》此条"湿"来解释。王氏疏证也曰："《荀子·不苟篇》：小人通则骄而偏，穷则弃而儑。杨倞注云：儑，当为湿，引《方言》湿，忧也。"上文言哭泣发展出悲伤义，哭泣和悲伤中间还有流泪、潮湿义。英语weep"哭泣；悲哀；滴水，（液体）缓慢流出"，weepy"流泪的；催人泪下的；潮湿的"。哭泣而流泪，容易理解。树木流出浆液，也会拿哭泣的词语来表达。《汉书·西域传》颜注说："胡桐亦似桐，不类桑也。虫食其树而沫出下流者，俗名为胡桐泪，言似眼泪也，可以汗金银也，今工匠皆用之。流俗语讹呼泪为律。"法语 larme "眼泪；（植物的）浆液，树脂，树胶"；pleure "哭泣，眼泪；（春天某些植物淌）浆液"。保加利亚语 плача "哭泣；（植物的）滴汁"。卢本改"溼"为"濕"，佗合反。按水名的"濕"，他合切 *ŋhl'ɯɯb/t-ŋhɯɯb，"濕"又表潮湿义，与"溼"并音失入切 *ŋhjɯb。水名的"濕"，与潮湿的"溼"读音相似，不必改作他合切的"濕"。参见本书第一章的有关讨论。

（48）（晋宋卫鲁）长久与思念。思念与日俱增，时间愈是久远，空间愈是遥远，思念愈发强烈。《方言》卷一："郁悠、怀、虑、念，思也。晋宋卫鲁之间谓之郁悠。"《邶风·终风》："悠悠我心。""悠"是悠远，《周颂·访落》："於乎悠哉，朕未有艾。"从悠远发展出思念义。英语 long 形容词"长的；长久的"，动词"渴望，渴想，渴念"，We're longing to see you. "我们渴望见你。"longing 名词"（尤其指对得不到的东西的）渴望，切望"，形容词"渴望的"。《英汉大词典》分列两个词，没有必要。长久与思念，可共用一个词。《方言》记载晋宋卫鲁之间思念谓之郁悠，王念孙说："郁犹郁郁也，悠犹悠悠也。《楚辞·九辩》云：冯郁郁其何极。《郑风·子衿篇》云：悠悠我思。合言之则曰郁悠，《方言》注云：郁悠犹郁陶也。凡经传言郁陶者，皆当读如皋陶之陶。郁陶、郁悠古同声，旧读陶如陶冶之陶，失之也。"（《广雅·释诂》"思也"条疏证）。王说是也。"郁、陶、悠"，单言均是长久，又作思念讲，合言之则曰"郁悠"。长久与思念的语义关系，可参见本书第六章"悠哉悠哉"的解释。

（49）（晋宋卫鲁、秦晋）思念与悲伤。思念和悲伤有密切的语义联系，印尼语 cinta "渴望，想念；［古］悲伤，忧伤"。"思"，思念，也是伤感，张华《励志诗》："吉士思秋，实感物化。"李善注："思，悲也。""悲"是悲伤，也是怀念，《史记·高祖本纪》："谓沛父兄曰：游子悲故乡。"《方言》卷一："郁悠、恧，思也。晋宋卫鲁之间谓之郁悠。东齐海岱之间曰靖。秦晋或曰慎，凡思之貌亦曰慎，或曰恧。""恧"，思念，《小雅·小弁》："我心忧伤，恧焉如捣。"传曰："恧，思也。"也当悲伤讲，《方言》卷一："恧、湿，忧也。自关而西秦晋之间或曰恧，或曰湿。自关而西秦晋之间，凡志而不得、欲而不获、高而有坠、得而中亡谓之湿，或谓之恧。""悠、伤、忧"是思念，也是悲伤，王氏疏证："《尔雅》：悠、伤、忧，思也。悠、忧、思三字同义，故郁悠既训为思，又训为忧。"（《广雅·释诂》"思也"条）《方言疏证补》："忧与思同义，故恧、慎又为思也。"

（50）（晋魏河内、楚、陈楚、南楚江湘、关西）残害与贪婪。"剥"是去皮，"削"指用刀砍削，皆为残害；砍杀、残害发展出剥削一类的词语，指盘剥、搜刮民脂民膏，《梁书·贺琛传》："故为吏牧民者，竞为剥削。"英语 flay "剥（动物之）皮；掠夺"。（参见《比较词义探索》"剥皮与剥削"条）印尼语 caruk、mencaruk "剥树皮，削树皮；割；贪吃"，《印度尼西亚语汉语词典》分属两个词条，不妥。劫掠是残暴，也是贪婪，《释名·释言语》："贪，探也，探取他人分也。"《太玄·玄数》司马光注引许瀚："翕取为贪。"《荀子·君道》："故职分而民不探，次定而序不乱。"王念孙谓"探"为"慢"之误，王云路先生说，"探、贪"音同，古通用（1986：71）。《后汉书·郭躬传》李贤注："贪与探同。"贪婪也是一种破坏，意大利语 locusta "蝗虫；贪得无厌，破坏成性者"，cavalletta "蝗虫；贪吃的人，挥霍者；败家子"。《方言》卷一："虔、刘、惨、琳，杀也。秦晋宋卫之间谓杀曰刘，晋之北鄙亦曰刘。秦晋之北鄙、燕之北郊、翟县之郊，谓贼为虔。晋魏河内之北谓琳曰残，楚谓之贪，南楚江湘之间谓之欺。"郭

注:"今关西人呼打为捆,音廪,或洛感反。"楚语残杀曰"贪",其他地方"贪"是贪婪、贪吃,这两个语义有密切关系。王念孙《方言疏证补》:"杀、贼、残、贪,义并相近。""歁"字原作"欺",据戴本改。周校谓当作"欿"。《说文》:"欿,欲得也。从欠,臽声。读若贪。"《广雅·释诂》:"歁、欿,欲也。"王氏疏证:"歁与下欿字通。"《方言》卷二:"叨,惏,残也。陈楚曰惏。""叨",贪婪,《说文》:"饕,贪也。从食,号声。叨,俗饕,从口,刀声。""惏",贪婪,《说文》:"惏,河内之北谓贪曰惏。从心,林声。"又:"贪,欲物也。从贝,今声。""婪"下曰:"贪也。从女,林声。杜林说:卜者攬相诈譣为婪。读若潭。"段注谓"惏、婪皆训贪,惏、婪音义同"。钱氏笺疏:"僖二十四年《左氏传》狄固贪婪,释文及正义并引《方言》'杀人而取其财曰惏',今无此语。"《说文》:"飻,贪也。从食,殄声。《春秋传》曰:谓之饕飻。"大徐本作"殄省声"。疑饕飻字与暴殄义有关,王念孙疏证:"盖饕飻本贪食之名,故其字从食,因谓贪欲无厌者为饕飻也。"(《广雅·释诂》"饕飻,贪也"条)王说是也。

(51)(燕代、宋卫兖豫、秦晋、陈兖)污垢斑点与老年斑及老者。《方言》卷一:"眉、梨、鲞、鲐,老也。东齐曰眉,燕代之北鄙曰梨,宋卫兖豫之内曰鲞,秦晋之郊、陈兖之会曰耇鲐。"这里的"鲞"殆来自"铁",与冻梨、垢的命名理据相同,后世说老年斑。钱氏笺疏:"《秦风·车邻》疏引孙炎注云:鲞者,色如生铁也。"印欧语的"铁"也发展出黑色义(沙加尔2019)。"梨"来自表黑色的"黧"。《广韵·齐韵》:"黧,黑而黄也。"也指黑斑。王力先生说"黧、黎、犁、梨"是同源字(1982a:421)。"耇",污垢。《说文》:"耇,老人面冻黎若垢。从老省,句声。""鲞、黧、耇",均来自黑色,指老年斑点,亦可指代老年人。《尚书·微子》:"乃罔畏畏,咈其耇长、旧有位人。"又《泰誓》中:"今商王受,力行无度,播弃黎老。"钱氏笺疏引《论衡·无形》："人少则肤白，老则肤黑，黑久则黯，若有垢矣。发黄而肤为垢，故《礼》曰：黄耇无疆。"可比较印尼语 tua-tua "长者，首领（指辈分高或经历丰富的人）；雀斑"，tetua "老人；雀斑，（脸上）黑褐色的小斑点"。王引之《经义述闻·通说》曰："冻梨之称，自取皮有斑点；黎老之称，自以耆耊为义。二者绝不相涉，不得据彼以说此也。""耆"*gri 有广大、年高义，对应缅甸语 krii³ "大，多"，缅甸语 krii³ 又有长者义（黄树先 2003）。"耆旧"来自年高，"黎老"来自老人肤如冻梨，二者来源不同，均可指老者。王说可疑。

（52）（**海岱大野、秦晋梁益**）长宽与度量。长宽高的词语，可表测量、计算。英语 measure "测量，计量；有……长（或宽、高等）"，This room measures 10 metres across. "这间房子宽 10 米。"又 measurement "测量法；丈量；尺寸，长宽高；三围"。《方言》卷一："寻、延，长也。海岱大野之间曰寻。自关而西秦晋梁益之间凡物长谓之寻。《周官》之法，度广为寻，幅广为充。""寻"是长，"充"也有广大义。钱绎笺疏说《考工记》"以寻为度广，仞为度深之名也，故《方言》曰《周官》之法，度广为寻"。表长度的"寻"来自手臂，伸直双手臂之长亦曰"寻"，《说文》："寻，绎理也。度人两臂为寻，八尺也。""寻"*ljum 是古老的词语，对应藏语 'dom(s) "一寻，六尺"，'d-<*'l-；缅语 lam² "庹"（黄树先 2003）。

（53）（**雍梁、秦晋**）抵触与交会。《方言》卷一："牴、敳，会也。雍梁之间曰牴，秦晋亦曰牴。凡会物谓之敳。"郭注牴是"触牴也"，戴本删去"也"字。"敳"郭音致。"牴"*tiil?、"敳、致"*tigs，读音略近，语义稍有改易。抵触是两个物体交会，发展出交会义就很好理解。英语 butt "用头（或角）顶撞"，butt against "撞击；碰上"。"牴"戴本作"抵"，值得再考虑。

（54）（**齐楚**）花与开花、**繁盛**。花是名词，动词是开花，再发展出繁荣，语言里很常见。《尔雅 · 释草》："华，荂也。"郭注："今江东呼华为荂。音敷。"又："华、荂，荣也。"花朵，《说文》作"雩"，"草木华也。从𠂹，亏声。荂、雩或从艸从夸。"呼瓜切 *qhwraa，又芳无切 *pha<*p-qhwa；"华"是华盛，《说文》："华，荣也。从艸雩。"户花切 *gwraa。汉以后"華"俗作"花"字，花与开花，混用不分。《广雅 · 释诂》："花，华也。"王氏父子考证"花"字出现时间，意见不一致。王引之以为"魏时已行花字，不始于后魏矣"。花发展出繁盛义，可比较"荣"字，是开花，也是繁荣。英语 blow 动词"开花"，名词"花，花丛；灿烂的景象"；flower 名词"花"，动词"开花；繁荣，兴旺"。《方言》卷一："华、荂，晠也。齐楚之间或谓之华，或谓之荂。"齐楚之间兴盛曰华曰荂，"华、荂"二字读音不同。郭注："荂亦华别名，音夸。"郑张先生说，"华"字古有浊清二读，浊的是"华"*Gwraa，清的来自况于切的"雩、荂"*qhwa，"荂"又音敷，后作"蒪"（芳无切）*p-qhwa、"葩"（普巴切）*p-qhwraa（2013：151）。"蒪"，郑张先生音 *p-qhwa，可与古芒语 *pkāw"花"比较（Shorto 2006：469）。

（55）（青幽）土堆与坟陵。汉语"坟、陵"在文献里均指高山，亦指坟墓。保加利亚语 могѝла"小山；坟丘"。塞尔维亚克罗地亚语 hûm"山冈；古墓，坟（包）"。英语 mound"土堆，土丘；坟堆"。《方言》卷一："坟，地大也。青幽之间凡土而高且大者谓之坟。"郭注："即大陵也。"《广雅 · 释丘》："坟、墦、封，冢也。"王氏疏证："坟、封、墦一声之转，皆谓土之高大者也。"

（56）（楚）足与跳。《方言》卷一："踏、䠥、𨁈，跳也。楚曰蹠。陈郑之间曰䠥，楚曰蹠。自关而西秦晋之间曰跳，或曰踏。"郭注说蹠"敕厉反，亦中州语"。"蹠"又作"跖" *kljag，"蹠、跖"本指足，《战国策 · 楚策》一："于是嬴粮潜行，上峥山，逾深溪，蹠穿膝暴。"鲍彪注:"蹻,足下。"又泛指足,《淮南子·氾论》:"体大者节疏,蹻距者举远。"高诱注:"蹻,足也。"足掌义,本作"蹻、跖",后作"脚"。脚发展出跳跃义,英语 foot 名词"足,脚",动词"走,跳(舞)"。陈郑之间曰蹻者,王氏疏证说:《方言》:遥,疾行也。蹻、遥、摇,义并相近。"(《广雅·释诂》"跳也"条)跳跃的"蹻"与遥远语义有关,参见拙著《比较词义探索》"行走与遥远"条。

(57)(秦晋、东齐海岱、鲁卫、梁益)行走与**攀登**。"济"是渡水,《左传·宣公十二年》:"以中军佐济。"杜注:"济,渡河。"也指跋涉、攀登,字作"隮",《说文》:"隮,登也。从足,齐声。《商书》曰:予颠隮。"今《尚书·微子》作"隮"。《方言》卷一:"蹻、郅、跂、佲、隮、蹦,登也。自关而西秦晋之间曰蹻,东齐海岱之间谓之隮,鲁卫曰郅,梁益之间曰佲,或曰跂。"郭注谓"隮"为"济渡"。英语 climb"攀登;(不限方向地)爬行,延伸开去",攀登是往上行进。

(58)(秦晋)**抓取与篡夺**。《方言》卷一:"挏、撋、摡、挻,取也。南楚曰撋,陈宋之间曰摡,卫鲁扬徐荆衡之郊曰挏。自关而西秦晋之间凡取物而逆谓之篡,楚部或谓之挻。"《说文》:"篡,屰而夺取曰篡。从厶,算声。""篡"是篡夺,也是手握,字亦作"攥",手握曰攥(见桂馥《札朴》卷九)。英语 hold"握;占据;拥有"。

(59)(卫鲁扬徐荆衡)**手与抓取**。《方言》卷一:"挏、撋、摡,取也。南楚曰撋,陈宋之间曰摡,卫鲁扬徐荆衡之郊曰挏。""挏"是手,来自古老的汉藏语系。手发展出握、取,比较"手、掌"二字,均发展出动词握、取,现在还说"掌握"。《公羊传·庄公十三年》:"曹子手剑而从之。"此谓握持也。《小雅·宾之初筵》:"宾载手仇,室人入又。"传曰:"手,取也。主人请射于宾,宾许诺,自取其匹而射。""挏、挏"可通用,《别雅》卷二:"挏尺,挏尺也。"拉丁文 manus"手,掌握",跟晚期印欧语 *ma-r"握,拿住"相同。巴克说

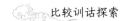

印欧语 hand"手"与表示"抓，取，收集"（sieze，take，collect）的词根有关（2017：238）。

（60）（秦晋、河阴、关西）吃与吃饱。吃饭与吃饱，语义有密切关联。饱足字《说文》作"猒"，"猒，饱也，足也。从甘肰。"文献多作"厌、饜"。《方言》卷一："饟、餥，食也。陈楚之内相谒而食麦饘谓之饟，楚曰餥。凡陈楚之郊南楚之外相谒而飧，或曰餥，或曰鈶。秦晋之际河阴之间曰㱃馈。此秦语也。"楚地饮食曰"餥"*zaag，可与藏语 za"吃"对应。秦晋之际河阴之间饮食曰㱃馈，郭注："今关西人呼食欲饱为㱃馈。"华学诚先生说："郭注为别异义之例也。""㱃馈"有吃和吃饱两个不同的语义。"馂"，《说文》："馂，燕食也。从食，芙声。《诗》曰：饮酒之馂。"段注谓今字作"饫"。"饫"也作饱食讲，《左传·襄公二十六年》："是以将赏，为之加膳，加膳则饫赐。"注："饫，餍也。酒食赐下，无不餍足，所谓加膳也。""饫"的同源字有"餫"（王力 2007：1671），"餫"也有私宴、吃饱二义。邢公畹先生说，"鞍"，傣雅语 ʔan¹，西双版纳傣语 ʔaːn¹，德宏傣语 ʔaːn⁶，泰语 ʔaːn¹<*ʔ。泰语 ʔaːn¹ 还有"吃，飧"义。另外，"吃得过饱"也称 ʔaːn¹。汉语和"鞍"同音的还有"侒"字。《说文·人部》："侒，宴也。从人，安声。"朱骏声说："疑当为宴之重文。"（邢公畹 1999：257）英语 banquet 名词"宴会，盛宴"，动词"赴宴；痛饮"；feast"赴宴；尽情地吃，饱餐"。

（61）（青徐海岱）细小与精美。《方言》卷二："鈔、嫽，好也。青徐海岱之间曰鈔，或谓之嫽。好，凡通语也。""鈔"，郭注错眇反。《广雅·释诂》王氏疏证："鈔，犹小也；凡小与好义相近，故孟喜注《中孚》卦云：好，小也。《玉篇》：鈔，美金也。《尔雅》：白金谓之银，其美者谓之镣。是金之美者谓之鈔，亦谓之镣，义与鈔、嫽同也。""鈔"，本是小义，青徐海岱之间曰鈔，或谓之嫽，郭注："今通

呼小姣洁喜好者为嫽钏。"细小发展出精巧、小巧，转指精美。法语
finesse"细；精细，精美；上等"。

（62）（秦晋、陈楚周南）幽静与美丽。《方言》卷二："娃、嫷、
窕、艳，美也。吴楚衡淮之间曰娃，南楚之外曰嫷，宋卫晋郑之间曰
艳，陈楚周南之间曰窕。自关而西秦晋之间凡美色或谓之好，或谓之
窕。故吴有馆娃之宫，秦有榛娥之台。秦晋之间美貌谓之娥，美状为
窕，美色为艳，美心为窈。"《方言》这几个表美艳的词语，南楚曰嫷
者，"嫷"有聪慧义，南楚当美艳讲的"嫷"，其语义跟聪慧殆有关联
（参见本章第二节）。秦晋之间凡美色或谓之窕，秦晋之间美状为窕
者，郭注："言幽静也。"《周南·关雎》传曰："窈窕，幽闲也。"《邶
风·静女》传曰："静，贞静也。女德贞静而有法度，乃可说也。"安
静可发展出文雅、美丽义，英语 quiet"安静；温和，文静；（服饰等）
素净"；bonny"漂亮的，美好的；健康的，愉快的；宁静的"。

（63）（宋卫晋郑、秦晋）火焰与美丽。《方言》卷二："艳，美
也。宋卫晋郑之间曰艳。秦晋之间美貌谓之娥，美状为窕，美色为
艳，美心为窈。""艳"来自火焰、光亮，郭注"言光艳也"，所言是
也。英语 flame"火焰；灿烂的颜色；爱人"。印尼语 api"火，火焰"，
apik"整齐美观的"。（《比较词义探索》"光亮、火光与艳丽"条）

（64）（关西、宋卫、陈楚汝颍）轻盈与美丽。《方言》卷二："奕、
偞，容也。自关而西凡美容谓之奕，或谓之偞。宋卫曰偞，陈楚汝
颍之间谓之奕。"郭注："奕、偞皆轻丽之貌。偞音叶。""偞"亦作
"僷"。《说文》："僷，宋卫之间谓华僷僷。从人，葉声。"段注："华，
容华也。僷僷，好貌。""偞"与"葉、枽"是同族词，王氏说："葉与
偞同。"（《广雅·释训》"僷僷，容也"条疏证）"葉"指树叶、薄片。
轻薄发展出轻盈，转指美丽。《广韵》："偞偞，轻薄美好貌。"葡萄牙
语 alado"有翼的；轻快的；优雅的"。汉语"翼"是羽翼，也有轻盈、

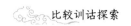

美丽义。《魏都赋》："翼翼京室，眈眈帝宇。"张铣注："翼翼，美也。"
《东京赋》："京邑翼翼，四方所视。"刘良注："翼翼，美貌。"美丽的
"奕"，《说文》训大，王念孙说："奕、僷声之转。"（《释大》）"奕"
羊益切 *laag；"僷"与涉切 *leb，"僷"，《集韵》弋涉切 *leb。王说待
证实。

（65）（宋卫韩郑、燕代朝鲜洌水）明亮与目精。《方言》卷二：
"铄、盱、扬，双也。好目谓之顺，黸瞳之子谓之瞯。宋卫韩郑之间
曰铄。燕代朝鲜洌水之间曰盱，或谓之扬。"燕岱或谓之扬者，原本
《玉篇》残卷引《方言》作"阳"，当来自明亮。《郑风·野有蔓草》：
"有美一人，清扬婉兮。"传曰："清扬，眉目之间婉然美也。"王先
谦《诗三家义集疏》："清扬犹清明也。"后起字或作"睰"，美丽的眼
睛，见《玉篇》。宋卫韩郑之间，黸瞳子曰铄，其语义来源，可与燕
岱一带的"扬（阳）"进行比较。"铄"，后起字亦作"瓅"，《玉篇》：
"瓅，美目也。"戴氏疏证："铄、烁古通用。"朱骏声《说文通训定
声》谓"烁"字"犹言双眸炯炯也"。吴予天《方言注商》："视时目
光铄铄，此上文铄之所以训瞳也。"语言用亮点表示黸瞳子，印尼语
bintang "星，星球；带斑点的"，bintang-bintangan "（眼睛里的）白
斑点"。

（66）（秦晋）捆束与细小。捆束物体，体积会压缩变小。"缩"
是捆束，《大雅·緜》："其绳则直，缩版以载。"又指减少、简短，"盈
缩"即长短。《方言》卷二："嫛、笙、挈、摻，细也。自关而西秦晋
之间凡细而有容谓之嫛，或曰偍。凡细貌谓之笙，敛物而细谓之挈，
或曰摻。""挈"，是收缩，也是细小。《广雅·释诂》："挈，小也。"
王氏说："《说文》云：韢，收束也，从韦，糗声。或从手秋声作挈。
又云：糗，小也。糗训为小，韢、挈训为敛。物敛则小，故《方言》
云：敛物而细谓之挈。挈、韢、糗，并声近义同。"英语 compress "压

缩；打包；压缩变小"，compressed "压缩的；扁平的"。细而有容者，是细小与精细的语义关系，参见上文"（青徐海岱）细小与精美"条。

（67）（秦晋梁益、江淮陈楚、青齐兖冀、燕、朝鲜洌水）枝条、草芥与细小。《方言》卷二："私、策、纤、莜、稺、杪，小也。自关而西秦晋之郊梁益之间，凡物小者谓之私，小或曰纤，缯帛之细者谓之纤。东齐言布帛之细者曰绫，秦晋曰靡。凡草生而初达谓之莜。稺，年小也。木细枝谓之杪，江淮陈楚之内谓之篾，青齐兖冀之间谓之薆，燕之北鄙朝鲜洌水之间谓之策。故传曰：慈母之怒子也，虽折薆笞之，其惠存焉。"这组细小义的词语，好几个跟草木有关，枝条、草芥发展出诸如细小、垃圾等义。来自草的有"莜"，来自竹木的有"杪、篾、薆、策"，来自禾苗的有"私"，词语的来源清晰，是绝好的类型学证据。"篾"字戴本作"薎"，此从宋本。"篾"发展出小，演变路径更清晰。"薆"字，王氏谓《玉篇》作"篓，木细枝也。字本作薆"（《广雅·释器》"桀也"条疏证）。枝条发展出细小义，"末"是树梢，又作细末讲；"枝"是树枝，发展出枝尾末节义。英语 twig "细枝；占卜杖"，twigy "细枝的；纤细的，苗条的"。

（68）（秦晋）细小、微弱与疾病。强壮、硬朗表示身体康健，微小、软弱则代表身体出现问题，"瘠"是瘦弱，也指疾病，《公羊传·庄公二十年》："大灾者何？大瘠也。"何休注："瘠，病也。齐人语也。"《方言》卷二："殗、殜，微也。宋卫之间曰殗。自关而西秦晋之间凡病而不甚曰殗殜。"郭注："病半卧半起也。""殜"从"枼"得声，当有薄义。钱氏笺疏曰："殜之言枼也。《说文》：枼，楄也。枼，薄也。"《方言》卷十："媘、矲，短也。江湘之会谓之媘。凡物生而不长大亦谓之媘，又曰瘠。桂林之中谓短矲。矲，通语也。东阳之间谓之府。"郭注："今俗呼小为瘠，音荠菜。"王氏疏证："《史记·货殖传》媘作佌。紫、媘、佌并通。"（《广雅·释诂》"短也"条）"紫、媘"徂礼

切 *zeeʔ、"觜"又即移切 *ʔse。"觜、呰"读音略有不同。"瘠"是短小细弱,又指疾病,《尔雅·释诂》:"瘠,病也。"《礼记·玉藻》:"亲瘠,色容不盛。"意大利语 infermita"疾病;体弱,虚弱,软弱"。短小发展出疾病、毛病义。

（69）（东齐海岱、秦晋）同伴与同辈。"敌、雠"是势均力敌的人,可指对手,亦可指同伴、伴侣。参见《比较词义探索》"对当与敌人"条。《方言》卷二:"臺、敌,匹也。东齐海岱之间曰臺,自关而西秦晋之间物力同者谓之臺敌。"《广雅疏证》引作"自关而西,秦晋之间物力同者谓之臺。敌,耦也"。卢文弨重校同。"臺"又作"儓",戴氏疏证:"臺、儓盖通用。"《方言》卷三:"儓,农夫之丑称也。南楚凡骂庸贱谓之田儓。""臺、儓"是农夫,泛指伙伴。一起做事的人,现在还说"工友、农友"。

（70）（荆吴江湖、宋颍）生育与幼崽。"娩",《说文》训兔子也。王念孙疏证谓"娩者,新生弱小之称"（《广雅·释兽》"兔子也"条）。生子字作"㜮",《说文》:"㜮,生子齐均也。从女,兔声。读若幡。"段注:"谓生子多而如一也。""娩、㜮"音义并同,分别表兔子、生育。《方言》卷二:"抱娩,耦也。荆吴江湖之间曰抱娩,宋颍之间或曰娩。"清代以后的本子多删去"耦也",似不妥。这里的耦殆指配偶,郭注:"耦亦匹,互见其义耳。"生育跟幼崽的语义关系,如"子"是子女,也指生育孩子,字或作"字",《周易·屯》:"女子贞不字。"虞翻注:"字,妊娠也。""字"也有许配、婚配的意思。幼小动物与产仔可以是一个词,英语 kid 名词"羔羊;小孩",动词"（小山羊）产仔";lamb 名词"羔羊",动词"产羊羔"。

（71）（秦晋、梁楚、雍梁）奇数与畸形。"奇"有奇数、奇怪两个意思（俞敏 1995b）,印尼语 ganjil"奇数;奇异,古怪"。这种语义演变模式,在《方言》里有记载,卷二:"倚、踦,奇也。自关而西秦晋之间凡全物而体不具谓之倚，梁楚之间谓之踦。雍梁之西郊，凡兽支体不具者谓之踦。"郭注谓奇为"奇偶"。奇数发展出不对称，转指肢体残缺不全，字多作"畸"。

（72）（秦晋）足疾与行走。《方言》卷二："逴、獡、透，惊也。自关而西秦晋之间凡蹇者或谓之逴，体而偏长短亦谓之逴。宋卫南楚凡相惊曰獡，或曰透。"秦晋之间蹇足者，或身体畸形曰"逴"，"逴"有行走义，郭注："行略逴也。""逴"也作"趠"，《吴都赋》："狖鼯猓然，腾趠飞超。""逴"字《说文》训远，段注："许云远者，腾掷所到远也。"段说是也。行走与遥远的语义关系，参见《比较词义探索》"行走与遥远"条。肢体残疾，与肢体的功能，比如行走，可以是一个词，正如眼疾可发展出（非正常）看，再泛指看（黄树先、邹学娥2019）。足部残疾可发展出相应的行走义，也是从非正常的行走，再到一般的行走。黄陂话"跛"是腿部残疾，作动词是一瘸一瘸地走，再指一般的行走，如说"你又跛待哪点去了？"义即你到哪里去了。身体偏斜曰 so^6，歪斜地走也叫 so^6，再指一般的行走。黄陂话的这个语义演变模式，在秦晋方言里已经存在。英语 stump 名词"残枝；假腿；（跛子或假腿人等的）笨重的脚步（声）"，动词"脚步笨重地走"。

（73）（宋卫南楚、江湘）行走与慌张。《方言》卷二："逴、獡、透，惊也。自关而西秦晋之间凡蹇者或谓之逴，体而偏长短亦谓之逴。宋卫南楚凡相惊曰獡，或曰透。"《方言》这条记录，显示奔忙与惧怕有语义关系。奔忙可能是慌张的表现，或者说慌张就会惊惶失措、举止张皇。"遑"是急迫匆忙，也说遑遑，又有惊恐义，字通作"惶"。"遽"是快速，也是惧怕，见《左传·襄公三十一年》注。"仓促"一词有匆忙、惊惧义，《说文》："踤，触也。从足，卒声。一曰骇也。一曰仓踤。"段注："今人多用苍猝，古书多用仓卒。""逴、獡、透"，从跳跃、行走义发展出惧怕义，郭注："皆惊貌也。"《说文》："獡，犬獡猲不附人也。从犬，烏声。"《广雅·释言》："趒、猲，虘也。"王念孙疏证："皆惊散之貌也。""透"字《说文》训跳也、过也，从跳跃、行走发展出惊恐义。英语 jump "跳；快速行动；（受惊等后）跳动"，jumpy "跳跃的；易受惊吓的，神经质的"。《方言》卷十："澜沭、征伀，遑遽也。江湘之间凡窘猝怖遽谓之澜沭，或谓之征伀。"这条记录也表明匆忙与惊慌之间有语义关联。上一条是足疾与行走，这些表行走的动词指非正常的行走，由非正常的行走发展出惊恐义。

（74）（周郑、齐鲁）来到与思念。来到是位置的移动，位移可以是空间距离的变化，也可以是比较抽象的移动，行走可以是人到达某地，思念也是某种念想的来到。戴氏疏证："格、徦古通用。格字义兼往来，往而至乎彼曰格，来而至乎此亦曰格；诚敬感通于神明，而神明来格；德礼贯通于民心，而民咸格化；心思贯彻于事物，而事尽贯彻。皆合往来为义，故其本字从彳。"《方言》卷二："仪、徦，来也。陈颍之间曰仪，自关而东周郑之郊、齐鲁之间曰徦，或曰怀。"戴本作"或谓之徦，或曰怀"，此从卢本。"怀"是思念，齐鲁之间是来到的意思。《邶风·泉水》："有怀于卫，靡日不思。"笺云："怀，至也。以言我有所至念于卫，我无一日不思也。"孔疏申之曰："以下云靡日不思，此怀不宜复为思，故以为至念于卫。"英语 come "来；在记忆中出现，在脑中出现"，The idea just came to me. "我刚想出这一主意。"

（75）（齐卫宋鲁陈晋汝颍荆州江淮）食物与生计。食物与吃喝义语义关系密切，在语言里很常见，"饭、食"在汉语里均有食物、吃喝义。英语 eat "吃"，eats "食物"。葡萄牙语 manjar 名词"食物；佳肴"，动词"吃"。从吃饭发展出生活、过活就容易理解。英语 fare "进食；过活，生活"。印尼语 makan "吃，吃饭；嚼；生计"。《方言》卷二："糊、托、庇、寓、艛，寄也。齐卫宋鲁陈晋汝颍荆州江淮之间曰庇，或曰寓。寄食为糊，凡寄为托，寄物为艛。"郭注：

"传曰'糊予口于四方'是也。""糊予口"，戴本作"糊其口"。《说文》"糊"是寄食，"饘"是食物，《说文》："饘，糜也。从粥，古声。"段注谓"寄食曰糊，乃引伸之义"。其说是也。葡萄牙语 sopa "汤、粥"，复数指饭菜。

（76）（楚、陈）**愤怒与责备**。《方言》卷二："凭、齘、苛，怒也。楚曰凭，小怒曰齘，陈谓之苛。"郭注："相苛责也。"人愤怒后就有可能责备、斥责，二者语义关系密切。《广雅·释诂》："怒，责也。"王氏疏证引郑注《尚书大传》云："怒，责也。"《小雅·小明》："畏此谴怒。"英语 rage "发怒，怒斥"。

（77）（秦晋）**刺、捶打与刺痛、痛苦**。刺是名词，动词是锥扎。木棒、板子，可发展出敲打义。参见《比较词义探索》"鞭与鞭打"条。敲打、刺痛带来疼痛、痛苦义。"棘"是荆棘，动词是刺、刺伤，见《方言》卷三。"楚"，箠杖，动词是杖打，《后汉书·史弼传》："命左右引出，楚捶数百。"又有痛苦义，《史记·孝文本纪》："夫刑至断肢体，刻肌肤，终身不息，何其楚痛而不德也。"《方言》卷二："憡、刺，痛也。自关而西秦晋之间或曰憡。""策"，竹木板，动词是捶打，秦晋之间痛楚或曰"憡"。《广雅·释诂》："憡，痛也。"王氏疏证曰《方言》"凡草木刺人者，北燕朝鲜之间谓之茦"，义与"憡"亦相近。戴氏疏证："《玉篇》：憡，小痛也。"德语 Stachel "（植物、动物身上的）刺；刺激；痛苦，折磨，怨恨"。

（78）（秦晋）**挑选与取得**。从所选择的物品中取其切合中意者，挑选和取得，语义就有交叉。汉语说"选取"，德语 klauben "（一个个费劲地）捡起来；采摘；挑选"。挑选，取得中意的，不合适的就会抛弃，故挑选和取得、抛弃可以是一个词。《说文》："選，遣也。从辵巽。巽，遣之。巽亦声。一曰择也。""選"字有抉取、遣去两个意思。意大利语 sceila "选择；抉择"，可见挑选可取可弃，不管是哪一种都是一个选择。《方言》卷二:"挢捎,选也。自关而西秦晋之间凡取物之上者谓之挢捎。""者"字据周校补。取物之上者,是挑选最好的。故郭注曰:"此妙择积聚者也。"选择可发展出优秀义,见本书第六章"选"字的讨论。"挢捎"亦可单言,《淮南子·要略》注:"挢,取也。"

(79)(陈楚、南楚、吴扬江淮、秦晋)眼疾与看望。看望类词语有多个来源,在语言里有比较多的词语,《方言》卷二:"瞷、睇、睎、略、眄也。陈楚之间南楚之外曰睇,东齐青徐之间曰睎,吴扬江淮之间或曰瞷,或曰略,自关而西秦晋之间曰眄。"这条材料涉及五个地域,五个看望类词语。"瞷、睇、眄"三字,有眼疾、看望义。眼疾一般会影响视力,也可表示看望,所表达的多是非正常的看望。印尼语 bèlèk"眼睛发炎(红肿);(眼睛)粘满眼屎;细看,凝视,盯着看";belélék"瞪眼,眼睛睁得大大的;下眼皮外翻"。由特殊(病态)的看望,再发展出一般的看望(黄树先、邹学娥 2019)。参见第六章"盲/望"的讨论。

(80)(周郑宋沛、关西秦晋、东齐)口鼻与呼息。口、鼻有呼吸功能,均可发展出呼吸义。鼻子派生出呼吸义更常见,《方言》卷二:"鼹、噭、呬,息也。周郑宋沛之间曰鼹,自关而西秦晋之间或曰噭,或曰鼹,东齐曰呬。"东齐曰呬者,"呬"*hljids>s- 跟"自"*filjids、"鼻"*blids 是同族词,"呬"的鼻涕、呼吸义,均来自鼻。周郑宋沛、秦晋呼吸曰鼹者,《集韵》《类篇》并引《广雅》:"鼹,息也。"今本《广雅》脱"鼹"字,见王氏《广雅疏证》。呼吸字一般作"息",《方言》作"鼹",可能二字读音不同,吴予天《方言注商》有个解释,但不可遽信。原因待考。值得注意的是秦晋呼吸又曰"噭","噭"是口,《说文》:"噭,口也。从口,象声。""噭",有喘息义,《汉书·匈奴传》:"跂行噭息蠕动之类。"颜师古注:"跂行,凡有足而行者;噭息,凡以口出气者。"段注谓"噭"又假借为困极之义。《大雅·绵》:"混夷骏矣，维其喙矣。"传曰："喙，困也。"《国语·晋语》："余病喙。"韦昭注："喙，短气貌。"王念孙谓"喙是困极也，字又作瘣"（《广雅·释诂》"极也"条疏证）。"喙"是口，发展出呼吸义，又指呼吸困难，语义可能皆有联系。王氏疏证："凡病而短气亦谓之喙；惧而短气亦谓之喙。"（《广雅·释诂》"喙，息也"条）鼻子、口的语义关系，可比较英语 bazoo"嘴；鼻"，neb"（鸟、龟的）嘴，（兽的）鼻；（人的）嘴或鼻"。侗台语表示"吸气"的词也可能跟汉语"准"系列有关联："吸气"，傣雅语 hot[7]，西双版纳傣语 hut[7]，德宏傣语 hut[7]，泰语 su:t[7]'<*h-。比较汉语"歇"。《说文》："歇，息也。"段注："息者，鼻息也。"（邢公畹 1999：237）此字跟"准"有关。"息"字本身也跟"自、鼻"有关。呼吸与疲乏的语义关系，参见本书第一章"喘"字条的讨论。

（81）（晋赵）凿子与雕凿。工具与功能可以是一个词，工具可派生出相应的动词义。《方言》卷二："镌，琢也。晋赵谓之镌。"《说文》："镌，破木镌也。一曰琢石也。""镌"是破木石的器物，发展出凿破义，段注曰："谓破木之器曰镌也，因而破木谓之镌矣。"所言是也。英语 chisel 名词"凿子"，动词"凿，雕，刻"。

（82）（秦晋、吴扬江淮、九江）钢铁与坚硬。钢铁发展出坚硬义，英语 iron"铁；刚强的，强健的"；steel"钢；（钢铁般的）坚硬，坚固"，steely"钢的；钢铁般的"。《方言》卷二："锴、鐕，坚也。自关而西秦晋之间曰锴，吴扬江淮之间曰鐕。"《说文》："锴，九江谓铁曰锴。从金，皆声。"《广雅·释诂》："锴、鐕，坚也。"王氏疏证："锴、鐕声相近，方俗语转耳。""锴"苦骇切 *khriil?，"鐕"古奚切 *kii。

（83）（周郑、秦晋）草与多余。草可发展出下贱、垃圾，垃圾就是多余之物，厨房垃圾可说"厨余"，是以草又可以有多余的意思，滇南彝语 pɿ²¹ "草，秸秆；残余"（普璋开、孔昀、普梅笑 2005：14）。《方言》卷二："子、荩，余也。周郑之间曰荩，或曰子。青徐楚之间曰子。自关而西秦晋之间炊薪不尽曰荩。"郭注："谓遗余。""荩"是草，《说文》："荩，草也。从艸，尽声。"薪柴可发展出燃烧义，戴氏疏证："荩与烬同。"王氏疏证也说："妻、烬、荩通。"（《广雅·释诂》"子，余也"条）是"妻、烬、荩"三字同源，由薪柴"荩"发展出燃烧义的"烬"。《说文》："妻，火之余木也。从火，聿声。"段注："火之余木曰妻，死火之妻曰灰，引伸为凡余之称。"大致说来，薪柴可发展出燃烧义，燃烧的灰烬是垃圾；草亦可直接发展出垃圾义。

（84）（秦晋）**取得与抢夺**。取得有多种方式，强夺是暴力获得。在语言里，一般取得义的词语也可以指抢夺，或者说抢夺行为可用中性的取得义词语来表示。印尼语 mengambil "拿，取；占据，占领"。《方言》卷二："搜、略，求也。秦晋之间曰搜，就室曰搜，于道曰略。略，强取也。"

（85）（楚）**行走与快速**。行走，尤其是奔跑、飞翔，可发展出快速义，汉语说"飞一样的快"。德语 galoppieren "（马）奔驰"，Galopp "（马）飞跑；飞快"。捷克语 let "飞；（车、马等）飞驰，飞奔"，létací "飞行的；快速的"。汉语"快"字，段注："俗字作駃。"《广雅·释宫》："駃，犇也。"王氏疏证："《说文》：趹，马行貌。又云：赽，踶也。高诱注《淮南子·修务训》云：踶，趈走也。赽、趹、决并与駃通。"《方言》卷二："速、逞、摇扇，疾也。东齐海岱之间曰速，燕之外鄙朝鲜洌水之间曰摇扇，楚曰逞。"《说文》："楚谓疾行为逞。"《广雅·释诂》："逞，疾也。"王氏疏证："疾驱谓之骋，义与逞同。""骋、逞"丑郢切 *lheŋʔ，古音也相同。

（86）（秦晋）**快速与狡猾**。《方言》卷二："剋、躟，猾也。秦晋之间曰猾，楚谓之剋，或曰躟，楚郑曰蒍，或曰姡。"郭注谓"躟"是踣蹶。跌倒与快走有语义联系，参见前文有关解说。这里的狡猾与蹶的语义关系，和行走义有关，《礼记·曲礼》："足毋蹶。"注："蹶，行遽貌。"印尼语 campin "敏捷；聪明，能干"，tangkas "（动作）快；敏捷，灵巧"。前文讲到快速与聪明的语义关系，狡猾与聪明语义有叠加。

（87）（东齐）士与女婿。《说文》："壻，夫也。从士胥。《诗》曰：女也不爽，士贰其行。"大徐本胥下有声字，是也。"胥"指小吏，亦泛指徒役，《史记·李斯列传》索隐："胥人，犹胥吏，小人也。""胥"字通作"疏"。段注"柿"下曰："疏，通作胥，亦作苏。""苏" *sŋra、"疏" *sŋra 是草，对应藏文 sŋo "蔬菜"。草木枝条类词语可转指子孙、年轻人。当草讲的"苏、疏"，派生出"壻" *sŋees，包拟古拿藏文 sras "［敬语］儿子，孩子"对应汉语"壻"（1995：208）。"婿"，《说文》"读与细同"，郑张先生"壻"音 *sŋees，《说文》读与"细" *snuuuls 同。年轻男子可转指女婿。德语 groom "新郎；［古］小伙子"。《方言》卷三："东齐之间壻谓之倩。"郭注："言可借倩也。今俗呼女婿为卒便是也。"《广雅·释亲》："壻谓之倩。"王氏疏证："倩者，壻声之转，缓言之则为卒便矣。"王氏声转说可疑。《说文》："倩，人美字也。从人，青声。东齐壻谓之倩。"疑"倩"字指夫婿，语源或跟"茜、蒨"有关，亦从草发展出子孙义，一如"疏、苏"发展出"胥、壻"。《说文》："茜，茅蒐也。从艸，西声。"段注："蒨即茜字也。"用茜草染色曰"綪"，《说文》："綪，赤缯也。以茜染故谓之綪。从糸，青声。"段注："蒨即茜也。茜者，茅蒐也。"郭璞注曰："卒便一作平使。"卒便、平使，疑与仆役有关。西班牙语 muchacho "孩子；小伙子，姑娘；仆人"。孩子与奴仆的关系，参见《比较词义探索》"小孩与奴仆"条。

（88）（燕齐）小孩与奴仆。"童"是童子，也是童仆，字别作

"僮、童"。英语 girl "女孩；女仆"，maid "少女；女仆"，boy "男孩；儿子；男仆"，参见《比较词义探索》"小孩与奴仆"条。《方言》卷三："燕齐之间养马者谓之娠，官婢女厮谓之娠。"郭注："女厮，妇人给使者，亦名娠。"语言里怀孕、生子、孩子，可共用一个词，"娠"是妊娠，《说文》："娠，女妊身动也。从女，辰声。《春秋传》曰：后缗方娠。一曰官婢女隶谓之娠。"戴氏疏证："娠亦作侲。"《说文新附》："侲，僮子也。"字亦作"振"，见《史记·淮南衡山列传》及徐广注。西班牙语 preñar "怀孕；怀孕期；胎儿"。汉语"字"是生育，"子"是孩子；"娠"字是怀孕，也指孩子，转指奴仆。值得注意的是，燕齐一带娠指养马的男仆，也指官府的女仆。意大利语 staffière "马夫；男仆"，fante "［古］男孩，男仆；［古］女仆"；印尼语 bujang "小伙子；［古］少女；仆人（多指男仆）"。可见男女孩子可以分别指男仆、女仆，发展出奴仆义后，男女之间的界线逐渐模糊不清，从而混用，表达的时候就不再区别男女。

（89）（南楚东海）赤衣与卒吏。《方言》卷三："南楚东海之间亭父谓之亭公，卒谓之弩父，或谓之褚。""南楚"本作"楚"，此据周本。"弩父"是弓弩加表人的"父"字，还不是直接用武器表持武器的人。汉语"兵"，早期指武器，秦汉以后才指拿武器的人，见顾炎武《日知录》卷七"去兵去食"条。弓弩转指弓箭手，《史记·孙子吴起列传》："于是令齐军善射者万弩，夹道而伏，期曰：暮见火举而俱发。"英语 spear "矛；［古］持矛的士兵"。《方言》记录的语义演变值得注意的是卒或谓之褚。郭注："言衣赤也。"卒仆曰"褚"，来自其所着赤色衣服。《说文》："褚，卒也。从衣，者声。一曰装也。""褚、赭"音义同，郭注"褚"音"赭"。《广雅·释器》："赭，幡也。"王氏疏证："衣赤谓之褚，以绛徽帛谓之赭，其义一也。《司常》注云：今城门仆射所被，及亭长著绛衣，皆徽识之旧像，是其证矣。""赭"

是赤色的黛赭石，对应缅语 taa^2 "很红"，tjaa^2 "［古］鲜红"。赭石发展出红色，比较英语 ruddle "代赭石；赭色"。不同职业的人，服装颜色不同，可用以借代其人，西班牙语 azul "蓝色"，智利方言指"警察"；美国俚语 azul 也指警察，因警察制服为蓝色，故名。参见《比较词义探索》"巾帼与妇女"条。

（90）（荆淮海岱、齐、燕）俘虏与奴仆、奴仆的蔑称。俘获可发展出俘获之人，即俘虏；俘虏或沦为奴仆。印尼语 benduan "［古］俘虏；奴隶"。"获"指俘获，《说文》："获，猎所获也。"也指俘虏，《周礼·朝士》注："俘而取之曰获。"再转指奴仆。《方言》卷三："臧、甬、侮、获，奴婢贱称也。荆淮海岱杂齐之间，骂奴曰臧，骂婢曰获。齐之北鄙、燕之北郊，凡民男而婿婢谓之臧，女而妇奴谓之获；亡奴谓之臧，亡婢谓之获。皆异方骂奴婢之丑称也。自关而东陈魏宋楚之间保庸谓之甬。秦晋之间骂奴婢曰侮。"荆淮海岱、齐、燕等地，婢曰"获"，与奴婚配亦曰"获"；秦晋之间骂奴婢曰"侮"。郭注："言为人所轻弄。""侮"是侮辱之意。"获"是奴仆，也有侮辱义，《广雅·释诂》："获，辱也。"王氏疏证引《方言》此条为证。奴仆被视为贱人，为人所轻视。英语 lackey "仆人；奴颜婢膝"；serve "当仆人"，give sb. a serve "粗暴对待某人"。《战国策·赵策》："而母婢也。"就是直接拿丫鬟辱骂他人。

（91）（鲁齐、赵魏）草与菜蔬。"菜"是草，转指可食用的蔬菜，再泛指包括鱼肉在内的一切菜肴。《说文》："菜，草之可食者。从艸，采声。"法语 herbe "蔬菜；草"。西班牙语 hierba "草；草料；（修道院中吃的）蔬菜"。葡萄牙语 erva "草；牧草；［复数］蔬菜；［复数］炖菜"。草可指某种蔬菜，英语 grass "青草；芦笋，龙须菜，莴苣，（沙拉中的）生菜"。秦汉时期齐鲁、赵魏草可指某种蔬菜，《方言》卷三："蘴、荛，芜菁也。陈楚之郊谓之蘴，鲁齐之郊谓之荛，关之东

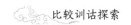

西谓之芜菁，赵魏之郊谓之大芥，其小者谓之辛芥，或谓之幽芥；其紫华者谓之芦菔。""芜、芥"本是草，"芥"的草义见同卷"芥，草也"，赵魏指芥菜，有大芥、辛芥、幽芥等细目。

（92）（南楚江湘、幽州）鸡头与芡实。头首的形状是圆形的，可用来命名圆形植物。英语 costadr "［古］头；英国种的大苹果"。《方言》卷三："菝、芡，鸡头也。北燕谓之菝，青徐淮泗之间谓之芡。南楚江湘之间谓之鸡头，或谓之雁头，或谓之乌头。"注："状似乌头，故转以名之。"《淮南子·说山》高诱注："鸡头，水中芡，幽州谓之雁头。"

（93）（北燕朝鲜、关西、江湘）荆棘与锥刺。荆棘发展出锥刺义，"刺"是荆棘，发展出锥刺、刺激。荆棘义，字或作"朿、茦、莿"，见《说文》。动词义字作"刺"，《说文》："刺，直伤也。从刀朿，朿亦声。"《方言》卷三："凡草木刺人，北燕朝鲜之间谓之茦，或谓之壮。自关而东或谓之梗，或谓之列。自关而西谓之刺，江湘之间谓之棘。"关西、江湘曰刺、曰棘，均由荆棘发展出锥刺义。"棘"是酸枣树，《说文》："棘，小枣丛生者。从并朿。""棘"的棘手、困难义也是荆棘词义的发展，英语 thorn 名词"（植物的）刺，荆棘"，动词"（用荆棘）刺；使苦难"；thorny "多刺的；苦恼的；棘手的，麻烦的"。

（94）（关东、北燕朝鲜）梗茎与锥刺。《方言》卷三："凡草木刺人，北燕朝鲜之间谓之茦，或谓之壮。自关而东或谓之梗，或谓之列。""梗"是山榆，也泛指植物的梗茎，《说文》："梗，山枌榆，有朿，荚可为芜荑也。从木，更声。"此木有刺，故又名刺榆。草木刺人关东曰"梗"，可理解为由荆棘发展出锥刺，也有可能由梗茎发展而来。郭注谓梗"今云梗榆"。段注："梗引伸为凡柯茎骾刺之称。"《战国策·齐策》"桃梗"就是梗茎义。北燕朝鲜之间或谓之"壮"，"壮"通作"庄"，段注谓"壮"训大，故"庄"训草大，古书"庄、壮"多通用。疑"壮"的锥刺义来自草木。薪草、梗茎亦可发展出锥刺义，英语 stick 名词"柴；杖，棍；（草木植物）茎，梗"，动词"刺，戳"。

（95）（南楚）叮咬与辛辣。叮咬会带来刺痛、受伤，甚或留下疤痕。英语 flea "跳蚤"，fleabite "蚤咬，蚤咬的红斑；轻微的伤痛；（动物身上）微红（或棕色、黑色）小斑点"。德语 beißen "咬；刺痛；辣"。意大利语 morso "咬，叮；（咬、叮、刺留下的）伤痕；痛苦，折磨"。黄陂话"咬"有叮咬、腐蚀后的刺痛义。《方言》卷三："凡饮药傅药而毒，南楚之外谓之瘌，北燕朝鲜之间谓之瘊。瘌，痛也。"注："瘌、瘊皆辛螫也。"《说文》："瘌，楚人谓药毒曰痛瘌。从疒，剌声。"辛辣字，后世作"辣"。《广雅·释诂》："瘌，痛也。"王氏疏证："烈与辢声近义同。辢之言烈也。"黄季刚先生《蕲春语》亦谓"辣、烈古一声耳"。"烈"，《说文》："烈，火猛也。从火，列声。"英语 hot "热的；辣的，辛辣的"。叮咬义发展出刺痛义，南楚指药物中毒。

（96）（东齐海岱）瞌睡与昏迷。生病、疲劳会产生眩晕，《方言》卷三："凡饮药傅药而毒，东齐海岱之间谓之眠，或谓之眩。"注："眠、眩亦今通语耳。"王氏疏证："眠，字或作瞑。"（《广雅·释诂》"眠、眩，乱也"条）英语 comatose "［医学］昏迷的；昏昏欲睡的"；exanimation "死；［医学］昏迷"。印尼语 melenakan "睡；使昏昏然"。意大利语 sonno "睡眠；困倦"。

（97）（关东、江淮陈楚、宋郑周洛韩魏之间、东齐海岱、关西）快速与快意。《方言》卷三："逞、晓、恔、苦，快也。自关而东或曰晓，或曰逞。江淮陈楚之间曰逞，宋郑周洛韩魏之间曰苦，东齐海岱之间曰恔，自关而西曰快。""逞、恔、苦"均是快义，郭注："恔即狡，狡戏亦快事也。"现在说"快事、快意"，均是兴奋之事。"逞"是快，字亦作"庭"，《庄子·山木》："庄周反入，三月不庭。蔺且从而问之：夫子何为顷间甚不庭乎？"王念孙《读书杂志》说"三月"当作"三日"，"庭当读为逞。不逞，不快也。甚不庭，甚不快也"。英语 fast "快速；酣畅地；放荡地"。关东谓快曰晓，明亮义发展出畅快义，英语 bright "光明的；愉快的"。

（98）（凉州西南、关东西）胶着与欺诈。《方言》卷三："膠、谲，诈也。凉州西南之间曰膠，自关而东西或曰谲，或曰膠。诈，通语也。""膠"是用皮熬制的胶，《说文》："膠，昵也。作之以皮。从肉，翏声。""膠"发展出黏合、亲昵义，是常见的语义演变，英语 glue "（由动物的皮等熬制的）胶"，动词"（用胶）黏合"。"糊"是胶，煮木皮为之，状似面糊，亦用作胶，亦名"黐胶水"，见《慧琳音义》卷七十九"糊膠"条。"糊"是"黏"的后起字，《说文》："黏，黏也。从黍，古声。粘，黏或从米作。"段注谓俗作"糊"。欺诈现在说"糊弄"。印尼语 pulut "（捕捉小鸟用的）树胶；糯米；糯米糕"，memulut "（用树胶粘）鸟；引诱，诱骗"。王念孙、王国维怀疑"膠"是"谬"字之误，华学诚先生赞成此说，以为"当据改"（《扬雄方言校释汇证》），似可再议。

（99）（关西、东齐）草与拔。草可发展出拔草义，再泛指拔去，"菜"是草，动词是"采"；"毛"是草，"芼"是采摘。《方言》卷三："揠、擢、拂、戎，拔也。自关而西或曰拔，或曰擢。自关而东江淮南楚之间或曰戎。东齐海岱之间曰揠。"又："茇、杜，根也。东齐曰杜，或曰茇。""拔、茇"音义相同，龙宇纯先生说，"茇"孳生为"拔"，英语 root 一词既为本根，亦为根拔（2009：344-345）。"茇"*pood 是草、草根，发展出"拔"*bruud，字亦作"挬"，《广雅·释诂》："挬、拂，拔也。"《淮南子·俶真训》："夫疾风敖木而不能拔毛发。"高诱注："敖，亦拔也。"《览冥训》云："挬拔其根，芜弃其本。"王氏疏证谓"捊与敉通，拂犹捊也，方俗语有轻重耳"。葡萄牙语 escalrachar "拔除（庄稼地里的）杂草"，escalracho "（庄稼地里的）杂草"。

（100）（江淮清徐）居处与住所。站立、停留，可发展出房屋住所名。"舍"有住宿和房舍两个意思。法语 sejour "逗留；逗留地，[古]住房"。参见《比较词义探索》"站立与房舍"条。《方言》卷三："慰、麎、度，尻也。江淮青徐之间曰慰。"王氏疏证说《大雅·緜》述大王迁岐之事云："迺慰迺止。是慰为居也。"（《广雅·释诂》"慰，尻也"条）。

（101）（东齐）发与根。毛发跟根须相似，毛发与根共用一个词就很常见。西班牙语 champa "根系；蓬乱的长头发"。《方言》卷三："茇、杜，根也。东齐曰杜，或曰茇。"东齐根曰"茇"，"茇"*pood 的语源来自"髮"*pod，头发与草用长短元音加以区别。汉语"髮、茇"对应缅甸语 phut[4] "散乱的头发、草等"。"茇"，郭音"拔"。参见上文草、草根与拔取的有关讨论。

（102）（东齐）木与根。树干的末端就是树根，树干与树根是一个连续体，认知语言学认为邻近部位词语容易转移。汉语"本"字是树根，也指树干，《说文》："本，木下曰本。"《广雅·释木》："木，榦也。"王氏疏证："榦亦茎也。前《释诂》云：茎、榦，本也。""本"*pɯɯʔ 对应藏缅语 *bul~*pul：克钦语 phun "树，草本植物的主茎"，卢舍依语 bul "根，树桩，树的底部"（白保罗 1972# 注 443；1984：291）。《方言》卷三："茇、杜，根也。东齐曰杜，或曰茇。"郭注："《诗》曰'彻彼桑杜'是也。""杜"是树木名，《说文》："杜，甘棠也。从木，土声。"参照上列汉语"本"字与藏缅语形式看，汉语表树木、香草的"杜"，是一个词，东齐转指根。

（103）（东齐）切割与配额。切割就会形成不同的形状、等级，切割的大小不一，得到的份额就不同。《方言》卷三："班、彻，列也。北燕曰班，东齐曰彻。""班"是切分，《说文》："班，分瑞玉。从珏刀。"段注："《周礼》以颁为班，古颁、班同部。""彻"，剥裂，《豳风·鸱鸮》："彻彼桑土。"传曰："彻，剥也。"由分割义转指周代百分之十税率的田赋，《论语·颜渊》注："周法十一而税，谓之彻。"切分与分配及份额的语义关系，可比较英语 cut "切，割；（分得的）份额"，cut up "瓜分（赃物等）"，cut-in "节流（好处），分享（利益）"；divide "分，切分；分配"。现在俗语说"切蛋糕、分蛋糕"，有时就指利益分配。

（104）（宋卫）混合与混同。不同的东西可融合在一起，混而为一，《老子》："此三者不可致诘，故混而为一。"英语 blend "混合；协调；混合物；（颜色、声音等）融合"。《方言》卷三："掩、醜、掍、绰，同也。江淮南楚之间曰掩。宋卫之间曰绰，或曰掍。东齐曰丑。"宋卫曰掍者，《说文》："掍，同也。从手，昆声。"段注谓汉人赋多用"掍"字。钱氏笺疏："通作混。掍、混、棍，字异义同。"或谓"混、浑、溷"是同源字（王力 2007：599）。"浑、溷"有浑然一体的意思，与同一这个语义关联。"浑"又有浑浊义；混杂、混乱义，与浑浊有关联，印尼语 keruh "（水等）浑浊不清；混乱"。

（105）（东齐）宰杀与肉食。英语动词 kill "杀死"，名词"宰杀的动物，猎获物"；hash 动词"切细（肉、菜等）；把……弄糟（乱）"，名词"肉丁烤菜"。法语 carnage "杀戮；［古］野兽的肉食"。葡萄牙语 chacina "屠宰；咸猪肉；杀戮"。《方言》卷三："虔、散，杀也。东齐曰散，青徐淮楚之间曰虔。"《说文》："散，襍肉也。从肉，椒声。""散"是杂肉，东齐谓杀曰"散"，是宰杀与宰杀物的语义关系。郑张先生拿"散"对应藏文 gsal-pa "分离"（2013：100）。切割与分散，可比较英语 scission "切割；分离；裂解，分裂"，scissile "易被切割（或分裂的）；容易裂解的"。

（106）（关东、东齐海岱、荆州）池塘、池水与污浊。塘池用来积蓄雨水，池塘的污泥浊水可发展出污浊义。英语 mire "沼泽；污泥"，miry "泥泞的；龌龊的；肮脏的，卑鄙的"；mere 古代指浅湖、池子，也指海湾。法语 bourbier "泥塘；污秽的东西"。"洿"是池塘，《孟子·梁惠王》："数罟不入洿池，鱼鳖不可胜食也。"也指不流动的浊水，《说文》："洿，浊水不流也。一曰窊下也。从水，夸声。"转指一般的污秽，字亦作"污"，《说文》："污，秽也。从水，亏声。一曰小池为污。一曰涂也。"段注："地云芜秽，水云污秽，皆谓其不洁清也。"《方言》卷三作"洼"："氾、洼、潣、洼，洿也。自关而东或曰洼，或曰氾。东齐海岱之间或曰洼，或曰潣。"郭注："皆洿池也。荆州呼潢也。"关东污秽曰"洼"，《说文》亦作"洼"："洼，深池也。从水，圭声。""洿、污"，哀都切 *qwaa；"洼"是深池，是有标记的词语，乌瓜切 *qwraa，读音添加 *-r-，以与"洿、污"区别。《说文》又有"窊"字："窊，清水也。从水，窒声。一曰窊也。"又："窊，污衺，下也。从穴，瓜声。"亦读乌瓜切。东齐海岱之间曰"潣"，《说文》："潣，海岱之间谓相污曰潣。从水，阎声。"朱骏声《说文通训定声》说"潣"实即"淊"之别体。其说可从。《说文》："淊，泥水淊淊也。从水，臽声。一曰缫丝汤。""淊"是缫丝沸汤，也指泞泥貌，其污浊义很明显。"淊"，从臽得声，《说文》："臽，小阱也。从人在臼上。""臽"，户韽切 *grooms，又苦感切 *khloom?，同音字有"埳"，《广雅·释诂》："埳，陷也。"王氏疏证谓"埳、坎"字异而义同。"淊"胡感切 *gloom?，又乙咸切 *qroom。从这些材料来看，东齐海岱污浊谓之潣，殆亦来自坑穴义的"臽、淊、坎"。《周易·说卦》坎训水，是有缘由的。"氾"是泛滥，《说文》："氾，滥也。从水，已声。""氾"也有池塘义，《蜀都赋》章樵注："氾，浅水荡也。"王念孙说"氾为污秽之污，亦为污下之污。《管子·山国轨篇》云：氾下渐泽之壤。氾下谓污下也"（《广雅·释诂》"污点也"条）。是"氾"的污浊义，亦从池涝义发展而来。东齐海岱之间或曰"浼"，"浼"的污浊义，跟大水弥漫有关，《说文》："浼，污也。从水，免声。《诗》曰：河水浼浼。《孟子》曰：汝安能浼我？"

（107）（南楚）奴仆与迟钝。奴仆地位低下，给人迟钝、愚笨的印象，英语 agrestic "农村的；粗俗的，笨拙的"，agricultural "农业的"，也指"体育运动中动作不灵活，笨拙的"；boor "粗野的人，愚钝的人；农民"，boorish "粗野的，笨拙的"；carle "［古］农夫，农奴；［苏格兰］粗野的人"；suburb "郊区"，suburban "郊区的；褊狭的；郊区居民"；clod "土，泥土；呆子，乡下人"，clodhopper "乡下佬，粗人；一种笨重的鞋子"。农民派生出粗野、愚钝等意思，也特指吝啬小气，比较英语 churl "粗暴的人；［古］农民；［古］吝啬鬼"。汉语"啬"字，自农夫发展出艰涩义，艰涩义来自穑夫的笨拙；艰涩可以发展出吝啬义，穑夫也可直接发展出吝啬义。《方言》卷三："儓、㒒，农夫之丑称也。南楚凡骂庸贱谓之田儓，或谓之㒒，或谓之辟。辟，商人丑称也。""儓"，田夫，发展出迟钝义，字作"嬯"，《说文》："嬯，迟钝也。从女，臺声。阘嬯亦如此。"《方言》卷二"臺"从农田发展出伙伴义，参见前文第（69）条。又指臣仆，《广雅·释诂》："儓，臣也。"王氏疏证："《方言》：南楚凡骂庸贱谓之田儓。《孟子·万章篇》：盖自是臺无馈也。赵岐注云：臺，贱官主使令者。臺与儓通。"又指迟钝，《说文》："駘，马衔脱也。从马，台声。"段注："衔脱则行迟钝，《广雅》曰驽駘是也。"

（108）（南楚）奴仆与贬称。"小人"是地位低下的人，也指卑劣者，与权贵、高尚者的"君子"相对。英语 slave "奴隶；［古］卑劣的人"。《方言》卷三："儓、㒒，农夫之丑称也。南楚凡骂庸贱谓之田儓。或谓之羆，或谓之辟。辟，商人丑称也。"郭注："辟辟，便黠貌也。""辟辟"是狡诈，有点像现在骂"奸商"。

（109）（**南楚**）**聪慧与病愈**。《方言》卷三："差、间、知，愈也。南楚病愈者谓之差，或谓之间，或谓之知。知，通语也。或谓之慧，或谓之憭，或谓之瘳，或谓之蠲，或谓之除。"郭注："慧、憭皆意精明。"聪慧、明白与病愈的关系，说见本章第二节。

（110）（**江淮南楚**）**薄片与衣服**。《方言》卷四："禅衣，江淮南楚之间谓之襟，关之东西谓之禅衣。有裹者，赵魏之间谓之祛衣；无裹者谓之裎衣，古谓之深衣。"《说文》："襟，南楚谓禅衣曰襟。从衣，葉声。"段注："葉者，薄也。禅衣，故从葉。"郭璞"襟音简牒"。钱氏笺疏："襟之言葉也。《说文》：葉，薄也。"西班牙语 hoja "（植物的）叶；（花的）瓣；薄片；（衣服、甲胄的）片"。现代汉语方言用叶子转指衣服。

（111）（**赵魏**）**裸体与短衣**。裸体是一丝不挂，衣服短小可用表裸体的词语标记。《方言》卷四："禅衣，江淮南楚之间谓之襟，关之东西谓之禅衣。有裹者，赵魏之间谓之祛衣；无裹者谓之裎衣，古谓之深衣。""裎"，是裸体，也指短小的无袖对襟小衣。《说文》："裎，但也。从衣，呈声。"段注："《孟子》：袒裼裸裎。亦作程，《士丧礼》注：倮程。"《方言》"裎"指短衣，段玉裁说：《方言》：无裹者谓之裎衣，则今之对裣衣，无右外裣者也。亵衣无裹，礼服必有裹。"（《说文》"裯"字注）拙文《服饰名和身体部位名》讲身体与服饰的语义关系，语言里普遍拿身体词转指同部位的服饰词。钱氏笺疏："凡去衣见体谓之袒裼。"葡萄牙语 corpo "人体；尸体；女紧身衣"。意大利语 veste "衣；外表；表达方式；躯体"。俄语 коротыш "矮子；短衣服"。参见本书第五章第（181）条的有关讨论。

（112）（**关西、楚、秦**）**破弊与补缀**。破弊需要补缀，补缀后可

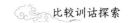

能也还是不完善，英语 clout 名词"一块布，碎布，手帕；（小孩）衣服"，动词"包扎；补，打补丁"；mend "修补"，mending "修补，缝补；需要缝补（修补、连缀的）东西"；patch "补缀；拼凑"，patchy "补缀的；不完全的，不规则的"。《方言》卷四："襜褕，江淮南楚谓之褌裕，自关而西谓之襜褕，其短者谓之裋褕。以布而无缘、敝而纻之谓之褴褛。自关而西谓之祢褫，其敝者谓之缴。"郭注："缴，缝纳敝故之名也。"郭注"之名"，原作"名之"，此据钱本、周校。王氏疏证引亦与钱、周本同（《广雅·释诂》"缴，补也"条）。破弊的衣物叫"缴"，敝而纻之谓之"褴褛"。"褴褛"本是破弊的衣物，缝合好了仍叫"褴褛"。《说文》："补，完衣也。从衣，甫声。"又指破衣，《吕氏春秋·顺说》："田赞衣补衣而见荆王。"高诱注："补衣，弊衣也。""衲"，补缀，僧衣因其补缀而成衲，转指着破旧僧衣的僧人。"缝"是缝补，也指缝合处，也指缝隙。"绽"是破绽，《礼记·内则》："衣裳绽裂，纫箴请补缀。""绽"也指补缀。《说文》破败字作"袒"，补缀字作"组"，《说文》："组，补缝也。从糸，且声。"段注："古者衣缝解曰袒，见《衣部》。今俗所谓绽也。以针补之曰组，《内则》云衣裳绽裂，纫针请补缀是也。引申之，不必故衣亦曰缝组。"是"袒、组、绽"同源（王力 2007）。《方言》卷四："褛谓之缴。"注："褴褛，缀结也。"又："楚谓无缘之衣曰褴，纻衣谓之褛，秦谓之缴。自关而西秦晋之间无缘之衣谓之祢褫。"郭注："嫌上说有未了，故复分明之。"

（113）（西南蜀汉、关东、陈魏宋楚）手臂与短衣。身体部位的词语可转指这个部位的服饰，如汉语的站话"脚手"指冬装（游汝杰 1993）。《方言》卷四："襦，西南蜀汉谓之曲领，或谓之襦。"郭注谓"襦字亦作褕"。"襦"是古代一种短衣服，又泛指衣服。《方言》卷四："汗襦，自关而东谓之甲襦，陈魏宋楚之间谓之襜襦，或谓之禅襦。"衣服的"襦",得名于表示手的"犥、臑"。《说文》:"臑,臂羊矢也。""臑"指人臂肘上一节内侧部位,引申为臂(陆宗达 1981)。《说文》"臑"读若"襦"。

(114)(江淮)**膝盖与护膝**。用膝盖命名护膝,是很常见的方式。英语 knee 是膝盖,也指衣服贴近膝盖的部分;复合词 knee-cap 指膝盖骨,也指护膝之物。《方言》卷四:"蔽膝,江淮之间谓之袆,或谓之袚。魏宋南楚之间谓之大巾,自关东西谓之蔽膝,齐鲁之郊谓之袡。""袚",《说文》作"市",《说文》:"市,韠也。上古衣蔽前而已,韠以象之。"白保罗认为汉语"市"和藏缅语 *put "膝盖"对应(1984:175)。马提索夫在该书的注解下也认为:汉语有一对同源异形词"市、韠"(蔽膝),来自 *put ~*pit(1972#477;1984:311)。白保罗认为原始汉藏语/原始藏缅语"膝"是 *(-)put(-s)(1984:442)。

(115)(关西)**腿与裤**。裤子得名于腿,语言中常见。英语 peg "腿;裤子"。《方言》卷四:"袴,齐鲁之间谓之襣,或谓之襱。关西谓之袴。""袴" *khwaas 得名于"胯" *khwraas,章太炎先生说,"胯"孳乳为"绔"(《文始》一,2021a:185)。

(116)(江东)**手腕与衣袖**。《方言》卷四:"裯襦谓之袖。"注:"江东呼椀,音婉。""椀"当衣袖讲,可能跟"腕"字有关系。《墨子·大取》:"断指与断腕,利于天下相若,无择也。"意大利语 polso "腕;袖口"。

(117)(徐兖、关东)**腿、足与鞋子**。《方言》卷四:"扉、屦、粗,履也。徐兖之郊谓之扉。自关而西谓之屦。中有木者谓之复舃,自关而东谓之复履。其庳者谓之鞮下,禅者谓之鞮。""扉",或作"扉、菲",《管子·侈靡》:"其狱一踦腓,一踦屦而当死。"《读书杂志》引王引之说:"腓读为扉,乃草屦之名,非谓足腨也。"王氏"腓读为扉"是对的。作"鞋子"讲的"菲",与当腿肚子讲的"腓"有关系。《说文》:"腓,胫腨也。"段注:"谓胫骨后之肉也。"藏文 bol"脚背,腿肚子,靴筒",俞敏先生拿来对应汉语"腓"(1989a)。关东禅者谓之"鞮",《说文》:"鞮,革履也。"字或作"靴",见《集韵·齐韵》。"鞮"*tee,"鞮"的得名,来自表示"足"的"柢"*tiil?。捷克语 holeň"胫;皮靴筒"。英语 boot"靴",foot"脚"。

(118)(关东)行走与鞋子。《方言》卷四:"扉、屦、粗,履也。徐兖之郊谓之扉,自关而西谓之屦。中有木者谓之复舄,自关而东谓之复履,丝作之者谓之履。""履",踏、踩,《小雅·小旻》:"如履薄冰。"德语 Hatscher"破旧的鞋;长途跋涉"。

(119)(西南梁益)踝骨与鞋子。《方言》卷四:"西南梁益之间或谓之屦,或谓之𪨗。""𪨗",胡瓦切,跟"踝"*grool? 读音相同。"踝",《说文》:"踝,足踝也。"或指脚后跟,《礼记·深衣》:"曲袷如矩以应方,负绳及踝以应直。"注:"踝,跟也。"英语 ankle"踝,踝节部",anklet"(妇女和儿童穿的)有脚踝扣带的鞋"。

第五节 《方言》词语比较研究(中)

本节材料选取《方言》卷五至卷八,体例与前一节相同。

(120)(北燕朝鲜洌水、江淮陈楚)金属与炊具。《孟子·滕文公》上:"许子以釜甑爨,以铁耕乎?"杨树达先生说"铁"谓犁也(1980)。英语 metal"金属;金属制品"。罗马尼亚语 fier"铁;熨斗;犁铧;火钳;刀,刀刃;镣铐;铁制马绊"。《方言》卷五:"䥻,北燕朝鲜洌水之间或谓之錪,或谓之鉼。江淮陈楚之间谓之锜,或谓之镂。吴扬之间谓之鬲。"铒"是饼状金属块,《尔雅·释器》:"铒金谓之钣。""镂",精炼的硬铁,《说文》:"镂,刚铁也,可以刻镂。从金,娄声。《夏书》曰:梁州贡镂。一曰镂,釜也。""铒、镂"本是金属,用以制作炊具,用金属名转指炊具。

(121)(赵魏)杯盏与木箱。《方言》卷五:"盂、械、盏、㿷、閜、㯼、𥂖,桮也。秦晋之郊谓之盂。自关而东赵魏之间曰械,或曰盏,或曰㿷。其大者谓之閜。吴越之间曰㯼,齐右平原以东或谓之𥂖。桮,其通语也。""械",《说文》训箧也。杯盏字又有"𥂖",《说文》:"𥂖,小桮也。从匚,赣声。"段注谓《方言》械"盖即许之𥂖,音同字异。许则械训箧,各有本义也"。王念孙也说:"𥂖与械古同声,《方言》作械,盖即𥂖之假借字也。"(《广雅·释器》"械,桮也"条疏证)杯盏与木箱功用相似,或可共用一个词,钱氏笺疏曰:"箧谓之械,桮亦谓之械,犹笥谓之箪,𥂖亦谓之箪。"是杯、瓢和箱、筐共用一个词语。西班牙语 cacha 哥伦比亚方言指角杯,玻利维亚方言指木箱;paguacha"瓢;箱子,柜子;盒子"。《广雅·释宫》:"𥂖、廯、囷,仓也。"木箱、仓库均有存储功能,得以共用一个形式。西班牙语 caja"盒,匣;[古]仓库"。保加利亚语 магазин"商店;仓库;箱,匣"。

(122)(赵魏、江南江淮、东南丹阳会稽、宋楚魏)杯盏与舟船。杯盏碗碟等器皿跟船形状相似,语言里拿这些器皿指代船只。西班牙语 cachucha"小船;喝混合酒的杯子"。《方言》卷五:"閜,桮也。自关而东赵魏之间,其大者谓之閜。""舸"是大船,"閜"是大杯,《方言》卷九:"南楚江湘之间凡船大者谓之舸,小舸谓之艖。东南丹阳会稽之间谓艖为㯼。""㯼"是船,"蠡"是瓠瓢,也是形状相似,得以共用一个词语。《方言》卷五:"盂,宋楚魏之间或谓之盌。盌谓之盂,或谓之铫锐。盌谓之㰐,盂谓之柯。海岱东齐北燕之间或谓之卮。"钱绎笺疏："盌谓之欋、盂谓之柯，犹楫谓之欋、船谓之柯也。"

（123）（陈楚宋魏）匏与瓢。王力先生说，"匏、瓢"幽宵旁转，是同源字（1982a）。西班牙语 calabaza "葫芦；葫芦瓢（碗）"。《方言》卷五："蠡，陈楚宋魏之间或谓之箪，或谓之櫼，或谓之瓢。"

（124）（淮汝）陶器与窑灶。"窑"是陶器，《说文》："窑，瓦器也。从缶，肉声。"烧制陶器的是"窑"，《说文》："窑，烧瓦窑灶也。从穴，羔声。"烧制陶器的窑灶也叫"陶"，段玉裁说"经之陶即窑字之假借也。《緜》正义引《说文》：陶，瓦器灶也。盖其所据乃《缶部》匋下语。匋、窑盖古今字"。段说是也。"窑"以周切 *luw，"窑"余昭切 *luu，"匋、陶" *l'uu<bl'uu，"窑、窑、匋、陶"是同族词，还可以加上"灶"。"灶"则到切 *?sluugs。段玉裁说"窑似灶，故曰窑灶"（"窑"字注）。陶器与窑灶、陶器制作，是一个词。英语 pottery "陶器；陶瓷制作（术）；陶瓷厂（或作坊）"。《方言》卷五："瓶、瓬、甌、窑、甄、甈、甄、瓮、瓵甄、甖，罃也。淮汝之间谓之窑。"

（125）（齐海岱、海岱）器皿与量具。器皿可用作量具，发展出容量单位。"缶"是盛酒、水的陶器，也指容量，《小尔雅·广诂》："簋二有半谓之缶，缶二谓之钟。""钟"是容器，也是容量单位。法语 pot "罐，壶，钵"，potée "一罐、一壶、一钵或一坛之量"。葡萄牙语 tigela "碗；烤盘"，tigelada "一满碗；一碗之量"。《方言》卷五："甖，陈魏宋楚之间曰瓺，或曰瓶，燕之东北朝鲜洌水之间谓之瓺，齐之东北海岱之间谓之甐，周洛韩郑之间谓之甀，或谓之甖。""甐"字，郭注谓："所谓家无儋石之余也。音擔。字或作儋。"卢本、钱本正作"儋"。王氏《广雅疏证》说："甐字通作儋，又作擔。《史记·货殖列传》：浆千甐。集解徐广曰：甐，大罃也。《索隐》云：甐，《汉书》作儋。孟康曰：儋，罃也。罌受一石，故云儋石。

《汉书·蒯通传》：守儋石之禄。应劭注云：齐人名小罂为儋，受二斛。《后汉书·明帝纪》：生者无担石之储。李贤注引《埤仓》云：儋，大罂也。"

（126）（梁宋齐楚北燕）筐子与马槽。用作炊具的筐子叫"缩"，《方言》卷五："炊籔谓之缩，或谓之箄。"郭注："漉米籔也。箄音薮。""炊籔"，周校本作"炊箕"。王氏《广雅疏证》："《说文》：籔，炊籔也。《玉篇》：籔，或作箝、箄。《方言》又作缩。缩、箝、箄、籔四字古声并相近。箄之言缩也，漉米而缩去其汁，如漉酒然。""缩"所六切 *srug，"薮"苏后切 *slooʔ<*slooq，读音相近。筐子与牲口槽，在形状上很相近，常共用一个词语，"簾"是筐子，可以饲牛，《说文》："簾，食牛筐也。从竹，豦声。方曰筐，圆曰簾。"俄语 ясли "牲口槽，喂牲口的筐；摇篮"。《方言》卷五："枥，梁宋齐楚北燕之间或谓之椯，或谓之皁。"郭注："养马器也。椯音缩。"

（127）（梁宋齐楚北燕、燕齐）马槽与马夫。《方言》卷五："枥，梁宋齐楚北燕之间谓之椯，或谓之皁。"郭注："（枥）养马器也。（皁）皁隶之名，于此乎出。"又："饲马橐，自关而西谓之裺囊，或谓之裺筅，或谓之褛筅。燕齐之间谓之帐。"注："《广雅》作振。字音同耳。"钱绎笺疏："卷三云：燕齐之间养马者谓之娠。饲马橐亦谓之振，义相因也。"钱说是也。法语 écurie "马厩；（王室）车马侍从"。

（128）（齐晋、秦晋、齐鲁）艰难与惧怕。《方言》卷六："寋、展，难也。齐晋曰寋。山之东西凡难貌曰展。荆吴之人相难谓之展，若秦晋之言相惮矣。齐鲁曰燀。""惮"是畏难、顾忌，《说文》："惮，忌难也。"也指劳苦，字作"瘅"，通作"惮"，还指惊恐，字作"怛"，见《考工记·矢人》释文。艰难与惧怕的语义关系，可比较意大利语 dubitare "怀疑；疑虑，担忧；[古]害怕"。郭注："寋音蹇，燀，昌羡反。""展"知演切 *tenʔ、"惮"徒案切 *daans，与"燀"昌善切

*thjanʔ 读音相近，与九辇切的"蹇"*kranʔ 也可能有语音联系，王氏疏证说："蹇、展声相近。"（《广雅·释诂》"蹇，难也"条疏证）

（129）（荆吴）战栗与恐惧。《方言》卷六："蛩𢝋，战栗也。荆吴曰蛩𢝋，蛩𢝋又恐也。"战栗、发抖，是身体的举动，或是惊吓所致，语言里用战栗表示害怕恐惧。钱绎笺疏："《说文》：𢝋，战栗也。战栗为恐惧之貌，故蛩𢝋亦训为恐。"印尼语 gentar "颤抖；畏惧，战慄"。

（130）（宋鲁）厚重与下垂。《方言》卷六："錪、锤，重也。东齐之间曰錪，宋鲁曰锤。"《广雅·释器》："锤、錪，重也。"王氏疏证："《释器》云：锤谓之权。锤之言垂也，下垂，故重也。錪之言腆也。《方言》：腆，厚也。厚与重同义。"王说可从。锤谓之权，权衡与重量、下垂，也有语义关联，比较英语 weigh "称重量；增加重量，压弯"，weigh down "压下，压倒"；weight 名词"重量；秤锤；压力"，动词"使变重；使倾斜"。

（131）（梁益）闪亮与瞋目。英语 glare 名词"强光，逼人的阳光；怒视，瞪眼"，动词"［古］被强光反射；瞪眼"。《方言》卷六："矔、眮，转目也。梁益之间瞋目曰矔，转目顾视亦曰矔，吴楚曰眮。"《说文》："矔，目多精也。从目，雚声。益州谓瞋目曰矔。"目多精，眼里显露出愤怒，怒火中烧。吴予天《方言注商》："用神视时，则瞳孔放大，此瞋目之所以呼为矔也。"

（132）（吴楚、齐楚晋）偏瘫与行走困难。《方言》卷六："逴、骚、𨆪，蹇也。吴楚偏蹇曰骚，齐楚晋曰逴。"注："跛者行跐踔也。逴，行略逴也。""逴、踔、𨆪"三字，一从表行走的辵、足，一从表弯曲的尢，均从卓得声，王氏说："逴与𨆪、踔并同。"（《广雅·释诂》"逴、𨆪，蹇也"条疏证）表明肢体残疾与行走的语义关系，参见本章第（72）"（秦晋）足疾与行走"条。

（133）（秦晋）咽喉与嘶哑。表咽喉的词，可拿来表示这个部位的疾病，如嘶哑。英语 throat "咽喉；嗓音；咽喉痛"。《方言》卷六："瘶、嗌，噎也。楚曰瘶，秦晋或曰嗌，又曰噎。"注："皆谓咽痛也。"《说文》："咽，嗌也。从口，因声。"又："嗌，咽也。从口，益声。""嗌"伊昔切 *qleg，"噎"乌结切 *qiig。"噎"是哽咽，《说文》："噎，饭室也。从口，壹声。"从音义关系来看，亦跟表咽喉的"嗌"有关。

（134）（楚、吴越、东齐、梁楚、南楚）行走与遥远。行走会发展出遥远义，《广雅·释诂》："邈、遏、迂、离、钊、极、超、逾、遄、越、徂、征、邃，远也。"这些单字本是行走义，发展出遥远义。德语 entfernen "移开，挪开"，entfernt "遥远的；远方的"，Entfernung "远处；远程；离开"。罗马尼亚语 depărtá "离开"，depărtát "远方的；久远的"。《方言》卷六："伤、邈，离也。楚谓之越，或谓之远，吴越曰伤。"又卷七："超，远也。东齐曰超。"《广雅·释诂》："超，远也。"王氏疏证："超之言迢也。"楚地离开曰"越"，亦曰"远"，吴越曰"伤"。"伤"又作"迂"。《方言》卷六还有两条材料，表明行走跟遥远有语义联系："遥、广，远也。梁楚曰遥。"又："泪、遥，疾行也。南楚之外曰泪，或曰遥。"郭注："泪泪急貌也。"

（135）（关东）掩盖与占有。《方言》卷六："掩、索，取也。自关而东曰掩，自关而西曰索，或曰狙。""掩"，指掩盖，掩盖发展出占有、得到。英语 cover "覆盖；给（自己）带来（蒙受）"，cover oneself with glory "得到荣誉"。

（136）（东齐、吴扬）看与眉目传情。美目盼兮，顾盼生辉，"盼"，所谓黑白分明，也特指斜视。《方言》卷六："暖、略，视也。东齐曰暖，吴扬曰略。凡以目相戏曰暖。"《说文》："暖，目相戏也。

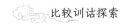

从目，晏声。《诗》曰："瞹婉之求。"英语 look"看；以眼色（脸色）显示；使眼色"。

（137）（秦晋、齐宋）行动与**骚扰**。追赶、回旋这类动作，可发展出骚扰义，英语 chivy"追赶，追猎；使烦恼，困扰"，whril"回旋，打转；疾走，飞奔；扰乱，骚动"。《方言》卷六："蹇、妯，扰也。人不静曰妯，秦晋曰蹇，齐宋曰妯。"注："谓躁扰也。""蹇"，跛行，《说文》："蹇，跛也。从足，寒省声。"又有"謇"字，《说文》："謇，走貌。从走，寒省声。""妯"，郭璞音迪，扰也。《说文》："迪，道也。从辵，由声。"段注："道兼道路、引导二训。""迪"有行进、引导、跟从等行走义。

（138）（宋鲁）逃脱与**遗失**。《方言》卷六："台、既，失也。宋鲁之间曰台。"《广雅·释诂》："台、抎、坠、逸，失也。"王氏疏证："《说文》：蛤，马衔脱也。《后汉书·崔寔传》：马蛤其衔。蛤与台，声义相近。"英语 abandon"放弃；遗弃"。

（139）（秦晋、吴楚）冷峻与**尊敬**。寒冷可发展出惊恐义，德语 kalt"寒冷的；毛骨悚然的，使人战栗的"。《方言》卷六："凛、浚，敬也。秦晋之间曰凛，齐曰浚，吴楚之间自敬曰凛。"戴氏疏证说："凛、廪古通用。亦作懔。"《广雅·释诂》："懔，敬也。"王氏疏证也说"凛、懔"通。《玄应音义》卷十引作"懔"（周祖谟 2004：42）。《说文》："凛，凛凛，寒也。从仌，廪声。"段注："引申为敬畏之称，俗字作懔懔。""凛、懔"，由寒冷发展出惊恐，再发展出恭敬。意大利语 temere"害怕，畏惧；尊重，敬重"。

（140）（关东）改变与**喜悦**。《方言》卷六："悛、怿，改也。自关而东或曰悛，或曰怿。"郭注："《论语》：悦而不怿。""悦而不怿"，见《论语·子罕》，今本作"说而不绎"，"绎"是分析的意思。改变一般多指不好的，也可指变好、喜悦，如"易"改易、更改，又悦怡、

《小雅·何人斯》："我心易矣。"传曰："易，说。"英语 turn on "（被）开动；开始；变得欣快；产生兴趣（或爱好、热情）"，turn-on "（因毒品作用）兴奋；性欲被激发的"。

（141）（梁宋）山丘与蚁冢。《方言》卷六："坻、坥，场也。梁宋之间蚍蜉、𪕮鼠之场谓之坻，螾场谓之坥。"注："螾，蛐蟮也。其粪名坥。"《说文》："坥，益州部谓螾场曰坥。从土，且声。"段注疑《方言》宋当作益。参见本书第一章第（3）条的有关讨论。

（142）（东齐、秦晋）破裂与嘶哑。嗓子嘶哑说"破喉咙"。英语 break "破裂；（嗓音、乐器等的）音质（音高）突变，嘶哑"；crack "裂缝；（声音的）突然变化，发哑，变粗；［古］大话"。《方言》卷六："㾷、披，散也。东齐声散曰㾷，器破曰披。秦晋声变曰㾷，器破而不殊其音亦谓之㾷，器破而未离谓之璺。南楚之间谓之㩻。""㾷"，应该来自"斯"。《说文》："㾷，散声也。从疒，斯声。"段注谓"㾷"与"斯、澌字义相通"。马嘶字亦当作此。上文"㾷，噎也"。戴氏疏证："㾷亦作嘶，《玉篇》云：嘶，噎也。"嘶鸣义可比较英语 break "嘶哑"，也有发表、说出义。"斯"是切分、撕裂，是来自原始汉藏语的古老词语。《说文》："斯，析也。从斤，其声。《诗》曰：斧以斯之。"段注说："其声未闻。斯字自三百篇及《唐韵》在支部无误，而其声在之部，断非声也。"未免过于武断。藏文 gse(-ba) "劈开"，对应汉语"斯"（郑张尚芳 2013；施向东 2000：122）。"斯"字的其声，也许是前缀 g- 的反映；"斯"又读息移切，心母的读音来自 g- 后面的 s-。原始南岛语 pisik "劈开"，可以对应"斯"的同族字"析"（沙加尔 1995：90）。"披"，分散、裂开，可能跟"皮"字有关。皮可发展出剥皮、裂开义。《说文》："柀，黏也。从木，皮声。一曰析也。"段注谓经典破析义，"此等非柀之字误，即柀之假借"。段说不尽然。"㩻"匹支切 *phe，郭璞妨美反，一音圮塞。

"圮"符鄙切 *bruI?。《说文》："圮，毁也。从土，己声。《虞书》曰：方命圮族。醒，圮或从手，配省，非声。"

（143）（秦、赵、吴越）衣物与穿衣。"衣"是衣物，动词是穿衣，所谓解衣衣之。被子，也可发展出覆盖义。英语 dress 名词"衣服"，动词"穿衣"；coat 名词"外套，上装"，动词"穿外套"。《方言》卷六："缗、緜，施也。秦曰缗，赵曰緜。吴越之间脱衣相被谓之缗緜。"注："相覆及之名也。""緜"，文献指丝絮，后通作"绵"。段注谓引申为丝絮之称。是"緜、绵"可指丝织物，也可泛指衣物，《战国策·秦策》一："革车百乘，绵绣千纯。""缗"是丝制作的线、索，也指网，见《吴都赋》吕向注。丝线可指衣物，再指穿衣，《说文》："缗，钓鱼缴也。从糸，昏声。吴人解衣相被谓之缗。"英语 cord "（细）绳；灯芯绒，灯芯绒衣服"，cords "灯芯绒（牛仔）裤"；cloth 名词"布；服装（尤指教士的服装）"，动词"给……穿衣"，clothes "衣服；被褥；各种衣服"，clothing "[总称]衣服，被褥"。

（144）（秦晋）纺织与管理。把丝线纺织成衣物或绳索，这个动作可发展出诸如罗织（罪名）、编造（谎言）。英语 weave "织，纺织；[喻]编排，撰作（故事）"；yarn "纱，线，毛线；故事，奇谈，编造的故事"。编织类词语还可以有"组织、总理"一类的意思，从具体的编织到做其他的工作，而且是有条理、能做成的。英语 nap 名词"（织物上面的一层）绒毛"，动词"修整，使平滑"。《方言》卷六："纴、绎、督、雉，理也。秦晋之间曰纴。凡物曰督之，丝曰绎之。"《广雅·释诂》："纴、督、雉，理也。"王氏疏证："纴者，总理之意。《鄘风·干旄篇》：素丝纴之。毛传云：纴所以织组也，总纴于此，成文于彼。""纴"有多个意思，《说文》谓"纴"来自氐语（黄树先 1994）。"绎"，《说文》："绎，抽丝也。"抽丝发展出梳理、治理义。"绎"也有行走义，《大雅·驷》："有骊有雒，以车绎绎。"传曰："绎绎，善走也。"《释文》："绎音亦，善足也，一本作善走也，崔本作驿。"善走的"绎"亦应从编织义发展而来，"游人如织"是出游者之多。"缠"是缠绕，也指经历，《汉书·王莽传》："岁缠星纪。"注："缠，践历也。"这个意思通作"躔"。英语 spin "纺织；旋转；疾驰"，The racing car spun over the track. "赛车在跑道上奔驰。"weave "织，纺织；迂回行进；摇晃着前进"。

（145）（宋鲁）**脊骨**与**膂力**。力气、勇力可从脊骨（包括筋）、手发展而来。英语 backbone "脊骨；骨干；骨气，毅力"。汉语"膂力"，来自表骨、脊骨的"吕、膂"。葡萄牙语 pulso "手腕；手；力量，活力"，汉语"力"字有类似用法。"力"*rug 来自手臂，"力"的同族词有"翼"*lug、"肋"*rug，两肋可比拟两翼，是手与羽翼有语义联系。有人说"力"象耒形，不如说就是"又"字（手也）的变形。《方言》卷六："蹠、膂，力也。东齐曰蹠，宋鲁曰膂。膂，田力也。"注曰田力"谓耕垦也"。"蹠"九勿切 *klud，《玉篇》："蹠，足多力也。"壮语、临高话 kok[7]，黎语 khok[7] "脚"。

（146）（荆楚、吴扬）**掩盖**与**埋藏**。英语 cover "掩盖；（猎物）藏身处"；hide "隐藏；遮盖"。《方言》卷六："揞、揜、错、摩，藏也。荆楚曰揞，吴扬曰揜，周秦曰错，陈之东鄙曰摩。"《广雅·释诂》："揞、摩，藏也。"王氏疏证："揞犹揜也，方俗语有侈敛耳。《广韵》：揞，手覆也。覆亦藏也，今俗语犹谓手覆物为揞矣。""错、摩"二字好像是抚摸发展出隐藏，语义待考。

（147）（秦晋、燕齐）**旋转**与**早熟**。旋转返回，这个动作持续的时间很短，引申出顷刻之间，《史记·扁鹊仓公列传》："病旋已。"英语 turn "旋转；转身；（活动的）短时间的一阵"。《方言》卷六："抠揄，旋也。秦晋凡物树稼早成熟谓之旋，燕齐之间谓之抠揄。"戴氏疏证引《广韵》"旋，疾也"。黄陂话"车背"是转身，又指时间短，

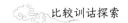

如说"我说的话他车背就忘了",是说听话人左耳进右耳出,根本不往心里去。生长时间极短的植物,比如快速成熟的稻谷,黄陂话叫"车背黄"。

（148）（秦晋）搓与绳索。绳子和搓绳,可共用一个词,"索"是绳子,也指搓成绳索,《豳风·七月》:"宵尔索绹。"英语rope名词"绳子",动词"(拧)成绳状";roper"制绳者"。《方言》卷六:"繝、剿,续也。秦晋续折木谓之繝,绳索谓之剿。""木"字据周校补。"繝",或作擱,此据戴本,《广雅疏证》及段注《说文》同。王氏说:"緂、剡,并与繝通。"钱氏笺疏也说:"擱、剡、緂古字并与繝通。"《淮南子·氾论》:"緂麻索缕。"《玉篇》:"剡,接续也。"王氏《广雅疏证》谓"剡、褋"并音且葉反,义相近也。《说文》:"褋,缏衣也。""褋"是缝制衣边,"剡"是捻搓,秦晋指捻搓制作的绳索。《方言》卷六:"擘,楚谓之纫。""纫"是搓绳,《说文》:"纫,繟绳也。从糸,刀声。"也指"绳索",《齐民要术·插梨》:"先作麻纫,缠十许匝。"

（149）（东齐）门与开门。"门"是门户,也指守门,守门意在稽查出入之人。英语door"门",doorman"看门人,门卫"。汉语说"门人",见《日知录》卷二十四"门人"条。攻打城门也曰"门",《左传·僖公二十八年》:"晋侯围曹,门焉,多死。"这里"门"是攻打城门,试图把门打开。这种语义演变模式,还见于东齐。《方言》卷六:"阎苦,开也。东齐开户谓之阎苦,楚谓之阖。"又卷十三:"阎,开也。"郭注:"阎谓开门也。""阎",《说文》:"里中门也。从门,㕔声。""笘"字,卢本改作"苦",刘台拱补校说"卢说是也"。戴本作"苦",尤非。王氏将戴本"苦"字圈改为"苦"(魏鹏飞2023)。门是出入口,可以关禁,也可逐之门外。英语gate名词"门",动词"关禁学生不准出门;用门控制;解雇,逐出"。

（150）（楚）愤怒与害怕。《方言》卷六："虘、惮，怒也。齐曰虘，楚曰惮。"英语 anger "愤怒；痛苦，烦恼"。

（151）（齐、燕朝鲜洌水）盛大与愤怒。"怒"是生气，《说文》："怒，恚也。从心，奴声。"也指强盛巨大，《庄子·外物》："春雨日时，草木怒生。"英语 rage "盛怒；狂暴，凶猛"。《方言》卷六："虘、惮，怒也。齐曰虘，楚曰惮。"《广雅·释诂》："虘、惮、赫，怒也。"王氏疏证："虘读当为赫虘之虘。盛光谓之赫虘，盛怒亦谓之赫虘，故《广雅》赫、虘并训为怒也。"《方言》卷七："娿、盈，怒也。燕之外郊朝鲜洌水之间凡言呵叱者谓之娿盈。"《广雅·释诂》："娿盈，怒也。"

（152）（楚、秦晋）愤怒与悲哀。伤心可能会愤怒，这两种情绪有内在逻辑关系，"悲愤"，是悲伤而愤怒。《方言》卷六："爰、嗳，恚也。楚曰爰，秦晋曰嗳，皆不欲应而强畣之意也。"注："谓悲恚也。"又卷十二："爰、嗳，哀也。"注："嗳哀而恚也。"《广雅·释诂》："爰、嗳、愁，恚也。"王氏疏证："爰、嗳、咺古同声而通用。"愤怒与呼叫的语义关系，参见下文第（160）条。

（153）（东齐鲁卫、周晋秦陇、南楚）父亲与父老。家庭是社会的缩影，家里的称呼会扩展到社会，人们用哥弟姐妹称呼平辈，用父母的称呼指称父母辈的其他人。汉语"父"字对应印尼语 papa "爸爸"，bapak "父亲；对父辈亲属、长者的称呼；对官员、老师、顾主等的尊称"，其语义演变跟汉语完全一样。英语 father "父亲；前辈，长辈；（用作老人的尊称）老爹，大爷"。《方言》卷六："傁、艾，长老也。东齐鲁卫之间凡尊老谓之傁，或谓之艾。周晋秦陇谓之公，或谓之翁。南楚谓之父，或谓之父老。""傁"是"叟"的重文，《说文》："叟，老也。从又灾。傁，叟或从人。""傁、叟、公、翁"是父亲，《广雅·释亲》："翁、公、窭，父也。"东齐鲁卫之间凡尊老

谓之"叟"。从语源上看,"叟"可指男女长者,"嫂"是女性。德语
Alte"老人;父亲;老太太;母亲;妻子;女上司"。"周晋秦陇谓之
公,或谓之翁",一个方言区两个形式,原因不明。"公"*klooŋ,或
谓之"翁"*qlooŋ,"翁"是影母字,上古读 *q-。"公",见母。上古
声母很近。王力先生说,"翁、公"是同源字(1982a:375)。钱氏笺
疏:"长老谓之公,故父亦谓之公。老人谓之翁,故父亦谓之翁。"倒
过来说,更符合语言实际。

(154)(秦晋)恶心与可恶。《方言》卷七:"谆憎,所疾也。宋
鲁凡相恶谓之谆憎,若秦晋言可恶矣。""恶"的早期意思是粪
便,《汉书·武五子传》颜师古注:"恶即矢也。""恶"*qaag 对应原始藏缅语
的"大便"*kyak(白保罗 1972# 注 82;1984:202)。粪便发展出丑
恶、讨厌义,在语言里很常见,英语 dung"粪;污秽,令人厌恶的东
西";shit"粪便;讨厌(或愚蠢的)家伙"。意大利语 merda"粪便;
[转]讨厌的东西(或人)"。

(155)(赵、山之东西)根、木屐与行走困难。足与树根,可以
是一个词。法语 pied"脚;(树的)根部"。汉语"跟、根"是一个
词,写作两个字,分别表示人的足和植物的根。脚可表示行走,"止"
是足,作动词是"之"。英语 foot 名词"足;[植物]基足",动词"行
走"。《方言》卷七:"杜、蹰,涩也。赵曰杜,山之东西或曰蹰。"这
条方言记录弥足珍贵。郭注:"今俗语通言涩如杜,杜梨子涩,因名
之。"郭注以苦涩释之,未必确切。戴氏疏证引《说文》"涩,不滑
也。从四止"。钱氏笺疏引《石门颂》"道路涩难","涩"字正是行
进艰难。《广雅·释诂》:"杜、蹰、遴,涩也。"《说文》:"遴,行难
也。从辵,粦声。《易》曰:以往遴。""杜"是根,《方言》卷三:
"茇、杜,根也。东齐曰杜,或曰茇。"草鞋义字作"屩",《说文》:
"屩,屐也。从履省,乔声。"也指木屐,字或作"蹻",《史记·孟尝

君列传》："蹑蹻而见之。"司马贞索隐："蹻，音脚。字亦作缲，又作屩，亦作蹻。"行走义《说文》作"蹻"："蹻，举足小高也。从足，乔声。《诗》曰：小子蹻蹻。""跂"是木鞋，《庄子·天下》："使后世之墨者，多以裘褐为衣，以跂蹻为服。"成玄英疏曰："木曰跂，草曰蹻也。"《释文》："屐与跂同，屩与蹻同。"脚有残疾，或穿木屐一类的鞋子，走路就艰涩困难。英语 stump "残根，根；巡回演说；（跛子或假腿人等的）笨重的脚步（声）；假腿；腿"，残根、假腿、笨重的脚步、巡回演说，几个意思密切关联；其动词义，"以僵直而沉重的步伐行走；（在某地区，乡村）做政治演讲，巡回游说，旅行演说"。表根、脚的词，均可转指木屐、假腿。葡萄牙语 soca "根；木底鞋，木屐"。印尼语 tapak "（手、脚）掌；脚印"，tapak-tapak "木屐，拖鞋"；bertapak "踏，踩"，menapak "（脚）踩在……上，踏入；用手掌或脚掌测量；跟踪"。

（156）（赵魏、山之东西、燕赵）高与悬挂。"悬"是悬挂，《说文》："县，系也。从系持县。"也指悬远，"悬殊"指差距之远。英语 hang "悬挂"，hanging "位于陡坡上（或高处）"，hang of a "极，非常"，It's a hang of a wet day. "天气十分潮湿。"《方言》卷七："佻、抗，县也。赵魏之间曰佻，自山之东西曰抗。燕赵之郊县物于台之上谓之佻。""佻、抗"是悬挂，也有高挑长大义。"佻"，《广雅·释诂》："佻、抗、绔，县也。"《集韵·筱韵》："佻，远也。""抗"是悬挂，《公羊传·僖公元年》："于是抗辀经而死。"王念孙疏证说"是抗为县也"。"抗"也是高远，《淮南子·说山》高注："抗，高也。"

（157）（齐、西楚梁益、西南梁益）相似与效法。效法就是去模仿，力图一模一样，变得类似，故相似、效法语义密切相关。《说文》："类，种类相似，唯犬为甚。从犬，頪声。"段注："《释诂》、毛传皆曰类，善也，释类为善，犹释不肖为不善也。"《方言》卷七：

"肖、类，法也。齐曰类，西楚梁益之间曰肖。秦晋之西鄙自冀陇而西使犬曰哨。西南梁益之间凡言相类者亦谓之肖。"郭注："肖者，似也。"相似与模仿，比较英语 model 名词"模型；模范；极相似的人（或东西）；模特"，动词"做模型；使仿效，使模仿"。相似就美丽，不相似就不肖，大逆不道。"肖"，《说文》："肖，骨肉相似也。从肉，小声。不似其先，故曰不肖也。"父母子女以及亲属与相似可以是一个词，汉语叫"肖"，意大利语 parente"亲属，亲戚；相似的事物；父母，祖先"。"肖"指效法，《广雅·释诂》一："肖，法也。"汉语"俏"，俏丽，《集韵·笑韵》："俏，好貌。"黄陂话"像"有相似、美丽两个意思。美丽义文献写作"强"，《敦煌变文集·丑女缘起》："缘是国大王，有一亲生女，天生貌不强。"唐代佚名《菩萨蛮》词："含笑问檀郎，花强妾貌强？""强"，《集韵》巨两切，黄陂话正读此音。

（158）（秦晋、冀陇）使犬与犬。《方言》卷七："秦晋之西鄙自冀陇而西使犬曰哨。""哨"，郭音"骚"*suu，与"嗾"*sooʔ读音很近。戴氏疏证："哨亦作嗾。《玉篇》引《方言》：秦晋冀陇谓使犬曰嗾。"《说文》："嗾，使犬声。从口，族声。《春秋传》曰：公嗾夫獒。"段注："哨与嗾一声之转。《公羊疏》云：今呼犬谓之属。"钱绎笺疏："哨、嗾、嗾、属，声转字异，义并同也。""哨"是使犬声，"獀"是犬。《说文》："獀，南越名犬獿獿也。从犬，叟声。""獀"字许君置于"犬"后，其后的"龙、狡"均为犬名。段注："獿獿，叠韵字。南越人名犬如是，今江浙尚有此语。""獀"所鸠切 *sru。郑张先生拿汉语"嗾"对应亲属语言的"狗"：泰语 cɔɔ"发出声音指使狗"，cuu"多毛矮身狗"；佤语、布朗语 soʼ"狗"；越南语 co"狗"；占语 asəu"狗"，asu"狗"；马来语 zsu"狗"；菲律宾语 aso"狗"（2024：201）。狗与使唤狗的语义关系，可比较英语 hound 名词"猎狗"，动词"嗾狗追逐；用猎狗追猎；唆使"。汉语"唆"也有唆使义。《方言》卷十三："宵，使也。"戴氏疏证："宵、嗾一声之转，嗾音漱，《说文》云：使犬声。""宵"相邀切 *sew。

（159）（陈）**艰难与害怕**。《方言》卷七："憎、懹，惮也。陈曰懹。"注："相畏惮也。""憎"是厌恶，《说文》："憎，恶也。从心，曾声。"也指惧怕，《淮南子·说林》："战兵死之鬼憎神巫。"注："憎，惮也。"王念孙《读书杂志》说"战"是后人所加。厌恶、怨恨与害怕，会有语义关联。"懹"是惧怕，郭注云："相畏惮也。"也是艰难，《广雅·释诂》："憎、懹、惮，难也。"苦难与厌恶的语义关系，可比较英语 misery "苦难；穷困；讨厌的人（或物），老发牢骚的人"；distress "痛苦；疼痛；灾难"，distressed "痛苦的，苦恼的，忧虑的"，distressful "令人痛苦（或悲伤的），令人苦恼（或忧伤的）"。

（160）（齐楚宋卫荆陈、秦晋）**叫嚷与责让**。高声说话，可发展出责怪义。英语 call "大声说；责备"。德语 belfern "（狗）汪汪叫；大声叫喊，叱责，叫骂"。意大利语 notare "［古］唱；谴责，责备"。汉语"唱"是歌唱，大声嚷嚷说"唱叫扬疾"。《方言》卷七："谯、谨，让也。齐楚宋卫荆陈之间曰谯，自关而西秦晋之间凡言相责让曰谯让，北燕曰谨。"《广雅·释诂》："谨、谯，让也。"王氏疏证："凡人相责让，则其声喧哗，故因谓让为喧，犹今人谓喧呼为让也。"

（161）（北燕）**强健与努力**。强壮与努力有语义联系，《周易·乾》："天行健，君子以自强不息。"《方言》卷七："侔莫，强也。北燕之外郊凡劳而相勉若言努力者谓之侔莫。"《广雅·释诂》："劲、坚、刚、劢莫、惮憋，强也。"王氏疏证："此条强字有二义：一为刚强之强，《说文》作彊，云：弓有力也；一为勉强之强，《说文》作勥，云：迫也。《集韵》《类篇》引《广雅》并作勥。强、勥、彊，古多通用。"印尼语 pugar "健壮，十分健康；认真，努力（做）"。

（162）（东齐、秦、燕朝鲜冽水、东齐北燕海岱）**晒与暴露**。晾晒是很具体的动作，由晾晒发展出暴露揭发、炫耀、夸耀等义，现在还说"晒富、晒幸福、晒恩爱"。黄陂话"晒"，有晾晒、夸耀义。葡萄牙语 assoalhar "晒晾；泄露；炫耀；抛头露面"。英语 air "吹风，晾干；炫耀，使人知道（自己的意见、冤屈等）"。《方言》卷七："膊、晒、晞，暴也。东齐及秦之西鄙言相暴僇为膊。燕之外郊朝鲜洌水之间，凡暴肉、发人之私、披牛羊之五藏谓之膊。暴五谷之类，秦晋之间谓之晒，东齐北燕海岱之郊谓之晞。""暴僇"，郭注："膊戮谓相暴膦恶事。""暴"，《说文》："暴，晞也。"段注："引伸为表暴、暴露之义。"《广雅·释诂》："膊，曝也。"王氏疏证："膊与曝，声之转也。"

（163）（山东齐楚、秦晋）薪柴与燃烧。《方言》卷七："熬、㷅、煎、㷅、巩，火干也。凡以火而干五谷之类，自山而东、齐楚以往谓之熬，关西陇冀以往谓之㷅，秦晋之间或谓之㷅。凡有汁而干谓之煎，东齐谓之巩。"薪柴发展出燃烧义，在语言里很常见。此条"熬、㷅"二字，来自薪柴义。"熬"五劳切 *ŋaaw，郑张先生对应藏文 rŋo "熬煮"（2013），"熬"与"烧" *hnjew 音义同，来自薪柴的"荛" *ŋjew。"㷅"郭璞创眇反，字后作"炒" *shrooʔ，均来自"芻" *shro、"穮" *zro。《广雅·释草》："稷穮谓之穮。"王氏疏证："古文蒇作騶。蘪、騶、穮三字并以芻为声，义相近矣。"熬煮字作"鬻"，《说文》："鬻，熬也。从鬲，芻声。"段注："《方言》：熬、㷅、煎、㷅、巩，火干也。秦晋之间或谓之㷅。按㷅即鬻字，或作鬻，玄应曰：崔寔《四民月令》作炒。古文奇字作爑。"徐铉说："今俗作爑，别作炒，非是。"周祖谟先生说："（㷅）这个字就是炒菜的炒字。晋代这个字写作鬻（见郭璞《方言》注），到唐代又改写作爑（见《慧琳音义》），都从芻声。从取从芻原来可能跟语音比较接近（现代所写的吵字在唐人书里写作謅，跟炒字写作爑相同），但是后来就相差很远了，所以后代又改写作炒。"（1981：17）

（164）（河北赵魏）**煮熟与成熟**。煮熟与成熟，可以是一个词，"孰"，《说文》："𩚅，食饪也。从𠬝𦎫。《易》曰：孰饪。"也指植物成熟，《荀子·富国》："寒暑和节，而五谷以时孰。"印尼语 masak"（果子等）成熟；烧熟；熟练"。食物久存，可以食用，也可转指植物成熟，英语 mature"成熟的，酿熟的"，ripe"（谷物、果实等）成熟；（贮存后）适于食用的，（酒）芬芳的"。英语的这种语义演变，也见于汉时的赵魏方言，《方言》卷七："胹、饪、亨、烂、糦、酋、酷，熟也。自关而西秦晋之郊曰胹，徐扬之间曰饪，嵩岳以南陈颍之间曰亨。自河以北赵魏之间火熟曰烂，气熟曰糦，久熟曰酋，谷熟曰酷。熟，其通语也。"《说文》："饪，大孰也。从食，壬声。"段注："饪亦假稔为之，《释言》：馈、馏，稔也。"《说文》："稔，谷孰也。从禾，念声。《春秋传》曰：不五稔。"段注："稔之言饪也。"是"饪、稔"有语义关联，并非只是同音假借。赵魏之间火熟曰烂，气熟曰糦，久熟曰酋，谷熟曰酷者，"酷"的语义演变，与上举英语大致一样。"酷"本指酒味醇烈，《说文》："酷，酒厚味也。从酉，告声。"赵魏转指谷熟。谷熟字又作"秸"，《广雅·释诂》："秸，熟也。"王氏疏证："《玉篇》：秸，禾大熟也。秸与酷通。""酋"是熟酒，跟"酉"是同族词，《说文》："酋，就也。八月黍成，可为酎酒。象古文酉之形也。"《史记·律书》："酉者，万物之老也，故曰酉。"

（165）（东齐海岱北燕、东郡）**脚疾与站立、跪**。"跛"是足疾，《说文》："尩，蹇也。从尢，皮声。"段注谓俗作"跛"。又指斜倚，《礼记·曲礼》："立毋跛，坐毋箕。"注："跛，偏任也。""跙"，行走困难，也指斜立。《方言》卷七："跂蹈，陭企，立也。东齐海岱北燕之郊跪谓之跂蹈，委痿谓之陭企。"注："今东郡人呼长跽为跂蹈。（委痿谓之陭企）脚躄不能行也。"王氏疏证："《方言》又云：陭，陭也。陭与倚声相近，故倚、陭具训为立也。《说文》：企，举踵也。古文

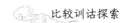

作企。《卫风·河广篇》：跂予望之。企、企、跂并同字。""陭、倚"是倚立，语源来自"奇"，"奇"由奇数发展出畸形义；"畸、倚"的语义关系，可与倚、委瘁谓之陭企进行比较。"踦"，《说文》："一足也。从足，奇声。"又指跛足而行，《国语·鲁语》："使叔孙豹发帅敝赋，踦跂毕行。"注："踦跂，跘蹇也。"英语 lame"跛的；不稳的"，limp"跛行；停滞不前"。

（166）（燕齐）摩擦与稀少。摩擦可把物体弄薄弄碎，从而变得细小。《说文》："礦，石碇也。从石，靡声。"段注："礦，今字省作磨。"磨碎之物叫"糜"，《说文》："糜，碎也。从米，靡声。""碎"，有弄碎、细碎义。英语 flour 名词"面粉；粉状物质"，动词"磨成粉"。《方言》卷七："希、铄，摩也。燕齐摩铝谓之希。"钱氏笺疏："摩通作磨。""铝"郭璞音虑。戴氏疏证说："摩铝亦作磨鑪。"钱氏笺疏也说"铝"与"鑪"同，《说文》："鑪，厝铜铁也。从金，虑声。"稀少，甚或消磨，《广雅·释诂》："铄，磨也。"王氏疏证："《周语》：众口铄金。《史记·邹阳传》索隐引贾逵注：烁，消也。消亦磨也。"

（167）（吴越）草与饮食。草可发展出吃草，英语 grass 名词"青草；（沙拉中的）生菜"，动词"吃草，放牧"。《方言》卷七："茹，食也。吴越之间凡贪饮食者谓之茹。""茹"可指吃，《广雅·释言》："噍，茹也。"王氏疏证："噍与嚼同。《方言》云：茹，食也。"又："茹，食也。"王氏疏证："食谓之茹也。是食粗食者谓之茹也。粗与疏义相近。食粗食者谓之茹，故食菜亦谓之茹。食菜谓之茹，故所食之菜亦谓之茹。"王氏所列举的材料，"茹"可指一般的吃，也指吃粗劣食物，还指吃菜。汪维辉先生考证，"茹"或指熟菜。这些意思都是从"茹"的草义发展而来（2020）。"茹"*nja，跟"苏、蔬"同一个来源。草发展出菜，从菜蔬、食物发展出动作吃。"茹"字用作动词，指喂牛马，《说文》："茹，饲马也。"这是从草发展而来的，德语

Gras"草；草地"，grasen"（牲畜）吃草"。从吃草发展出吃（粗粝之食物），郭璞注："今俗呼能粗食者为茹。""茹"的吃喝义来自草，粗食义尚存原意。黄陂话贪吃曰"闹少"，指吃粗劣之物。

（168）（吴越）**装饰与美丽**。装饰是为了掩饰，可发展出美观义。"装"字是打扮，也有端庄、假装等义；"扮"有装扮、扮演两个意思；"饰"有装饰、掩饰两个意思。英语 dress"打扮"，dressy"衣着讲究的；漂亮的"。《方言》卷七："恂、貌，治也。吴越饰貌为恂，或谓之巧。"注："谓治作也。"《说文》："恂，健也。一曰匠也。从立，句声，读若鼬。《周书》有恂匠。""恂"是装饰，又有匠义，段注谓《方言》巧也义与匠之训合。"巧"是美好义，《卫风·硕人》："巧笑倩兮。"

（169）（吴越）**炎热与干燥**。《说文》："暵，干也。耕暴田曰暵。从日，堇声。《易》曰：燥万物者莫暵乎火。"也指热、热气。《方言》卷七："煦煆，热也，干也。吴越曰煦煆。"注："热则干燥。"参见本书第一章第（13）条的有关讨论。

（170）（燕、越、吴）**膂力与背负**。"背"是肩背，发展出背负，"肩"字也发展出肩负义。《方言》卷七："攍、膂、贺、儋，儋也。齐楚陈宋之间曰攍。燕之外郊、越之垂瓯、吴之外鄙谓之膂。南楚或谓之攍。自关而西陇冀以往谓之贺。凡以驴马馲驼载物者谓之负佗，亦谓之贺。"注："担者用膂力，因名云。""膂"是脊骨。西班牙语 hormbro"肩，肩膀；（衣服的）肩部"，a hormbros"抗在肩上的"。

（171）（燕朝鲜洌水）**站立与植物**。《方言》卷七："树、植，立也。燕之外郊朝鲜洌水之间凡言置立者谓之树、植。""树、植"从站立义，发展出树木、植物。英语 raise"举起；竖立；种植"。

（172）（南楚、西秦）**注视与逗留**。《方言》卷七："傺、眙，逗也。南楚谓之傺，西秦谓之眙。逗，其通语也。"注："眙谓住视也。"

各本皆"住视",唯周本作"注视"。"住视",现在说"目光停留"。英语 stay "逗留",也指盯着看，Their eyes stayed with me. "他们的眼睛一直看着我。"

（173）（陈楚宋魏）鸟与鸡。汉语"鸡"*kee 对应藏语 skyegs "松鸡"、缅甸语 kje³ "鸟类的总称"（黄树先 2003）。罗马尼亚语 pásăre "鸟；麻雀；鸡"。鸡也可以跟某一类鸟的名称相同，德语 Huhn "鸡；母鸡；山鹑"。《方言》卷八："鸡，陈楚宋魏之间谓之鸊鷉。""鸊鷉"是野鸭一类的水鸟，《说文》："鸊，鸊鷉也。从鸟，辟声。"《方言》卷八："野凫其小而好没水中者，南楚之外谓之鸊鷉，大者谓之鹘蹏。"

（174）（北燕朝鲜洌水）抱与孵鸡。《方言》卷八："北燕朝鲜洌水之间谓伏鸡曰抱，爵子及鸡雏皆谓之鷇，其卵伏而未孚始化谓之涅。""抱"或作"菢"，均读去声，跟读平声的"孵"来源不同。"菢"来自"抱"，其得名源自禽鸟以身伏蛋，犹如双足抱蛋。其他语言也有这样的说法。参见《比较词义探索》"抱与孵"条。

（175）（北燕朝鲜洌水）卵与幼雏。"卵"是鸡卵，亦指鸡雏，《礼记·王制》："春荐韭，韭以卵。""卵"谓少鸡，古者少鸡亦曰"卵"。参见"雏"字段注。《方言》卷八："北燕朝鲜洌水之间谓伏鸡曰抱，爵子及鸡雏皆谓之鷇。""鷇"，鸟卵，《广韵·屋韵》："鷇，卵也。"还指孵出的小鸟，《类篇》丘候切："鸟子生哺者。"江淮官话、吴语方言"鷇"指鸡蛋（许宝华、宫田一郎 2020）。

（176）（南楚）猪与猪子。《方言》卷八："猪，北燕朝鲜之间谓之豭，关东西或谓之彘，或谓之豕。南楚谓之豨。其子或谓之豚，或谓之貕，吴扬之间谓之猪子。""彘"直例切 *l'eds，"豕"施是切 *hliʔ>*hleʔ，"豨"*hlul。《说文》"豕"读与"豨"同。《广雅·释兽》："豨，豕也。"王氏疏证说"豨、豕古同声"。"彘、豕、豨"这三个形式，可能是不同地方方言的变读。值得注意的是，南楚猪子曰"豯"，胡鸡切 *gee。这个字也许就是"豨"。《说文》："豨，豕走豨豨也。从豕，希声。古有封豨修蛇之害。""豯"本是小猪，泛指猪，王氏疏证："猪为豕子，又为豕之通称矣。"这种语义演变就像"狗"本是小犬，泛指犬，其语义演变模式，在其他自然语言里也很常见。参见下文"小鸟与鸟的泛称"条。

（177）（吴扬）**猪栏与陋室**。牲畜棚屋与陋室，可以是一个形式。德语 Koben "小屋，棚屋；家畜（尤指猪）圈"。西班牙语 cuchitril "猪圈；小房间，脏乱的小房间"。《方言》卷八："（猪）吴扬之间谓之猪子，其槛及蓐曰橧。"钱氏笺疏："人居薪上谓之橧，豕居草上亦谓之橧。橧本圈中卧蓐之名，因而圈亦谓之橧。""橧"是猪栏，也指简易的房舍，字亦作"䙡"，《说文》："䙡，北地高楼无屋者。从立，曾声。"《礼记·礼运》郑玄注："寒则累土，暑则聚薪柴居其上也。"段注谓"此䙡之始也"。

（178）（周郑、韩魏、关西秦汉）**小鸟与鸟的泛称**。幼小的动物可泛指动物，汉语早期称"犬"，后称"狗"。"狗"来自"幼小"，指犬子，后泛指犬。据布龙菲尔德，古英语 hund "狗" > 现代英语 hound "一种猎犬"；中古英语 dogge "一种（古代的）狗" > 现代英语 dog "狗"；中古英语 bridde "小鸟，幼雏" > 现代英语 bird "鸟"（1985：527）。《方言》卷八："鸠，自关而东周郑之郊、韩魏之都谓之鹘鵃，其鷑鸠谓之䴗鵃。自关而西秦汉之间谓之鶝鸠，其大者谓之鸼鸠，其小者谓之䳺鸠，或谓之鶨鸠，或谓之䳚鸠，或谓之鹘鸠。"《卫风·氓》："于嗟鸠兮，无食桑葚。"传曰："鸠，鹘鸠也。"陆玑疏："鹘鸠，一名班鸠，似鹎鸠而大。""鹘鸠"本是鸠之小者，后泛指鸠。

（179）（关东、南楚）**雁与鹅**。《方言》卷八："䳘，自关而东谓之鴚鹅，南楚之外谓之鹅，或谓之鸧鴚。"注："今江东通呼为駒。""鹅、雁"常以家养、野生别之,古籍实难分别。王力先生说,"鹅(鵞、䳘)、鴈(雁)",歌元对转,是同源字(1982a:433)。语言里,"鹅、雁"变读,区分不同的禽鸟。汉语"鹅、鴈"可跟藏缅语比较,白保罗认为,藏缅语"鹅"的原始形式是 *ŋa,缅语的 ŋàn<*ŋa 中,-n 是表示名词复数的后缀(1972# 注 284;1984:248)。缅语 ŋan³ "天鹅;雁"。英语 goose "鹅",wild goose "雁,野鹅"。

(180)(徐鲁)鸡与鸡鸣。禽鸟可与其鸣叫声共用一个词,《说文》:"乌,孝鸟也,象形。孔子曰:乌,亏呼也,取其助气,故以为乌呼。"徐铉说俗作"呜","呜"取乌鸦的鸣叫。英语 crow "乌鸦;(雄鸡)啼;欢呼;吹嘘"。《方言》卷八:"鸡雏,徐鲁之间谓之䨿子。"《广雅·释诂》:"䇇,小也。"王氏疏证谓:"《三年问》云:小者至于燕雀,犹有啁噍之顷焉。《吕氏春秋·求人篇》:啁噍巢于林,不过一枝。高诱注云:啁噍,小鸟也。《方言》云:鸡雏,徐鲁之间谓之䨿子。䇇、啾、䨿并音即由反,义亦同也。"王氏引《吕氏春秋》,"啁噍"是小鸟,也指鸟的鸣叫声。

第六节 《方言》词语比较研究(下)

本节材料来自《方言》卷九至卷十三。《方言》后几卷,许多都没有标明地域,所以有人说,《方言》是一本未完成的著作。

(181)(楚、秦晋、南楚宛郢)荆棘与戈戟。《说文》:"戟,有枝兵也。"段注:"戟有刺,故名之曰棘。""戟"是戟矛,也指植物。参见本书第一章。《方言》卷九:"戟,楚谓之釨。凡戟而无刃,秦晋之间谓之釨,或谓之镮,吴扬之间谓之戈。"楚谓之釨者,郭注:"取名于钩釪也。"釪",钱本作"子"。戴氏疏证:"釪、子古通用。""子"指小刺,《方言》卷九:"三刃枝,南楚宛郢谓之匽戟。"注:"今戟中有小子刺者,所谓雄戟也。"《考工记·冶氏》注:"戈,今句戟也。"孙诒让正义:"子者,小枝之名。"《方言》卷九:"凡矛骹细如雁胫者谓之鹤膝。有小枝刃者谓之钩釪。矛或谓之釪。"

(182)(关西)箭竹与箭矢。《方言》卷九:"箭,自关而东谓之矢,江淮之间谓之鍭,关西曰箭。"注:"箭者竹名,因以为号。"《说文》:"箭,矢竹也。从竹,前声。"段注:"矢竹者,可以为矢之竹也。"钱氏笺疏:"箭本竹名,以箭为矢,因即谓之箭,犹簜本竹名,以簜成器即谓之簜也。《说文》:簜,大竹也。《大射仪》:簜在建鼓之间。郑注:'簜,竹也,谓笙箫之属'是也。"竹与竹制的箭矢、乐器可共用一个词,英语 bamboo "竹;竹制的";arrow "箭",arrowworm "箭木(枝茎直而柔韧,昔印第安人用以制箭,故名)"。西班牙语 pito "竹;笛子;烟斗"。江淮之间谓之鍭者,《说文》:"鍭,羽本也。从羽,侯声。一曰羽初生。"又:"翦,羽生也。一曰矢羽。从羽,前声。"矢有骨镞、金镞,以羽装饰,故曰鍭矢。江淮箭矢的命名似乎跟羽毛有关。

(183)(河北燕赵、关东)室与剑套。《方言》卷九:"剑削,自河而北燕赵之间谓之室,自关而东或谓之廓,或谓之削,自关而西谓之鞞。"《广雅·释器》:"枱、室、郭,剑削也。"王氏疏证:"郭与廓同,《释名》云:弩牙外曰郭,为牙之规郭也。义亦与剑郭同。""郭"是城郭。

(184)(关东)鞘与陡峭。《方言》卷九:"剑削,自河而北燕赵之间谓之室,自关而东或谓之廓,或谓之削。"《释名·释兵》:"刀室曰削,削,峭也,其形峭杀裹刀体也。"德语 Scheide "(刀剑)鞘;分水岭"。剑削与陡峭的山岭,形状相似,词义由此发展。汉语"峰"

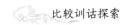

是山峰，也指剑锋。段玉裁说："凡金器之尖曰鑯，俗作锋，古亦作夆。山之颠曰夆，古无峰字。"（"鑯"字注）

（185）（关东）盾与保护。《方言》卷九："盾，自关而东或谓之瞂，或谓之干。关西谓之盾。"注："干者，扞也。"《广雅·释器》："干、瞂、橹、戟，盾也。"王氏疏证："干与下戟字同。《说文》：戟，盾也。《尔雅》：干，扞也。孙炎注云：干盾自蔽扞。瞂之言蔽扞也。"英语 shield "盾；保护者"。德语 Schild "盾牌；庇护"。葡萄牙语 adarga "古时的卵形皮盾；保护，防卫"。

（186）（宋魏陈楚）帽子与车盖。《方言》卷九："车枸篓，宋魏陈楚之间谓之筱，或谓之篨笼。其上约谓之筊，或谓之篡。秦晋之间自关而西谓之枸篓，西陇谓之楇。南楚之外谓之篷，或谓之隆屈。"郭注："今呼车子弓为筱。音巾帼。"《广雅·释器》："篾谓之帆。"王氏疏证："《后汉书·乌桓传》：妇人著句决，饰以金碧，犹中国有簂步摇。李贤注云：簂，字或为帼，妇人首饰也。《魏志·明帝纪》注引《魏氏春秋》云：诸葛亮遣使致巾帼妇人之饰，以怒宣王。《方言》：车枸篓，宋魏陈楚之间谓之筱。郭注云：今呼车子弓为筱，音巾帼。覆发谓之帼，车盖弓谓之筱，其义一也。"英语 hood 名词"兜帽，头巾；羽冠；（汽车、通车等的）折合式车篷；（船的）舱口罩棚"，动词"戴帽；装车篷"。语言也用头首转指车船篷，印尼语 tendas "［古］头"，ténda "做船篷等用的帆布；帐篷；顶棚；（马车等）帆布车棚"。

（187）（秦晋关西、陇西）车厢与筐子。《方言》卷九："车枸篓……秦晋之间自关而西谓之枸篓，西陇谓之楇。"《广雅·释器》："枸篓、隆屈、筱、篷、篨笼，鞇也。"王氏疏证："《释名》云：鞇，藩也，藩蔽雨水也。《说文》作轒，云：淮阳名车穹隆轒。《四民月令》有上犊车篷鞇法，见《齐民要术》。""鞇"，《说文》指马拉的大车，"鞇，大车驾马者也"。"鞇"是大车，也特指车篷。《方言》车篷曰

"楄"，字从"畚"。"畚"是草索编织的盛物器具，《说文》作"畚"，"蒲器也，䈰属，所以盛粮"。《广雅·释器》王氏疏证："畚、筓并从弁声，畚为筥属，而筓形如筥筌籚，则其命名之意亦同矣。""枸篓"，也单说"篓"，王氏疏证："枸篓或但谓之篓，《玉篇》：篓，车弓也。"筐子、箱子与车、车厢，因其形状和功能相同，得以共用一个词语。《方言》卷九："箱谓之韗。"《广雅·释器》："韗，箱也。"王氏疏证："輔谓之韗，亦谓之箱；篋谓之箱，亦谓之筐，其义一也。《士冠礼》注云：筐，竹器如筜者。《说文》：筐，车筜也。车筜谓之筐，车箱谓之韗，其义一也。"俄语 кузов"柳条筐；车厢"。德语 Kasten"箱，盒；柜；车厢；破旧的房子（或车辆、船只）"。"輂"，《说文》是大车，《广雅》是车篷。印尼语 keréta"车，车辆，车厢"。参见第五章第（273）"筐子（匪）与车厢（筐）"条。

（188）（周洛韩郑汝颍、关西）尾部与马尾部的马缰绳。身体部位的词语可转指这个部位的服饰，以及配饰等物件。葡萄牙语 garupa"（马等动物的）臀部；捆绑鞍后东西的带子"。法语 culier"肛门的"，culière"缚在马臀部的皮带"；ventre"腹部"，ventrière"马挽具）肚带"。《说文》："鞉，马尾鞉也。从革，它声。今之般缡。"也指尾部，"鞉"是马臀部的绳子，"舵"是船尾，"袉"是衣襟。参见太炎先生《新方言·释形体》。《方言》卷九："车紂，自关而东周洛韩郑汝颍而东谓之緧，或谓之曲绹，或谓之曲纶。自关而西谓之纣。""緧"，《说文》作"緧"，"緧，马纣也。从系，酋声。"《周礼·考工记》："必鰌其牛后。"注："鰌读为緧。"段注谓字亦作"緧"。"緧"得名于"𦟛"，《集韵》："𦟛，股胫间。"《说文》："纣，马纣也。从系，肘省声。""纣"之得名，跟"肘"有关，《说文》："肘，臂节也。从肉寸。寸，手寸口。""肘"指肘关节，也指膝盖后弯曲处，字亦作"膇"，《集韵·有韵》："膇，髀后曰膇。"汉语"肘"对应缅语的膝盖

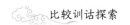

（黄树先2003），是肘关节与膝盖可以有语义关联。

（189）（齐燕海岱、关西）锅与锅状物。锅可转指类似的其他圆形器物。英语 pan "锅；盘子，盆子；（天平的）秤盘；（旧式枪的）火药池；沼泽"。西班牙语 callana "锅；花盆"。《说文》："秦名土䰞曰䰞。从鬲，干声。读若过。"段注："今俗作锅。"又指锅状物，《方言》卷九："车釭，齐燕海岱之间谓之锅，或谓之锟。自关而西谓之釭，盛膏者乃谓之锅。""锅"是车上盛膏之器皿，《说文》："楇，盛膏器。从木，呙声。"字亦作"輠"。

（190）（江东）矛与针。《方言》卷九："锬谓之铍。"注："今江东呼大矛为铍。""铍"是矛，也指剑，还是锄，《广雅·释器》："铍，锄也。"英语 pike "长矛；鹤嘴锄，镐"。也是医用针，《说文》："铍，大针也。从金，皮声。"英语 lance "长矛；柳叶刀，小刀"。

（191）（南楚江湘、秦晋、江淮）草木与船筏。《方言》卷九："南楚江湘凡船大者谓之舸，小舸谓之艖，艖谓之艒䑠。泭谓之簰，簰谓之筏。筏，秦晋之通语也。江淮家居簰中谓之薦。""簰"字，周氏校笺本作"簰"，此从戴本、钱本、卢本。草木类的词语，可表示木排、船只。葡萄牙语 caniço "芦苇；木排，木筏；钓鱼杆"。印尼语 balok "原木"，baluk "［古］一种小货船"。"艖"，郭璞音叉，字亦作"叉"。《广雅·释水》："艖、叉，舟也。"王氏疏证："叉与上艖字同。《玉篇》：叉，艁也。《广韵》云：小船也。曹宪音叉。""艖"，疑与"槎、杈"音义同。树枝与舟船有语义关系。"茷"是草、草根，又当木筏讲，《广韵·月韵》："茷，大曰茷，小曰桴，乘之渡水。"字通作"栿"，指木排、木筏。《论语·公冶长》："道不行，乘桴浮于海。"何晏集解引马融说："桴，编竹木，大曰栿，小曰桴。""薦"，草也。《说文》："薦，兽之所食草。"草为席，字作"荐"；又可为筏子，亦名"薦"。钱氏笺疏："卧席谓之薦，车茵谓之薦，履屦谓之薦，义并相近也。"这几个意思均与草有关。

（192）（江东）**尾部**与**船尾**。英语 buttock"（人的）半边臀部（复数指臀部），（鸟兽的）尾部；船尾突出部"；stern"臀；船尾"。捷克语 uârka"鱼尾；臀部（一般指妇女的）；［旧］船尾"。《方言》卷九："（舟）后曰舳，舳，制水也。"注："今江东呼柁为舳，音轴。"《释名》曰："船，其尾曰柁。"郑张先生拿"舵"与泰文 daaj'"尾部"比较（2013：165）。

（193）（江东）**房舍**与**船舱**。英语 cabin"（简陋的）小屋；船舱；（铁路的）信号室"。《方言》卷九："（舟）首谓之阁闾，或谓之艦艏。"注："今江东呼船头屋为之飞闾是也。"

（194）（江东）**鸟头**与**船首**。《方言》卷九："（舟）首谓之阁闾，或谓之艦艏。"注："鹢，鸟名也。今江东贵人船前作青雀是其像也。"捷克语 zobec"鸟嘴；船头"。

（195）（荆州）**船只**与**航行**及**渡口**。《方言》卷九："方舟谓之潢。"注："扬州人呼渡津航为杭，荆州人呼潢。""渡津航"戴本、钱本作"渡津舫"，此从宋本。"潢"是渡船，《广雅·释水》："潢，筏也。"也是渡口，还作渡河讲，《说文》："潢，小津也。从水，横声。一曰以船渡也。"英语 ferry 动词"渡过"，名词"渡口，渡船"；clip"奔跑，［古］疾飞"，clipper 名词"快速帆船；快马"，动词"乘飞机出行"。意大利语 traghetto"摆渡；渡口；渡船"。郭注"荆州人呼潢"，宋本作"荆州人呼树"，诸本改"树"为"潢"。鉴于草木与舟船的关系，这一改动还得再考虑。意大利语 legno"木；［古］木船，车马；树"。

（196）（江沅、九嶷荆、沅湘）**出游**与**游乐**、**放荡**。《方言》卷十："媱、愓，游也。江沅之间谓戏为媱，或谓之愓，或谓之嬉。""敖游"由出游发展出游戏、娱乐义，《广雅·释诂》三："媱、愓、嬉、遊、敖，戏也。"王氏疏证："媱之言逍遥，愓之言放荡也。"游戏发展

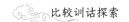

出淫荡，英语 wander "漫游，游荡；迷路；（从道德、信仰、行为准则等方面）偏离，堕落"。《方言》卷十："遥、窕，淫也。九嶷荆郊之鄙谓淫曰遥，沅湘之间谓之窕。"注："言心遥荡也。"这是由游乐发展出淫欲、堕落义。

（197）（湘潭、荆、中夏）呵斥与何如。《方言》卷十："曾、訾，何也。湘潭之原、荆之南鄙谓何为曾，或谓之訾，若中夏言何为也。"注："今江东人语亦云訾，为声如斯。"《说文》："呰，苛也。从口，此声。"段注："苛亦当作诃，玄应引作诃。凡言呰毁当用呰。《丧服》四制：呰者莫不知礼之所生也。郑云：口毁曰呰。玄应引如此。今《礼记》作訾。"现在训斥还说"你干什么！"《过秦论》："陈利兵而谁何。"英语 why 疑问副词"为什么"，语气词"表示惊讶、不耐烦、赞成、异议、犹豫或引出另一种想法"。

（198）（沅澧之原）叹息与怜悯。《方言》卷十："噴、无写，怜也。沅澧之原凡言相怜哀谓之噴，或谓之无写，江滨谓之思，皆相见欢喜有得亡之意也。九嶷湘潭之间谓之人兮。"戴氏疏证："噴即喟，太息也。""喟"本是叹息，《说文》："喟，大息也。从口，胃声。噴，喟或从贵。"钱氏笺疏："凡言喟然叹、噴然息，皆谓大息而吟叹，乃怜哀之意。"英语 bewail "悲伤；抱怨"；lament "悲痛；悲叹；哀悼"，lamentable "可悲的；哀伤的"。

（199）（江滨）悲哀与思念。《方言》卷十："沅澧之原凡言相怜哀谓之噴，或谓之无写，江滨谓之思，皆相见欢喜有得亡之意也。"英语 ache "痛；想念，渴望"；sigh "叹息；渴望，思慕"。意大利语 sospiro "叹息；渴望，思慕"。

（200）（南楚）整洁与美好。奇数发展出偏斜、畸形义，而整齐对称就给人以美感。"丽"是成对，又有华丽、美丽义。英语 neat "整洁的；匀称的；极好的"；tidy "整洁的，整齐的；丰满的；相当好的"。德语 appetitlich "鲜美的；干净整齐，漂亮可爱"；proper "整齐的，整洁的；漂亮的"。《方言》卷十："媌、嫧、鲜，好也。南楚之外通语也。""媌、嫧"，整齐，《说文》："嫧，齐也。从女，责声。"段注："谓整齐也。"戴氏疏证："盖媌与嫧，皆容止整齐鲜洁之貌也，故媌、嫧、鲜同为好也。"《广雅·释诂》："媌，齐也。""鲜"，鲜艳、洁净，这是干净发展出漂亮义。

（201）（荆汝江湘）吝啬与贪婪。吝啬者看重钱财，英语miser "守财奴，财迷；吝啬"。吝啬者不仅死守钱财，还努力要掠得钱财，故吝啬跟贪婪有语义联系，法语 avarice "吝啬的；贪婪的"。《方言》卷十："亄、啬，贪也。荆汝江湘之郊凡贪而不施谓之亄，或谓之啬，或谓之恡。恡，恨也。"

（202）（荆汝江湘）恨惜与吝啬。吝啬者珍爱自己的钱财，"爱"是爱惜，也是吝啬。黄陂话"舍得"是慷慨大方，吝啬则说"舍不得"。贫穷、痛苦、悲伤等，均可跟吝啬有语义关涉，意大利语 miseria "贫困；痛苦；〔古〕吝啬"。英语 miser "守财奴；吝啬者；可怜的人"，miserable "痛苦的，苦恼的；令人难受的；可叹的"。《方言》卷十："亄、啬，贪也。荆汝江湘之郊凡贪而不施谓之亄，或谓之啬，或谓之恡。恡，恨也。""亄"，郭注："谓悭贪也。音懿。"《周易·震》："亿丧贝。"虞翻注："亿，惜辞。"又作"噫"，恨辞。笺疏谓"亿、噫声义并与亄相近"。"恡，恨也。"郭璞注："悭者多惜恨也。"《说文》："吝，恨惜也。从口，文声。《易》曰：以往吝。"今本《周易·蒙》作"遴"。《广雅·释诂》："亄、啬、遴，贪也。"疏证谓"遴、吝、恡"并通。

（203）（楚郢以南）游行与浸泡。《方言》卷十："潜，涵，沉也。楚郢以南曰涵，或曰潜。潜又游也。"注："潜行水中亦为游也。"游泳与潜沉，语义密切关联。英语 dip "短促的沐浴或游泳；沉入，降

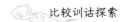

至（某平面以下）"；swim"游泳；漂浮，浸泡"。法语 nager"〔古〕航行；游泳；漂浮；浸泡"。葡萄牙语 nadar"游泳；漂浮；浸泡；沉湎"。塞尔维亚克罗地亚语 plïvati"游泳；漂浮；浸在水中"。

（204）（楚）**敲打**与**抛弃**。敲击会击碎、散落，进而发展出抛弃义，英语 knock"敲打；敲掉，去除"，get the knock"被解雇；散置（在某处）"。"扣"，敲击，也指扣除，英语 strike"敲打；删除，砍掉"。《方言》卷十："拌，弃也。楚凡挥弃物谓之拌，或谓之敲。淮汝之间谓之投。""敲"，敲打，《说文》："敲，横擿也。从攴，高声。""投"，投掷，《说文》："投，擿也。从手，殳声。""抛"也有抛弃、投掷两个意思。英语 throw"投掷；（挥拳）猛击；抛弃；猛撞"。郭璞注："今汝颍间语亦然。或云槷也。"《说文》："槷，弋也。从木，厥声。"木棒可发展出敲打义，《山海经·大荒东经》："黄帝得之，以其皮为鼓，橛以雷兽之骨，声闻五百里。"注："橛犹击也。"击打义通作"撅"。

（205）（楚）**啄**与**谣诼**。《方言》卷十："诼，愬也。楚以南谓之诼。"意大利语 beccare"啄，吃；吵架，互相责备"。英语 peck"啄；琢；找岔子"。

（206）（江湘）**陡峭**与**突然**。黄陂话"陡"有陡峭、突然两个意思，英语 abrupt"突然的；陡峭的"。《方言》卷十："薬，猝也。江湘之间凡卒相见谓之薬相见，或曰突。"注："谓仓卒也。""薬相见"，"相见"有的标点本或属下读。颇疑"相见"为衍文。"突"有突出、突然义。

（207）（南楚）**罪过**与**责备**。《方言》卷十："谪，过也。南楚以南凡相非议人谓之谪，或谓之脉。脉又慧也。""过"是过失，也指责怪。"谪"字，郭注："谓罪过也。音赜。亦音适，罪罚也。"过失、责怪二者语义密切关联，英语 reproach"责备；呵斥；引起指责的缘由，

耻辱"; blame "指责;（过错的）责任;［古］罪过"。"谪"字郭注:
"罪罚也。"《说文》:"谪,罚也。从言,啻声。""谪"也有罪过义,
《国语·周语》:"王孙满观之,言于王曰:秦师必有谪。"注:"谪犹
咎也。"

（208）（楚）蹒跚与口吃。行走发展出言语义,"道"是道路、行
走,也是说道。行走不便利,就可能发展出口吃义。英语 falter "（由
于衰弱或恐惧）摇晃,蹒跚而行;（声音）颤抖,（指人）支吾地说,
结巴地说"; stutter "口吃;断断续续地进行"。《方言》卷十:"讓、
极,吃也。楚语也。或谓之轧,或谓之澀。""吃",口吃结巴,《说
文》:"吃,言蹇难也。从口,气声。""讓极"连文见《列子·力命》,
注引《方言》:"讓,吃也。极,急也。谓语急而吃。""讓"字单言殆
来自行走艰涩,《广雅·释诂》:"讓、极、轧、澀,吃也。"王氏疏证
谓"讓、谵、謇、蹇古通用"。《方言》卷六:"蹇,难也。"谓艰于行
走。《说文》:"蹇,尫也。从足,寒省声。"段注:"行难谓之蹇,言
难亦谓之蹇。俗作謇,非。"钱氏笺疏:"言不利谓之讓,犹行不便谓
之蹇。""澀",艰涩,《说文》:"澀,不滑也。从四止。"《水部》又有
"濇"字:"不滑也。从水,啬声。"言语不畅字又作"涩",《七谏》:
"言语讷涩兮,又无强辅。"注:"涩者,难也。"王力先生说"澀、涩、
涩"是同源字（2007:1302）。

（209）（南楚）钳制与腹痛。《方言》卷十:"钳、疲、憋,恶也。
南楚凡人残骂谓之钳,又谓之疲。"注:"疲怪,恶腹也。"挤压发展
出腹部疼痛,英语 clamp "夹,钳;控制,钳制", clamper "夹钳";
gripe "［古］握紧,掌握;使苦恼;使患肠（胃）绞痛;抱怨,发牢
骚", griping "绞肠的,急腹的"。"钳"是捆束,《说文》:"钳,以
铁有所劫束也。从金,甘声。"段注:"劫者,以力胁止也。束者,缚
也。"又发展出钳制、压制,《后汉书·梁冀传》说梁冀妻子孙寿:"性

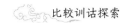

钳忌，能制御冀，冀甚宠惮之。”李贤注：“钳，鉗也。言性忌害，如钳之鉗物也。”还有苦恼、妄言义，字亦作“詌”，《荀子·哀公》：“无取健，无取詌，无取口啍。健，贪也；詌，乱也；口啍，诞也。”杨倞注：“《家语》作无取钳，王肃云：谓妄对不谨诚者。”“詌、拑、钳”是同源字（王力 2007：1267）。

（210）（扬越、关西）砍削与愚顽。说话不知轻重，或说话态度不好，黄陂话叫“剁口剁腔”；为人很愣，说话做事直来直去，黄陂话叫“剁”。先父立新公 20 世纪 70 年代曾任生产小队队长，因性格耿直，口不择言，人送外号“剁队长”。为人脾气古怪，说话就像朝人身上扔刀子，襄阳话就会说“说话打人，砍得很”。不通人情世故，不够圆滑，也被视为砍（熊万里 2009：201）。砍削可发展出出言不逊，容易得罪人，英语 slash“砍，斩，鞭打；严厉而直言批评”。这种行为会得罪人，进而把这类人归入平庸之类，英语 cut“切，砍；（言行）伤人，得罪人”；hack“砍”，hacker“砍者”，hackery“（尤指政界人物）陈腐，平庸”。《方言》卷十：“痴，骇也。扬越之郊凡人相侮以为无知谓之䀴。䀴，耳目不相信也。或谓之斫。”注：“斫却。斫，顽直之貌。今关西语亦皆然。”《说文》：“斫，击也。从斤，石声。”砍削字也作“斵”，《说文》：“斵，斫也。从斤，㗊声。”

（211）（汝颍淮泗）额与眉间及脸。《方言》卷十：“顧、额、颜，颡也。湘江之间谓之顧，中夏谓之额，东齐谓之颡，汝颍淮泗之间谓之颜。”“颜”，两眉之间，《说文》：“颜，眉之间也。从页，彦声。”也指脸、脸色。英语 brow“额；眉，眉毛；表情”。法语 front“额；头，脸，面孔”。西班牙语 frente“额头；面色，表情；头部”。

（212）（江湘）药与忧伤。《说文》：“药，治病草。”后泛指所有类型的药品。不少语言里，草跟药就是一个词，如塞尔维亚克罗地亚语 tráva“草，药草”。“药”作动词是治疗的意思，《大雅·板》：“不可救药。”字或作“𤻲”,《说文》:“𤻲，治也。療，或从尞。”意大利语 medicamento“药物；医治”。英语 medicine 名词“药”，动词“用药物治疗”。《方言》卷十：“愮、疗，治也。江湘郊会谓医治之曰愮。愮又忧也。或曰疗。”《广雅·释诂》:“摇、疗，治也。”王氏疏证谓“疗、摇、药并同义”。是药三分毒，治疗也会给人带来麻烦及痛苦。江湘郊会“愮”是医治，也是忧伤。英语 drug 名词“药；麻醉品”，动词“服药；惹恼，使不得安宁；使作呕，使吃腻”，形容词“着恼的，恼火的”。

(213)(南楚江湘)皮与老。“革”是皮革，又有老的意思，《方言》卷十：“𢙇䰀、乾都、耇、革，老也。皆南楚江湘之间代语也。”注：“皆老者皮色枯瘁之形也。”西班牙语 cuero“皮；皮革；老家伙”。

(214)(楚)轻与轻浮。沉重的物体给人稳重的感觉，轻飘的则会发展出轻浮义。英语 light“轻的；轻浮的”; flight“飞”, flighty“幻想的；轻浮的；愚蠢的”。《方言》卷十：“佻、僄，轻也。楚凡相轻薄谓之相佻，或谓之僄也。”注：“飘零。”“佻”与“泛”音义同,《说文》:“泛，浮貌。”钱氏笺疏：“飘与僄声义并同。”《说文》:“僄，轻也。”《广雅·释诂》:“佻，轻也。”王氏疏证：“僄之言飘也。汎与佻通。”

(215)(江东)篾与析篾。皮可发展出剥皮。英语 bark 名词“树皮”，动词“剥去(树)皮”。《方言》卷十三：“筡、箄，析也，析竹谓之筡。”注：“今江东呼篾竹裹为筡，亦名为筡之也。”“筡之”戴本改为“筤”，钱绎笺疏谓戴氏臆改，非是。钱说是也。“筡”,《说文》:“筡，析竹筤也。从竹，余声，读若絮。”段注谓郭璞“此注谓已析之蔑为筡，人析之亦称筡之”。段说是也。“箄”是竹器,《说文》:“箄，篵箄也。从竹，卑声。”《方言》卷十三：“箄、篓、𥱧、筥，籅也。江

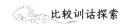
沔之间谓之篝，赵代之间谓之箸，淇卫之间谓之牛筐。篓，其通语也。篓小者，南楚谓之篓，自关而西秦晋之间谓之箪。"注："今江南亦名笼为箪。"

（216）（江东）**跳跃与跌倒**。跳跃、快走，容易跌倒，如"蹶"，是跌倒，也是跳跃、快走，《说文》："蹶，僵也。从足，厥声。一曰跳也。读亦若橜。蹶、蹙或从厥。""跕"，拖着鞋走，见《史记·货殖列传》，又坠落义，见《广韵·帖韵》。英语 tumble "跌倒；打滚；跌跌撞撞地走"。俄语 полёт "飞；飞奔；跌倒"。疾行容易跌倒，故"跌"字是跌倒，《方言》卷十三："跌，蹶也。"郭注："偃地也。江东言跥。丁贺反。""偃地也"，宋本作"偃地反"，据戴本改。"跌"又指疾行，《淮南子·修务》注："跌，疾行也。"戴氏疏证、钱氏笺疏均引《玉篇》："跥，小儿行貌。""跥"有行走、跌倒二义。

（217）（梁益）**祖与开始**。《方言》卷十三："鼻，始也。兽之初生谓之鼻，人之初生谓之首。梁益之间谓鼻为初，或谓之祖。祖，居也。"注："鼻、祖，皆始之别名也。转复训以为居，所谓代语者也。"现在说"鼻祖"。英语 father "父亲；祖先；创始人"。

（218）（江南）**堤岸与梯子**。《方言》卷十三："陷，陭也。"注："江南人呼梯为陷，所以陷物而登者也。音剀切也。"戴氏疏证引《玉篇》："陷，梯也。""陷"，亦作"碕"，指河岸。"碕"，堤岸。英语 ladder "梯子；鱼梯（一种可使鱼一级级越过瀑布或堤坝的设施）"；bank "（河）岸；（电梯的）一套（至少由两架组成，供同时上下）"。

（219）（江东）**火与猛烈**。《方言》卷十三："炀、翕，炙也。炀，烈，暴也。"注："今江东呼火炽猛为炀，音恙。""烈"是火烈，也指猛烈。英语 fire "火；激情；猛烈"。

（220）（齐右河济）**大麦与大麦酒曲**。《方言》卷十三："麰、糵、麳、蘩、䴭，麹也。晋之旧都曰麰，齐右河济或曰糵，北鄙曰麳。麹，其通语也。"注："（麰）音牟。大麦麹。"钱氏笺疏："大麦谓之麰，大麦之麹亦谓之麰，义相因也。""麰"是大麦，大麦麹也叫"麰"。英语 barley"大麦"，barley-corn"大麦粒；烈性酒"。

（221）（秦晋、关东）山与坟墓。《方言》卷十三："冢，秦晋之间谓之坟，或谓之培，或谓之瑜，或谓之采，或谓之埌，或谓之垄。自关而东谓之丘，小者谓之塿，大者谓之丘。"山岳与坟墓的语义关系，参见本书第一章的有关讨论。

（222）（关东）黑暗与坟墓。《方言》卷十三："冢……自关而东谓之丘，小者谓之塿，大者谓之丘。凡葬而无坟谓之墓，所以墓谓之墲。"黑暗与坟墓的语义关系，参见本书第一章第（28）条的有关讨论。

《方言》给词义类型学提供了一份珍贵的语料，跨语言的词义类型学，对于《方言》的校勘、注音以及释义，带来了新的研究视角。

《方言》面世后，效法者众多。注释文献，编纂辞书，多有记录方言俗语者，笔记小说也有不少方言材料。这些方言俗语，也是比较词义研究的宝贵材料。兹举数例，略作阐释。

（223）（旧京）地窖与窖藏。《说文》："窖，地室也。从穴，音声。"《说文系传》："今旧京谓地窖藏酒为窖。"段注："今俗语以酒水等埋藏地下曰窖，读阴去声。"英语 cavern 名词"洞穴，山洞"，动词"放置于洞穴中"；cave"地窖，酒窖；储存的葡萄陈酒"。可比较"泸州老窖"之类的说法。

（224）（辰州）行走与给予。《通雅·谚源》："辰州人谓物予人曰过。"今俗语曰"过手"。行走和传递都是位置的移动，英语 pass"经过；经历；传递，转移"。

（225）（江北）臀部与底部。《通雅》："江北人呼物之底，其音近笃，呼凡物之底下则曰笃下。"屁股、肛门、男女阴部曰"豚"，李荣先生说，"豚"有"尾部，臀部，私处（浙江东阳、缙云谓男性者，上海远郊松江、奉贤谓女性者），器物底部，末了"等意思（李荣1985：110-111）。印尼语 pantat "肛门；臀部；阴部；（锅等的）底"。

（226）（蜀）泥与涂抹。《老学庵笔记》："蜀人谓糊窗为泥窗。"泥与涂泥、涂抹可以是一个词。英语 mud 名词"泥"，动词"用泥涂（堵）"。

以上几条均收录在《方言别录》。类似的方言材料很多，《方言别录》《蜀语》《吴下方言考》之类的专书，均应得到重视。

现代汉语方言，各地收集的材料越来越多，这都是比较词义最佳的材料。

《释名》运用声训解释词源，就是拿同音词或读音很近的词来解释命名之缘由。解释的词语都是当时日常用语，故自序说："夫名之于实，各有义类，百姓日称而不知其所以之意。故撰天地阴阳四时、邦国都鄙、车服丧纪，下及民庶应用之器，论述指归，谓之《释名》。"研究同音词，正好可以从《释名》入手。借助《释名》来研究汉语的同音词，用比较训诂的研究思路来进行研究，前人做得比较少，尚有开拓的空间。

《释名》八卷，二十七个专题。关于《释名》的作者，大致有两种意见：一说为刘珍所作，一说系刘熙所为。钱大昕跋《释名》，根据《三国志·吴书·程秉传》及《韦曜传》，认为刘熙作《释名》（1997：457-458），是可信的。

《释名》版本复杂。本书所征引《释名》，依据王先谦《释名疏证补》（影印本，上海古籍出版社，1984；祝敏彻、孙玉文点校，中华书局，2021），参校明嘉靖本（影印本，中华书局，2020）。

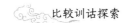

第一节　同音词略说

《释名》用音同或音近字来解释，追寻命名之由来。用来解释的字词，与释词的读音，就有两种情况：音同、音近。这两种语音情况的形成，可作如下解释：

音同。一个词派生出语义有关联的新词新义，语音可不发生改变，在这种情况下，分化出来的新义或新词，就是多义词、同音词。语言里的同音词，可用一个汉字标记，也可根据分化后的词义，另造新字，如"人"派生出仁爱义，早先人和仁爱义都写作"人"，后来别造"仁"字表达仁爱义。语言里胳膊、袖子是"胳"，开始时都写作"胳"，后来衣袖字另作"袼"。同音词的研究，就是要看各个义项之间有无语义关联。

音近。比起音同，音近就要复杂得多。词义派生，或用法不同，小变其音，这是形态的演变，这样就产生了音近。所谓音近，在某种意义上可以理解为形态的变化。音近的形成，除了形态变化，还有其他的两种情况，就是地域的读音变异、不同时代的读音改变。这样看来，音近就有三个层次：共时平面的形态变化，包括构词和构形的语音变化；历时层面的读音变化，不同时代的读音会有差异；地域空间的方言变化。先看地域的读音变化。

第一，地域的读音变化。上一章梳理《方言》，可看出扬雄所记录的秦汉时期的各地方言，有不少就是地域变体。《释名》也记载了一些地方方音的变读。

（1）《释名·释天》："天，豫司兖冀以舌腹言之。天，显也，在上高显也。青徐以舌头言之。天，坦也，坦然高而远也。""天"字的读音，豫司兖冀以舌腹言之，"天"和"显"读音接近。郑张先生说，古代汉语的方言，很早就存在；方言也是从更早的上古汉语演变过来的，所以研究古代不同的方言，也应该在上古音系的框架下进行（2013）。郑张先生就《释名》的这条材料，作了如下解释：从《释名》所记可知东汉"天"青徐读舌头音（坦也）、豫司兖冀读舌腹音（显也）。如果就说上古音"天"本有 th、h 两种声母，等于没去解决问题，上古音系应该说明这两个声母都从哪个祖语形式发展来的。简单地判定 th 变出 h 来也不对，因为其他的 th 母字并没这样变，而且从《山海经·海内经》以"天毒"，《后汉书》《续汉书》的《西域传》等以"天竺、身毒"译古伊朗语的 hinduka，《艺文类聚》引《白虎通》"天者身也"看，当时"天"字是以中州（豫司兖冀）的擦音声母 h 为正读的。只有另行构拟一个同时满足能变 h、又能变 th、还能通 hj（身）这样条件的祖语形式——例如 *hl'（或 qhl'），才能最终解决问题。这样才能说沿海的青徐方言变得比中州快，所以 hl' 变 th 比较早；这跟同书所记"风"中州还读"横口合唇"*-ɯm 韵母，而青徐早已变读"蹴口开唇"的 *-uŋ 韵母相一致。否则岂非今日"天、风"等字的读法都来自青徐而不是中州了？事实自然该是它们都来自共同的祖语形式，沿海发展较快，起变化较早，随后中州也跟着依此一规则变化，古方言的地理变异正是同样反映了汉语的历史演变过程。（郑张尚芳 2013：9）郑张先生又说，hinduka 译为"天竺、身毒"，可见"天、身"当时的声母为 h（2013：4）。照郑张先生的意见，"天"读擦音 h 是正音，读 th 是地域变读。这里的所谓音近，就是不同地域的读音。

（2）《释名·释长幼》："女，如也，妇人外成如人也，故三从之义，少如父教，嫁如夫命，老如子言。青徐州曰娪，娪，忤也，始生时人意不喜，忤忤然也。""女"*naʔ，读如"娪"*ŋaa，这是青徐州的变读。俞敏先生拿青徐的"娪"对应藏文 ńɑ（mɑ）"女"（1991）。

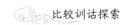

青徐地区把"女"字的 *n- 读作了 *ŋ-。

第二，时代不同造成的历史音变。语音随着时代的推进不断发生改变，任何一个语言都是这样演进的。《释名》记录的释词和被释词，语音关系不外乎同音和转音（变音），但是汉语上古音，研究得并不深入，加上汉字不是表音文字，本身不能直接反映读音，所以在上古音尚未彻底理清时，还有不少的语音关系难以弄清楚。

（3）《释名·释天》："日，实也，光明盛实也。""日"人质切 *njig，"实"神质切 *ɦlig。"日、实"两字归属质部，传统的说法"日、实"就是叠韵。但是两个字的声母分隶日、船二组，二者的语音关系，尚不清楚。"日"跟"实"，声母冲突，说明刘熙这样追溯"日"字的命名由来，可能是有问题的。历史语言学兴起后，研究语言的历史应该在历史语言学的大背景下进行。汉藏语系语言的研究，为追溯汉语早期词语的来源提供了可能。汉语"日"字 *njig>njid，来自汉藏语的"日"，词根是 *ni，藏语 nyi-ma，卢舍依语 ni；藏缅语 *niy（白保罗 1972#81；1984：27−28）。

汉藏语"日"的词根是 *ni，词根的前后添加音素，表达跟时间有关的词语。《释名·释天》的"天"他前切 *qhl'iin/t-hiin，中古透母，郑张先生讨论过"天"的读音，但我们认为"天"的读音可能是这样演变的：*sn->*ṇ->*th-。如果这个分析可信的话，汉语"天"跟藏缅语一样，也是在 *ni 的后面加 *-n 尾。"白天"，藏文 ṇin，原始藏羌语 *s-nin，原始缅语 *ni?，原始景颇语 *s-ni（吴安其 2002：175）。

"日"的词根 *ni，韵母后面添加 -ŋ 尾，汉字记作"年"，表示一年。《释名·释天》："年，进也，进而前也。"刘熙拿"进" *?slins 字来解释"年"，与其读音有比较大的差异。只有在历史语言学的视野下，我们才能发现刘熙的失误。太阳和年的语义关系，可比较英语 sun "太阳；［古］（一）日，（一）年"。我们认为汉语"年" *niiŋ，

早期收 *-ŋ 尾，对应藏缅语 *niŋ "年"（白保罗 1972#368；1984：82）；后在前高元音 *i 的影响下，韵尾前移，变为 *-n。刘熙用"进" *?slins 来解释，语音不吻合，与"年"字的来源矛盾。

释词和被释词的语音，有些看起来很远，其实是有联系的。这种联系必须借助古音学，在汉藏语研究的大背景下来解释。

（4）《释名·释天》："星，散也，列位布散也。"《说文》："星，万物之精，上为列星。从晶，从生声。一曰象形。""星"字早期读音形式有可能是 *s-keeŋ，比较苗瑶语的"星"，原始苗瑶语 *qan（王辅世、毛宗武 1995：325，477）。苗瑶语 *qan 是较晚的形式，相当于汉语"散"的读音，早期应该是陈其光先生构拟的形式 *qɛŋ（2001：427）。苗瑶语的早期形式是 *qɛŋ，晚期形式是 *qan、*qɛŋ>*qan。我们推测，汉语早期形式及演变，可能是 *skeŋ>*seŋ>*san。《释名》拿"散"来解释"星"，说明这两个汉字读音和语义都有联系。毕沅说："《礼记·月令》正义引作：星，散也，布散于天。"《释名·释天》又言："霰，星也。水雪相抟，如星而散也。"王氏《释名疏证补》引王启源曰："吴校星也下有'散也'二字。"《释名》用同音字来推源，"星"和"散" *sqaan 读音应很近。从语义演变来看，应是星发展出散布义，段玉裁说："星之言散也，引伸为碎散之称。"现代还说星罗棋布、满天星斗，都是从星的分散义来说的。英语 star 名词"星"，动词"使成辐射状裂开"。《说文》："霰，稷雪也。从雨，散声。霓，霰或从见。"王力先生说，"雪、霰"是同源字（2007：1613）。英语 sleet "冻雨，雨夹雪，雨夹雹"。"霰"苏佃切 *seens<*sqheens。"霰"是古老的词语，郑张先生拿"霰"对应藏文 ser(-ba)"雹子"（2013）。刘熙用"星"来解释"霰"，"星"也读元部字。"星"是耕部字，"散"是元部字，上古汉语耕元部有 -eŋ>-an 这样的语音变化（黄树先 2006）。

第三，一个汉字有两个读音，不同的读音代表不同的意思。这种变化，应该理解为共时平面的读音变化，用于构词或构形，是形态的表现。比如"夙"字读音就发生了变化。

（5）《释名·释天》："宿，宿也，星各止宿其处也。""宿"，星宿义，息救切 *sugs；止息、住宿义读息逐切 *sug。星宿发展出黑夜义，《论语·颜渊》："子路无宿诺。"夜晚发展出住宿义，《邶风·泉水》："出宿于泲。""宿"字，文献又与"夙"*sug 通用，《召南·采蘩》："夙夜在公。"传曰："夙，早也。"汉语"夜"字，指夜晚，也可指清晨。《郑风·女曰鸡鸣》："子兴视夜，明星有烂。"笺云："明星尚烂烂然，早于别色时。"凌晨而明星有烂，是介于黑夜和黎明之间。所以，表黎明的词语，可以是表示黑夜的词，也可以是表示明亮的词。看似矛盾，其实语义来源是明晰的。本书第一章讨论黎明，列举了汉语、英语等语言中黎明与黑夜、光明的语义关系［参见第一章第（23）"翰 / 朝"条］。正因为如此，汉语"夙"对应缅文 sok-kra"晨星"，也对应印尼语 -sok。印尼语 ésok"明天，次日"，berésok"明天，明晨"，bésok"明天；即将到来的"。夜与过夜，在语言里是很常见的语义转换。西部裕固语 qunəq"一夜，一宿；过夜，暂住"（雷选春 1992：215）。《说文》："夜，舍也。天下休舍。从夕，亦省声。"汉语"夜"*laags，对应藏缅语 *s-ryak"全天"，傈僳语 *riak"过夜"。星宿发展出夜晚、清晨，夜晚再发展出住宿义，认知语言学和跨语言的词义比较，都支持这样的理解。

汉代不少地方的方言，-m 尾变读为 -ŋ 尾，演变的条件是声母为唇音，这是一种异化音变，受唇音声母和圆唇元音的双重影响，-m 尾 >-ŋ 尾。"风"字就是典型代表。

（6）《释名·释天》："风，兖豫司冀横口合唇言之，风，氾也，其气博氾而动物也。青徐言风踧口开唇推气言之，风，放也，气放散也。""风"方戎切 *plum，"氾"孚梵切 *phoms。"氾"是漂浮、飘扬，《说文》："氾，滥也。从水，巳声。""芝"，草浮水中貌。"汎"，浮貌。"芝、汎"并见《说文》。漂浮与飘扬，语义相关，风可发展出飘扬义，英语 air 名词"空气；微风"，动词"通风，晾"。兖豫司冀的"风"，读若"氾"，仍读 -m 尾。青徐读"风"音近"放"甫妄切 *plaŋs。"放"有发散出来义。风可以发展出吹拂、发散义，西班牙语 aire "空气"，airear "让风吹，晾；[转] 宣扬，张扬；散步"。印尼语 angin "风"，terangin "被风吹；风闻"。《释名》这条语义演变，表明风发展出吹拂、发散义，但不能说风的不同读音来自吹拂、发散义。如此解释，就是本末倒置。

《释名》的一些词条，释词和被释词的读音，相去较远，既不是同音，也不是音近或音转。这种情况，值得研究。有的词语读音可能另有来源，有的则是文字错讹。看底下的材料。

（7）《释名·释天》："月，缺也，满则缺也。""月"鱼厥切 *ŋod，"缺"苦穴切 *khweed。"月、缺"是月部字，郑张先生分隶月₃、月₂；声母归疑、溪二纽。看起来"月、缺"两个字的读音相去较远，尤其是声母。若两个字的读音相差较大，就说明二字相隔远，刘熙的解释，既不是音同，也不是音近，就值得怀疑。当然，还有可能，我们对于这类差异大的读音还不是特别了解，值得进一步讨论。汉语"月"*ŋod，可对应缅语 nat⁴ "月亮"（黄树先 2003），郑张先生拿汉语的"月"对应藏语 nja "圆月"，缅语 njaa "夜"（2006：2）。

（8）《释名·释天》："氛，粉也，润气著草木，因寒冻凝，色白若粉之形也。"《说文》："氛，祥气也。从气，分声。雰，氛或从雨。""氛"符分切 *bun，原始南岛语 Ra(m)bun "大气湍流（马来语雨夹雪）"。同源异形词 e(m)bun，上古汉语"雾"（沙加尔 1995）。邢公畹先生拿"氛"对应侗台语 fun¹'，泰语 fon¹'<*phj- "雨"（1999：

215）。汉语"氛"从雨，《小雅·信南山》："雨雪雰雰。""氛"是云，也是雨。云气和雨关系密切，缅语 muǐ "天，云，雨"。刘熙用"粉"来解释"氛"，不妥。

（9）《释名·释天》："雷，硍也，如转物有所硍，雷之声也。"《说文》："靁，阴阳薄动生物者也。从雨，畾象回转形。""硍"，毕沅本作"硍"，段本改《说文》"硍"为"硍"，"硍，石声。从石，艮声"。段注："硍硍者，石旋运之声。硍，《篇》《韵》谐眼切，古音读如痕，可以貌石旋运大声。"段说是也。"雷"鲁回切 *ruul，"硍"胡简切 *gruuunʔ；词根读音接近。"硍"，艮声，鲁当切，与"雷"的读音差别较大。石声曰"硍"，雷声曰"殷"，《召南·殷其雷》传曰："殷，雷声也。"《释文》音"隐"，《集韵》倚谨切 *quunʔ。同音字有"磤"，《广雅·释诂》："磤，声也。"《玄应音义》卷八引《通俗文》："磤，雷声也。"《广雅·释训》："輷輷，声也。"王氏疏证谓单言之曰"殷"。其说是也。雷发展出雷鸣义。英语 thunder 名词"雷；轰隆声"，动词"打雷；发出轰隆声"。德语 Donner "雷，雷声；隆隆声"。

《释名》用来推测语源的字，如若切合实际的话，也就是其语义演变符合语言中词义发展的一般模式，那么语音就会相同；读音变化也符合语音转换的一般规则，同时也就会符合语音相近的原则。语音相差比较远，或者找不到音转的规律，那么我们就要考虑，《释名》的解释是不可相信的，也就是说刘熙用来解释的词语，跟被解释的词语，没有语义的联系。

（10）《释名·释天》："晷，规也，如规划也。""晷"是日影，也是测量时光的仪器。光会呈现圆形，我们常说光圈，所以用圆形表示光圈，这是常见的语义演变模式。英语 ring "环；（天体的）光圈"。"晷"居洧切 *kwruuwʔ；"规"居隋切 *kwel。"规"字的读音，郑张先生说，小徐见声，与"圜"同源；古亦同"窥"，夫或癸省文

（2013：343）。"晷"，是日影，也是测量日影的仪器，还有圆轨、轨道的意思，《汉书·叙传》："应天顺民，五星同晷。"《释名》用规划来解释"晷"，意思就是日影形成圆圈移动。从"晷、规"的读音，日影与圆圈的关系来看，是可以成立的。郑张先生说，"规"字古又同"窥"。"窥"的语义，跟表阴影的"晷"有密切的关系，可比较德语Schatten"影子；背阴处；幽灵；盯梢者"。

第二节　语源和同族词

字源、词源是训诂学研究的重点。同源字、同源词的研究，历来受到学者的重视。从语言学的角度来看，就是一个语言内部词语的分化和裂变。本节用《释名》中的材料，讨论语源和同族词。语源可借助认知语言学来加以推断。中国传统的训诂学，在解释词义时，多能以意逆之，往往跟现代认知语言学契合。

（11）《释名·释天》："景，境也，明所照处有境限也。"毕本删去"明"字。这一条解释景（影）的语源，《释名》用境限的"境"字来解释，意思是光影所形成的范围是一定的，不可能毫无限制。语源的推训，中外在早期都漫无标准，结论不太可信。丹麦学者裴特生说古代希腊、罗马的词源研究是"虚妄的语源解释"（2009：4）。《说文》："景，日光也。从日，京声。"段注："日月皆外光，而光所在处物皆有阴。光如镜，故谓之景。《车鞶》笺云：景，明也。后人名阳曰光，名光中之阴曰影，别制一字，异义异音，斯为过矣。"段氏的意思是"景"字跟阴影有关，阴影的形成又与光亮有关。这样的推论，跟现代认知语言学有异曲同工之妙。英语 shadow"影子；背光；

暮色"。意大利语 ombra"阴影，阴暗，黑暗"。影子的形成与阳光的照射有关，汉语"景（影）"既是光线，也是影子。英语 reflect"反射（光、热等）"，reflection"反射；反射光；倒影"。根据认知语言学，参照比较词义，我们认为汉语"景（影）"跟光、照射有关，跟止境的"境"语义关联不明显。《释名·释天》："曜，耀也，光明照耀也。""曜、耀"同音弋照切 *lewGs。《说文》："耀，照也。从火，翟声。"又："爤，火光也。从火，龠声。一曰蓺也。"段注谓爤字"或借为耀字，或借为铄字，或作烁者，俗体也。""爤"，以灼切 *lowG。"景"是日光，也是影子，字写作"影"，影射是照射，是日光、火光与照耀同源。

语言里词语的演化，大致分为两种，一种是命名，一种是一般词语的语义扩展。《释名》用声训来推演命名的缘由，从逻辑上来看，用来解释的词语应早于被解释的词语。请看"光"和"晃"的关系。

（12）《释名·释天》："光，晃也，晃晃然也。亦言广也，所照广远也。"刘熙用"晃"来解释"光"的语源。"晃"，明亮，《说文》："晃，明也，从日，光声。"按照先后来看，应是先有"晃"字，然后才拿"晃"*gwaaŋʔ 来命名"光"*gwaaŋ。段注："晃者，动之明也。凡光必动，会意兼形声字也。"英语 light 名词"光，光线"，动词"照亮；容光焕发"。当然也有可能先有闪烁，再指阳光，英语 shine 动词"闪耀；刺眼；发光"，名词"光，光亮"。从语言比较来看，这两种演变路径都存在。不过，名词发展出动词的可能性更大。

词义的演变是有方向的，我们提出词语的派出和派进（黄树先2011），旨在讨论词义演变的方向。词义演变的方向，可联合认知语言学、跨语言的词义比较等多个学科来加以讨论。请看"气"的语义发展。

（13）《释名·释天》："氣，饩也，饩然有声而无形也。""饩"本作"忾"，毕沅据《太平御览》引作"忾"。"氣"，云气，《说文》作"气"，"气，云气也。象云起之貌"。段注："气、氣古今字，自以氣为云气字，乃又作饩为廪气字矣。气本云气，引伸为凡气之称。"《说文》："忾，大息貌。从心，气声。《诗》曰：忾我寤叹。""忾"，叹息，意思相近的还有"慨"字，《说文》："慨，忼慨也。从心，既声。"段注谓"他书亦假忾为之作忼忾"。"气、氣"去既切 *khɯds，"忾"许既切 *qhɯds。云彩本身会发展出忧郁义，英语 cloud 名词"云，云雾"，动词"阴云密布；（脸色）阴沉，忧郁"，cloudy"多云的；阴郁的，不愉快的"。气息，发展出喘息、叹气，英语 breath"气息"，breathe"呼吸；喘气"。《释名》"氣，忾也"，表明二字音义有关联，应该是云气发展出气息、（忧郁）叹息，而不是相反。

《释名》的解释是否合适，不能光看汉语，更不能只凭简单的同音。语源的研究，应在整理汉语内部材料的基础上，综合运用多个学科的理论和成果。跨语言研究的比较词义，应该是最直接而有效的。底下的两个例子都有跨语言的词义比较。

（14）《释名·释天》："阴，荫也，气在内奥荫也。"阴阳概念来自明暗，《说文》："阴，暗也。水之南、山之北也。从阜，侌声。"段注："夫造化侌昜之气本不可象，故黔与阴、昜与阳，皆假云日山阜以见其意而已。""阴"於金切 *qrum，"荫"於金切，又於禁切 *qrums。遮蔽、阴影（黑暗），语义关系密切，《说文》："荫，草阴地。从艸阴。"段注谓《诗·桑柔》以"阴"为"荫"。遮蔽发展出阴暗，英语 shade 名词"荫，阴凉处；阴暗；暮色"，动词"隐蔽；遮挡；使阴暗"。

（15）《释名·释天》："阳，扬也，气在外发扬也。"《说文》："阳，高明也。从阜，昜声。""阳"，阳光，转指阴阳。《说文》："昜，开也。一曰飞扬，一曰长也，一曰强者众貌。"段注："此阴阳正字也，阴阳

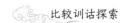

行而佥易废矣。"《释名》用在外发扬来解释,是名词阳光,发展出照射类的词义。《说文》:"旸,日出也。""阳、扬"与章切 *laŋ。英语 light 名词"光线",动词"点燃;照亮",还有容光焕发、高兴义,可比较汉语的"喜气洋洋"。

《释名》的声训,从语义关系来看,部分溯源是可信的。说它可信,首先是语义符合一般的演变规则,这可根据认知语言学来加以推演。其次,语义类型学视野下的跨语言词义比较,可加以证明。像下面这一类语义关系明确的例子,一般来说,读音也很有规律。

(16)《释名·释天》:"暑,煮也,热如煮物也。""暑"*hjaʔ,《说文》:"暑,热也。"段注:"暑与热浑言则一,故许以热训暑。""煮"*tjaʔ<*kljaʔ,《说文》:"鬻,孚也。煮,或从火。" 包拟古拿"煮"字来对应缅语 kyak(*klyak?)"煮"、khyak(*khlyak?)"煮",卢舍依语 tlak(*klak)"不用盐煮"(1995:158-159)。《大戴礼记·夏小正》:"夏有煮祭,祭者用羔。""煮",卢本作"暑"(孙诒让《大戴礼记斠补》)。煮和热的语义关系显豁。英语 boil"煮",boiling"沸腾;炎热"。西班牙语 cocción"煮,烧;热得难受"。

(17)《释名·释天》:"热,爇也,如火所烧爇也。""热"* njed,《说文》:"热,温也。从火,埶声。""爇"*ŋwjed,《说文》:"爇,烧也。从火,蓺声。"徐铉谓《说文》无蓺字,当从火从艸,爇省声。"热、爇"可对应藏缅语 *r-ŋaw"煎,烤",藏语 rŋo-d(包拟古 1995:93)。烧煮和炎热的语义关系,参见上文第(16)条。

(18)《释名·释天》:"金,禁也,其气刚严能禁制也。""其"字据毕说补;"严"字毕本作"毅"。黄陂话"钢",从钢铁义发展出坚硬义,读阴去;由坚硬义发展出拦截、阻挡义,"我钢倒他,他才冇去瞎闹"。《说文》:"金,五色金也,黄为之长。久薶不生衣,百炼不轻。""金"居吟切 *kruɯm,"禁"居荫切 *kruɯms。英语 steel 名词

"钢；坚硬，坚强"，动词"使坚硬；用刀戳（人）。"

（19）《释名·释天》："春，蠢也，万物动而生也。""春"昌唇切 *thjun，"蠢"尺尹切 *thjun?。春天万物复苏，生机勃勃，用蠢动来命名春天是可能的。英语 spring 动词"跳，跃；迅速行动；涌现"，名词"春天、春季"。"万物动而生"，毕本作"万物蠢然而生"，似非。

（20）夏季是炎热的，黄陂话夏季叫"热季"，英语 summer "夏季；炎热的天气；年，岁"。保加利亚语 ля́то "夏天；［古］年"。《释名·释天》："夏，假也，宽假万物使生长也。"刘熙用宽假来解释，似乎认为夏与强壮义有关，这一猜想也有可能。德语 Sommer "夏；年龄；壮年，最旺盛的时期"。英语 summer "壮年，全盛期，兴旺时期"。汉语"夏"训大也，是常见义。拿热季来称呼夏季，是命名；夏季与壮年、兴盛的语义关系，应该是夏季这个词语的词义扩张，是语义的引申。

（21）《释名·释天》："秋，緧也，緧迫品物使时成也。"秋天万物成熟，《说文》："秋，禾谷孰也。从禾，煭省声。"段注："其时万物皆老，而莫贵于禾谷，故从禾。""秋"得名于收获。《礼记·乡饮酒义》："西方者秋，秋之为言愁也。"注："愁读为揫。""緧、揫"，收缩聚集。朱骏声《说文通训定声》说"緧"通"遒"，《说文》："遒，迫也。从辵，酉声。遒，遒或从酋。"段注："遒与揫义略同也。""揫"，《说文》："𥿈，收束也。从韦，樵声，读若酋。揫，𥿈或从秋手。"段注引《汉书·律历志》："秋，𥿈也，物𥿈敛乃成孰。"秋天是收获的季节，万物成熟，可以获取。英语 harvest "收获；收获季节；［方言］秋季"；autumn "秋季；成熟期，渐衰期"，autumnal "秋天的；秋天收获（或成熟、开花）的"；fall "降落，跌落；阵亡"，转指秋天。英语降落转指秋天，也是从万物成熟而来。"秋"七由切 *shuw，"緧"七由切 *skhu>shu，"揫"即由切 *?suw。

（22）《释名·释天》："冬，终也，物终成也。"《说文》："冬，四时尽也。从仌从夂。夂，古文终字。"段注："冬之为言终也。""终"下注曰："《广韵》云：终，极也、穷也、竟也，其义皆当作冬。冬者，四时尽也。故其引申之义如此。俗分别冬为四时尽，终为极也、穷也、竟也，乃使冬失其引申之义，终失其本义矣。"

（23）《释名·释天》："四时，四方各一时。时，期也，物之生死各应节期而止也。"《说文》："时，四时也。从日，寺声。""时"是时间，又指四时；时间可发展出期会义，字作"期"，《说文》："期，会也。从月，其声。""时"市之切 *djɯ<*gjɯ，"期"渠之切 *gɯ。时间跟期会的语义关系，英语 date"日期，日子；约会"。四时之时，发展出动词的期会，俞敏先生说，照汉语的情况来看，先有约会义，再发展出日期义，其孳生方向是反着的（1995b）。俞敏先生的话若是正确，那么《释名》的解释即可成立。

词语的来源，大致可以分为两大类。第一，同源词。所谓同源词就是汉语从原始汉藏语继承过来的词语。这是汉语最早的一批词语。确定同源词必须借助汉藏语研究，运用历史比较法，跟亲属语言进行比较，以确立同源词。第二，同族词。所谓同族词就是汉语内部分化出来的音义有关联的词语。《释名》所要解释的词源，应该在同族词的层面来评价。汉语的"年"，我们从同源词的角度来看，梳理了它的来源，就可以证明刘熙的解释是不可靠的。词源的第三个领域是外来词，就是从其他语言借过来的词语。这一部分词语，我们要找到它的来源，就可以把词源讲清楚。

判断《释名》的声训是否成立，除了对内部材料进行梳理，还要从词语的来源、语义的演变进行考察，需要借助汉藏语及比较词义的成果。根据汉藏语比较，结合其他语言语义的演变，来评价刘熙的解释，考察语源，较之单纯从内部材料来探究，是一大进步。我们结合

《释名·释天》的部分词条来作个简单的说明。

（24）《释名·释天》："岁，越也，越故限也。唐虞曰载，载生物也；殷曰祀，祀，巳也，新气升，故气已也。"《说文》："岁，木星也。越历二十八宿，宣遍阴阳，十二月一次。从步，戌声。"段注谓"岁、越叠韵"。"越"是动词，行走，《说文》："越，度也。从走，戌声。""岁"相锐切 *sqhwads，"越"王伐切 *Gwad。梅祖麟先生说，"岁" *skwjats 对应藏语 skyod-pa "行走、逾越、时间之逝去"；"岁、越"音近，印欧语"年"来自 yē "越过"（1992）。行走、消失表示时间的流逝，在语言里是很常见的，所谓"逝者如斯夫，不舍昼夜"。

（25）《释名·释天》："木，冒也，华叶自覆冒也。"草木可发展出覆盖义，但是汉藏语比较表明汉语"木"字，早期是草的意思。草和木转换，在语言里很常见。《说文》："木，冒也。冒地而生，东方之行。从中，下象其根。""木"，莫卜切 *moog，对应藏缅语 *mu·k "草"（白保罗 1972#363；1984：80-81）。黄树先用汉藏语比较，理清"木"字的来源（2014），可看出刘熙解释的错误。

（26）水可以发展出平，意思是像水一样的平。《释名·释天》："水，准也，准平物也。"《说文》："水，准也。北方之行。象众水并流，中有微阳之气也。""准"，《说文》："准，平也。从水，隼声。"段注："谓水之平也。天下莫平于水，水平谓之准，因之制平物之器亦谓之准。""水"式轨切 *qhwljil?，"准"之尹切 *qwjin?。郑张先生说，从前人旧的拟音不容易看清这些声训所反映的词源词族关系，知道古音是"水" *qhwlji?、"准" *qwjin?、"均" *kwrin，那么其关系就不言而喻了（2013）。水发展出平义。郑张先生说，"水" *qhwlji? > *hljui?，可比较缅文 rei、墨脱门巴 ri、道孚 grə、格什扎 wrə "水"，卢舍依语 lui "溪水"，又对应壮语"溪水"武鸣 rui³、邕宁 li³、龙州 hui/vui³〔与载瓦同〕）。壮语龙州话 hui 跟泰语 huaj'，声母的擦化也跟汉语相似（2013：126-127）。据此，汉语"水"来自汉藏语，跟缅语等亲属语言对应。水发展出平准义。

（27）"火"，有的地方读"烠"，均来自汉藏语，可跟缅语等亲属语言比较；火可发展出燃烧、毁灭义，字作"毁、煅"。《释名·释天》："火，化也，消化物也。亦言毁也，物入中皆毁坏也。"《说文》："火，毁也。南方之行，炎而上。象形。"段本"毁"改作"烠"，《说文》："烠，火也。从火，尾声。""火"呼果切 *qhwaalʔ，郑张先生说，"烠"许伟切 *hmɯlʔ>*hwɯi'，今本作"煅"，正对应泰语 hmai'"烧"，藏文 me、缅文 miih"火"（2013：145）。"化、毁"是动词，毁灭。火可发展出燃烧义，意外的燃烧，可以是毁灭，就是灾难。"毁"又作"煅"，《说文》："煅，火也。从火，毁声。《春秋传》曰：卫侯毁。""煅"许委切 *hmralʔ。"灾"是火，《左传·宣公十六年》："凡火，人火曰火，天火曰灾。""灾"又指灾难、祸害。英语 fire"火；炉火；火灾"。

（28）《释名·释天》："土，吐也，能吐生万物也。"这类解释，无法证实。存而不论。

（29）《释名·释天》："子，孳也，阳气始萌，孳生于下也，于《易》为坎，坎，险也。"天干地支，或以为是古老的数字，疑莫能定。"子、孳"是音义有关联的同族词，"子"发展出生孩子，字作"字"，也作"孳"。拿"孳"来解释子，语义演变方向弄反了。天干地支的语源待考。

（30）《释名·释天》："霜，丧也，其气惨毒，物皆丧也。"《说文》："霜，丧也，成物者。从雨，相声。""丧"，《说文》："亡也。从哭亡，亡亦声。""霜"色庄切 *sraŋ，"丧"息郎切 *smaaŋs。周祖谟先生说，"霜、丧"并取双声为训（1981：135）。英语 frost"霜；冷淡；（作品、演出等）失败"，动词"冻死；使寒心"。

（31）《释名·释天》："露，虑也，覆虑物也。"《释名疏证补》引皮锡瑞说"覆虑"盖古语，也作"覆露"。《汉书·晁错传》："覆露万民。""覆露"是庇护、润泽的意思。从语源上看，露跟水、泽是一类词语，语义密切相关。《说文》："露，润泽也。从雨，路声。"段注："泽与露叠韵。《五经通义》曰：和气津凝为露。""露"洛故切 *g-raags；"雨"王矩切 *Gwaʔ，又王遇切 *Gwas。下雨义还有"霂"字，《说文》："霂，雨零也。"段注："此下雨本字，今则落行而霂废矣。""霂、落"卢各切 *g-raag。段注谓"露、泽"叠韵，《说文》："泽，光润也。从水，睪声。"场伯切 *rlaag，与"液"*lag、"醳"*laag、"酪"*g-raag 是同根词。综上，我们认为"露"与"泽、液、醳、酪、霂、落"是同族词。水和降雨、降露水，是名动关系。西班牙语 rocio"露水；毛毛雨"。英语 dew 名词"露水；小水珠（如泪珠、汗水等）；威士忌，私酿酒"，动词"弄湿"。露水可发展出光泽、滋润义，西班牙语 agua"水；液，露；雨；眼泪；海潮；小便；（衣物、宝石、木材等）色泽，光泽"。露又有外露义，段注谓凡陈列表见于外曰露。印尼语 embun"露，露水"，berembun"有露水的；露宿"。

（32）《释名·释天》："雪，绥也，水下遇寒气而凝绥绥然也。""绥"是下垂，《集韵》土火切，《礼记·曲礼》："执天子之器则上衡，国君则平衡，大夫则绥之，士则提之。"字通作"妥"，《说文》："妥，安也。从爪女。"段注："妥与蜕、脱、飿，声义皆近。如花妥为花落，凡物落必安止于地也。""绥"息遗切 *snul，"妥"他果切 *nhoolʔ。"雪"，《说文》："冰雨说物者也。从雨，彗声。"相绝切 *sqhwed。"雪、绥"读音似乎有点远。雪和下雪，语义关系密切，英语 downfall"阵雨，阵雪；落下"；snow 名词"雪"，动词"下雪"。

（33）《释名·释天》："霡霂，小雨也，言裁霢历沾渍，如人沐头，惟及其上枝，而根不濡也。"《说文》霡霂亦训小雨。段注谓"霡霂者，溟濛之转语"。段说是也。"霂"莫卜切 *moog，和"雾"音义并同，《说文》："霧，地气发，天不应曰霧。从雨，敄声。"段注谓霧"亦雨之类也，故从雨。地气发而天应之则雨矣。""敄、雾"亡遇切 *mogs。雾与小雨的关系，比较塞尔维亚克罗地亚语 izmaglica "薄雾；毛毛雨"。云雾与黑暗的关系，英语 fog "雾；（因雾等引起的）模糊"，foggy "有雾的；朦胧的"；murk "黑暗；雾"，murky "黑暗的；有雾的"。"霡霂"，小雨也，跟"雾"音义皆同，云雾、烟雨发展出朦胧义。

（34）《释名·释天》："雲猶云云，众盛意也，又言运也，运行也。"《说文》："雲，山川气也。从雨，云象回转之形。云，古文省雨。""雲、云"王分切 *Gun。"雲"发展出众盛、运行义，如说"芸芸众生、云游四海"。众多义字或作"芸、纭"。英语 cloud "云；（尤指运动着的密集的）一大群"。

（35）《释名·释天》："电，殄也，乍见则殄灭也。"《说文》："电，霠昜激燿也。从雨从申。"又："殄，尽也。从歹，㐱声。""电"堂练切 *l'iins，从"申"失人切 *hlin，郑张先生说甲金文象闪电，后转注为"电"（2013：460）。"申"又有延伸义，闪电发展出闪烁。"殄"徒典切 *l'ɯɯn?，读音与"电、申"很近，刘熙谓"乍见则殄灭也"，大约也是从闪烁义来，即放射电光，瞬间消失。西班牙语 centella "闪电；闪光"。葡萄牙语 coriscar "闪烁；发亮；闪电"。英语 lightning 名词"闪电"，动词"打闪"。

（36）《释名·释天》："雹，砲也，其所中物皆摧折，如人所盛咆也。""砲"，毕本作"跑"；"如人所盛咆"，毕本作"如人所蹴跑"。作"砲"字为宜。《说文》："雹，雨冰也。从雨，包声。""雹"蒲角切 *bruug；"砲"是后起字，亦作"礮"，发射石头的装置。冰雹状似石块；下冰雹，与投掷石块很相似，"雹、炮"音义相同是可能的。英语 stone 名词"石；石头似的东西，冰雹，霰"，动词"扔石块"。打炮动静很大，形容大声说话常说"大炮""像打炮的"。"炮、砲"，也许跟咆音义相关。《说文》："咆，嗥也。从口，包声。""咆"薄交切 *bruu。

（37）《释名·释天》："晕，卷也，气在外卷结之也，日月俱然。""晕"，日月周边之气。《说文》："晕，光也。从日，军声。"段注谓："'光也'二字当作'日光气也'四字。"又曰："《周礼》晕作辉，古文假借字。""晕"作"辉"，不仅仅是同音假借，语义也相同。《说文》："辉，光也。从火，军声。"段注谓"晖"者，日之光；"辉"者，火之光。俗作"辉"。"晕"王问切 *Guns，"辉、辉"许归切 *qhul，"晕"与"辉"韵尾交替。晕与光辉的语义关系，比较英语 aureole"光环；晕（日光或月光通过云层折射而形成的光环）；光辉"，也是晕与光辉共用一个词。

（38）《释名·释天》："阴而风曰曀，曀，翳也，言云气掩翳日光使不明也。""云气"二字据毕本补。《说文》："曀，天阴沈也。从日，壹声。《诗》曰：终风且曀。"段注谓"曀主谓不明"，其说是也。字又作"壒"，《说文》："壒，天会尘起也。《诗》曰：壒壒其阴。从土，壹声。"《邶风·终风》今作"曀"。王筠句读谓："壒谓天阴而雨尘也。"《广韵·至韵》："壒，阴貌。""曀、壒"於计切 *qiigs，"翳"於计切 *qiigs，遮蔽，《说文》："翳，华盖也。从羽，殹声。"段注谓"翳之言蔽也，引伸为凡蔽之称。在上在旁皆曰翳"。"翳"是覆盖，华盖为遮蔽物，英语 cover 动词"覆盖，遮盖"，名词"覆盖物，盖子，罩子"，covering"覆盖物"。

（39）《释名·释天》："风而雨土曰霾，霾，晦也，言如物尘晦之色也。"《说文》："霾，风而雨土为霾。从雨，狸声。《诗》曰：终风且霾。"晦暗与埋藏语义有关系,《说文》:"薶,瘞也。从艸,狸声。"后通作"埋"。《说文》:"瘞,幽薶也。"段注:"幽者,隐也,隐而薶之也。"是"幽"字有幽暗、埋藏义。"霾、薶"莫皆切 *mruɯ,"晦"荒内切 *hmuɯs,《说文》:"晦,月尽也。从日,每声。""晦"是昏暗,《郑风·风雨》:"风雨如晦。"也指雾,见《尔雅·释天》。又《释名·释天》:"晦,灰也,火死为灰,月光尽似之也。"黑色可以跟尘土共用一个词,《说文》:"壒,尘埃也。从土,殹声。"尘土之"壒"字,与黑色之"黳"音义并同。

(40)《释名·释天》:"珥,气在日两旁之名也。珥,耳也,言似人耳之在面旁也。""面旁",毕本作"两旁"。耳,可发展出耳朵部位的饰物,《说文》:"珥,瑱也。从王耳,耳亦声。""珥",玉石制作的耳饰,临高话 sa¹"耳朵"、sa¹kim¹"(金耳)耳环"(刘剑三 2000:8),临高话 sa¹kim¹ 字面意思就是"金耳朵"。俄语 yxo"耳;护耳,帽耳"。日两边之气曰珥,刘熙谓气在日两旁之名也,言似人耳之在面旁也。其说可从。物体两边的部位,状似人的两耳,剑鼻曰"镡",就是剑柄下端左右两个突出点,也叫"珥",《楚辞·九歌》:"抚长剑兮玉珥。"朱熹集注:"珥,剑镡也。"程瑶田《通艺录》曰:"剑鼻谓之镡,镡谓之珥,又谓之环。一谓之剑口。有孔曰口,视其旁如耳然曰珥,面之曰鼻,对末言之曰首。"其说是也。塞尔维亚克罗地亚语 üvo"耳朵;(器皿上的)耳子,(帽子上的)护耳;针眼,针鼻"。英语 ear"耳;耳状物,(器物两边的)耳子,捏把"。黄陂话器物两边的提手也叫"耳子",也是指位于器物的两边。"耳"而止切 *njɯʔ,"珥"仍吏切 *njɯs。

(41)《释名·释天》:"日月亏曰食,稍稍侵亏,如虫食草木叶也。"日食字也写作"蚀",《说文》:"蝕,败创也。从虫人食,食亦声。"段注:"败者,毁也。创者,伤也。毁坏之伤有虫食之,故字从虫。"《史记·天官书》:"日月薄蚀。""蚀、食"乘力切 *ɦljɯg。日月食,黄陂话曰"天狗吃日头""天狗吃月亮"。

(42)《释名·释天》:"彗星,光梢似彗也。"彗星形似彗帚,故名。《说文》:"彗,埽竹也。从又持甡。篲,彗或从竹。"彗星又叫"孛、笔",《释名·释天》:"孛星,星旁气孛孛然也。笔星,星气有一枝末锐似笔也。"《公羊传·昭公十七年》:"孛者何?彗星也。""孛"蒲昧切 *buɯɯds,和苗瑶语"扫"*phwot(王辅世、毛宗武 1995)、侗台语 pat<*p-"拂,扫"(李方桂 1984)、藏语 *bud/phud"扫"(柯蔚南 1986)是同源词。印尼语 sapu"扫帚",bintang sapu"扫帚星,彗星"。《说文》:"秦谓之笔。从聿竹。""笔"鄙密切 *prud,同族词有"聿"余律切 *b-rud,《说文》:"聿,所以书也。楚谓之聿,吴谓之不律,燕谓之弗。"段注:"此一语而声字各异也。弗同拂拭之拂。""笔、聿、弗"与"拂、孛"音义并同。

(43)《释名·释天》:"枉矢,齐鲁谓光景为枉矢,言其光行若射矢之所至也,亦言其气枉暴,有所灾害也。""矢"又作"屎"。流星或谓天拉屎,又叫泻星。印尼语 cirit"屎;拉稀;流星"。

(44)《释名·释天》:"灾,裁也,火所烧灭之余曰裁,言其于物如是也。"薪柴可以发展出火,火再发展出火灾,泛指灾害。"菑"*ʔslɯɯ,茂盛的草;天火曰"灾"*ʔslɯɯ,或作"栽"(黄树先 2008)。

(45)《释名·释天》:"害,割也,如割削物也。"《说文》:"害,伤也。从宀口。言从家起也,丰声。"又:"割,剥也。从刀,害声。"段注:"害与割同也。""害"胡盖切 *gaads,"割"古达切 *kaad。"割、害"是同族词,割杀可发展出伤害义,葡萄牙语 ceifar"收割;(用镰刀等)割;摧残,杀戮"。

(46)《释名·释天》:"眚,省也,如病者瘠瘦也。"本条明本作

"青，痾也"，此据毕本、王本。《说文》："眚，目病生翳也。从目，生声。"疾病发展出灾害，故段注谓"眚又为灾眚"。《国语·楚语》："夫谁无疾眚，能者早除之。"王先谦说《春秋·庄公二十二年》"大眚"，《公羊传》作"省"。"省"不当以省瘦当之，我们认为"省、眚"同源，"眚"是眼疾，"省"是看。眼疾与看的语义关系，参见拙文《看望与眼疾类词语的语义关系》。《释名》可以确立语音关系，但是演变的路径可能不准确，需要在整理汉语内部文献的基础上，借助比较训诂，包括汉藏语比较、跨语言的词义比较来加以评判。

《释名》的语源，可能会夹杂后世的一些习俗，受俗语源的影响。门外的影壁叫"罘罳"，俞敏先生（1949a）拿来对应藏文 puśu "篱笆"，《释名·释宫室》："罘罳在门外，罘，复也。罳，思也，臣将入请事，于此复重思之也。"这就是俗词源。底下这些例子都受俗语源的影响。

（47）《释名·释天》："雨，羽也，如鸟羽动则散也。"根据汉藏语比较及词义比较，我们认为"雨"和"宇"来源相同（黄树先2015）。雨跟羽毛的语义联系，似乎可以证实，现在还说"毛毛细雨"，以其细小如毛发，下雪则说"鹅毛大雪"。塞尔维亚克罗地亚语 pàhulja "（鸟的）羽毛；雪花，雪片"。从这些材料来看，《释名》用羽毛来解释雨就有理据。这并不是说我们赞同"雨"的语源来自"羽"，只是说，拿羽毛来表达下雨落雪，是语言里很常见的现象。雨和羽的语义关系，既不是命名，也不是语义扩展。羽毛跟雨发生关系，可能是受求雨仪式的影响，因求雨仪式而产生"雩"字，就像结婚仪式上拿花生、红枣，寓意早生贵子、儿女双全。《说文》："雩，夏祭乐于赤帝以祈甘雨也。翌，或从羽。雩舞羽也。"段注："说从羽之意。《周礼·乐师》有羽舞，有皇舞。""翌"，《集韵·遇韵》王遇切："缉羽也，雩祭所执。""雩"羽俱切 *Gwla。太炎先生说，《说文》："雨，水从云下也。"孳乳为"霖"，雨貌也。又为"霈"，水音也。又为"雩"，夏祭乐于赤帝以祈甘雨也（《文始》五，2021a：324）。

（48）《释名·释州国》："荆州取名于荆山也，必取荆为名者，荆，警也，南蛮数为寇逆，其民有道后服，无道先疆，常警备之也。"荆州取名于荆山也，符合命名通则。后半截讲荆的来源，存疑。这种解释大多都是俗语源。

（49）《释名·释州国》："楚，辛也，其地蛮多而人性急，数有战争，相争相害，辛楚之祸也。"荆楚名，根据名从主人的原则，不一定是中原汉语。古代对于译音地名多用汉语进行解释，是典型的望文生训。这也是一种俗语源解释。

（50）《释名·释亲属》："天子之妃曰后。后，後也，言在後，不敢以副言也。"《释名》的解释，大多可视作俗语源。俗语源可以是一个群体的认知，这个群体可大可小；也可以是刘熙个人的理解。"后"是帝王，作后妃是晚起的。郑张先生拿"豪、后"跟藏语 figo"首领"比较（参见《上古音系》《华澳语系同源词根研究》），是可信的。

第三节 《释名》释名

《释名》是用同音字进行解释，探索词语的命名缘由。研究《释名》就是研究同音词，研究语源。本节对《释名》部分词语进行评价，作出新的解释。

（51）《释名·释地》："广平曰原，原，元也，如元气广大也。"平原字《说文》作"邍"，"高平曰邍，人所登。"段注："大野广平称原，高而广平亦称原。邍字后人以水泉本之原代之，惟见《周礼》。"

泉水字作“原”,《说文》:“厵,水本也。从灥出厂下。原,篆文从泉。”“原”是泉水,发源义从泉水引申而来,英语 spring 名词“源泉”,动词“发源,来自”。《释名》用“元”字解释平原,这里的“元”应该理解为大也;源泉义跟“元”的语义关系,可理解为发源。“邍、厵、源、元”愚袁切 *ŋwan。平原与广阔,语义有关联,《释名·释地》:“下平曰衍,言漫衍也。”“漫衍”,延绵广大的样子。英语 plain 名词“平原,(大片)平地”,形容词“平坦的,开阔的”;champaign“平原;[古]战场”,形容词“宽阔而平坦的”。刘熙用广阔的“元”来解释平原之“原”,可信。

(52)《释名·释地》:“徐州贡土五色,有青黄赤白黑也。土青曰黎,似黎草色也。土黄而细密曰埴,埴,膱也,黏昵如脂之腻也。土赤曰鼠肝,似鼠肝色也。土白曰漂,漂,轻飞散也。土黑曰卢,卢然解散也。”颜色词可用来指称土壤,如黄土、黑土,土也可指颜色,所谓土色是也。《论语·阳货》:“涅而不缁。”沈涛说汉时引《论语》皆作“泥而不滓”,表明黑色的“涅”与“泥”音义并同(1988:151)。现在还把晦暗的颜色称为“泥色”。“土青曰黎,似黎草色也”者,用草表示颜色在语言里也很常见,蓝色就来自蓝草。蓝草字,《说文》作“蓝”*g-raam、“葴”*kjɯm,对应藏语 rams“蓝,靛青”(俞敏 1949b:88)。西班牙语 añil“[植]假蓝靛;靛蓝;深蓝色”。“土赤曰鼠肝,似鼠肝色也”者,黄陂话把赤黑色叫“猪肝色”。英语 liver“肝;猪肝色,红褐色”,livercolour“猪肝色,红褐色”,liverish“像肝的,肝色的”,livery“像肝的;(土壤)粘性的”。

从《释名·释山》的条目来看,山有植物庄稼等产出,语言里山跟树木类词语可共用一个词。词义演变的方向,应该是先有山,然后才有草木义。当然也可能有相反的语义演变,如西班牙语,就是先有草木义,然后在美洲西班牙语里才出现山丘义。山的特性是高大、众多，故山可发展出高大、深厚、众多义。这种语义演变方向比较清楚。山有形状、大小，常拿日常用具指称山岳，可能指某个特点的山，后来再泛指山岳。这种语义演变模式的演变方向也是清晰的。

（53）《释名·释山》："山，产也，产生物也。土山曰阜，阜，厚也，言高厚也。大阜曰陵，陵，隆也，体高隆也。""高隆"，毕本作"隆高"。这条训释揭示了山的三个引申义：产也、厚也、高也。山可跟山上的物产，如树木等有语义联系。《说文》："茻，众艸也。从四屮。读若与冈同。"段注："经传草莽字当用此。"汉语"冈"字对应藏语 sgang "山冈"，郑张先生说，"冈"虽谐罔声，但藏语"冈"sgang、"犅"glang 没有 m 冠，mkhrang=hrang（强健），一般对"强"，是否可对"刚"还需研究。所以"冈"拟 *klaaŋ 可以肯定，是否要拟 *mklaaŋ 还待推敲（2013）。汉语众草义的"茻"读与"冈"同，是山冈与众草可能有语义关系。西班牙语 mata "草，灌木；丛莽；（墨西哥）小山"。塞尔维亚克罗地亚语 gòra "山，丘；森林"。山的高大、众多、厚重义，都是从山派生出来的。《广雅·释山》："土高有石，山。"王氏疏证："土高有石，对无石曰阜言之，义本《说文》也。"英语 mountain "山；巨大如山的人（或物），大量"。德语 Berg "山；大量，大堆"。葡萄牙语 montanha "山；大堆，大量"。

（54）《释名·释山》："山顶曰冢，冢，肿也，言肿起也。"《说文》："冢，高坟也。从勹，豖声。""冢"是高坟，高坟兼指坟墓和高山。引申出山顶、高大，段注："太子曰冢子，太宰曰冢宰。"英语 mountain "山；巨大如山的人"。龚煌城先生拿汉语"冢"*rtjungx>djwong 对应藏语 rdung "小山，小丘"、缅语 taung<*tung "山"（2004a：169）。"冢"来自汉藏语的"山"，汉语特指山顶，从山顶发展出高大义。

（55）《释名·释山》："山旁陇间曰涌，涌犹桶，桶狭而长也。"

《释名疏证补》引王先慎说:"涌当作甬。甬道,长而狭之道也,义与此近。"王说是也。郑张先生拿"甬"*loŋˀ对应藏语 sjung-sjung "小巷子"(2024:207)。《淮南子·本经》:"修为墙垣,甬道相连。""甬"与"巷、弄"音义同。山岭就是道路,《说文新附》:"岭,山道也。"山道与山岭语义相关。塞尔维亚克罗地亚语 klànac "山谷,隘口,山间小路"。德语 Paß "隘口,山口;野兽走的小路"。

(56)《释名·释山》:"小山别大山曰甗。甗,甑也,甑一孔者,甗形孤出处似之也。""小山别大山",毕沅本作"山上大下小"。《说文》:"甗,甑也,一穿。从瓦,鬳声,读若言。"段注:"山之似甗者曰甗,似甑体而已。甑形大上小下,山名甗者亦尔。"段说是也。这是拿日常用的炊具指称形状类似的山丘。"甗"鱼蹇切 *ŋranʔ,字或作"巘",《大雅·公刘》传:"巘,小山别于大山也。"《慧琳音义》卷九十二引《古今字诂》:"山形如累两甗状为巘。"乐史《太平寰宇记》:"山行如甑,土谚谓之甑山。"山上大下小,形状类似饭甑,故用"甗、甑"命名,用作山岳名后,字另作"巘"。参见本书第三章第(17)条有关"甗"的讨论。

(57)《释名·释山》:"山东曰朝阳,山西曰夕阳,随日所照而名之也。"太阳清晨升于东,傍晚落日于西方,"朝阳、夕阳"命名缘由清晰。《说文》:"东,动也。从木。官溥说从日在木中。"《太玄·唐》司马光注:"东者,日之所出也。"太阳曰"东君"。《广雅·释天》:"西北,幽天。"《淮南子·天文》:"西北方曰幽天。"高诱注:"西北,金之季也,将即太阴,故曰幽天。"自然语言里,东方与早晨,西方与傍晚,有密切的语义关联。英语 morn "早晨;东方"。德语 Morgen "早晨;开始;东方"。英语 west "西方",wester "朝西方",westering "(太阳)西沉的";sunset "日落,傍晚;晚霞;西方"。德语 Abend "傍晚,晚上;西方"。

（58）《释名·释山》："山下根之受霤处曰甽。甽，吮也，吮得山之肥润也。""甽"，《说文》作"く"："水小流也。《周礼》：匠人为沟洫，枱广五寸。二枱为耦；一耦之伐，广尺、深尺，谓之く。倍く谓之遂；倍遂曰沟；倍沟曰洫；倍洫曰巜。""く、甽"，是小沟渠，又指细小的水流，段注："く与涓音义同。"《说文》："涓，小流也。从水，肙声。《尔雅》曰：汝为涓。""涓"是细小的水流，也指水流动，也当小河流讲。"甽"朱闰切 *kljuns，"涓"古玄切 *kween。《说文》："吮，欶也。从口，允声。""吮"徂沇切 *zlon?。沟渠、水流、流动，这几个意思，语义演变关系明显。沟渠与流水的关系，比较法语 ruisseau "溪，小河；路边将流入阴沟的水，阳沟"；英语 rill 名词"小河"，动词"小河般流动"，涓涓细流，就是"小河般流动"。溪流与流出的语义关系，汉语"流"有河流、流动两个意思。比较意大利语 rivo "小溪；流出"；英语 canal "运河；沟渠；（江河的）支流"，canalize "开凿运河；用导管术导出（脓等）；流入运河（或水渠）"。英语沟渠与支流，可与"涓"的支流义印证；英语的导出义，可比较汉语"吮"，《集韵·准韵》："吮，舐也。"《庄子·列御寇》："秦王有病召医，破痈溃痤者得车一乘；舐痔者得车五乘。所治愈下，得车愈多。"《史记·佞幸列传》："文帝尝病痈，邓通常为帝唶吮之。"河渠接受水源，汉语或称"吞"，亦以饮食为譬喻。刘熙的解释，其思路可得到印证。

《释水》是《释名》的第四篇。《释名·释水》解释跟河渠有关的词语。水跟池塘、河流、雨水等语义关系密切。河水专名，如江河等，学者结合汉藏语作过讨论。这些词语只能追溯到原始汉藏语，但是命名的缘由还是不很清楚。水的特性，如柔软、滋润、能流动，均可以派生出相应的词义。结合跨语言的词义比较，可梳理语义的演变。

（59）《释名·释水》："天下大水四，谓之四渎，江、河、淮、济是也。渎，独也，各独出其所而入海也。"《说文》："渎，沟也。从水，卖声。一曰邑中曰沟。"段注："渎之言窦也，凡水所行之孔曰渎，小大皆得称渎。"段说是也。"渎、窦"是同族词。《说文》："窦，空也。""渎"徒谷切 *l'oog>doog，早期应读 *g-loog，与"江"*krooŋ、"谷"*kloog 是同族词；"窦"徒候切 *l'oogs。《释名》拿"独"（徒谷切）*doog 来解释"渎"。未详。

（60）《释名·释水》："江，公也，小水流入其中，所公共也。"明本无"所"字，据毕沅本加。"江"来自古老的汉藏语，跟南亚语系也有对应，应该是更早期的古老词语。汉语"江"还派生出"港、孔、谷、渎"等同族词。"江"古双切 *krooŋ，对应藏语 kluñ "大河"（俞敏 1989a）。包拟古说，藏语 klung "河"，汉语"江"*krung 或 *klung、kǎng；卡多语 karang，布鲁语 klong，老孟语 krung，越南语 sông（原始越南－芒语 *khongA）"河"（1995：145）。"江"亲属语指河流，汉语专指长江，后又泛指江河。佤语 krɔŋ "澜沧江"，klɔ̠ŋ "小河"（潘悟云 2002：175，176），佤语和汉语一样，也有专名和通称。用通名指称专名，是很常见的，英语 fleet "小河；阴沟；〔the F-〕弗利特河（原为流入泰晤士河的小河，现为阴沟）"。黄陂塔耳一带的方言"大山"指木兰山，"河、水库"指木兰湖（夏家寺水库）。

（61）《释名·释水》："淮，围也，围绕扬州北界，东至海也。"《说文》："淮水，出南阳平氏桐柏大复山，东南入海。从水，佳声。""淮"也是暴雨，《尚书大传》："久矣天之无别风淮雨。"郑玄注："淮，暴雨之名也。"（《尚书大传疏证》）"淮"户乖切 *gwriil，比较"水"*qhwliʔ>hljuiʔ，"淮、水"读音接近。郑张先生说，汉语"水"对应缅语 rei，门巴语 ri，武鸣壮语 rui³，邕宁壮语 li³，卢舍依语 lui "溪水"（2013：126-127）。雨、水、河流，语义密切相关。法语 flotte "水；雨"。西班牙语 agua "水；雨；（复数）河，溪，海，海域"。可见，淮河之"淮"来源于水，《释名》用围绕解释"淮"，可能没有依据。"淮"又作"汇"，见《史记·五帝本纪》张守节注。"汇"，汇入，交汇，《尚书·禹贡》："东汇泽为彭蠡。""汇"胡罪切 *Gwɯɯlʔ，跟"淮"读音近，河流与汇入义，可比较西班牙语afluente 名词"支流"，形容词"汇集的，注入的"。

（62）《释名·释水》："河，下也，随地下处而通流也。""河"是黄河，后泛指河流。《说文》："河，河水也，出敦煌塞外昆仑山，发原注海。""河"胡歌切 *gaal，龚煌城先生拿汉语"河"gar 对应藏文 rgal"滩，涉水过河"（1980：465）。河水与涉水，语义关系明显，汉语"水"字就有河水、涉水两个语义。汉语"河"的同族词还有"池"*l'aal<g-lal，《说文》："隍，城池也。有水曰池，无水曰隍。""干"*kaan 是河岸，也与"河"音义密切，意大利语 rivièra"河岸，海岸；［古］溪流，小河"。段注："《小雅》：秩秩斯干。毛传：干，涧也。此谓诗假干为涧也。"

（63）《释名·释水》："济，济也，源出河北济河而南也。"沇水东入于海，《说文》作"沛"，汉以后通作"济"。毕沅说："《尚书·禹贡》：道沇水东流为济，入于河，溢为荥。是济河而南也。""济，济也"者，下"济"是流经、渡过义。溪流发展出流出、流经义，很常见。意大利语 rivo"溪流；流出"。河水可以发展出流动，用流动义来命名河水，有点勉强。《释名》此条解释可疑。

（64）《释名·释水》："川，穿也，穿地而流也。""川"是河流，《尚书·禹贡》："禹敷土，随山刊木，奠高山大川。"河流跟沟壑、洞穴语义相关，《说文》："川，毌穿通流水也。"段注："毌，穿物持之也。穿，通也。巜则毌穿通流，又大于巜矣。""巜"，川也。《玉篇》："巜，注渎曰川。"《周易·坤》释文："坤本又作巜。""坤"是地，"川"是河流，也是平野大川，是河流与土地有语义关系，俞敏先生拿汉语"江"字对应藏语kluñ"大河;平川,耕过的田"(1989a)。德语Aue"河谷低地,河谷草地;河流,水流"。《释名·释山》:"山下根之受霤处曰甽。"亦指水边之地。"巛、川"昌缘切*khjon,"坤"苦昆切*khuun。"巛、川"与大地之"坤",可能不仅仅是同音。参见上文有关讨论。

(65)《释名·释水》:"山夹水曰涧,涧,间也,言在两山之间也。""涧"是山间溪流,也是河流之名,也指河岸,《说文》:"涧,山夹水也。一曰涧水,出弘农新安,东南入雒。"《小雅》:"秩秩斯干。"传曰:"干,涧也。"段注:"此谓诗假借干为涧也。"河流与河岸,可共用一个词,参见上文第(62)"河"字条。"涧"古晏切*kraans。俞敏先生拿"干"*kaan对应藏语dkan"山坡,崖子"(1989a)。意大利语rivièra"河岸;[古]溪流"。西班牙语quebrada"山谷;沟壑;(拉丁美洲)河流"。英语dalles"(峡谷河流中的)急流;(峡谷两边的)峭壁"。

(66)《释名·释水》:"水正出曰滥泉,滥,衔也,如人口有所衔,口阖则见也。"《说文》:"滥,泛也。从水,监声。一曰濡上及下也。《诗》曰:觱沸滥泉。一曰清也。"泛滥、淋沃、清澈,三个意思均跟水有关。"滥"卢瞰切*g-raams,俞敏先生拿"滥"对应藏语glam"潮湿"(1989a)。水与衔,可能有语义关系,参见下文第(67)"沃"字条。拿"衔"解释"滥",恐不妥。《释名》可以确立两个字的同音。这两个字同音,但语义只能在认知语言学的视野下,用比较训诂来加以解释。

(67)《释名·释水》:"悬出曰沃泉,水从上下,有所灌沃也。"《说文》:"渍,溉灌也。从水,芺声。"水跟灌溉语义有关联。英语water名词"水",动词"浇水"。浇水和饮用是一个词,印尼语air"水",mengairi"浇水,灌溉;给水喝"。"沃"是浇灌,"饮"

是宴饮，《说文》："餗，燕食也。从食，芺声。《诗》曰：饮酒之
餗。""沃"乌酷切 *qoowG，"钬" *qows<qos。

（68）《释名·释水》："侧出曰氿泉，氿，轨也，流狭而长，如车
轨也。"《说文》"氿"是水厓枯土也，字也作"漘"，段注："今《尔
雅》水醮曰漘，仄出泉曰氿；许书仄出泉曰漘，水厓枯土曰氿。与今
《尔雅》正互易。"水岸之"氿"，与泉水的语义关系，比较上文"河"
与"干"的讨论。"氿、漘"居洧切 *kwruuwʔ，与"轨"同音。《说
文》："轨，车彻也。从车，九声。"《说文》："馗，九达道也。似龟背，
故谓之馗。从九首。逵，馗或从辵坴。""轨"居洧切 *kwruuwʔ，"馗"
渠追切 *gruuw。"轨、逵"二字音义疑同。水道与道路、轨道的语义
关系，参见下文第（70）"泾"字条。

（69）《释名·释水》："水洝出所为泽曰掌，水停处如手掌中
也，今兖州人谓泽曰掌也。"王先谦《释名疏证补》引王启原说：
"水停处如掌中，掌坦而易泄，则潴水无多，如今南方之塘。掌即
棠之转音。""棠"字又作"塘"。按王启原谓"掌"与"棠、唐、
塘"同，极为有见。"塘、唐"徒郎切 *gl'aaŋ>*daaŋ，"棠"徒郎切
*daaŋ<gjaŋʔ，"掌"诸两切 *tjaaŋʔ<kjaŋʔ。手掌平坦，可指小块平地。
汉语"掌"字，转指小块平地，字作"场"。"场"直良切 *g-laŋ，跟
"掌"是同族词。俄语 долонь "手掌；平坦的地方，打谷场"。园囿
字作"囿"，早期文献径作"又"，见于河北灵寿县战国出土中山国刻
石铭："监罟又臣公乘得守丘。""又"字读为"囿"（王辉 2008：12-
13）。"又"是右手，转指园囿，字也作"囿"。《说文》："囿，苑有
垣也。从口，有声。一曰所以养禽兽曰囿。圈，籀文囿。"《说文》又
有"蘛"字，训草也。"囿、蘛"同音于救切 *Guws，义有关联。园
囿与菜蔬等植物的语义关系，比较西班牙语 planta "作物，花草；秧
畦，苗圃；脚掌"；意大利语 ortàglia "菜园；蔬菜"。手脚掌与池塘

的语义关系，可比较塞尔维亚克罗地亚语 grána "（河的）支流；（手、脚）掌"；德语 Sohle "脚掌；鞋（袜）底；河底，谷底"。

（70）《释名·释水》："水直波曰泾，泾，径也，言如道径也。""泾"是河渠，《管子·轻重戊》："疏三江，凿五湖，道四泾之水。"也是河渠的专名，《说文》："泾水，出安定泾阳开头山，东南入渭。雍州之川也。从水，巠声。"《邶风·谷风》："泾以渭浊。"《释文》："泾，浊水也。"因其水浊，故又指妇人经水，《素问·调经论》："泾溲不利。"王冰注谓"泾"是大便。河渠、水、波涛，语义有明显的联系。污水与经水、粪便的关系，比较英语 slops "污水，泔水；粪便"。河道与路径的语义关系，比较英语 creek "小河，支流；山间狭路"；西班牙语 arroyo "小溪，小河沟；车道，街道"。

（71）《释名·释水》："注沟曰浍，浍，会也，小沟之所聚会也。"《尔雅·释水》："水注川曰溪，注溪曰谷，注谷曰沟，注沟曰浍。""浍"也指河流名，《说文》："浍水，出河东彘霍山，西南入汾。从水，会声。"水流曰"浍浍"。语义演变可比较水流之"涓"，"涓涓"指水流。"浍"古外切 *koobs，潘悟云先生拿"浍"对应藏语 ɦobs "沟"（2000：156）。"浍"又指两水会合，见《集韵·黠韵》。水与汇合的语义关系，可比较上文第（61）条"淮"与"汇"的音义关系。

《释丘》是《释名》的第五篇。《释名》跟《尔雅》一样，山丘析为《释山》《释丘》两篇。《释丘》多收录各种形状的山岳名。山岳的命名，或根据形状。

（72）《释名·释丘》："丘一成曰顿丘，一顿而成，无上下大之杀也。"《卫风·氓》："送子涉淇，至于顿丘。"传曰："丘一成为顿丘。"《尔雅·释丘》疏引孙炎："形如覆敦。"《广雅·释诂》四："镎，低也。"王氏疏证："字亦作镦。高诱注《淮南子·说林训》云：镎，读顿首之顿。皆低下之意也。""顿、敦"都困切 *tuuns。山低矮如敦，故曰顿丘。参见上文第（56）条关于"鼺"字的讨论。

（73）《释名·释丘》："圜丘、方丘，就其方圜名之也。"根据山丘的方圆形状来命名，很常见。黄陂方言小圆山可称为"团山"。《释名》的这类溯源是合适的，结论可接受。

（74）《释名·释丘》："泽中有丘曰都丘，言虫鸟往所都聚也。"《史记·夏本纪》："大野既都。"裴骃集解引孔安国注："水所停曰都。"《广雅·释地》："都，池也。"又："都，聚也。""都"是湖泊，水之所聚集。湖中山称为湖山，浙江遂昌县有湖山乡。《释名》"言虫鸟往所都聚也"，似不准确。从这条解释来看，刘熙确立的语音关系没有问题，语义也有联系，但解释欠妥。

（75）《释名·释丘》："当途曰梧丘，梧，忤也，与人相当忤也。"石头之类的东西阻挡在道路，可称为"挡路石"。也有挡路山，浙江衢州有拦路山，位于湖南村路口拐弯处。

（76）《释名·释丘》："丘高曰阳丘，体高近阳也。"黄陂有大阳山，苏州也有大阳山。

《释道》是《释名》的第六篇。在斯瓦迪士百词表里有"道路"，这是语言里的核心词。道路有宽窄大小，山地平原，人行车驶，鸟兽兔远，各有不同。是以道路的词语来源复杂。道路是前行必经之路，道路又引申出道术、法则等多个更抽象的意思。

（77）《释名·释道》："道一达曰道路，道，蹈也。""道"是道路，《说文》："道，所行道也。一达谓之道。"动词是取道。英语 trail 名词"小径"，动词"尾随，追踪"；walk 动词"步行"，名词"步行；人行道"。可见道路跟行走语义关系明显。汉语"道"是道路，发展出取道，是名词发展出动词。《释名》拿"蹈"来解释"道"，又《释姿容》："蹈，道也，以足践之如道路也。"这是拿名词"道"来解释动作"蹈"。也许名动可以相互转化，这两种演变模式都存在。不过，名词道路演变成动词行走，更符合语言事实。"道"徒皓切 *l'uuʔ<*g-luuʔ，"蹈"徒到切 *l'uus<*g-luus。

（78）《释名·释道》："路，露也，人所践蹈而露见也。"马学良先生说，佤语读 kɑ-rɑ，拉语读 krɑ，塔雷或猛语读 klong（印支语的 r 音很容易转成 l 音），这个例子可以作为汉语"路"字谐声偏旁的很好证据（1992：7-8）。"路"与行走的"徉"同源，只能证明道路跟行走有关。露见是显露的意思，《礼记·月令》："（季夏之月）其虫倮。"注："象物露见不隐藏。虎豹之属恒浅毛。"道路、行走，跟暴露之间的语义关系不明显，《释名》的解释可疑。

（79）《释名·释道》："二达曰岐旁，物两为岐，在边曰旁，此道并通出似之也。"手是身体的分支，手足可以发展出分支义；树枝、河汉、衣衩、岔道，都可以共用一个词。汉语"支、枝、岐"是同源词。英语 limb"肢，翼；大树枝；分支；山嘴"。葡萄牙语 bifurcação"（河流等的）分叉，（植物茎的）分枝；岔道"。《释道》下文："三达曰剧旁，古者列树以表道，道有夹沟，以通水潦，恒见修治，此道旁转多，用功稍剧也。四达曰衢，齐鲁谓四齿杷为欘，欘杷地则有四处，此道似之也。"《尔雅·释宫》疏引孙炎曰："旁出歧多，故曰剧。""剧"奇逆切 *gag，与其俱切的"衢、欘"*gwa，只是韵尾不同。杨树达先生说："《淮南子·说林篇》云：木大者根欘。欘谓大树之根广布歧出也。"（2007a：32）

（80）《释名·释道》："五达曰康。康，昌也；昌，盛也。车步并列并用之，言充盛也。""康"是道，"康、昌"也有昌大义，用盛大来命名道路，比较"康庄大道、大道"等说法。西班牙语 cancha"（运动等）场地；平坦宽敞的地方；路，小路"。"康"是"穅"的重文，与"唐"字音义有关系。段玉裁说："凡陂塘字古皆作唐，取虚而多受之意。""唐"是堤坝，又泛指道路，《陈风·防有鹊巢》传曰：

"唐，堂涂也。""康"*khlaaŋ，从"庚"*kraaŋ 得声，与从"庚"之"唐"*gl'aaŋ>daaŋ 是同族词。"庚"也有道路义，《左传·成公十八年》："今将崇诸侯之奸，而披其地，以塞夷庚。"洪亮吉《春秋左传诂》："庚义与迒通。"《广雅·释宫》："迒、衜，道也。"王氏疏证："庚与迒古亦同声。"堤坝与道路的语义关系，可比较法语 chaussée "堤，河堤；（沼泽地、低地的）堤道；马路，车行道"。

（81）《释名·释道》："六达曰庄。庄，装也，装其上使高也。""庄"*ʔsraŋ，是古老的词语，来自汉藏语，可比较藏语 srang "街道，村落"。街道与村庄语义关系密切，太炎先生说"今人以为通名，田家邨落谓之庄，山居园圃亦谓之庄"（《新方言·释地》）。《释名》拿"装"来解释，不恰当。

（82）《释名·释道》："九达曰逵。齐鲁谓道多为逵师，此形然也。""逵"*gwruɯw，与"轨"*kwruɯwʔ、"壶"*khuun/ 音义皆同。包拟古拿藏语 shul（*hrul？）"空地，路面，车辙，路"和"轨"进行比较（1995：194−195）。

（83）《释名·释道》："径，经也，人所经由也。"路径字与行走动词"经"字，语义密切。语义演变，参见上文第（77）"道"字条。

（84）《释名·释道》："鹿兔之道曰亢，行不由正，亢陌山谷草野而过也。"鸟兽之路径，跟人行道，可以是一个词。"亢"字跟"庚、康、唐"音义同。参见上文第（80）"康"字条。《说文》作"阬"，太炎先生说，"或借庚为之，或借康为之"（《新方言·释地》）。

（85）《释名·释道》："涂，度也，人所由得通度也。"路径与行走有语义关系，汉语"行"有道路、行走两个主要意思。

《释州国》第七，专门解释州国之名。州国之名，或来自山川河流，以其所在地来命名，《释名》的这类解释，还是可信的。

（86）《释名·释州国》："青州在东，取物生而青也，州，注也，郡国所注仰也。""青"字与"生"字同源，白一平认为，"青"跟"生"是同根词，"生"字是 *srjing，而"青"字是 *sring：一个有三等介音 *-j-，一个没有。这种形态关系在上古汉语是很常见的。（1983）"生、青"可以跟藏缅语的 *s-ring"绿；生育"比较（白保罗1972#404；1984：90）。《释名》谓"物生而青也"，倒也有几分可信。"州"字或来源于山岳。

（87）《释名·释州国》："幽州在北，幽昧之地也。""幽"释为幽黑义，可比较"玄、冥"的语义演变："玄"是黑，也指北方。《羽猎赋》："丽哉神圣，处于玄宫。"李善注："玄，北方也。"玄武是北方之神。"冥"是黑、夜晚，亦指北方，《庄子·逍遥游》："北冥有鱼。"北方神曰玄冥。葡萄牙语 abixeiro"无阳光的地区，背阴处；北方"。罗马尼亚语 miazănoápte"北方；午夜"。

（88）《释名·释州国》："益州，益，厄也，所在之地险厄也。"益州不必是地扼险要，但"益"确有扼守之意。《说文》："嗌，咽也。蒸，籀文嗌，上象口，下象颈脉理也。"《汉书·百官公卿表》注谓"蒸"是古"益"字。字亦作"膉"。段注："嗌者，扼也，扼要之处也。"扼守字亦作"搤"，《说文》："搤，捉也。从手，益声。"《汉书·娄敬传》："夫与人斗，不搤其亢、拊其背，未能全其胜也。"亦作"搹"，《说文》："搹，把也。从手，鬲声。扼，搹或从厄。"段注："扼，今隶变作扼，犹輨隶变作轭也。"颈发展出抑按、捏搤脖子，再从搤脖子发展出扼守义。英语 throttle 名词"喉咙，气管"，动词"搤脖子，使窒息；扼杀，压制"。脖子可指山岭等险要之地，西班牙语 garganta"咽喉；颈；山谷，峡谷，隘口"。汉语"咽喉要道"也指险要之地。

（89）《释名·释州国》："河南在河之南也。"刘熙说："此十二国，上应列宿，各以其地及于事宜，制此名也。至秦改诸侯置郡县，随其所在山川土形而立其名，汉就而因之也。"以山川河流立名，均可得到很好的解释，《释名》的这类解释是可信的。

（90）《释名·释州国》："国城曰都，都者，国君所居，人所都会也。周制，九夫为井，其制似井字也。四井为邑，邑犹偪也，邑人聚会之称也。""都、邑"，城邑名。都市是百姓居住地，可发展成聚集、居住义。《说文》："城，所以盛民也。"段注："言盛者，如黍稷之在器中也。"《释名·释州国》："郡，群也，人所群居也。"英语 castle 名词"城堡，要塞"，动词"盘踞，安居"。

《释名·释形体》解释身体部位词语。身体词是核心词里最重要的词语，可以派生出许多基本词语。刘熙的解释，基本上是用派生义来解释身体词，未免本末倒置。

（91）《释名·释形体》："人，仁也，仁生物也，故《易》曰立人之道曰仁与义。"人是基本的身体词，派生出仁爱字。英语 humanity"人类；人性；博爱，仁慈"。

（92）《释名·释形体》："胞，鞄也，鞄，空虚之言也，主以虚承水沑也。或曰膀胱，言其体短而横广也。""胞、鞄"，毕沅本作"脬、鞄"。《释名》以空虚释"脬"。"脬"可以发展出虚空义，英语 bladder"膀胱；囊状物；水疱；空洞夸张的事物，空话连篇的人"。膀胱字《说文》作"脬"，段玉裁说"俗作胞"。疑"脬"*phruu、"胞"*pruu 二字音义并同。膀胱可以发展出空虚义，比较英语更加可信，但不能倒过来说膀胱的命名来自空虚义。

（93）《释名·释形体》："腋，绎也，言可张翕寻绎也。"手可发展出寻找义，"寻"*sGlum 对应缅甸语 lam²"庹"，包拟古拿汉语的"寻"和藏文的 'dom(s)"一寻，六尺"比较，'d-<*'l-（1995）。从汉藏语的比较来看，汉语"寻"来自手，发展出寻绎、寻求义。

《释姿容》第九，本篇基本上是跟身体词有关的词语，包括动词和形容词。《释名》的解释，可以证明两个字词有语义联系，但是语义演变的方向，常常是反着的，看下面这个例子就能知晓。

（94）《释名·释姿容》："蚩，痴也。"美丽与聪明可以是一个词，《释姿容》："妍，研也，研者，研精于事宜，则无蚩缪也。""妍"是巧慧，也是貌美，刘熙说"研精于事宜，则无蚩缪也"，斯言得之。与之相对应，丑陋与愚蠢也可以是一个词。段玉裁说《释名》所释"此为今用妍媸字所本"。"蚩"，痴愚、狂悖，《方言》卷十二："蚩、愮，悖也。"注云："谓悖惑也。""蚩"也是貌寝，与妍合用说"妍蚩"，见《后汉书·赵壹传》。字或作"媸"，"妍媸"见《史通·史官建置》。"蚩"的愚笨义，来自爬行，《说文》："蚩，蚩虫也。从虫，屮声。"可比较"蠢"的相同语义发展，"蠢"从昆虫的爬行，发展出蠢笨义。丑陋和愚蠢的语义关系，比较印尼语 odoh "丑陋的；愚蠢的"。参见第五章第（172）"迟缓笨重（蠢、偆）与愚蠢（惷、蠢）及残害（惷）"条。

《释长幼》第十，本篇所释条目无多，男女老幼的词语，都是语言里的基本词。

（95）《释名·释长幼》："人始生曰婴儿，胸前曰婴，抱之婴前乳养之也。或曰婴婗，婴，是也，言是人也，婗，其啼声也，故因以名之也。""抱之婴前乳养之"者，刘熙在这里用了较为模糊的说法，似乎包含了动词抱和乳养。"婴"是胸，可发展出抱，也可转指乳房，而乳房可发展出哺乳义。意大利语 poppa "乳"，poppante "吃奶的；乳儿；没有经验的年轻人"。参见拙著《比较词义探索》"婴与婴儿"条。"婗，其啼声也，故因以名之也"，"孩"是婴儿啼哭，转指孩子。啼哭与孩子的语义关系，参见郑张尚芳《汉语方言表"孩子"义的七个词根的语源》。孩子与啼哭的语义关系参见第五章第（280）"孩子（孨）与啼哭（屦）"条。

（96）《释名·释长幼》："男，任也，典任事也。"男子与劳作有关系，《说文》："男，丈夫也。从田力，言男子力于田也。"段注："《白虎通》曰：男，任也。任，功业也。古男与任同音。"英语husband名词"丈夫；［古］管家"，动词"［古］耕，栽培"；groom名词"马夫；新郎"，动词"饲养（马等）"。

（97）《释名·释长幼》："七年曰悼，悼，逃也，知有廉耻，隐逃其情也。亦言是时而死，可伤悼也。""逃"表示夭折，跟死曰"亡"，是同一种演变模式。黄陂话夭折曰"丢"。

《释亲属》第十一，亲属称谓是语言的基本词，不同民族，不同时代，称谓词语都有自己的特色，但是语义演变依旧符合义法。

（98）《释名·释亲属》："亲，衬也，言相隐衬也。"《疏证补》引苏舆说，"衬"当作"儭"，至也，近也，又作"窥"，《说文》："窥，至也。"生相亲爱，死相哀痛，即此隐儭之义。按苏说可从。亲属义与亲近义语义有关联。英语kind"［古］家族；仁慈的；亲切的"；genial"［古］婚姻的；和蔼可亲的，友好的"。《释名·释亲属》："婿之父曰姻，姻，因也，女往因媒也。""姻"来自亲因，比较"亲戚"二字的含义。《释名》此条的解释可与英语genial比较。

（99）《释名·释亲属》："姐妹之子曰出，出嫁于异姓而生之也。"郑张先生说，"出"就应拟为 *kljud，而庄母"甥"则是 *skrud（2013）。白保罗说，"出"来自 *s-kəw-t，*s-kəw-t 又来自原始汉藏语的基本词根 *kəw"母亲的兄弟"="母亲兄弟的子女"（通过堂／表兄妹产生的称谓等式："姐妹的儿子"="母亲兄弟的儿子"），形态上同藏语 skud-po"姐夫"一致（1984：445）。

（100）《释名·释亲属》："诸侯之妃曰夫人，夫，扶也，扶助其君也。""夫"是汉藏语表示人、男人的基本词。汉语"夫"*pa对应藏缅语 *pa"夫，父"（白保罗1972#24；1984：16）。"夫人"的构词

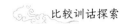

也不支持刘熙的解释。

（101）《释名·释亲属》："天子妾有嫔，嫔，宾也，诸妾之中见宾敬也。"宾客语源来自"膑"（黄树先2016a）。"客"是客人，也指妻子，后世曰"堂客"。

（102）《释名·释亲属》："无父曰孤，孤，顾也，顾望无所瞻见也。"孤远、孤独，发展出悲伤义，转指孤儿。"独"字亦可作如是观。《释名·释亲属》："老而无子曰独，独，只独也，言无所依也。"德语verwaist"丧失父母的；孤独的"。刘熙以顾望释之，期期以为不可。

《释言语》第十二，《释言语》解释基本概念，大多是人伦、社会抽象词语。不少词条的解释是可以接受的。

（103）《释名·释言语》："道，导也，所以通导万物也。"道路发展出道理、规则义。刘熙用引导来解释。引导、率领也是从道路发展出来的。又："智，知也，无所不知也。"此条亦可信。

（104）《释名·释言语》："缚，薄也，使相薄著也。"王先谦说"薄著犹云附著"。按捆束与细小有语义关联，刘熙以"薄"来解释"缚"字，比较下条用"促"字解释束缚，也是这样的语义演变。参见本书第三章第（66）"（秦晋）捆束与细小"条。

（105）《释名·释言语》："停，定也，定于所在也。"这样的解释是字源（词源），也符合语源。《释名》只要按照这些原则来做，解释基本可信。

（106）《释名·释言语》："翱，敖也，言敖游也。翔，佯也，言仿佯也。"飞行与行走可以用同一个位移动词。参见拙著《比较词义探索》"漂浮与飘扬"条。

（107）《释名·释言语》："污，洿也，如洿泥也。"字源（词源）、语源吻合。又："断，段也，分为异段也。"字源（词源）、语源吻合。所释极好。池塘和污泥、污水的语义关系，参见本书第三章第（106）

"（关东、东齐海岱、荆州）池塘、池水与污浊"条。

《释饮食》第十三，一些解释是可信的，如："炙，炙也，炙于火上也。"同一字解释，大致可信。以烹饪方式如烹煮炒来命名食物名，很常见，古代有"胾、膰"，现在有"烧烤、小炒"，参见拙文《食物名探源》。

《释彩帛》第十四，可信的词条不少，如："青，生也，象物生时色也。""青"字从"生"得声，草与生、青有语义上的关联。参见上文第（86）条关于"青州"的讨论。又："缁，滓也，泥之黑者曰滓，此色然也。""缁"的黑色义来自污泥"滓"。

《释首饰》第十五，首饰的命名，不少来自其所在的部位名，《释名》有所揭示，解释可信。

（108）《释首饰》："缨，颈也，自上而系于颈也。""缨"是冠带，冠带系于颈部，用"颈"来命名。法语 jugulaire "咽喉的，颈的；颈静脉；（军帽、钢盔等的扣在颌下的）帽带"。参见拙文《服饰名和身体部位名》。

（109）《释首饰》："刷，帅也，帅发长短，皆令上从也。亦言瑟也，刷发令上瑟然也。""刷"修饰头发的刷子，用草根或毛发制作。刷可指刷拭，刷拭可以有光洁义。参见第一章关于"錾"的讨论。"瑟"是光洁莹亮，《大雅·旱麓》："瑟彼玉瓒。"

（110）《释首饰》："王后首饰曰副，副，覆也，以覆首，亦言副贰也，兼用众物成其饰也。"语义的发展，可以不止一个，多个有关联的词义，都是从一个核心词发展出来的。所以从逻辑上看，一个词有两种甚至更多的解释，也不是不可能。

《释衣服》第十六，解释衣物，有的解释，单从同音来比附，未必可靠，如第一条："凡服，上曰衣，衣，依也，人所依以芘寒暑也。下曰裳，裳，障也，所以自障蔽也。"我们认为"衣"来自"殷"，用身体词表示衣服，参见拙文《服饰名和身体部位名》。有些解释可接受，看下面的例子。

（111）《释衣服》："领，颈也，以壅颈也，亦言总领衣体，为端首也。"《释名》的这两个解释，都可以接受。就像裤腰，也说裤头。最可信的是"领"来自"颈"，德语 Kragen "衣服的领子；脖子，脑袋"。

（112）《释衣服》："绔，跨也，两股各跨别也。"不若直接用"胯"解释，但跨行也可以发展出裤子义。这里的"跨"，好像是骑穿的意思，隔得比较远。

（113）《释衣服》："膺，心衣，抱腹而施钩肩，钩肩之间施一裆以奄心也。"毕沅本补"膺"字，是也。《楚辞·悲回风》王逸注："膺，络胸者也。""膺""心衣"，以其当胸而得名。比较现在的"背心"。西班牙语 pecho "胸"，pecher "胸衣；（衬衫的）胸口"。

（114）《释衣服》："袜，末也，在脚末也。"末与手足、手足与鞋袜，皆有语义关系。参见拙文《身体部位名和服饰名》。

《释宫室》第十七，解释房舍名，有些词如"寝、城、郭、廷"之类的，解释可信，参见拙文《住所名探源》。

（115）《释宫室》："狱，确也，实确人之情伪也。又谓之牢，言所在坚牢也。又谓之圜土，筑其表墙，其形圜也。又谓之囹圄，囹，领也；圄，御也，领录囚徒，禁御之也。""牢"是牛马栏舍，发展出监狱义。这种语义演变很常见。西班牙语 cija "羊圈；堆麦秸、稻草的场地；监牢；粮仓"。汉语"庾"就有仓库、露天堆积两个词义，可跟西班牙语比较。

（116）《释宫室》："房，旁也，在堂两旁也。"王力先生说，"房、旁"是同源字（1982a）。

《释床帐》第十八，解释床上用品，不少解释直截了当，可以信服。

（117）《释床帐》："蒲，草也，以蒲作之，其体平也。""草"字毕本作"平"。原料和用具，可以是一个词，这类解释可信。但同类的词语，解释有误，如"荐"是席子，来自薦草，刘熙说"薦，所以自薦藉也"，解释不妥。"荐"来自草，用草制作的席子叫"荐"。《说文》草席作"荐" *zlɯɯns，牧草作"薦" *ʔseens。还可比较"褥"，《释床帐》："褥，辱也，人所坐衮辱也。"毕沅说："衣旁作褥，俗字也，于文当作蓐。"

《释名》后面还有释书契、典艺、用器、兵、车、船、疾病、丧制等篇，限于篇幅，不一一列举。拙著《比较词义探索》涉及《释名》相关词目，亦不赘述。

《释名》以后，有张金吾《广释名》，收罗字词古注到名释，刘青松先生的《古释名辑证》，后出转精，可供进一步的研究。

假借说略

假借是用字现象，跟语言里词的语义演变没有直接的关系。汉字是表意文字，字形跟一定的词义发生关联，字形一旦脱离了固定的词义，就形成假借。汉语文献用表意的汉字记录，而语言是有声的，语音在语言里占据重要地位。所以假借字的读音，就是首先要关注的要点。

假借是文献里很重要的用字现象，前人非常重视假借。假借现象很早就为学者所认识，他们作了不少有意义的探索。但是因为种种原因，假借字的研究尚有不少问题需要讨论，尤其是假借与词义的关系梳理不充分，值得进一步研究。本文在前人研究的基础上对假借作专题研究。

第一节　同音与假借

要讲清楚假借，就得先谈语言跟文字的关系。通假是文字现象，跟词义演化原本是没有关联的，蒋绍愚先生说："关于词义的发展变化，一般认为有引申、假借两种途径。这种说法是不正确的。假借只是文字问题，与词义无关。"（2005：70）所言极是。语言是一套符号系统，不同的民族都有自己的语言，人类自然语言都是有声语言，就是通过声音传递信息。文字是记录语言的符号，绝大部分语言都是没有文字的，文字的出现远晚于语言。人们在日常的交际中，通过声音来传递信息，跟假借没有任何关系。

语言交际没有假借，只有用文字记录了语言，才可能有假借。用文字记录语言，基本上只有两种方式，一种是记录语言的读音，一种是标记语言的词义，前者称为表音文字，后者称为表意文字。两分法是文字的基本分类，索绪尔《普通语言学教程》就是这么分的。当然，细分就复杂了，也没有必要细分。

假借只有在记录语言的文献里才会出现。表音文字记录的是语言里的同音词，没有所谓的假借。表意文字跟语言里的词义发生关联，不直接标记读音。在文字使用的过程中，用同音字来标记另一个词，就会出现假借。可见假借只出现在表意文字系统里，读音跟表意发生了变化才会有假借。假借是表意文字带来的一种用字方法。

假借在传统训诂学、文献学等诸多学科占据重要位置，前人不遗余力作了大量的梳理研究工作，积累了丰富的资料。假借只是语音有联系，词义没有关联，这是学术界的一般看法。其实问题远没有这么简单。假借字折射的是语言里的同音现象，一般来说同音词有两种情况：一种是单纯的同音，没有语义联系；一种是不仅同音，语义也有联系。同音词有无语义联系，要判断清楚并非易事。运用历史语言学、语义类型学，可以看出前人所说的假借，许多可能都是词语语义演变的结果，假借并非没有语义联系。总之，假借实际上就是同音借用，研究假借就是研究同音词。

语言里的一个词，词义发生了变化，可用一个字来记录，也可分化出不同的字。本书第四章对音同、音近作了分析，可参阅。同一个词义，字形不同，就形成了假借。我们举例加以说明。

（1）《说文》："啬，爱濇也。从来面。来者面而臧之，故田夫谓之啬夫。一曰棘省声。"段注："古啬、穑互相假借，如稼穑多作稼啬。"《说文》："穑，谷可收曰穑。从禾，啬声。"段注："古多假啬为穑。""啬"，吝啬；"穑"，稼穑，二字并所力切 *sruug。"啬"本是稼穑字，《礼记·郊特牲》："蜡之祭也，主先啬而祭司啬也。"转指田夫，亦指农事，《尚书·汤誓》："汝曰我后不恤我众，舍我穑事而割正夏。"传："言夺农功，而为割剥之政。"稼穑跟农夫的关系，比较英语 grow "种植，饲养"，grower "种植者；植物"。"啬"的吝啬小气义，从农夫派生而来。帕默尔说："城里人含有优雅、有礼貌的意思，而乡下人含有笨拙、粗野的意思。希腊语与此相似，也有 asteios 和 agroikos 的对立（义同前）。英语 boor（粗野的人）这个词本身原指农民，相应的德语词 Bauer 还保留着这个意思。在法语里，restre（乡下的）和 paysan（农民）也被玷污了。"（1983：82）英语 agrestic "农村的；粗俗的，笨拙的"，agricultural "农业的"，也指 "体育运动中动作不灵活，笨拙的"；boor "粗野的人，愚钝的人；农民"，boorish "粗野的，笨拙的"；carle "［古］农夫，农奴；［苏格兰］粗野的人"；suburb "郊区"，suburban "郊区的；褊狭的；郊区居民"；clod "土，泥土；土壤；呆子，乡下人"，clodhopper "乡下佬，粗人；一种笨重的鞋子"。农夫派生出粗野、愚钝等意思，也可特指吝啬小气，比较英语 churl "粗暴的人；［古］农民；［古］吝啬鬼"。汉语吝啬义，自农夫发展出笨拙、涩滞义，《说文》："濇，不滑也。从水，啬声。""濇"所力切 *sruug。涩滞义来自穑夫的笨拙；涩滞可发展出吝啬义，穑夫也可直接发展出吝啬义。看外语的材料就能明了这一点。故尔吝啬义可从涩滞义来，也可从穑夫义来。当然，直接的源头还是

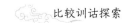

稽夫。汉语"啬、穑、濇"三字并所力切，在语言里同音，语义从啬夫发展出笨拙、吝啬，写作三个字，在文献里就出现通假现象。

（2）《说文》："璪，玉饰，如水藻之文。从王，喿声。《虞书》曰：璪火粉米。"段注："《虞书》璪字，衣之文也，当从衣，而从玉者，假借也。衣文、玉文皆如水藻，声义皆同，故相假借，非衣上为玉文也。凡《说文》有引经言假借者例此。《礼经》文采之训，古文多用缫字，今文多用璪、藻字，其实三字皆假借。""藻"是水藻，《说文》作"薻"。段注谓衣服上之藻文，其字当从衣。其实并无从衣从喿之字，记作从玉之字，是为假借。英语 reed "芦苇"，作动词时指建筑上用小凸嵌线装饰，也指把货币、勋章等做成锯齿形纹饰；lotus "睡莲，荷花"，也指荷花纹饰；foliage "叶子；叶饰"；leafage "叶子；叶状装饰"。"藻"是水草，衣物上饰有水草样的花纹也叫藻。"藻"在语言里是一个词，纹饰是其引申义，文字分别记作"藻、璪、缫"，在使用中就形成了假借。

假借应该限定在用不同的汉字记录词语上，这里所说的词语，必须是同音，至于有无语义联系，是不重要的。下文还会详细讨论假借字的语义问题。文字字形不同，只要不牵涉语言里的同音词，就不宜称为假借，比如异体字、俗字，与假借就有明显的不同。

从上面的讨论可以看出，假借是用字现象，只有表意文字才会有假借。假借就是用不同的表意文字记录语言里的同音词。汉字的表意性很强，形体众多，假借现象就很重要，成为经典训诂学的重要组成部分。

第二节　假借的几个问题

在上一节我们讨论了文字的借用，认为假借是书面文献里出现的用字现象。假借不是语言问题，只是一种用字现象。用表意文字记录的文献，才会产生假借，而表音文字不存在假借。假借是表意文字带来的文献上的用字，对于假借的认识也是从整理文献开始的。汉代学者，如郑玄等人，在传诗注礼的过程中发现，不同的学者，记录的文字也是不同的，古文、今文用字有很大的差异。整理文献，研究训诂，假借是必须认真对待的课题。汉代以降，学术昌明，假借的研究也越来越深入，涉及的内容更广泛，研究的成果也很丰硕。研究越深入，困扰的问题就越多。假借的研究，需要解决的问题很多。本节梳理前人的假借研究，分几个专题，对假借作深入的剖析。

一、假借的语音

假借是文字的使用，是表意文字特有的用字现象。假借标记的是语言里的同音词。语言里的同音词，语义可能是不同的，在书面上就用不同的表意形体（文字）来标记。既然标记的是语言里的同音词，假借字在语音上就应该是相同的。

假借必须同音，至少是读音很近。关于读音有几个问题要明了，一是时代的差异，二是地域的不同。上古语音不同于秦汉，跟唐宋的注音，以及宋元以后的北音，有比较大的改易。不同的时代语音不同，记录的假借字就有较大的差异。但是，不管什么时代，什么地方，假借记录的始终是同音词。

同音词，完全同音的居多，上举"薔、藉、濇"三字并所力切。音近也普遍。音近的形成，原因复杂，有的可能是同音字少，不得已而借用一个读音相近的字，也可能有形态的原因。形态变化可以构成新的词语，在语言里一个词裂变出新的词义，语音可以稍加区别，比如上古汉语可以用清浊、等呼区别。举一例说明。

（3）"柯、荷"是同族词，语义相同，但读音略有差异，写作不同的汉字。"茄"之言柯也，古与"荷"通用。依古音"柯、荷"为同族词，语义相同。《说文》："茄，扶渠茎。从艸，加声。"段注："谓华与叶之茎皆名茄也。茄之言柯也，古与荷通用。"段言茄之言柯，所言是也。"茄、柯、幹"等字，均应是同族词。"茄"古牙切 *kraal，"荷"胡哥切 *gaal，声母清浊对立，"茄"有 -r- 介音。语音稍异，区别荷茎和荷叶。但是"荷"字表示荷茎和荷叶这两个意思，有没有语音区别，值得研究。"幹"古案切 *kaans，-n 尾与"茄、荷"的 -l 尾交替。

不同时代，不同地域的用字，根据的都是特定时期、特定地域的语音。文字记录同音词，一般会选定读音相同的字，而不太会选择一个读音相差太远的字。文字记录语言，假借的功能类似于表音文字，一定是记录语言里的同音词。文献里的假借字，语音有差异，大抵是时间或空间造成的，这个道理应该很好理解。

形态的变化，使得读音略有不同。形态有两种，一种是构形，一种是构词。跟训诂密切相关的是形态构词。所谓形态构词，就是用不同的读音，来区别不同的词义，形成不同的词。汉字也会使用不同的字形来加以区别。语言里的同族词，来源于一个同根词，变易读音，形成不同的词。但是假借字记录的也大体是同音词，不会假借读音差别较大的字。请看下面的这几个例子。

地域的不同，使得假借有明显的方言差异。先秦耕部和元部可以有语音交替，这可能是见于齐鲁、荆楚的一种方言变易（黄树先

2006）。文献里耕部、元部有假借的现象。

（4）《说文》："嬛，材紧也。从女，瞏声。《春秋传》曰：嬛嬛在疚。"段注："《宀部》引《诗》茕茕在宂，此引《传》嬛嬛在疚，正与今《诗》《春秋》茕、嬛字互易。《魏风》（许惟贤先生谓当作《唐风》）又作睘睘，《传》曰：无所依也。盖依韵当用荧声之茕，而或用嬛、睘者，合音通用。"耕部与元部，上古或通用，殆 *eŋ>an，所谓合音通用，也应该是某个时期，或某个地域的语音情况。

郑康成曾说："其始书之也，仓促无其字，或以音类比方假借为之，趣于近之而已。受之者非一邦之人，人用其乡，同言异字，同字异言，于兹遂生矣。"（《经典释文叙录》引）"人用其乡，同言异字，同字异言"，说的就是不同地方，语言不同，读音有异，假借当然就用不同的文字来记录。

假借记录的是同音词，语音有差异，可能是形态的变易，也可能是地域的差异，还有就是时代的改变，不同时期，读音也会发生变化。具体到某一个假借，读音的不同属于哪一种情况，就不太好判断了。这是以后应重点关注的课题。

二、假借的语义

假借字，首先是语音问题，其次是词义问题。前人所考证的假借，不少是词义自然的衍生。王引之《经义述闻》通论部分讲了不少通假的例子。有些例子不是单纯的通假，它们有语义上的联系。有学者说，王引之的假借字中包括同音借用字与同源通用字两种（陆宗达、王宁 1996：97-98）。应该把这两类假借区分开来。

关于假借字的语义关系，刘又辛先生的《通假概说》有较为系统的梳理，以下根据刘氏著作作简要的阐述。刘氏主张词义的引申跟假借是应该分开的，对于前人在这两个问题上含混态度给予了批评。他先批评了许慎。许慎在界定假借的时候说"本无其字，依声托事，令长是也"，刘先生评价说，许氏举的这两个例字跟他的定义是矛盾的，因为这两个字无论怎么用，都只是字义的引申，而不是假借（刘又辛1988：10）。许慎的这个失误，于是引起了后人的一番争论。早在宋代，研究《说文》的人已经讨论过这个问题。例如郑樵在《通志·六书略》中把假借分为"有有义之假借，有无义之假借"两类。他所谓"有义之假借"就包括了引申义。接下来刘先生列举了清代包括江声在内的一些学者的意见，重点介绍了段玉裁的一些想法。

刘先生认为，段玉裁在假借语义的这个问题上，基本接受了戴侗的观点，在《说文解字注》中一再用实例反复申述了引申义和假借义之区别。但是，他有时又在实际上把引申义当作假借义，以至模糊了二者的界限。（1988：13）

前面我们讲过，假借反映的是语言里的同音现象，同音词分为两种，有同义的，也有不同义的。明了这种分野，就清楚假借与词义的引申，不可遽然说有关系，也不能说没有关系。或者说，有没有语义联系，不是假借的关键。我们从以下几个方面来看。

1. 假借是文献用字现象，反映的是语言里的同音现象。假借记录的是语言里的同音词，同音词有两种可能，一种是同义同音词，一种是不同义同音词。从理论上讲，只有前者的假借才会有语义联系，后者因为原本就没有语义联系，也就不存在引申跟假借的纠葛。我们研究假借，就要对这两种情况加以甄别。

2. 假借着眼的是字形。词是音义的结合体，是语言里的基本单位，而文字是记录语言的符号，语言和文字属于不同的符号系统。假借是用字现象，它着眼的是文字的形体。表意文字用不同的字形记录不同的词语，一旦形体跟词义分离，就形成了假借。

3. **文字的分工是社会的约定俗成。**假借是用字现象，字形跟词义有密切联系，一旦分离就构成了假借。假借形成的过程并非如此简单，文字的使用、不同形体的分工，也是社会约定形成的。原本约定某字记录某词，一旦用另一个同音字记录，就是假借，许多没有本字的假借就属于这种情况。比如第二人称代词，可记作"女"，后来通常记作"汝"。在阅读文献的时候，通常会说"汝"假借作"女"。其实就字形而言，不管是女人的"女"，还是汝水的"汝"，跟第二人称代词在语义上都没有一点关系。

4. **假借的认定标准。**前面说过，文字的分工是社会的约定。不同的人，理解可能不一样。假借字的标准，一般认为《说文》就是权威。《说文》讲字的本义，本义确立了，假借字也就好判断了。

《说文》确立本字、梳理假借确有一定的功效。陈澧说："古人所以用通借字者，实以无分部之字书，故至于歧异耳。《说文》既出，而通借之字少矣。"（《东塾读书记》卷十一）。但也不要夸大了《说文》的作用。《说文》真正受到学术界的重视，是清初才开始的，晚唐虽有二徐的整理，响应的人毕竟不多，更不要说在社会上受到普遍的重视。陈说可商。其实中国一直有语文规范，保氏教国子以六书，汉字的使用传习有序。字书有《史籀》，是字亦不得随意而用。《说文》序上说"尉律：学僮十七已上始试，讽籀书九千字乃得为吏，又以八体试之"，是国家有正规的考核标准。"书或不正，辄举劾之"，如此严苛，文字的使用焉能率意为之。"胃"用作"谓"，"蚤"标记"早"，都是社会约定俗成的。看来古人用字并非率意而为。由此可见，学校的教育、社会的习惯、《史籀》类的小学著作、国家的考核，对于用字的规范也许更显重要。

5. **假借字的语义问题。**假借反映的是同音词，判断同音词有无语义关系，除了传统的训诂方法及汉语的内部材料外，最好要有跨语言

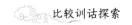

比较的支持。段玉裁的"假借、假、借"，有时候就是指词义引申。"芥"发展出草芥、纤芥义可以为证。

（5）《说文》："芥，菜也。从艸，介声。"段注："借为草芥、纤芥字。"段氏这里所说的借为应理解为引申。"芥"可泛指草，《广雅·释草》："芥，草也。"草发展出纤细、草民、草根，谓其贱也。法语 fétu "麦（稻）秆，干草；微不足道的东西"。汉语"草具"，指粗劣的餐具，"草根"指贱民。

刘又辛先生说，我们认为引申义和假借义应该从理论上严加区分，在分析字义时，应该在这个原则下指明词义的发展和假借字的不同。但是，我们也承认，有些词义的引申非常复杂，引申的线索不易理清，因而很可能被误认为假借。也有些假借义同某一词的引申义偶有接近，因而也可能被误认为是这个字的引申义。这两种情况都可能存在。这有两个原因：一是汉语和汉字历史悠久，词汇的变化和汉字的演变错综复杂，要把这些现象完全研究清楚，是一个巨大的工程，不是少数人短期内能够做到的；二是这方面的研究工作做得不多。（1988：13）

假借与词义引申，刘先生认为不太好判断，他举的是"利"这个例子。"利"，《说文》："利，铦也。刀和然后利，从刀，和省。"刘氏认为："许慎讲这个字就不清楚。段玉裁说：铦者，臿属，引申为铦利字。铦利引申为凡利害之利。铦是何物，说法不同。朱骏声说是从刀刈禾，会意，那么铦当是镰刀，因而引申为锋利义。至于利害之利，段玉裁以为是引申；朱骏声则说利民之利是借字。按照字义引申的规律，朱氏的说法比较可信。象这类的例子，可以举出很多。这些字词若经过认真研究，大半都可以得出正确的判断。不能因为少数字的解说不一而根本取消词义引申和文字假借之间的区别。"（1988：17）

依据传统的材料，假借字有无语义联系，当然不好判断。我们主张运用跨语言的词义比较，来评判假借有没有语义联系。还是接着刘氏举的"利"字来看。

（6）"利"本是舌属，训铦是词义的引申。俞敏先生拿藏文 rno"锋利"，对应汉语"耨"，《孟子》："深耕易耨。"（1989a）"耨"是除草的农具，《说文》作"槈"，重文作"鎒"。"锋"本指兵器的尖端，《说文》："鏠，兵耑也。从金，逢声。"段注："凡金器之尖曰鏠，俗作锋。"《吴子·治兵》："锋锐甲坚，则人轻战。"也指兵器。"锋"也是农具，《论衡·幸偶》："等之金也，或为剑戟，或为锋铦。""锋"引申出锋利义。"锐"是武器，也有锐利义，《尚书·顾命》："一人冕，执锐。"《说文》引作"执鈗"，"鈗，侍臣所执兵也。从金，允声。""锬"，《说文》："锬，长矛也。从金，炎声。"段注："假为铦利字。"当是词义的自然引申。"镞"，《说文》训利也，也指箭镞。刀剑、刀刃发展出锋利义，英语 edge"刀口，刀刃；利刃；锐利，尖锐"。锋利义发展出快速义、愉悦义，汉语"快"同时有锋利、快速、愉快义。英语 sharp"锋利的；尖的；急速的；状况良好的"。

刘氏认为颇难决断的"利"字的语义问题，在跨语言的词义比较的引导下，就能得出较为可信的结论。运用传统的训诂方法和汉语的内部材料，再进行跨语言的词义比较，假借字所记录的同音词有没有语义联系，判断起来就有客观的标准，梳理也有可操作性。本章所列举的假借字例，全部引进了语义类型学，希望这种新的尝试在假借字的研究中能够发挥比较好的作用。

三、通假和假借

假借亦称通假，前人分为造字假借和用字假借。假借为六书中的一种，许慎谓："假借者，本无其字，依声托事，令长是也。"还有用字假借，王引之有详细的讨论，见《经义述闻·经文假借》。

对于通假和假借的区分，刘又辛先生曾如此评价："乾嘉时期的小学家本来只称假借，一般不用通假一词。而且谈论假借，也只是在六书的范围内，把假借和其他五书并列，认为是六种造字方法之一。"（1988：19）刘氏又说："把假借字划分为两类，一类叫做假借，一类叫做通假，那是不必要，也做不到的。"（1988：25）

通假和假借，是应该分开的。段玉裁也是区分的。本无其字，依声托事，是没有本字的假借；有文字记录，却弃而不用，如本有"鄌"字，但借"许"标记，这也是假借，也可称之为通用。区分有本字的假借和无本字的假借，可更好地认识假借，梳理用字的情况。

假借记录的是同音词，表意文字的字形跟词义吻合，就是本字本义；字形跟词义没有关系就是假借。语言里的词语，没有造字，也就是没有本字，而是借用一个同音字，前人也把它叫作造字假借。没有本字的假借，原则上来看，应该只是同音词，语义上是没有联系的。比如第二人称代词，借用"女"，借用"汝"，都不可能跟女人、汝水有什么语义上的关系，纯粹只是一个记音。假借字只起表音作用。没有本字的假借，用同音字记录，就取得了合法的身份，有了类似于其他本字的身份，俨然也是本字。所以本字，并非只有字形跟词义吻合这一种，没有本字的假借，也可以算是本字。正因为如此，没有本字的假借，也可以跟其他的字构成假借关系，比如我们会说"女假借为汝"，因为我们认定"汝"是记录第二人称代词的本字，而"女"是假借，尽管早期文献也是用"女"来记录。

有本字而不用，却要假借一个同音字，这也叫作通用。我们在梳理通用时，就要找到本字。找到本字后，再来分析这两个同音字有没有语义联系。

四、假借的其他问题

前人把假借弄得很复杂，是没有必要的。下文辨析几个跟假借有纠葛的问题。

（一）假借字与古今字、异体字的关系

刘又辛先生说："古今字和假借字、异体字等都是在不同层次的基础上用不同的标准划分的，所以彼此间并不互相排斥。古今字有的和假借字相关，有的是异体字，有的又是同源字。"（1988：33）假借字有特定的时间和地域，记录的是语言里的同义词。异体字、古今字，是其他的切分标准，最好不要跟假借字搅合在一起。段玉裁在解说假借字时，也时常把假借字跟古今字搅合在一起。我们认为二者是不同的概念。请看下面的例子。

（7）《说文》："呼，外息也。从口，乎声。"段注："今人用此为号嘑、謼召字，非也。"呼吸与言语的语义关系，"喘"的喘息、微言，可参见本书第一章的相关讨论。呼吸与言语在语义上有关联，故今人用为呼叫。"嘑"，呼叫义，《说文》："嘑，号也。从口，虖声。"段注："诸书云叫呼者，其字皆当作嘑，不当用外息之字。"外息的"呼"与呼号的"嘑"，同音荒乌切，语言里就是一个词，文字加以区别；又因二字同音，语义关联，故混用不分。段氏谓今人以为呼叫字，是假借字，也是古今字。古今用字不同，亦来自同音假借。

假借字跟汉字的其他用字纠缠不清，就会生出许多奇怪的说法。清人朱珔《说文假借义证》，就有通借、互借、两借、连借（见该书的张鸣珂序），还有省借（见该书的"元"字注）。这样处理就没有抓住假借的要义，反而把问题搞复杂了。段玉裁也使用"假省"：

（8）《说文》："玃，烄田也。从犬，睘声。"《尔雅·释天》："秋猎为狝。"段注谓："释狝为杀者，以迭韵为训，古音玃与睘同也。若

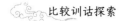

《明堂位》假省为獮，取其双声耳。"这里用了"假省"，《说文》无
"獮"字。

（二）假借字与汉字的多少无关

学界很多人认为，古代字少，所以才出现假借。段玉裁说假借
"皆因古时字少，依声托事"（"中"字注）、"古字少而义咳，今字多
而义别，监与鉴互相假"（"监"字注）。朱骏声说假借之由兴起，其
原因有二：上古字少；经师口授，传写失真（《六书假借经征》）。字
多字少，不是假借产生的原因。前面我们说过，假借记录的是同音词，
它是特定时间和地域产生的。甲骨文单字不少于 4000 个，完全可以记
录当时的语言。后来的几万个汉字，是累积的结果。现在常用的汉字，
与甲骨文的 4000 多个单字比较起来，不见得多出多少。所以说，字
少，不应该是假借产生的原因，至少不是主要的原因。

第三节　段注假借略例

段玉裁注释《说文》，花了很大气力来辨析假借。段氏所言假借，
我们收集到的有一千来例，解说大多精当。段氏继承了许慎的假借观
点，对假借的语音和语义都进行了剖析，同时，对文献里假借的情况
进行了梳理。可以说，段注里的假借数量可观，代表了乾嘉时期假借
字研究的最高成就。本节梳理段氏对假借的基本看法。

一、依托《说文》，梳理假借

《说文》说的是本字本义，与其他反映假借的文献是不同的。段

玉裁在《说文叙》的注释里，讲了以下这段话，对《说文》的训释进行了充分的肯定："许以形为主，因形以说音说义。其所说义，与他书绝不同者，他书多假借，则字多非本义，许惟就字说其本义。知何者为本义，乃知何者为假借，则本义乃假借之权衡也。故《说文》《尔雅》相为表里，治《说文》而后《尔雅》及传注明，而后谓之通小学，而后可通经之大义。"（许慎序"庶有达者理而董之"注）王念孙替段注作序，也说过类似的话。他们都相信《说文》，根据《说文》来判断假借。

（一）律以《说文》

段注讲假借，是"律以《说文》"，根据《说文》来研究假借。这样的例子很多，略举几例加以说明。

（9）《说文》："絜，周封黄帝之后于絜也。从邑，契声，读若蓟。上谷有絜县。"段注："絜、蓟古今字也，蓟行而絜废矣。汉《地理志》《郡国志》皆作蓟，其字假借久矣。絜者，许所见古字也。蓟者，汉时字也。""絜、蓟"古诣切 *keeds。地名用字，不同时代有所不同，这是古今字的不同。段注律以《说文》，确立正字、假借字。

（10）《说文》："顄，颐也。从页，函声。"段注："《王莽传》作顄，正字也；《方言》作颔，于《说文》为假借字。"律以《说文》，确定正字、假借字。《说文》："颔，面黄也。从页，含声。"又："顑，顑頷，食不饱，面黄起行也。从页，咸声。"段注谓顑与颔"义得相足"，"今则颔训为颐，古今字之不同也"（"颔"字注）。"颔"跟侗台语（如傣语）的 kɛm³ "脸、颊"比较（罗美珍 1983：36）。从跟亲属语言的词义比较来看，汉语的"颔"早期可能跟脸有关，字或作"颔"字，指脸，也指面黄。"顄、顑"有语义联系（黄树先 2013）。

（11）《说文》："查，奢查也。从大，亘声。"段注谓"今经传都无查字，有桓字""桓之本义为亭邮表，自经传皆借为查字，乃致桓行查废矣"。段氏又谓:"汉人作传注不外转注、假借二者,必得其本字而后可说其假借。欲得其本字,非许书莫由也。"只有依靠《说文》才能判断假借字,故曰"非许书莫由"。

假借字的判断可依据《说文》,同时,假借要符合规范,或遵循习惯。段氏使用了"真字"("娓"字注)、"正字"("昜"字注),是对正确(规范)使用汉字的肯定。又每言"俗借"("赤"字注),是对滥用假借的批评。

(12)《说文》:"毙,反顶受水丘也。从丘,从泥省。"段注:"毙是正字,泥是古通用字,尼是假借字。"段说正字、通用字、假借字并列,值得关注。通用字,虽非正字,仍是一般习惯用字,庶几与正字地位相当。从语义上看,通用字也有语义上的关联。当然,段氏认为,假借也有语义关联,这个观念来自《说文》。段氏说"毙"是正字,"泥"是古通用字,"泥"是蓄水处,故段氏说:"水漳所止是为泥淖,《仪礼注》曰:淖者,和也。刘瓛述张禹之说:仲者,中也。尼者,和也。孔子有中和之德,故曰仲尼。张固从泥淖得解。"又谓"汉碑有作仲泥者,浅人深非之,岂知其合古义哉"("毙"字注,"淖"字注亦可参阅)。段氏认为,通用字可从字面或本义求得与本字相同的语义。当然,假借字也有语义联系。大致来说,段玉裁认为正字是最为合法的用字,古通用字,古已有之,又或有语义联系,亦有其合法性。

(二)发凡起例

《说文》是讲本字本义的,也讲假借。段玉裁说,《说文》"以某为某",多言假借。请看下面的例子。

(13)《说文》:"禋,絜祀也。一曰精意以享为禋。从示,垔声。""禋、煙"同源,《周礼·大宗伯》:"以禋祀祀昊天上帝。"郑玄注:"禋之言煙。周人尚臭,煙,气之臭闻也。""煙"跟气味的语义关系，比较英语 reek "臭气；蒸汽；烟，浓烟"。段注谓《尚书大传》以"湮"为"禋"。"湮"，湮没，《说文》："湮，没也。从水，㶅声。""禋、煙"於真切 *qin。烟和沉没的语义关系不显，但也不能完全就排除二者的语义关系。比较英语 reek，有蒸汽、浓烟义，还表示"粘上，被浸湿"，如 a horse reeking with sweat "浑身大汗淋漓的马"。

（14）《说文》："狂，狾犬也。从犬，㞷声。忹，古文从心。"段注："假借之为人病之称。"疯狂，《说文》指动物，可转指人。英语 mad "疯的；（动物）患狂犬病的，异常狂暴的"。

（三）形近相借

段玉裁讲假借主要是语音相同，但也把形体相近的字归入假借。段玉裁所说的"因形近相借"的例子有：

（15）《说文》："屮，草木初生也。象丨出形有枝茎也。古文或以为艸字。读若彻。"段注："凡云古文以为某字者，此明六书之假借。以，用也。本非某字，古文用之为某字也。如古文以洒为灑扫字，以㱀为诗大雅字，以丂为巧字，以臤为贤字，以炗为鲁卫之鲁，以哥为歌字，以皮为颇字，以朆为脑字，籀文以爰为车辕字，皆因古时字少，依声托事。至于古文以屮为艸字，以疋为足字，以丂为亏字，以㑄为训字，以臭为泽字，此则非属依声，或因形近相借，无容后人效尤者也。"《说文》谓古文以屮为艸，段玉裁以为是汉代特殊的假借，是"因形近相借"，而"非属依声"，是特殊时期所为，故曰"无容后人效尤者也"。看来段氏并不赞同这类形近相借。我们以为这不能算是假借，不过是字形的不同。甲骨文有"屮"，当是"艸"字的早期写法。"艸"字，《汉书》多作"屮"。

（16）《说文》："熏，火烟上出也。从屮，从黑。屮黑熏象。"段注谓从屮，"象烟上出。此于六书为假借"，"此恐学者不达会意，故发明之曰：屮而继之以黑。此烟上出，而烟所到处成黑色之象也。合二

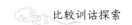

体为会意，单言上体则为假借"。段注谓从屮，象烟上出，与当草讲的"屮"没有联系，是假借。这里的所谓假借，只是纯粹的借形，跟借"一"表示"上"是一类。

二、假借特别强调语义联系

段玉裁继承了许慎假借的基本观点，承认假借字的语义联系。前面我们说过，假借记录的是同音词，同音词的语义可以是有联系的，也就是同音词可以是同义词。段氏曾拿假借跟转注作了比较，他说："异字同义谓之转注，异义同字谓之假借。"（"雕"字注）这里特别强调的是同音假借，而语义不同。但段氏又承认假借也有语义联系，每当语义联系明确凸显时，就在假借的前面添加引申二字，"引申假借"是段注里通常的表述。段氏以为同音词本义发生变化，演变为引申义；引申义出现后，别造新字，文献借用，就形成了假借。这就是引申假借。不太可能出现先假借再引申的现象，所以我们在段注里看不到"假借引申"这样的表述。请看下面的例子。

（17）《说文》："止，下基也。象草木出有阯，故以止为足。"段注："此引伸假借之法。凡以韦为皮韦，以朋为朋党，以来为行来之来，以西为东西之西，以子为人之称皆是也。以止为人足之称，与以子为人之称皆正同。许书无趾字，止即趾也。"段氏解释《说文》"以为"例。许慎的假借，语义是有联系的，故曰"此引伸假借之法"。段氏似遵从许说，以为"止"是草，假借（引申）为足，后世别作"趾"。从汉藏语比较来看，汉语"止"本来就是足，甲骨文"止"作脚掌形，诸市切 *tjɯʔ<*kj-，原始藏缅语 *kriy"脚"（白保罗1972#38；1984：19−20）。当足讲的"止"，发展出草义，足与草有关系，比较缅文 khre²"脚，腿；根基，底，根部"。汉语"止"字是足，

"茡"是草，同族词有"址、坁、基"。

（18）《说文》："殖，脂膏久殖也。"段注："脂膏以久而败，财用以多藏而厚亡，故多积者谓之殖货，引伸假借之义也。"段氏"引伸假借"连用，是把假借也视作词义演变的一种。油脂变质的"殖"，可能来自"脂"，油脂义派生出油脂变质。法语 graisse "脂肪；油脂；葡萄酒等呈粘状的变质"。油脂变质会和朽败、恶化一类意义密切关联，英语 deteriorate "恶化，变坏；变质；解体"，deterioration of oil "油变质"。货殖的"殖"，宜从种植义来，段说可疑。"殖"，种植，《尚书·吕刑》："稷降播种，农殖嘉谷。"江声《集注音疏》："殖，种也。"贸易的"货殖"，来源于耕种。种植与贸易的语义关系，可比较英语 plough "犁，耕；（把大笔钱）投资盈利"，plough back "把（草等）犁入土中作肥料；把（利润）再投资"，plough into "把（资金）投入"。春种一粒粟，秋收万颗子，将本求利，犹如耕种，汉语和英语均有这样的语义联想。

（19）《说文》："棽，木枝条棽俪也。从林，今声。"段注："棽俪者，枝条茂密之貌，借为上覆之貌。"段氏的假借指词义的引申。章太炎先生说，"林"孳乳为"森、棽、槮"（《文始》七，2021a：404-405）。林木发展出茂盛、遮盖义。英语 wood "森林"，woody "林木茂盛的"；bush 名词"灌木；浓密的一片"，动词"用灌木保护（或覆盖、围住）"，bushed "长满灌木的；迷路的，迷茫的；感到孤独的"，可跟"森"的阴森恐怖义比较。

（20）《说文》："𡈲，宫中道。从口，象宫垣道上之形。《诗》曰：室家之𡈲。"《大雅·既醉》："室家之壸。"传曰："壸，广也。"笺云："壸之言捆也，室家相捆致。""壸"，宫中道路，《大雅》"壸"训宽广。段注："皆引伸假借之义。"道路与宽广，可比较英语 way 名词"道路"，副词"远远，大大，非常"。

（21）《说文》："衽，衣裣也。从衣，壬声。"段注："假借为衽席，衽席者，今人所谓褥也，语之转。""衽"，衣襟，又指床褥，《仪礼·士丧礼》："设床第于两楹之间，衽如初，有枕。"注："衽，寝卧之席也。"衣服与卧具的语义关系，段氏谓今人所谓"褥"，来自"衽"的变读，故曰"语之转"。段说可疑。《说文》："蓐，陈草复生也。从艸，辱声。一曰蔟也。"段注："蓐训陈草复生，引伸为荐席之蓐。"段氏后一说法可取。"蓐"是草，草席亦曰"蓐"，后泛指床褥。其语义演变可比较汉语"荐"字。英语 clothes "衣服；被褥；各种衣服"，clothing "衣服；被褥；覆盖物（如毯子）"。

（22）《说文》："碑，竖石也。从石，卑声。"下葬时墓穴四角竖木柱，用以引棺木入葬，亦曰"碑"，段注谓窆用木，"非石而亦曰碑，假借之称也"。这里的假借指词义的转用，是词义的引申。碑文用石，亦可用木，英语 tablet "（古代用木、象牙、金属等制成）刻写板，简牍；（铭刻文字的）匾，牌；檐板，笠石"。古代丧礼写执绋者名姓的版叫"历"，见《周礼·遂师》。《说文》"历"训石声，字从石。是木石混用，中外语言皆然。

（23）《说文》："洸，水涌光也。从水光，光亦声。《诗》曰：有洸有溃。"传曰："洸洸，武也。"段注："此引伸假借之义。""洸"谓水流涌动闪光，用水流汹涌形容威武，是很自然的语义演变。英语 surge "（浪涛）汹涌，奔腾；浪涛般奔腾"，Anger surged（up）within him. "他怒火中烧。"

（24）《说文》："卦，灼龟坼也。从卜兆，象形。兆，古文卦省。""兆"是烧灼后的裂纹、痕迹，段注："凡曰朕兆者，朕者如舟之缝，兆者如龟之坼，皆引伸假借也。"段氏此处的"引伸假借"，指词义的引申。"卦、兆"，由痕迹转指征兆。斑点、直线、足迹等痕迹，均可发展出征兆义，汉语说"迹象"。葡萄牙语 pinta "斑点；胎记；

征兆，信号"。意大利语 segno"痕迹；符号，标记；征兆"。德语 Spur"痕迹；征兆"。印尼语 bakat"痕迹；征兆；天赋"，-kat 对应汉语的"缺"字。

三、几个典型的假借字例

（25）《说文》："鬈，发好也。从髟，卷声。《诗》曰：其人美且鬈。"段注："本义谓发好，引伸为凡好之称。凡说字必用其本义，凡说经必因文求义，则于字或取本义，或取引伸、假借，有不可得而必者矣。故许于毛传有直用其文者，凡毛、许说同是也。有相近而不同者，如毛曰'鬈，好貌'，许曰'发好貌'，毛曰'飞而下曰颉'，许曰'直项也'是也。此引伸之说也。有全违者，如毛曰'匪，文章貌'，许曰'器似竹匧'，毛曰'干，涧也'，许曰'犯也'是也，此假借之说也。经传有假借，字书无假借。"段氏这段话很值得注意。语言里是词，文字标记语言里的词。汉字是表意文字，文字跟词语的语言关系就形成大致三种情况：

第一，本字记录语言里的词语，这个时候，《说文》的解释就跟经传的训解一致。

第二，本字记录的词语，词义发生改变，《说文》讲本义，经传就用引申义来解释。

第三，本字记录的词语，跟本义了无关系，只是同音，经传的解释跟《说文》完全不同，"此假借之说也"。

段氏又谓"经传有假借，字书无假借"，这里的字书大概主要是指《说文》这类专讲本义的字书。后世《玉篇》一类的字书，也是会标注假借义的。

（26）《说文》："西，鸟在巢上也。象形。日在西方而鸟西，故因以为东西之西。栖，西或从木妻。"段注："此说六书假借之例。假借者，本无其字，依声托事。古本无东西之西，寄托于鸟在巢上之西字为之。凡许言以为者类此。韦本训相背，而以为皮韦；乌本训孝乌（许惟贤谓下乌字当作鸟），而以为乌呼；来本训瑞麦，而以为行来；朋本古文凤，而以为朋攒；子本训十一月阳气动万物滋，而以为人称。后人习焉不察，用其借义而废其本义，乃不知西之本训鸟在巢，韦之本训相背，朋之本训为凤，逐末忘本，大都类是。微许君言之，乌能知之。""栖"字"盖从木，妻声也，从妻为声。盖制此篆之时已分别西为东西，栖为鸟在巢，而其音则皆近妻矣。《诗》可以栖迟，汉《严发碑》作衡门西迟。然则鸡栖于埘、鸡栖于桀，古本必作鸡西。《论语》为是栖栖，古本亦必作西西"。段氏这段话是解释假借最为集中的一段文字。

（27）《说文》："玟，人姓也。从女，丑声。《商书》曰：无有作玟。"段注："今《尚书》玟作好，此引经说假借也。玟本训人姓，好恶自有真字，而壁中古文假玟为好。此以见古之假借不必本无其字，是为同声通用之肇端矣。此如朕圣谗说，假圣为疾；尚狟狟假狟作桓；布重莫席，假莫为织蒻之义；曰圛假圛为升云半有半无之义，皆称经以明六书之假借也。而浅人不得其解，或多异说，盖许书之湛晦久矣。"段氏这段话，详细讲述了古文通假的情况，有如下几点值得注意：

第一，古之假借不必本无其字，是为同声通用之肇端矣。

第二，称经以明六书之假借也。

第三，浅人不得其解，或多异说，盖许书之湛晦久矣。

（28）《说文》："姑，夫母也。从女，古声。"段注："圣人正名之义，名有可假借通用者，有不可假借通用者。可假借者舅姑是也，故母之晜弟为舅，夫之父亦曰舅，妻之父曰外舅。夫之母曰姑，男子称父之姊妹亦曰姑，称妻之母曰外姑。盖《白虎通》云：舅者，旧也。

姑者，故也。旧故之者，老人之称也。故其称可泛用之。不可假借者父母是也。故同姓有父母，异姓无父母。夫之父母未闻称父母也，姑之夫未闻称父也，姑未闻称母也。母之兄弟未闻称父也，母之兄弟之妻未闻称母也。从母之夫未闻称父也。惟外祖父、外祖母则以父之父母例之而得称，从母则以父之昆弟称从父例之而得称，从母之子亦以从父昆弟例之而得称。凡同姓五服之外及异姓之亲只称兄弟，无称昆弟者，古人称谓之严也。今天下之名不正者多矣，盍反诸经乎。许于舅举母之昆弟，于姑举夫母，各举男女所最尊以发舅姑之例也。"段氏这段话，值得注意的有：

第一，假借通用连文。

第二，名有可假借通用者，有不可假借通用者。亦参见"娣"字段注。

第三，可假借者舅姑，不可假借者父母。

第二条也是可以突破的，现在还说岳父母，面称父母，从妻称。英语 father"父亲；岳父；公公"；mother"母亲；养母；岳母；婆婆；继母"。父母并非不可假借（移用），尽管词义有变易，表示父母依旧是比较稳固的。段氏谓"姑"之字假为语词。语词义的来源待考。

（29）《说文》："鼂，匽鼂也。读若朝。杨雄说：匽鼂，虫名。杜林以为朝旦，非是。从黾从旦。"段注："此以为乃说假借之例。杜林用鼂为朝旦字，盖见杜林《仓颉故》。考屈原赋甲之鼂吾以行，王逸曰：鼂，旦也。《左传》卫大夫史朝，《风俗通》作史鼂之后为鼂姓，《汉书》鼂姓又作晁，是古假鼂为朝，本无不合。许云非是，未审，他处亦未见此例也。若《木部》构下杜林以为椽桷字，《斗部》斡下杜林以为轺车输斡，亦未辩其非是矣。盖假借之学，明其为借字，非真字，而真字存；不明其为借字，直指为真字，而真字、借字之义皆废矣。伯山盖谓鼂夕为真字，故辩以防之也。"段氏这段话集中阐述其假

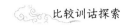

借的有关问题，值得注意的有以下几条：

第一，"黾"是虫名，虽未详何虫，要为虫之一种。假借为朝旦字，有秦汉文献为证。

第二，许慎引杜林说，此"以为"乃说假借之例。《说文》引经说古文假借，亦引通人成说，包括说假借。

第三，《说文》引杜林说后，按语谓"非是"。段氏谓"非是未审"，不明就里，因为"他处亦未见此例也"。接着列举《木部》"柶"下杜林以为橡桷字，《斗部》"斡"下杜林以为轺车轮斡，"亦未辩其非是矣"。这里的"非是"，有可能是后来加进去的。

第四，段氏说："盖假借之学，明其为借字，非真字，而真字存；不明其为借字，直指为真字，而真字、借字之义皆废矣。伯山盖谓黾夕为真字，故辩以防之也。"这里又一次出现"真字"，用以指本字。明了本字与假借字，是本义明，而假借亦明。

（30）《说文》："地，元气初分，轻清阳为天，重浊阴为地。万物所陈列也。从土，也声。"段注谓《汉书》或假为第但也之第"。作但（只是）讲的"第"字，来源待考。段氏又说："陈，各本作陈，今正。《攴部》曰：陈者，列也。凡本无其字，依声托事者，如萬虫，终古假借为千萬，虽唐人必用万字，不可从也。若本有其字，如假陈国为陈列，在他书可，而许书不可。地与陈以双声为训。"段氏这段话，讲了两个意思：

第一，集中阐述假借字的使用历史，有的假借字使用时间长久因而不变，比如千萬之萬，假借虫名"萬"。千萬字本无其字，久借虫名而不变。

第二，《说文》讲本字本义，与其他文献讲训诂字义不同，是陈国字与陈列字不同，其他文献可以借用，而《说文》要区别这两个字。

（31）《说文》："坤，丧葬下土也。从土，朋声。《春秋传》曰：

朝而堋。《礼》谓之封，《周官》谓之窆。《虞书》曰'堋淫于家'亦如是。"段注："堋、封、窆，异字同义也，惟封略近假借。此称《皋陶谟》说假借也。谓假堋为朋，其义本不同，而形亦如是作也。堋淫于家即朋淫于家，故孔安国以今文字读之，定为朋字。朋淫，即群居终日，言不及义，恒舞于宫，酣歌于室，徇于货色也。不知此恉，乃或以楚王戊私奸服舍释之。夫下棺之地，非持服之舍也。其说书之乖刺何如哉。故不知有称经说假借之例，不可与读《说文》。"段氏这段话，值得注意者有：

第一，"堋、封、窆"，异字同义也，"封、堋"是假借。"堋"方隥切 *pɯŋs，"封"府容切 *poŋ，《说文》谓"爵诸侯之土也"，以封建释之。"封"字，郑张先生说，甲骨文同"丰"，金文加又或寸，表封土植木为封疆（2013：320）。"窆"，方验切 *proms。《说文》："窆，葬下棺也。从穴，乏声。《周礼》曰：及窆执斧。"段氏谓"堋、窆、封"三字分蒸侵东三韵，乃一声之转。值得注意的是段氏又说"堋、封、窆，异字同义也，惟封略近假借"。段氏的意思好像是说"堋、窆"只是下葬土封掩埋，而"封"的语义稍微不同，只有在掩埋这个语义下才能通用，可以算作假借。

第二，称《皋陶谟》说假借也。段氏认为许慎引用《尚书》"堋淫于家"，是引经说假借，并批评后世学者"不知此恉，乃或以楚王戊私奸服舍释之。夫下棺之地，非持服之舍也。其说书之乖刺何如哉"。

第三，不知有称经说假借之例，不可与读《说文》。说明假借有体例的，不可不知。《说文》："坟，墓也。从土，贲声。"段注谓"坟"之义多引申假借用之，如厥土黑坟、公置之地、地坟，此引申之用也。如"遵彼汝坟"，借"坟"为"坋"。《周礼》"坟衍"，借"坟"为"濆"也。按段氏此处"引申假借"连用，底下分别举例，还是希望把二者区别开来。"厥土黑坟"，出自《尚书·禹贡》，谓土地肥沃。

"公置之地，地坟"，见于《左传·僖公四年》及《国语·晋语》，"坟"是突出、高起。"坟"是坟墓，也是山陵，山发展出高大义，是词义的正常演变。肥沃义，应来自坟的土壤义。"遵彼汝坟"，出自《周南》，"坟"是堤坝，段氏谓借"坟"为"坋"。"坋"是尘土，一曰大防。《周礼》"坟衍"，《夏官·邍师》："掌四方之地名，辨其丘陵、坟衍、邍隰之名。"贾公彦疏："水涯曰坟，下平曰衍。""坟"是水边高地、崖岸，段注谓借"坟"为"濆"也。山陵、坟墓跟堤坝、岸边高地，语义也有关联。英语 bank "岸，堤；埂，垄"；mound 名词"土堆，土丘；坟堆"，动词"［古］筑堤拦住"。西班牙语 albaróna "（湖滨露出水面的）高岗；堤坝"。段氏并没有办法把引申和假借明确地区开来。跨语言的词语比较，可以在语义评判上给予客观的标准。

（32）《说文》："鎯，昷器也。圜而直上。从金，至声。"段注："昷，各本作温，今正。许书温系水名，昷训仁也。昷训仁，故引申为昷暖字。凡经史可借用温，而许书不宜自相矛盾。凡读许书者知此，则九千三百余文之说解，绝无不可通之处矣。盖非用其字之本义，即用其字之引申义，断无有风马牛不相及者也。温训水名，此云温器也，是为风马牛不相及矣。昷器者，谓可用暖物之器也。"段氏这段话，须辨析如下：

第一，"昷训仁，故引申为昷暖字。"按段氏这句话说反了，应该是先有温暖义，由温暖义发展出仁爱义，不太可能是由更抽象的仁爱义发展出温暖义。温热是人的感觉，引申出关爱、仁爱。英语 warm "温暖的；热心的；慈爱的"。印尼语 hangat "温，热；热情的，亲热的"。《礼记·内则》："问所欲而敬进之，柔色以温之。"郑注云："温，藉也。承尊长必和颜色也。"刘晓平先生说："案直云柔和颜色以温悦尊者之心，不当改读为蕴也。"（2000：80）

第二，"凡经史可借用温，而许书不宜自相矛盾。"按水名"温"

与温暖字，殆同音借用。当然也不排除完全没有语义关系，这得有更多的材料来证明。

第三，"凡读许书者知此，则九千三百余文之说解，绝无不可通之处矣。盖非用其字之本义，即用其字之引申之义，断无有风马牛不相及者也。温训水名，此云温器也，是为风马牛不相及矣。昷器者，谓可用暖物之器也。"按本字、借字，有其适用范围，但是既然有借字，当然可以替代本字，所谓风马牛之事，也是存在的。段氏自己也说，《说文》讲本字，说解不废借字。段氏自己也说"许书以饰为拭，不出拭。此作拭者，说解中容不废俗字，抑后人改也"（"盩"字注）。

（33）《说文》："所，伐木声也。从斤，户声。《诗》曰：伐木所所。"段注："伐木声乃此字本义，用为处所者，假借为处字也。若王所、行在所之类是也。用为分别之词者，又从处所之义引申之，若予所否者、所不与舅氏同心者之类是也。皆于本义无涉，是真假借矣。"按本条值得注意的有：

第一，"所"字音义。先从"疋"字说起。"疋"*sŋra，《说文》："疋，足也。上象腓肠，下从止。《弟子职》曰：问疋何止。古文以为《诗·大雅》字，亦以为足字，或以为胥字。"段注："谓问尊长之卧，足当在何方也。""疋、疏/蔬、苏"等字音义相同，是同族词。今本《管子·弟子职》"疋"作"所"（参见郭沫若《管子集校》）。"所"*sqhraʔ，可能是音近通用。

第二，"用为处所者，假借为处字也。"按"所"字可能来自跟足、草等语义有关的词，立足、占据均可以发展出处所。立是站立，发展出位字，表示位置、处所。段注谓处所字假借为处字。《说文》："处，止也。从夂几。夂得几而止也。處，处或从虍声。""所"疏举切 *sqhraʔ，"处、處"昌与切 *khljaʔ。是"所、处、處"音义更近。详情待考。

第三，用为处所者，假借为处字；又从处所之义引申出分别之词，"皆于本义无涉，是真假借矣"。段氏假借与引申，经常连用，说明段氏的假借，包含了词义的引申，也就是说他心目中的假借，跟语义是有关联的，这也是从许慎那里继承过来的。文字是一套符号系统，汉字具有表意性，不同的形体，代表不同的词义。字词书及文献和故训，对字词的使用和理解及注释，各有不同，"律以《说文》"是段氏评判假借的基本准则。段氏认为，"所"是伐木声，和处所字，以及表诸如"所不与舅氏同心者"之类的所，跟伐木声完全没有语义联系，是"真假借"，也就是纯粹的记音，没有语义的关联。段氏的"真假借"值得玩味。

第四节　假借索义（上）

假借记录的是语言里的同音词，同音词有没有语义联系，需要多角度研究。本章全面整理段注《说文》中的假借，对段氏的一千余条假借材料进行分析，运用训诂理论和方法，借助汉语内部材料，对假借的语义进行考察。除了运用传统的训诂方法，整理汉语内部材料之外，我们还借助汉藏语比较以及跨语言的词义比较，对这些假借的语义进行研究。前面我们已经说过，假借所标记的同音词，可分为同义、没有语义联系两种。我们只对其中有语义联系的这部分假借进行研究。受篇幅的限制，我们只挑选以往没有研究过的词义进行研究，拙著《比较词义探索》《比较词义再探》等书里出现的例子，本节一般不再收录。凡所收录的假借例子，希望有跨语言的词义比较的支持。

本节考察《说文》一到四卷的假借实例。每一条例子标注语义关系以及本字和假借字，如"神祇（祇）与福安（禔）"，"神祇""福安"表明二者的语义关系，神祇义可以发展出福安义。但这只能表明二者有语义关联，语义的演变方向，不少的条目尚有待进一步的确立。括号里的"祇、禔"分别是注明本字和假借字。

本章所引用的《说文》及段注，以经韵楼本为主（上海古籍出版社影印本，1982 年），参考许维贤先生整理《说文解字注》（上下）（凤凰出版社，2018）。

（34）**神祇（祇）与福安（禔）**。《说文》："祇，地祇提出万物者也。从示，氏声。"又："禔，安也。从示，是声。《易曰》：禔既平。"段注："翻注此爻云：祇，安也。然则孟《易》作禔训安甚明。翻本作祇，谓祇即禔之假借，与《何人斯》郑笺正同。""祇"是神祇，掌管下界的地神，"禔"是福安。"祇"由神祇发展出救助、护佑等与福安有关的语义。《逸周书·文政》："祇民之死。"王念孙《读书杂志》说："祇之言振也。振，救也。"神与护佑、安好的语义联系，可比较英语 divine "神的；天赐的，神授的；极美的，极好的"，divinity "神，女神；神力，神奇；尽善尽美"。印尼语 tuah "福气；神力"；nikmat "（神等的）恩赐，赐福；愉快"。段氏谓"祇、禔"同在十六部，故得相假借（"祇"字注）。郑张先生的古音系统，"祇、禔"同在支部，"禔"*dee<*gee，"祇"*ge。

《说文》："龙，鳞虫之长，能幽能明，能细能巨，能短能长。春分而登天，秋分而潜渊。"《小雅·蓼萧》传曰："龙，宠也。"段注曰："谓龙即宠之假借也。"《说文》："宠，尊居也。从宀，龙声。"段注谓"宠"字引申为荣宠。龙为灵异之神物，发展出尊崇义，是很自然的。比较"神、灵"字，均有类似的语义发展。

（35）**艾草（艾）与收割（乂、刈）**。《说文》："艾，冰台也。从艸，乂声。"段注："古多借为乂字，治也，又训养也。""艾"，指收割器具，发展出收割义，《墨子·备城门》："城上九尺一弩、一戟、一椎、一斧、一艾。"孙诒让间诂："艾，刈之借字。《国语·齐语》云：挟其枪、刈、耨、镈。韦注云：刈，镰也。"收割义，《说文》作"乂"："乂，芟草也。刈，乂或从刀。"段注："《周颂》曰：奄观铚艾。艾者，乂之假借字。"艾 *ŋads、*ŋaads，本指艾草，又当砍割讲，《礼记·月令》："令民毋艾蓝以染。"字通作"刈"*ŋaads，《说文》："刈，芟草也。"《广雅·释诂》一："刈，断也。"又："杀也。""刈"字见甲骨文（裘锡圭 1990：35）。"艾"有长短元音两个读音，而"刈"只读长元音。《说文》有"嬖"字，"治也。从辟，乂声"。段注："《丿部》曰：乂，芟草也。今则乂训治而嬖废矣。《诗》作艾。"英语 mow 名词"干草；干草堆积处"，动词"割草；扫灭，残杀；打垮"。收割发展出残杀、惩治义，

"艾"有养育义，《小雅·南山有台》："保艾尔后。"传曰："艾，养也。"草跟养育义，可比较汉语"木"*moog 字，对应藏缅语 *mu·k"草"（白保罗 1972#363；1984：81）。"木"在汉藏语当草讲，草是名词；动词当牛吃草、放牧讲，汉语记作"牧"*muug。这种语义演变在语言里很常见：英语 graze 动词"放牧，（牲畜）吃草"，名词"牧草"，grazier"牧人"；browse 名词"（牲畜吃的）嫩草（或嫩叶等）；放牧，吃草"，动词"放牧；（牲畜）吃草"；pasture 名词"牧场；牧草"，动词"（牛羊等）吃（草）"；wormwood"苦艾；苦恼，痛苦，深切的悔恨"。汉语说"自怨自艾"，《孟子·万章》上："太甲悔过，自怨自艾。"字或作"忁"，《说文》："忁，惩也。从心，乂声。"段注："古多用乂、艾为之而忁废矣。"

（36）草（菑）与荒芜（菑）、耕种（菑）、火灾（甾）。《说文》："菑，不耕田也。从艸田，巜声。《易》曰：不菑畬。甾，菑或省艸。""不耕田"是没有耕种的田地，段氏认为是"反耕田"。"菑"的

本义是草，《淮南子·本经》："蓄榛秽，聚埒亩。"高诱注："茂草曰蓄。"杀草耕种亦曰"蓄"，《尔雅·释地》："田一岁曰蓄。"注："今江东呼初耕地反草为蓄。"反耕、才（始也）耕，都是这个意思。"茇"是草、草根，也指除草耕种，字亦作"坺"。德语 ausroden "连根掘起（树）；砍伐……成耕地"。汉语"茇"的同族词是"拔"。西班牙语 rozo "柴草"，roza "耕耘；耕耘过的土地；〔智利〕（耕耘土地时捡拾的）柴草"。段注谓"凡入之深而植立者皆曰蓄"，指的是耕种的动作或方式。"蓄"又指木立死，见《尔雅》。《大雅·皇矣》："其蓄其翳。"传曰："木立死曰蓄。"草木发展出茂盛义，《后汉书·郡国志》："考城故蓄。"刘昭注补引《吕氏春秋》曰："草郁即为蓄。"再发展出枯死义。"槁"是禾稼，亦有枯槁义。"蓄"的植立、枯死义，皆蓄字之引申假借，字是假借，而义有关联，故段氏每言"引申假借"。段又谓蓄字"又假为栽害字"。"蓄"是草木，发展出燃烧义。薪柴与燃烧的语义关系，可参见拙文《词义比较：薪柴与燃烧》。"蓄"发展出火，字作"栽"，《说文》："天火曰栽。从火，戈声。灾，或从宀火。"段注："经传多借蓄为之。"由火发展出灾害、祸害义，故段注"引申为凡害之称"。字本亦作"蓄"，《荀子·修身》："蓄然必以自恶也。"杨倞注："蓄读为灾。"火与火灾、灾难的语义关联，可比较英语 blaze "火焰，火光；火灾"，fire "火；炉火；火灾；火刑；磨难"；西班牙语 fuego "火；火灾"；葡萄牙语 fogo "火，火苗；火灾"；罗马尼亚语 pîrjól "大火，火灾；灾难"。

（37）草（苴）与草席（菹）、菜肴（葅）。《说文》："菹，茅藉也。从艸，租声。《礼》曰：封诸侯以土，菹以白茅。"段注："班、蔡作苴，假借字；许作菹，正字也。""菹"是草席，也指鱼腥草，《广雅·释草》："菹，蕺也。"王氏疏证谓"菹、葅、蒩，字并通"。表示鱼腥草的字，《说文》作"蒩"，"蒩，菜也。从艸，租声"。段注：

"即今鱼腥草也，凶年人掘食之。""苴"是草，特指垫在鞋里的草，《说文》："苴，履中草。从艸，且声。""菹"，则吾切 *ʔsaa；"苴"，子余切 *ʔsa。"苴"是草，"菹"是草席，是原料与成品的关系。塞尔维亚克罗地亚语 slàma "干草，麦草，稻草"，slàmarica "草屋；草垫子"。"菹"也指生长草的沼泽，左思《蜀都赋》："潜龙蟠于沮泽，应鸣鼓而兴雨。"李善引《孟子注》曰："泽生草曰菹。"今本《孟子》作"菹"，《滕文公》下："禹掘地而注之海，驱蛇龙而放之菹。"赵注："菹，泽生草者也，今青州谓泽有草者为菹。""薮"是沼泽，《说文》："薮，大泽也。从艸，数声。"也指草，《小雅·伐木》传曰："以筐曰醹，以薮曰湑。"疏："薮，草也。"

"菹"是酸菜，《说文》："菹，酢菜也。从艸，沮声。蘁，或从血。蘁，或从缶。"草转指蔬菜，是常见的语义演变。再指鱼肉，泛指一切菜肴。英语 corn "谷物；用盐腌（肉）"；meat "食用的肉类；食物"，green meat "青菜；（一）餐"。从英语来看，菜蔬跟腌制（肉）有语义关系。"荤"是葱蒜之类的有气味的蔬菜，后转指荤菜。"菹"用为肉称，见《礼记·少仪》以及段注《说文》。用作肉称，可以是肉酱，也可以是腌肉。"菹"的腌制、肉食义，字亦作"菹"。"菹"指鱼肉，又造"蘁"字记之，《说文》："蘁，醢也。从血，菹声。蘁，蘁或从缶。"段注："菹亦为肉称，故其字又作蘁。""蘁"，侧鱼切，跟"菹"同音，只不过字写作不同而已。《说文》"菹"字有重文"蘁、蘁"二篆，段注以为"后人增之耳，《玉篇·艸部》无之，当删彼存此"。

"菹、菹、菹、苴、蘁"，有草、草垫、菜蔬、肉食（酱醢）等义，对照汉藏语，草是其早期语义。藏语 rtsa-ba "根"，rtswa "草"，俞敏先生将其对应汉语"菹"（1991：10）。由草发展出菜，再转指包括鱼肉在内的一切菜肴。

薪水跟柴草有语义联系，可考虑增加"租"字。德语 Heu "干草，草料；（许多）钱"。《说文》："租，田赋也。从禾，且声。""租"字也作"菹"，《周礼·司巫》："及菹馆。"杜子春注："书或为菹馆，或为菹饱。"

（38）尾巴（旄）与茅草（茅）。《说文》："薿，草也。从艸，罢声。"段注："《尔雅·释器》'旄谓之薿'作此字，假借为麾字也。"段氏的意思是说《释器》"旄谓之薿"，"薿"在此指牦牛尾，就是假借。这里的假借是指词义的引申。语言里，用尾巴命名花草，很常见，汉语把莠草叫"狗尾巴草"。"莨、茅"是尾，也是草。《公羊传·宣公十二年》："左执茅旄。"王引之《经义述闻》曰："茅当读作旄。"英语 bush "粗大的尾巴，（尤指）狐狸尾巴；灌木丛，柴"；dock "去毛的尾；酸模属草类；草本植物"。葡萄牙语 apêndice "尾巴；花梗，花叶"。"薿"字另外两个假借义值得注意。俞樾《群经平议·尔雅》二谓"薿者，摆之假借"。尾巴与摆动的语义关系密切。朱骏声《说文通训定声》说："薿，假借为旖。"《说文》："旖，旌旗披靡也。从㫃，皮声。"也指旌旗，见《广韵》。旗帜与尾巴的语义关系，比较英语 flag 有"旗；鹿尾，（猎狗的）茸尾；菖蒲，菖蒲叶"几个意思；fishtail 是鱼尾，也指摆尾。"麾"，《说文》作"麾"，"旌旗，所以指麾也。从手，靡声"。"麾"是旌旗，"旖"是旌旗飘扬。"薿"符羁切 *pral，"旖"敷羁切 *phral，"麾、麾"许为切 *hmral。声母的交替，作用待考。

（39）水（醳）与稀释（释）。《说文》："释，解也。从采，采取其分别，从睪声。"段注："《考工记》以泽为释，《史记》以醳为释，皆同声假借也。""泽"是水，跟"醳"音义相关，与动词"释"字似亦有语义关联。英语 water 名词"水；分泌液，体液；烧酒；水色（指宝石的透明度及光泽度）"，动词"加水稀释"。结合英语来看，汉语"泽"的光泽、稀释都跟水有关，是"释、泽、醳"三字，音义有关联。"释"是加水稀释，用水冲洗曰"釋"，"释、釋"同音。《说文》："釋，渍米也。从米，睪声。"《大雅·生民》："釋之叟叟。"传曰："釋，淅米也。"段注："渍米，淅米也。渍者，初湛诸水，淅则淘汰之。《大雅》作释，釋之假借字也。"洗与水的关系，比较法语 bain "洗澡；洗澡水"；罗马尼亚语 lăutár "洗，洗头；洗头用的碱水"。洗与汰除的语义关系，比较意大利语 sciacquatura "冲洗，清洗；（刷过瓶碗的）污水"，lavatura "洗涤；洗过的水"；英语 wash "洗；冲走；漂走"。"釋"字《说文》训解，从水发展出稀释、释放（去掉），《左传·襄公二十一年》："释兹在兹。"注："释，除也。"《尚书·大禹谟》传："释，废也。"释与分解的语义关系，比较英语 resolve "解决；分解；溶解"。

（40）驾驶（犕）与驾具（鞁）、牛马（犕、服）。《说文》："犕，《易》曰：犕牛乘马。从牛，葡声。"段注："此盖与《革部》之鞁同义。鞁，车驾具也。故《玉篇》云：犕，服也。以鞍装马也。以车驾牛马之字当作犕，作服者假借耳。"段氏谓"犕、鞁"同义，"犕"是驾驶，"鞁"是驾具。驾具与驾驶有语义关联，段说可信。《说文》："鞁，车驾具也。"字从皮声，语义亦自皮来。英语 leather "皮革；（马镫的）皮带"。意大利语 coiame "皮革，皮革制品"。驾具与驾驶的语义关系，可比较英语 rein 名词 "缰绳；控制"，动词 "用缰绳勒住；驾驶"；halter 名词 "（马等的）笼头，缰绳"，动词 "给……套上缰绳（笼头）"；pilot 名词 "驾驶仪，操作器"，动词 "驾驶（飞机等）"。还可比较印尼语 kendali "马勒，笼头，缰绳；驾驭"。"犕"作"服"，不单是同音假借，"服"有控制、制服义，应从驾驭来。参考英语等语言，可见亦有同样的语义演变。"服"，驾驶，也指服马，驷马中间的马。《说文》："服，用也。一曰车右騑所以舟旋。"马跟驾驶的关系，可比较英语 steer 名词 "阉公牛，四岁以下的公牛"，动词 "驾驶"。

"犕"是驾驭，也指驾驶之牛，《初学记》卷二十九引《字林》："犕，牛具齿也。"《集韵·至韵》："牛八岁谓之犕。""服"的驾驶义，《小雅·大东》："睆彼牵牛，不以服箱。"朱熹集注："服，驾也。"降服、服从义，应从驾驭义来。《大雅·文王》："上帝既命，侯于周服。"马瑞辰《毛诗传笺通释》："服训为臣服之服。""鞁"也作"被"，也从驾具引申出驾驶义。

（41）犁耕（犁）与纹理（犁）。《说文》："犂，耕也。从牛，黎声。"段注："张（参）谓借犂为狸文也，犂、狸异部而相借。""犂"郎奚切 *riil，"狸"里之切 *rɯ<*p-rɯ，语音相差较大。音近假借值得怀疑。我们从"犁、狸"二字的耕作、纹理义来讨论。"犂"，俗作"犁"，"犂"是耕具，作动词是耕作。《广雅·释地》："犂，耕也。"王氏疏证："犂，田器之名，而因以为耕名。"英语 plough 名词"犁"，动词，"犁，耕"。犁耕后，会留下沟痕，转指其他痕迹，plough 就有"使有沟脊，使起皱纹"的意思。意大利语 solcare"犁，犁出犁沟；留下痕迹；（船）破浪"，solco"犁沟；航迹，车辙，面部的皱纹"。汉语"犁"也指纹理，《论语·雍也》："犁牛之子。"《释文》："杂文曰犁。""犁"的纹理义殆从犁耕派生出的痕迹义，并非假借"狸"字。

（42）咽喉（嗌）与饱食（益）。《说文》："嗌，咽也。从口，益声。籀文嗌，上象口，下象颈脉理也。"《汉书·百官公卿表》百益字用籀文，段注："此假借籀文嗌为益，如《九歌》假借古文番为播也。""嗌"是喉咙，《穀梁传·昭公十九年》："嗌不容粒。"注："嗌，咽喉也。"吞咽、扼守义均自颈喉义来。英语 gorge 名词"峡谷；［古］咽喉；（鹰）嗉囊"，动词"狼吞虎咽"；scrag"［古］脖子"，scragging"［古］扼杀，绞杀"。

"益"，饱食，再发展出增加义，后作"溢"。《说文》："益，饶也。从水皿，益之意也。"又："溢，器满也。从水，益声。"段注：

"以形声包会意也。""益"可能就是颈、喉咙，也指鸟兽之胃，《说文》："齸，鹿麋粮。从齿，益声。"段注："《释兽》曰：麋鹿曰齸。释文云：字或作嗌。按嗌，咽也。咽，喉也。郭云：齸食之所在，因名之是也。然则齸与齘同，言其自喉出复嚼，故字从齿。嗌、嗦、嗛则皆自其藏食之处言之，字只从口。"包拟古拿"嗌"跟藏语 ske "颈，喉"，skye "［俗］颈"，skya "颈"比较（1995）。动物的肠胃，可发展出饱食义，葡萄牙语 buchada "动物的胃及内脏；吃饱，饱餐"；bucho "动物的胃；（人的）胃"。喉咙跟肠胃可以是一个词，葡萄牙语 inglúvias "咽喉，喉咙；嗉囊"。饱跟多、满溢的语义关系，可比较英语 full "满的；最大（量）的；饱的，喝醉了的"。

（43）吃（噍）与啼哭（啾）、鸟鸣（啾）。《说文》："啾，小儿声也。从口，秋声。"段注："《三年问》：啁噍之顷。此假噍为啾也。""啾"的嘈杂、小儿啼哭，语义可能都跟当啮咬讲的"噍"有语义联系。"噍"是啮，后通作"嚼"，《说文》："噍，啮也。从口，焦声。嚼，噍或从爵。"吃喝义可发展出说话，一般是非正常的说，不该说的话。后世常说"瞎嚼、嚼蛆"。英语 mumble "含糊地说话；抿着嘴嚼"。德语 durchkauen "细嚼，嚼烂；讲解得过细过详（令人厌烦）"。"啁啾"亦指鸟声，王维《黄雀痴》诗："到大啁啾解游飏，各自南北东西飞。"又可指音乐，杜甫《渼陂行》："凫鹥散乱棹讴发，丝管啁啾空翠来。"英语 song "唱歌；诗曲，韵文"，song-bird "鸟鸣"。汉语也说"鸟歌"，鸟鸣如歌，欧阳修《丰乐亭游春》诗："鸟歌花舞太守醉，明日酒醒春已归。"语言里又用动物的鸣叫表示啼哭，汉语说"哭叫"，英语 cry "哭；叫喊"，印尼语 lolong "（狗等）尖叫，长吠；（女人等）尖声喊叫，号啕（大哭）"。

（44）吃（嗛）与含（衔）、饥荒（歉）。"嗛"，有多个意思，读音亦不同。读苦簟切 *kheem?，指鼹鼠藏食物的嗉囊，《尔雅·释兽》：

"寓鼠曰嗛。"郭注："颊裹贮食处。"《说文》："嗛，口有所衔也。从口，兼声。"这个意思一般作"衔"，含于口中，也指衔恨。段注："嗛鼠食积于颊，人食似之，故颊车或曰鼸车。假借为衔字，如《佞幸传》'大后由此嗛韩嫣'是也。亦假借为歉字，《商铭》'嗛嗛之食''嗛嗛之德'是也。亦假借为谦字。"嗉子跟胃，可以是一个词。法语 jobot "嗉囊；胃"；gésier "（禽类的）沙囊，肫；胃，肚子"。胃跟吃喝的语义关系密切。英语 gorge 名词"咽喉；胃；暴食，贪吃；（胃中的）食物"，动词"大吃"。葡萄牙语 buchada "动物的胃及内脏；吃饱，饱餐"。

"嗛"是衔，含在口中。"衔"可发展出衔恨，正如吞咽可发展出忍气吞声。英语 contain "包含；抑制（感情）"；gulp "吞；忍住，抑制"，gulp down sobs，字面意思是"吞下啜泣"，可以比较汉语"饮泣"。德语 schlucken "吞咽；忍气吞声"。

"歉"是饥荒、饥饿。饥饿跟饮食、暴食或共用一个词。英语 esurience "饥饿，贪吃，暴食；贪心，贪婪"；hunger "饥饿；食欲；欲望，渴望"。

（45）哈欠（嚏）与喷嚏（嚏、嚔）。《说文》："嚏，悟解气也。从口，疐声。"段注谓许慎悟解气也，是张口气悟，"许意嚏与欠异音同义"。《邶风·终风》笺曰："疐读当为不敢嚏咳之嚏。今俗人嚏云人道我，此古之遗语也。"这里的"疐、嚏"是打喷嚏。段氏又引崔灵恩集注"乃改劫为欿，训以今俗人体倦则伸，志倦则欿，音丘据反。是盖以附合许之嚏解，而不知许自解嚏，非解毛之疐也"。这里要解决两个问题：一是打哈欠与打喷嚏的语义关系，二是打哈欠与疲倦的语义关系。"嚏"是打哈欠，也指喷嚏、咳嗽，温庭筠《烧歌》："仰面呻复嚏，鸦娘咒丰岁。"曾益笺注："嚏，咳嗽声。"字也作"嚔"，《玄应音义》卷十二："嚔，喷鼻也。"《广韵·霁韵》都计切"嚔，俗嚏字"。打哈欠与疲倦有语义关系，英语 yawn "打哈欠，欠伸"，

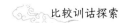

yawning "（感到疲乏或乏味而）打哈欠"。现在疲乏困倦说"哈欠流的"。

（46）应允（唉）与责备（欸）。《说文》："唉，应也。从口，矣声。读若尘埃。"段注："唉、欸古通用也。""唉、欸"乌开切 *quɯ。"唉"是应允声，"欸"是苛责声。《说文》："欸，訾也。从欠，矣声。"应声与苛责，皆为言语之引申。《管子·桓公问》："禹立谏鼓于朝，而备讯唉。"注："唉，惊问也。""唉"也作斥责声，《史记·项羽本纪》："唉，竖子不足与谋。"司马贞索隐："唉皆叹恨发语之辞。""唉、欸"这类语气词，在很多语言里都存在，表达不同的情感，英语 ah "啊（表示愉悦、惊讶、痛苦、遗憾、轻蔑等）"，aha "啊哈（表示得意、愉快、惊讶、嘲弄等）"，oh "（表示惊奇、欢乐、悲哀、痛苦、恳求等）啊，嗬，唉"。汉语"兮"*Gee，感叹词，《说文》："兮，语所稽也。"段注谓"兮、也"古通。《毛诗》"兮、也"二字，他书所称或互易（"也"字注）。胡光炜分析了《楚辞》"兮"字读音及分布（1982）。"呵"，是笑声，《广雅·释训》："唏唏、欥欥、啁啁、呵呵，笑也。"王氏疏证："欥欥、呵呵，犹啁啁也，方俗语有轻重耳。"

（47）怪诞（唌、诞）与口水（次）。《说文》："唌，语唌叹也。从口，延声。"段注："郭注《尔雅》假为次字。""唌、次"义同，不只是单纯的假借。英语 drool "流口水；［喻］垂涎，过分地表示兴奋；胡说八道"，drivel "［古］流口水，流鼻涕；说傻话；蠢话"。德语 sabbeln "（不停地抢着）说废话；流口水"。葡萄牙语 babar "流口水；迷恋；口吃地说；糊涂"。"唌、诞"音义同，《说文》："诞，词诞也。"（黄树先 2022）

（48）站立（迓）与突然（乍）。突然义，可能来自站立。"陡"是陡峭，也有突然义。德语 jäh "突然的；陡峭的"。站立起来是耸立，发展出突然，跟陡然的语义演变一致。《说文》："迓，迓迓，起也。"段注："此与《人部》作音义同。《孟子》：乍见孺子将入于井。乍者，仓卒意，即迮之假借也。"站立与突然的语义关系，比较英语 standing"站立的"，all standing"突然受惊的，猛然一惊的"。《说文》："乍，止也，一曰亡也。""乍"的停止义，与"迮"的站立义有语义关系。

（49）迁移（迻）与漂移（移）、增多（侈、多）。《说文》："迻，迁徙也。从辵，多声。"段注："今人假禾相倚移之移为迁迻字。""移"，庄稼随风飘移，《说文》："移，禾相倚移也。从禾，多声。一曰禾名。"段注谓"倚移"读若"阿那"，是叠韵连绵字，"《说文》于禾曰倚移，于旗曰旖施，于木曰橋施，皆谓阿那也"。飘移与行走都是位移，"飘、漂、猋"三字同源，而标记的语义略有不同。英语 fly"飞；（旗帜等）飘扬；飞跑"。移动义的"迻、移"可由飘移、扩散义发展出增多、多的意思。段注"移"谓："《表记》：衣服以移之。注：移读如禾氾移之移，移犹广大也。禾氾移盖谓禾蕃多。《郊特牲》：其蜡乃通以移民也。郑曰：移之言羡也。古假移为侈，如《考工记》饰车欲侈，故书侈为移，《少牢馈食礼》移袂，皆是。今人但读为迁移，据《说文》则自此之彼字当作迻。"英语 drift"漂流，飘移；使堆积，使聚集"，还指"增额工资；聚集的人群；大丛的开花植物"，后几个意思都是侈多的意思。《说文》："侈，一曰多也。"又："多，緟也。从緟夕。""迻、移"弋支切 *lal，"侈"尺氏切 *lhjalʔ，"多"得何切 *ʔlˤaal。

（50）更替（迭）与消失（佚）。《说文》："迭，更迭也。从辵，失声。一曰达。"段注："或假佚字、迭字、载字为之。"段注中"迭"字有误，许惟贤先生说可易以"遞"字（2018：154）。许说可从。"佚"是隐逸，跟"失"是同族词，语义来源于亡佚、失落。《说文》："佚，佚民也。一曰佚，忽也。"段注："作逸民者假借字。佚从人，故为佚民字也。古失、佚、泆，字多通用。"过失义是从丢失义发展而来的，《尚书·盘庚》上："邦之不臧，惟予一人有佚罚。"传："佚，失也。"英语 lost "遗失的；迷失的；迷茫的；失败的；堕落的"，这几个意思跟汉语"佚、失、逸"义一一对应。段氏谓"佚"又以为劳逸字，其安逸正可对应英语的堕落义，《玄应音义》卷二"淫佚"条引《仓颉篇》曰："佚，荡也，亦乐也。""佚"也有更迭义，《方言》卷三："佚，代也。齐曰佚。""佚、迭"的更迭义待考。"替"的本义是废除，《说文》："暜，废也，从并，白声。一偏下也。""废"是垮塌的房屋。段注谓一偏下是"相并而一边庳下，则其势必至同下，所谓陵夷也"。"替"有倒塌、坠落两个意思。"替"的这两个意思跟"佚、失"的下落义相同，跌倒也是滑落，义亦相同。盖下落、跌落发展出倾废、废除、终止，革新之义殆从此而来。停止也跟代替义有关联。"代"是替代，也是停止，《素问·脉要精微论》："数动一代者，病在阳之脉也。"王冰注："代，止也。"废除也就是消失。英语 abolish "废除；完全破坏"；annul "废除；消失"。《说文》："失，纵也。从手，乙声。"段注："在手而逸去为失。《兔部》曰：逸，失也。古多假为逸去之逸，亦假为淫泆之泆。"放纵、淫泆，语义有联系。

（51）遥远（迥）与寒凉（泂）。《说文》："迥，远也。从辵，同声。"段注："《大雅》：泂酌彼行潦。毛曰：泂，远也。谓泂为迥之假借也。""泂"，寒凉，《说文》："泂，沧也。从水，同声。"段注谓此义俗从仌作"洞"。《广雅·释诂》："沧、泂，寒也。"寒凉与遥远有语义联系。英语 cold "寒冷的；远离目标的，远未猜中的"。德语 entlegen "遥远的；冷僻的"。

（52）行走（彶）与汲取（汲）。《说文》："彶，急行也。从彳，及声。"段注："凡用汲汲字，乃彶彶之假借也。"《玄应音义》卷十三"彶彶"条引《说文》"行急也"。"汲"，打水；"彶"，急行；"及"，到达。三字同音，语义相关。《说文》："汲，引水也。从及水，及亦声。"段注："古书多用汲汲为伋伋，同音假借。""及"，到达，《说文》："及，逮也。从又人。"汲水是把水提起来，故"汲"有牵引义，《考工记·匠人》："凡任索约，大汲其版，谓之无任。"注："汲，引也。"用牵引表示汲水，段注："引申之凡擢引皆曰汲。《广雅》曰：汲，取也。"段氏可能把词义发展的方向说反了。牵引跟移动义密切相关。英语 draw "拉，拖，扯；引导；提取，汲取，取得"，draw water from a well "从井中打水"，动词义还有"（缓慢、持续地）移动，行进，来临"。"汲、伋"居立切，"及"巨立切，声母 k-~g- 交替。

（53）分辨（辨）与辩解（辩）。《说文》："徧，帀也。从彳，扁声。"段注："《礼》《礼记》多假辩字为之。""辬"后作"辨"，分辨；"辩"是分辩、辩解，分辨和辩解语义相关。英语 differ "相异，不同；（意见）发生分歧；争论，争执"；difference "差异；分歧；争论"。"辬"，又有办理义，段注谓"俗别作从力之辦，为干辦字，蒲苋切。古辦别、干辦无二义，亦无二形二音也"。英语 resolve "分解；辨析；解决，解答"。汉语"解"也有分解、分辩、解决等几个相关的语义。《说文》："辩，治也。从言在辡之间。"段注："俗多与辨不别。辨者，判也。"

（54）牙龈（断）与微笑（听）、言语（闇）、咬啮（豤）。《说文》："断，齿本肉也。从此，斤声。"《礼记·曲礼》："笑不至矧，怒不至詈。"注："齿本曰矧，大笑则见。"段注谓"矧正断之近部假借字也"。"断"是十二部，"矤（矧）"是十三部，故曰近部假借。"断"鱼斤切，文部字，音 *ŋgɯn；"矤"式忍切，真部字，音 *hlinʔ。"断"是牙龈，可发展出露齿微笑，字作"听"，亦读式忍切。《说文》："听，笑不坏颜曰听。从欠，引省声。"段本改为"斦"，不妥。"断"也有啮咬义。微笑义字也作"哂"。《广雅·释诂》一："哂、吲，笑也。"王氏疏证谓"哂、吲、听、矤"并通，"微笑谓之哂，大笑亦谓之哂"。

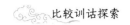

"听"是笑貌,《说文》:"听,笑貌也。从口,斤声。"《广雅·释诂》一:"听,笑也。"王氏疏证:"《集韵》《类篇》引《广雅》作齗,听之别体也。""听"宜引切 *ŋgrɯʔ。

"狺"从牙龈引申出争斗、争斗声,《说文》:"㹞,犬张狺怒也。从犬,来声。读又若银。""㹞"鱼觐切 *ŋrɯɯns。争斗声音可指人,也可指动物。《史记·鲁周公世家》:"甚矣鲁道之衰也,洙泗之间龂龂如也。"司马贞索隐:"龂龂是斗争之貌。"《广韵·轸韵》:"龂龂,犬争貌。"《说文》:"誾,和说而诤也。"段注:"凡龂龂为辨争,狺狺为犬吠,皆于斤声、言声得语巾之音。"字也作"訔",《法言·问神》:"何后世之訔訔也。"司马光注曰:"争辨貌。"《说文》:"狋,犬吠声。"《楚辞·九辩》:"猛犬狺狺而迎吠兮,关梁闭而不通。"王注:"谗佞谨呼而在侧也。"洪兴祖补注:"狺,吠声也。"吕向注以"开口貌"当之。《说文》:"唬,虎声也。"段注:"犹狋为犬吠声。""龂"是牙龈,还可发展出咬啮义。"龈、龈"均见于《说文》,同音康很切,并训"啮也"。段注谓"龈、龈"音义同,疑古只作"龈","龈"是后出分别字也,今人又用"龈"为牙龈字。我们认为"龈"从"龂"发展而来,并非今人把"龂、龈"混用。"龂" *ŋgɯn,"龈、龈" *khɯɯnʔ,语音相同,从一个词分化出来是可能的。综上,我们知道"龂"是牙龈,发展出露齿笑、争执狂吠、咬啮,这三个语义的演化关系是明显的。英语 gum 名词"牙龈",动词"咀嚼;用没有牙齿的嘴说;讲废话",gummy"牙齿脱尽;(微笑等)露齿龈"。

(55)竹木管(簱)与管乐器(龠)、管道(簱)。《说文》:"龠,乐之竹管,三孔,以和众声也。从品仑。仑,理也。"段注:"此与《竹部》簱异义。今经传多用簱字,非也。""龠、簱"以灼切 *lowG。"簱"是竹板,"龠"是竹笛,是器物跟原料的关系。《说文》:"簱,书僮竹笘也。从竹,龠声。"段注:"笘谓之簱,亦谓之觚,盖以白墡染之可拭去再书者。"簟"亦训"籣","簟"是薄的竹板,同族词有"鍱、葉、枼"。"籣"是竹管、竹板,也指竹制乐器,《尔雅·释乐》:"大籣谓之产。"语言里管可转指管状乐器,英语 tube "管;管乐器",tuba "大号;大号手;喇叭"。亦可用竹子指竹制乐器,西班牙语 pito "竹;笛子;烟斗"。"籣"也泛指竹木及其他植物的管茎,《周礼·籣章》:"中春昼击土鼓,龡豳诗以逆暑。"孙诒让正义赞同马瑞辰说,谓"豳籣即苇籣也"。《小雅·宾之初筵》:"籣舞笙歌,乐既和奏。"笺云:"籣,管也。"也指通风鼓气之管,《老子》:"天地之间,其犹橐籣乎?"德语 Rohr "管状茎杆植物,芦苇;管,管道"。

（56）烹饪（龢）与调和（和）。《说文》:"龢,调也。从龠,禾声。读与咊同。"段注:"此与《口部》和音同义别,经传多假和为龢。""禾"是禾谷,食物可发展出和乐、和谐。《说文》:"禾,嘉谷也。二月始生,八月而孰,得之中和,故谓之禾。"《豳风·七月》:"十月纳禾稼。"陈奂传疏:"禾,今之小米。""禾"也指调和,烹饪食物曰和,转指人事亦曰和。《管子·小问》注谓禾:"以其和调人之性命。"《吕氏春秋·必己》:"一上一下,以禾为量。"注:"禾,中和也。"《庄子·山木》作"一上一下,以和为量"。烹饪或需要调合、搅拌食物,转指人事的调和。中国哲学的和与同,以烹制食物作譬喻,《左传·昭公二十年》记载齐国的晏婴论和与同,就是明证,"和"来自烹饪。英语 accommodation "住处,膳食;适应性调节;调和,（社会不同集团之间的）迁就通融;乐于助人;方便";egg 名词"蛋,卵",动词"烹调中把……用蛋黄或蛋白调和或覆盖"。自然语言里,庄稼、谷物、食物可以是一个词,俄语 хлеб "面包;谷物,粮食;庄稼"。塞尔维亚克罗地亚语 žito "谷物,庄稼;小麦;麦粥"。食物跟烹饪是一个词,法语 cuisine "烹调;菜肴,伙食"。食物发展出享受,德语 Kost "粮食;膳食",kosten "品尝;感受"。法语 manjar "食物;美味,佳肴;

精神食粮；享受，娱乐"。"和"也指烹调，《周礼·内饔》："饔人掌王及后、世子膳羞之割亨煎和之事。"孔疏："凡言和者，皆用酸苦辛咸甘。""和"发展出和声、和谐，《说文》："和，相应也。从口，禾声。"《广雅·释诂》三："和，谐也。"调和义，是使之和谐、平和的意思，《商颂·那》："既和且平。"和音跟和谐、平和的语义关系，可比较英语 concord "和谐；协和，和弦"，harmony "和睦，友好；和谐；和声；和谐悦耳的声音；（内心的）平静"。

（57）乐声（龤）、鸟鸣（喈）、和谐之声（谐）。《说文》："龤，乐龢也。从龠，皆声。"段注："龤龢作谐和者，皆古今字变，许说其未变之义，今本龤下、调下作和也，则与龢下调也不为转注，龤与《言部》谐音同义异，各书多用谐为龤。""龤"是乐声，"谐"是和谐之声，"龤龢"作"谐和"，表明音义皆同，是同族词。《说文》："谐，詥也。从言，皆声。"乐声、鸟鸣，均可以是和谐之声。《说文》："喈，鸟鸣声也。从口，皆声。一曰凤皇鸣声喈喈。"《郑风·风雨》："鸡鸣喈喈。"英语 tweedle "（小提琴、风笛等）奏出的尖细声；尖细动听的歌声（哨声）；鸟鸣"；harmony "和睦；和谐；和声；和谐悦耳的声音；（内心的）平静"。"喈"古谐切 *kriil，"龤、谐"户皆切 *griil，鸣叫声读清辅音，和谐读浊辅音。

（58）意义（意）与志向（志）。《说文》："识，常也。一曰知也。从言，戠声。"段注："常当为意，字之误也。意者，志也。志者，心所之也。意与志、志与识古皆通用。心之所存谓之意，所谓知识者此也。""意"与"志"，"志"与"识"古皆通用。意识、志向这几个意思是相通的。王观国《学林》卷十谓识"皆读为志也"，桂馥《札朴》卷四说"识，古作志"，是"识、志"古通用。"识"赏职切 *hljug，"志"职吏切 *tjus。意义与志向的语义关系，可比较英语 purpose "意图；意志；（古）意义，含义"，will "意志，毅力；心愿，目的；决断；心意"。

（59）诚实（忱）与相信（谌）。《说文》："谌，诚谛也。从言，甚声。《诗》曰：天难谌斯。"段注谓今诗作"忱"，毛传："忱，信也。"段氏谓"谌、忱义同音近，古通用"。"谌"，相信，《尚书·咸有一德》："天难谌，命靡常。"又诚信、诚实，《大雅·荡》："天生烝民，其命匪谌。"传曰："谌，诚也。"笺云："天之生此众民，其教道之，非当以诚信使之忠厚乎？"相信跟诚实有明显的语义联系。《说文》："忱，诚也。从心，尤声。《诗》曰：天命匪忱。"英语honest"诚实；可信任的"。

（60）算筹（筭）与计算（算）。《说文》："计，会也，筭也。从言十。"段注："筭当作算，数也。旧书多假筭为算。""筭"是古代计算的算筹，《说文》："筭，长六寸，所以计历数者。从竹弄，言常弄乃不误也。"转指计算，再指计谋、谋划，陆机《吊魏武帝文》："长筭屈于短日，远迹顿于促路。"段玉裁谓"筭为算之器，算为筭之用，二字音同而义别"。段说是也。计算工具是名词，跟动词计算共享一个词。英语compute"计算；使用计算机"，computer"计算机"。

（61）算计（算）与挑选（选）。筹计、计算、谋划，其义有关联。英语calculation"计算；自私的打算，算计"。意大利语abbacare"［古］算，计算；苦思冥想，幻想"。"算"，动词，计算，《说文》："算，数也。从竹具。读若筭。"段注谓"古假选为算""又假撰为算"。"选、撰"都有挑选、选择的意思。《周礼·大司马》："群吏撰车徒，读书契，辨号名之用。"注："撰读曰算。算车徒，谓数择之也。"孙诒让正义引丁晏说："《易·系辞》：杂物撰德。释文：撰，郑本作算。古撰算通用。"英语count"数到；把……算上；被算上，被考虑"，number名词"数字；策略，计谋"，动词"编号；把……包括进去"。汉语说"算上他就是八个人"。

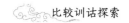

（62）警戒（警）、警惕（敬）、尊敬（敬）。"警、敬、儆"音义同，是同源字（王力2007：1301）。《说文》："警，言之戒也。从言敬，敬亦声。"段注："《大雅》以敬为之，《常武》：既敬既戒。笺云：敬之言警也。亦作儆。"警戒、警惕，跟尊敬有语义关系。《说文》："惕，敬也。从心，易声。惖，或从狄。""惕"是尊敬，也是警惕、害怕，《左传·襄公二十二年》："无日不惕，岂敢忘职。"注："惕，惧也。""惕"又有忧虑义，《玄应音义》卷十二"灼惕"条曰："惕，愁也，亦忧也。"敬畏、尊敬与害怕的语义关系，比较英语fear"害怕；（尤指对神的）敬畏"，动词"害怕；敬畏（神等）；使惊恐"；意大利语temere"畏惧；尊敬；担忧"。

（63）争斗（争）与争吵（诤）、争讼（争）。《说文》："诤，止也。从言，争声。"段注："经传通作争。""诤"是谏止，"争"是争斗，《说文》："争，引也。"段注："凡言争者，皆谓引之使归于己。"争斗伴随着拉拽，牵扯就会撕打，不一定是段氏所说的"引之归于己"。西班牙语agarrón"争吵；拉，拽"。英语tussle"扭打，争斗；争辩"。争扯打斗现在还说"拉拉扯扯"。《说文通训定声》谓转注为争辩，假借为"诤"。争斗、争吵、劝谏，语义相关。英语fight"争斗，打架；争吵，争论"。俄语баталия"交战；争吵，打架"；воевать"作战；争吵"。"诤"是劝谏，也是解释说理。意大利语lite"争吵；诉讼，争讼"。汉语也说"争讼"。

（64）接见（御、迓）与问候（讶）、惊讶（讶）。《说文》："讶，相迎也。《周礼》曰诸侯有卿讶也。从言，牙声。"段注谓"御"是"讶"之同音假借。"讶"从言，段注："迎必有言，故从言。""御"是驾驶，《说文》"使马也"。也有接见的意思，《礼记·曲礼》注："御，接见也。"行走、接见与言语、惊讶有语义关系。英语greet"迎接，称呼"，greeting"迎接，招呼；问候的话"；surprise"惊讶；

撞见"。

（65）乐器（磬）与乐声（韶）。《说文》："韶，虞舜乐也。《书》曰：箫韶九成，凤皇来仪。从音，召声。"段注："或作招，《周礼》作磬，皆假借。""磬"是乐器，《说文》："韒，辽也。从革，召声。鞀，韒或从兆声。鼗，韒或从鼓兆。磬，籀文韒从殸召。"段注："辽者，谓辽远必闻其音也。"又谓《周礼》以为"韶"字。"韶"是音乐名，"磬"是乐器，比较英语 drum "鼓；鼓声"。

（66）把柄（柄）与秉持（秉）。《说文》："秉，禾束也。从又持禾。"段注："经传假秉为柄字。""秉"，是动词，握持，"柄"是握持的对象，这是动作与动作实施的部位。比较"把"字，上去二读以别义，分别表示把持、把持的对象。"秉"是禾束，也是柄、秉持。英语 stem "树干，草茎；柄，杆"。德语 Halm "秆，草茎；柄，把手"。把柄跟握持的语义关系，德语 Griff "柄；拉手；握"；英语 handle 名词"柄，把手"，动词"触，摸，拿"。

（67）联结（系、繋）与击打（毄、擊）。《说文》："毄，相擊中也。如车相毄，故从殳軎也。"段注："皆假借为系字，今之繋也。""繋、系、係"的字词关系是最复杂的，大致有悬挂、捆束、击打、联系、系列这几个意思。文献里表示连接和击打，解释起来时常两可，注家各执一词，如"车错毂兮短兵接"，"接"字有不同的解释。连接跟击打有语义关系，英语 connect "连接；联系；沟通；（火车等交通工具）连续，联运；准而狠地击球，击中，射中"。英语 connect 的这几个意思，汉语文献用"繋、系、係、毄"几个字来表示。"毄"是击中的意思。"毄"古历切，同音字还有"轚"，《说文》："轚，车辖相擊也。从车毄，毄亦声。《周礼》曰：舟舆击互者。""擊"泛指击打，《说文》："擊，攴也。从手，毄声。""擊"通作"繋"，《淮南子》："北擊辽水。"王念孙《读书杂志》引顾说："擊疑作繋。"

（68）**悬挂（系）与捆绑（係）**。"系"，悬挂，《说文》："系，縣也。从糸，丿声。""縣"各本作"繫"，此据段注本。"係"，捆束，《说文》："係，絜束也。从人，系声。"段注谓古经皆作"毄"，"盖古假毄为係，后人尽改为繫耳"。文献又通"继、结"，宜作同源词看。连接、系联发展出亲密、亲属关系义，英语 connection "连接；连贯；团体，大家族；亲属，亲戚；顾客"。挂与安装、捆绑，语义很接近，英语 hang "悬挂；安装……使能摆动（或转动）；使固定于恰当位置（或角度）"。

（69）**混杂（殽）与效法（效）、呼叫（詨）**。《说文》："效，象也。从攴，交声。"段注："象，当作像。《人部》曰：像，似也。《毛诗》君子是则是傚。""效"是相似、效法。相似和效法，语义关系密切，容易理解。英语 imitate "模仿；像，类似。""效"或作"爻、殽、詨"，段注谓"皆假借也"。《说文》："爻，交也。"段注引《周易·系辞》"爻也者，效天下之动者也"，是古人不认为是单纯的同音假借。《说文》："殽，相杂错也。从殳，肴声。"段注谓经典借为"肴"字，《礼记》借为"效"字。"詨"，呼喊、呼叫。"爻、殽、詨"是杂错相交，表示混杂、效法、呼叫。英语 mingle "使混合；使连接；相交往，相往来"；mix "混合，搅拌；结合起来，同时进行"，mix in "搀入；殴打，参与打架"，mix it "打起来，争吵起来；捣蛋"。

（70）**劈开（劈）与褶皱（襞）**。《说文》："澼，辟澼铰也。从攴湅。"段注："辟者，襞之假借也。""辟"是劈开，"襞"是有褶皱的衣服，《说文》："襞，辇衣也。从衣，辟声。"劈开跟褶皱的语义关系，比较英语 rive 动词"劈开，扯开"，名词"豁口，裂缝"，rivel "把……弄皱，起皱纹"；fold 动词"折叠；包裹；使（岩石）形成褶皱"，名词"褶"，a fold of a skirt "裙褶"。

（71）**释放（斁）与发射（射）**。《说文》："斁，解也。"段注谓斁

"与释音义同，后人区别之"，又说"经典亦假射为斁"。"斁、释"音义同。"射"是离去，"释"是稀释、分解，《说文》："释，解也。从采，睪声。"《说文》"释""斁"字的训解相同。"释"从水发展出稀释、释放（去掉），《左传·襄公二十一年》："释兹在兹。"杜注："释，除也。"《尚书·大禹谟》传曰："释，废也。"英语 wash "洗；浸泡；冲走"。"射"，射击、发射，跟行走语义相关。"发"字有出发、发射义，"壹发五豝"，就是射击义。英语 discharge "离开，释放；发射"；launch "发射；出海，起飞"；shoot "射击；（箭一般）飞驰，离开"。

（72）泥土（涅）与堵塞（敜）。《说文》："敜，塞也。从攴，念声。《周书》曰：敜乃穽。"段注："盖敜其本字，涅其假借字也，异部双声相假借，故敜亦音乃结反"。"敜"奴叶切 *nɯɯb，"涅"奴结切 *niig。《说文》："涅，黑土在水中者也。从水土，日声。""敜"是堵塞，"涅"是黑泥，也是堵塞，"敜、涅"不止是语音假借，语义也有关联。土与堵塞义，英语 clod "土，泥土"，来自古英语 clott, clot 名词"凝结块，（黏土等）块"，动词"使凝结成块；用块状物塞满（或盖满）"；clay 名词"黏土，泥土"，动词"用黏土处理，用黏土盖（或涂抹、填），用黏土过滤"。

（73）父亲（考）与拷打（攷）。《说文》："攷，敂也。从攴，丂声。"段注："攷引伸之义为攷课。《周礼》多作攷，他经攷击、攷课皆作考，假借也。""考"是父亲，也指老者，《说文》："考，老也。从老省，丂声。"段注谓寿考是"考"字的本义，成就是引申义，假借为"攷"字，表示考校、考问都是"攷"之假借。敲打与拷问，英语 whip "鞭打；鞭挞，痛斥，严厉批评"。父亲、老者跟拷打有无语义联系，值得研究。英语 father "父亲；父亲般照料（对待）；[古]父亲般地统治（或管理）"；the father of a "非常大的，严厉的"，如 the father of a whipping "一顿痛打"。汉语"父"字，是"斧"的初文。

《说文》："父，巨也。家长率教者。从又举杖。"段注："《初学记》曰：夏楚二物，收其威也。故从又举杖。"父亲发展出严厉，甚至拷打，不是不可能。此语义关系有待进一步的研究。

（74）阴（醜、州）与去阴之刑（斀）。《说文》："斀，去阴之刑也。从攴，蜀声。《周书》曰：刖劓斀黥。"段注："《大雅》昏椓靡共。郑云：昏、椓皆奄人也。昏，其官名也。椓，毁阴者也。此假椓为斀也。"从词源上看，"椓"来自"啄"，"斀"来自阴，二者似乎均来自口、窍类词语。杨树达先生谓"斀、烛、醜、州"诸字皆有联系（1982a：32）。杨说可从。女阴与口、裂缝的关系，可比较英语puss"女阴；（尤指撅起的）嘴"；vulva"女阴的；（植物）突边裂缝状的"；西班牙语 raja"裂缝；妇女的外阴部；屁股"。英语 private 形容词"私人的；秘密的"，名词"士兵；平民；私事；阴部"，这跟汉语"私"的语义演变极为相似。用身体部位词表示相应部位的刑罚，参见《比较词义探索》"鼻子与割鼻子"条。

（75）监狱（圉）与拘禁（敔）、马夫（圉）。《说文》："敔，禁也。一曰乐器，椌楬也，形如木虎。从攴，吾声。"段注："古假借作御、作圉。""圉"，监狱，《说文》："圉，囹圉，所以拘罪人。一曰圉，垂也。一曰圉人，掌马者。""圉"又指养马者，可比较"牢"，牲口棚跟监狱可以是一个词。葡萄牙语 gaiola"（昆虫、鸟、兽的）笼子；监狱；极小的房子；（斗牛场的）牛栏"。段注谓"圉"同音假借作"圄"。"圉、圄"鱼巨切 *ŋaʔ。段注谓小徐本有"圉"无"圄"。"圄"，囚禁，《说文》："圄，守之也。从口，吾声。"《左传·宣公四年》："乃以若敖氏之族，圄伯嬴于轑阳而杀之。"监狱与监禁的语义关系密切，英语 jail 名词"监狱"，动词"监禁，禁锢"；prison 名词"监狱；拘留所；樊笼"，动词"监禁，关押"。"禦"是祭祀，《说文》："禦，祀也。从示，御声。"段注谓后人用此为禁御字，古只用"御"

字。"御"是驾驭，《说文》："御，使马也。从彳卸。驭，古文御。从又马。""圉"也可指圉人，掌马者。"御"的驾驭义，可能跟"圉"的掌马者义有关。英语 groom 名词"马夫；新郎"，动词，"喂马，刷马，照看马"，英语没有驾驭的意思。

（76）眩晕（眩）与迷幻欺骗（幻）。《说文》："眩，目无常主也。从目，玄声。"段注："《汉书》借为幻字，'軬轩眩人'是也，（眩、幻）二字音义皆相似。""眩"是眩晕，也指迷惑，《广雅·释言》："眩，惑也。"英语 vertigo "眩晕；（心境的）迷茫"。"幻"，虚幻、欺诈，《说文》作倒写的"予"，后通作"幻"："相诈惑也。从反予。《周书》曰：无或诪张为幻。"眩晕发展出欺诈义，德语 Schwindel "眩晕；欺诈，诡计"，schwindeln "眩晕；（在小事上）撒谎"；意大利语 abbacinamento "晃眼，眩目；迷惑，欺骗"。

（77）圆形（卷）与眼圈（睊）、眷顾（眷）。《说文》："睊，目围也。读若书卷之卷，古文以为膒字。"读若书卷之"卷"，是弯曲环绕义，跟目围之"睊"语义有联系；亦可发展出观看义，再由观看义发展出眷顾义，故段注："睊与眷顾义相近，故读同书卷。"古文以为"膒"字，"膒"是见面的意思，"睊、膒"读音不同，见面义应是义训。英语 orb 名词"环，圆，球；眼，眼球，眼珠"，动词"使成圆体；包围"，orbit "眼窝，眼眶"。汉语眷顾义，应该是从眼睛、看视义发展而来。"眷"，《说文》："眷，顾也。"段注："《大东》：睠言顾之。毛曰：睠，反顾也。睠同眷。"看与照料、眷顾，语义密切。汉语常说"看顾"，西部裕固语 Gara "看；照料，照看"，Garaq "眼珠"（雷选春 1992：190）。眼圈、眼皮，和眼睛紧挨着，语义能发生关系。眼睛及周遭的部位，应有语义上的转移。俄语 вежды "眼皮；眼睛"。保加利亚语 клепàч "眼皮；（复数）睫毛"。捷克语 očko "小眼睛；孔，眼，圈"。英语 orb "球；眼球"，orbit "眼窝，眼眶；眼球，眼珠"。

（78）眉毛（眉）与须毛（麋）、细微（微）。《说文》："眉，目上毛也。从目，象眉之形，上象额理也。"段注："《士冠礼》古文作麋，《少牢馈食礼》古文作微，皆假借字也。""麋"是麋鹿，甲骨文从眉声。但二者语义似无关联。"微"的微小义，殆从眉毛的细小义发展而来。毫、毛均可发展出微不足道义，眉及眉毛可发展出纤维、毛发义。西班牙语 ciliar "眉毛的；纤毛的"。捷克语 cìglio "睫毛；眉毛；纤毛"。塞尔维亚克罗地亚语 dläka "鬃，胡须，眉毛，毛；植物表面的细毛；细小的鱼刺"。"麋"，麋芜草，与"麋、眉"同音，似亦有语义联系。塞尔维亚克罗地亚语 dläka "眉毛，毛；［复］植物表面的细毛"。

（79）盾（瞂）与盾形之物（辒）。《说文》："瞂，盾也。从盾，发声。"段注："作伐者，假借字。""瞂"假借作"伐"。按干盾作"瞂"，来自草木之"芰"。"楯"是栏杆，也是木盾。《汉书·晁错传》："材官驺发，矢道同的，则匈奴之革笥木荐弗能支也。"孟康曰："木荐，以木版作如楯。"段氏谓《苏秦传》作"吠"。"吠"即"吠"，又作"哦"。"伐"是击打，"吠、吠、哦"是叫声。德语 belfern "（狗）汪汪叫；大声叫喊，叱责，叫骂"。意大利语 abbaiare "狗叫；狂喊"。英语 snarl "吠，（人）咆哮"。击打跟叫声的语义关系，可比较汉语"臀"是屁股，"簜"是打屁股，"殿"是敲打屁股时发出的呻吟声（黄树先 2016b）。西部苗文 nzhangs "臀部"，nzhangx "哼，呻吟"（鲜松奎 2000），跟汉语的语义演变似乎是一样的。盾也指盾形物，"辒"是棺木底下的轮子，也泛指殡车，字也作"楯"，《庄子·达生》："则苟生有轩冕之尊，死得于腞楯之上，聚偻之中，则为之。"王念孙说："腞读为团，楯读为辒。《丧大记》'君大夫葬用辒，士葬用团车'是也。解者失之。"（《广雅·释器》"柳，车也"条）英语 shield "盾；盾形物；（妇女腋下的）吸汗垫"。"鞈"，护胸的皮革，《说文》："鞈，防汗也。从革，合声。"段注谓防汗当作所以防捍也，以为是转写夺误，对照英语的 shield "吸汗垫"，恐怕难以成立。

（80）红火（赫）与兴盛（奭）、盛怒（赫）。《说文》："奭，盛也。从大从皕，皕亦声。此燕召公名，读若郝，《史篇》名醜。"段注："奭是正字，赫是假借字。"燕召公名奭，《史篇》云名醜。"奭、赫"是盛大，"醜"是众多。《小雅·出车》传曰："醜，众也。"是"奭、赫"音同义同，与"醜"同义。段注引《小雅》"路车有奭、靺鞈有奭"，传曰："奭，赤貌。"此当作"赫"。《赤部》云："赫，火赤貌。""奭"是多、盛，"赫"是赤红，也指多、盛，可比较"红火、红红火火"，用"红火"表示旺盛、兴隆。"赫"也指盛怒，《大雅·皇矣》："王赫斯怒，爰整其旅。"笺云："赫，怒意。"英语 red-hot "赤热的；愤怒的；激进的"。

（81）羽毛（翰）与枝干（幹）、文彩（翰）。《说文》："翰，天鸡也。赤羽。从羽，倝声。"段注："《桑扈》《文王有声》《崧高》《板》传皆云：翰，幹也，此谓《诗》以翰为桢幹字也，同音假借。""幹、翰"语义相同，不只是单纯的假借。《小雅·桑扈》："之屏之翰，百辟为宪。"传曰："翰，幹。"朱骏声《说文通训定声》说："鸟羽之长而劲者为翰，高飞恃之，亦所以卫体。"英语 plume "羽毛，（尤指色彩鲜艳的）大羽；（植物）羽状部；柱"。塞尔维亚克罗地亚语 drška "柄，把；禽类的羽毛梗"。"翰"的笔、文彩、文章义，均从羽毛义而来，比较英语 pen "[古] 羽毛，翮；笔；作家；文章"。

（82）麻雀（雀）与雀形器物（爵）。《说文》："雀，依人小鸟也。从小佳。读与爵同。"器型形状类雀，故名之曰爵。段注："今俗云麻雀者是也。其色褐，其鸣节节足足。礼器象之曰爵，爵与雀同音，后人因书小鸟之字为爵矣。"杨树达先生说，爵象雀形，取其鸣节节足足也；孶乳为"醮"，饮酒尽也（2007e：242）。《汉书·外戚传》："顾左右兮和颜，酌羽觞兮销忧。"孟康曰："羽觞，爵也，作生爵形，有头尾羽翼。"陈直先生说："此杯仅略具爵形，所谓头尾羽翼，并不过类似也。"（1979：465）爵形似麻雀，因以得名。侗台语 tsok[7]"麻雀、杯子"（邢公畹 1999）。葡萄牙语 peto"啄木鸟；扑满"；gonga"一种鸟；有盖小篮"。

（83）捆束（累、纍）与细小（羸）。《说文》："羸，瘦也。从羊，嬴声。"段注："引申为凡瘦之称，又假借为累。《易》羸其角、羸其瓶。或作累，或作纍，其意一也。""累、纍"是藤，作动词是捆束。《周南·樛木》："葛藟累之。"字也作"缧"。"藤、纍"语义跟瘦弱不无关系。捆束与细小有语义联系，汉语说"束腰"指细瘦的腰肢。法语 cintura"腰；束腰，束腰带；（器物中间的）较细部分"；cinturilla"（女服的）腰带，裙带；窄束腰，窄束腰带"。英语 thread"线；细丝"，thready"线的；微细的"；wire 名词"金属丝；金属丝状物（藤蔓、毛发等）"，动词"用金属丝捆扎"，wiry"金属丝的；（人或动物）瘦而结实的"。参见本书第三章第（66）"（秦晋）捆束与细小"条。

（84）鸿鹄（鸿）与大鸟（雂）。《说文》："鸿，鸿鹄也。从鸟，江声。"段注："鸿之言雂也，言其大也，故又单呼鸿雁之大者曰鸿，字当作鳱，而假借也。"《说文》："雂，鸟肥大雂雂然也。从隹，工声。鳱，雂或从鸟。""鸿"是鸿鹄，"鳱"是其大者。"鸿、雂"户公切 *gooŋ。二者是同音词，不过文字加以区别，就像"鴈、雁"之别。同族词还有"鹄"胡沃切 *guug。《说文》："鹄，黄鹄也。从鸟，告声。""鸿、鳱"同音词，用不同的文字形体区别有细微差异的词义。二字同音，常常假借，这是同（音）词异字的假借关系。

（85）抓捕（挚）与猛禽（鸷）。《说文》："鸷，击杀鸟也。从鸟，从执。"段注说"击杀鸟者，谓能击杀之鸟"，又谓"古字多假挚为鸷"。"鸷、挚"音义同，不是单纯的假借。"挚"，抓握、击杀，《夏小正》传曰："鹰始挚。始挚而言之，何也？讳杀之辞也，故言挚云。"英语 prey"捕获；捕食；牺牲"，还指"掠夺；折磨"，birds/beasts of prey"猛禽／兽"。英语 prey 来自拉丁语 praeda"战利品（booty）"。英语 raptatorial"攫捕的，食肉的"，raptor"猛禽"，raptorial"猛禽"。汉语"挚"有捕杀义，还有礼物义，字作"贽"。梅祖麟先生讨论"挚、贽"这一对词，认为动词收 -p 尾，手执之礼物收 -s 尾（1980：434）。

（86）沉入（湛）与痴迷（酖）。《说文》："鸩，毒鸟也。从鸟，尤声。"段注："《左传》鸩毒字皆作酖，假借也。《酉部》曰：酖，乐酒也。"段注谓《诗经》假"耽"及"湛"以为"酖"。按"湛"是沉没，《说文》："湛，没也。从水，甚声。"同源词还有"深"字，《说文》："突，深也。"段注谓"突、㴱"古今字，隶变作"㮁、深"。按深跟沉有语义关系，汉语说"深沉"，指漫长、深奥。"沈"，沉没，《广雅·释诂》一："沈，没也。"也指"深"，《尚书·盘庚》上："汝曷弗告朕，而胥动以浮言？恐沈于众。"注："沈，深也。"《说文》："潜，涉水也。一曰藏也。""沈"本指山上积水，《说文》："沈，陵上滈水也。从水，尤声。一曰浊黕也。"段注谓"沈"是陵上雨积停潦。雨水跟降落、下沉、深渊的关系，可比较英语 downfall"阵雨（雪）；垮台；落下；［古］深渊"。"湛"，沉没，也指深，《思玄赋》："私湛忧而深怀兮，思缤纷而不理。"旧注："湛，深也。"深、沉没，均可发展出沉湎、执迷。英语 deep"深的；深奥的；专注的"，in deep"深陷"。德语 versinken"沉没；埋头于，沉迷于"。法语 plonger"潜水；沉湎于"。葡萄牙语 nadar"游泳；浸泡；沉湎"。

（87）沉湎（酖）与中毒（鸩）、快乐（媅）。"鸩"是毒鸟，"毒"也是厚、过度，《说文》："毒，厚也。害人之草，往往而生。"段注："毒兼善恶之辞，犹祥兼吉凶，臭兼香臭也。《易》曰：圣人以此毒天下而民从之。《列子》书曰：亭之毒之。皆谓厚民也。毒与竺、笃同音通用。""酖、耽、湛、媅"，正可与毒的语义相印证。英语 drug 名词"药；麻醉剂"，动词"吃药；麻醉；［古］使作呕，使吃腻"；narcotic"麻醉剂；麻醉，沉湎"。"酖"，沉湎于酒，酒就是毒药，英语 poison 名词"毒物，毒药；（烈性）酒，劣酒"，动词"毒杀；毒害"，name one's poison"说出自己爱喝的酒"。酒与陶醉、中毒的语义关系，英语 liquor 名词"酒"，动词"喝醉"，liquorous"嗜酒的；醉酒似乎的"；wine 名词"酒；酒一般让人陶醉的东西"，动词"请喝酒"。酒使人愉悦，英语 spirit 名词"精神，心灵；烈酒"，动词"使精神振奋"；alcoholic"酒精的；酒精中毒的，嗜酒如命的"；drink"饮料，酒；喝酒，酗酒"，drink away"不停地喝；借酒消愁"。饮酒、沉湎与快乐，汉语说"媅"，《说文》："媅，乐也。从女，甚声。"段注："《卫风》：无与士耽。传曰：耽，乐也。《小雅》：和乐且湛。传曰：湛，乐之久也。耽、湛皆假借字，媅其真字也，假借行而真字废矣。"

（88）黑暗（黝）与幽隐（幽）。《说文》："幽，隐也。从山丝，丝亦声。"《小雅·隰桑》："桑叶有幽。"传曰："幽，黑色也。"段注曰："此谓幽为黝之假借。"《说文》："黝，微青黑色也。从黑，幼声。《尔雅》曰：地谓之黝。""幽"於虬切 *quuw，"黝"於纠切 *qruuwʔ。"黝"是青黑色，与幽隐之"幽"音义同。黑暗与幽隐有语义关系，英语 dark"黑暗的；隐藏的"。

（89）舒展（舒）与舒服（豫）。《说文》："舒，伸也。从予，舍声。一曰舒缓也。"段注："经传或假荼，或假豫。""舒、豫"殆有语义关联，"舒"是伸展、舒缓；舒展是放松，发展出愉悦义。英语expand"扩展；张开；阐述；变得和蔼可亲，感到心旷神怡"。"豫"，象之大者，通常指安乐，《小雅·白驹》："尔公尔侯，逸豫无期。"段注谓大必宽裕，宽大则乐。段说有待证实。"荼"是苦荼，跟"舒"的伸展义似亦无关。缓慢跟愉悦似亦有语义联系。"慢"字从曼得声。《说文》："慢，惰也。从心，曼声。一曰慢，不畏也。""慢"是懈怠、不恭敬。现在还说"简慢、亵慢"。

（90）行走（敖）与傲慢（傲）、侮辱（嫯）、喊叫（嗷）。《说文》："敖，出游也。从出放。"段注："敖、游同义也。经传假借为倨傲字。""傲"，傲慢，《说文》："傲，倨也。从人，敖声。"喊叫义，《荀子·劝学》："故不问而告谓之傲。"杨倞注："傲读为嗷。"喊叫义也作"敖"，《荀子·强国》："百姓讙敖，则从而执缚之。"注："敖，喧噪也。"印尼语 bongak"骄傲，傲慢；说谎"，membongak"自吹自擂"。汉语"傲、嗷"，表示骄傲、喊叫。"敖"是出行，行走与傲慢的语义关系，可比较保加利亚语 летя"飞；飞跑；骄傲"，西班牙语 altanería"高飞；傲慢"。《女部》："嫯，侮傷也。从女，敖声。"段注谓"嫯与傲别，今则傲行而嫯废"。傲慢跟侮辱语义关系明显，英语 contumely"［古］傲慢，侮辱；侮辱行为，无理漫骂"。

（91）离开（殛）、流放（殛、殛）、遥远（殛）、诛杀（殛）。《说文》："殛，殊也。从歺，从亟声。《虞书》曰：殛鲧于羽山。"段注谓《尧典》殛鲧则为極之假借，非殊杀也"，"殛"乃"极"之假借，言尧长放鲧于羽山，非殊杀之义。假"殛"为"极"，正如《孟子》假"杀"为"窜"。鲧因极而死于东裔。韦注《晋语》云："殛，放而杀也。"此当作放而死也。据段说，则"殛"亦作"极"，有流放、诛杀、死亡三个意思。"极"，栋梁，《说文》："极，栋也。从木，亟声。"段注谓引申之义凡至高至远皆谓之极。"极"的高远义不一定来自屋栋的"极"。"及"是到达,行走可发展出遥远义,在语言里遥远和远离义有密切关系。《大雅·崧高》:"崧高维岳,骏极于天。"传曰:"极,至也。"《广雅·释诂》一:"极,远也。""远"是距离远,也指远离,《论语·颜渊》:"舜有天下,选于众,举皋陶,不仁者远矣。"皇侃疏引蔡谟曰:"远,去也。"罗马尼亚语 depărtá "离开,远离;使离开",depărtát "远方的;久远的"。英语 far "远",far from "远离"。德语 entfernt "遥远的;远方的",Entfernung "远处;离开"。印尼语 jauh "遥远",menjauh "越来越远;避开"。高注《吕氏春秋》云:"先殛后死。"段注谓"此当作先极后死"。"极"的死亡义,殆从消失义而来。德语 weg "离开;扔掉;消失;远离"。英语 disappear "消失;灭绝;被谋杀"。"殛"是杀,也指死亡。《庄子·徐无鬼》:"之狙也,伐其巧、恃其便以敖予,以至此殛也。"成疏曰:"殛,死也。"英语 kill "杀人;被杀死";corpse 名词"死尸;残骸",动词"杀死"。通过跨语言的词义比较,可梳理汉语"及、极、殛"这一组字所表示的"行走、到达、流窜、消失、死亡",语义演变的链条非常清晰。

（92）残害（残、叞）与残留（歼）。《说文》:"残,贼也。从歹,戋声。"又:"叞,残穿也。从又歹,歹亦声。读若残。"段注:"今俗用为歼余字。按许意残训贼,歼训余,今则残专行而歼废矣。《周礼·槀人》注假戋为歼。"《说文》:"歼,禽兽所食余也。从歹从月。"段注:"引伸为凡物之余,凡残余字当作歼。""残、叞、歼"昨干切 *zlaan。"残"是残贼伤害,"叞"是残穿凿破,"歼"是残骸,三字同音同义。郑张先生拿"残"字对应藏语 gzan "残暴、害"、gzan-pa "用坏"（2013）。残害、毁灭跟残骸的语义关系明显,残害后遗留下来的残留物,是残害的进一步发展。英语 corpse 名词"尸体;残骸",动词"杀死";ruin "毁灭;被毁之物",the ruin of a ship "船的残骸;废墟"。英语 corps "军队;尸体"。汉语"师" *sri 是军队,

"尸"*hli 是尸体,对照英语 corps 似乎也有语义联系,有待进一步研究。

（93）完结（殄）与美满（腆）。《说文》："殄,尽也。从歺,㐱声。"《邶风·新台》传曰："殄,绝也。"笺云："殄当作腆。腆,善也。"段注："古文假殄为腆。《仪礼》注云腆古文作殄是也。""殄"是完结,发展出灭绝、死亡。"腆",多、厚,又有美好义。多跟善语义关系明显有关联。完结跟美好,似有语义关联。汉语说"完满、结局"。英语 fine"美好;健康的",借自意大利语 fine"音乐的终止、结尾",来自拉丁语 finīre"完成,终结"。

（94）腌制（瀸）与细微（纤、殲）、死亡（殲）。《说文》："殲,微尽也。从歺,韱声。《春秋传》曰:齐人殲于遂。"《左传》《穀梁传》作"殲",《公羊传》作"瀸",段注谓"殲"作"瀸"乃"字之同音假借也""殲之言纤,纤细而尽之也"。其说可从。"瀸",《说文》："瀸,渍也。从水,韱声。《尔雅》曰:泉一见一不为瀸。""瀸"是腌渍,也指间歇性泉水。淹没跟腌制可以是一个词,英语 souse"浸入;腌"。湖、泉、水跟淹没亦应有语义联系,英语 flood 名词"洪水;水,海洋,江湖;涨潮",动词"淹没;泛滥";swamp 名词"沼泽",动词"淹没;陷入困境;吞没;彻底击败"。淹没、腌制跟杀也有关系。俗语腌制常说"杀个水"。英语 salt 名词"盐",动词"腌制;谋杀,凶杀";drown"淹死;沉没"。腌制会使物体收缩,是腌制跟纤细,可能会有语义联系。

（95）分散（斁）与腐败（殬）、死亡（殬）。《说文》："殬,败也。从歺,睪声。"段注："经假斁为殬。"《说文》："斁,解也。从攴,睪声。《诗》云:服之无斁。斁,厌也。一曰终也。""斁"是分解、散释,又有满足、终止义,几个语义明显有关联。分散、散开,以至于消失。英语 dispersal"分散,疏散;消失";scatter"分散;使消散,使化为乌有"。"殨"是腐败，由分散、分解发展出腐败，再引申出死亡。英语 decay "腐败；衰减；死亡"，deceased "已死亡的"。

（96）木棍（栾）与瘦弱（裔）、肉块（裔）、切割（裔）。《说文》："胹，胁肉也。从肉，孚声。一曰胹，肠间肥也。一曰膫也。"《子虚赋》："胹割轮焠。"段注："假胹为裔也。""裔"，《说文》："臠，膢也。从肉，綿声。一曰切肉也。《诗》曰：棘人裔裔。"段注谓三家诗有作"裔"者，从正字，毛诗假借作"栾"。按"裔"，切肉、肉块，也指瘦弱。"栾"，树木，《说文》："栾，栾木，似栏。从木，綿声。《礼》：天子树松，诸侯柏，大夫栾，士杨。"肉块与柴木的关系，可比较"戢"字（黄树先 2010b）。柴木跟瘦弱有语义联系，"瘦成根棍子"，极言其瘦，还说"瘦成麻秆"。"胹"力辍切 *rod，《集韵》力宄切 *ronʔ，与"裔"同音。"栾"落官切 *b-roon。"裔"也指切割，段注："切肉曰裔，裔之大者曰戢。"《齐民要术·作酢》："取新鲤鱼，去鳞讫则裔。"肉与切肉的语义关系，《说文》："散，杂肉也。从肉，㪔声。"段注谓"散"从㪔会意，"㪔"，分离也。英语 cut "切割"，cutter "切割；次低级牛肉"。参见第三章第（105）"（东齐）宰杀与肉食"条。

（97）锐利（剡）与味道醇美（覃、醰）、美艳（剡）。《说文》："剡，锐利也。从刀，炎声。"《小雅·大田》："以我覃耜，俶载南亩。"传曰："覃，利也。"段注："毛诗假借覃为之。""覃"，味道浓厚，《说文》："覃，长味也。从㫗，鹹省声。《诗》曰：实覃实吁。"段注说字形"当作鹹省，鹹亦声"，"覃"徒含切 *l'ɯɯm，似与"鹹"胡谗切 *grɯɯm 同源。"醰"，酒味绵长，《说文》："醰，酒味长也。从酉，覃声。"段注谓"覃、醰音同义近"。"剡"以冉切 *lamʔ。锋利可以跟气味有语义联系，英语 sharp "锋利的；刺激感官的，有强烈气味（或味道），刺眼的；时髦的，漂亮的"，跟汉语"剡"的锐利、"覃"的长味对应。"刿"有美艳义，《小雅·十月之交》"艳妻煽方处"，《释文》谓"刿、艳古今字耳"，李富孙《异文疏证补遗》："毛作艳，鲁作阎，则作刿者，齐诗也。"锐利的"刿"，可以发展出美艳义，可与英语 sharp 比较。"覃"从"鹹"省，似乎暗示味美从盐而来，英语 salt"盐；咸；风趣，兴味"。

（98）镰刀（鍥）与契刻（栔）。《说文》："栔，刻也。从㓞木。"段注谓俗字作"㓞"，假借作"契、鍥、挈、楔"。按"契"，刻也，《大雅·縣》："爰始爰谋，爰契我龟。""鍥"，镰刀，《说文》："鍥，镰也。从金，契声。""挈"，握持，《说文》："挈，县持也。从手，㓞声。"段注："古假借为契、栔字。""刻契"是动作，"鍥"是削割工具，语义应该有联系。英语 hook 名词"镰刀，弯刀；手爪"，动词"用镰刀割"。

（99）刻木（楔）与契约（契）、契合（契）。《说文》："栔，刻也。从㓞木。"段注谓俗字作"㓞"，假借作"契、鍥、挈、楔"。"楔"，木楔，《说文》："楔，櫼也。从木，契声。"刻跟契约、契合应有语义联系，犹如后世书写与所写的联系，"楔"可能是刻记之木。英语 tally 名词"（古代刻痕计数的）符木，（计数用的）签子；记账牌；（符木上的）刻痕，计数记号"，动词"在符木上刻（痕），记录；符合，吻合"。

第五节　假借索义（中）

本节从段注《说文》第五卷《竹部》开始，终于第八卷，从中选择若干假借例子加以说明。体例跟前一篇相同。

（100）竹节（节）与树木节目（卪）。《说文》："節，竹约也。从竹，即声。"段注谓竹节"引伸为节省、节制、节义字，又假借为符卪字"。"卪"是符信、印符，《说文》："卪，瑞信也。守邦国者用玉卪，守都鄙者用角卪，使山邦者用虎卪，土邦者用人卪，泽邦者用龙卪，门关者用符卪，货贿用玺卪，道路用旌卪。象相合之形。"《说文》："厄，科厄，木卪也。"段注："凡可表识者皆曰卪。竹之卪曰节，木之卪曰科。"是树木之节目曰"卪"，竹节、树木疤痕、膝盖、关节，可以是一个词。汉语"节、膝"是同族词。西班牙语 codillo"（四蹄动物的）肘关节；（树干上的）丫杈"；nudo"（绳子的）结；（树木、植物的）节，（木材的）疤；联系，连接"。英语 juncture"节点、交接处；关键时刻，紧急关头"。汉语"节"的节义之义，可能是从关键义而来；符节跟礼节应有语义关系，意大利语 convenienza"符合；礼节，礼貌"。段氏又谓"卪、节古今字"（"死"字注）。

（101）模型（笵）与模范（範）。《说文》："笵，法也。从竹，氾声。竹，简书也。古法有竹刑。""笵"，竹木的范模，发展出效法义，英语 model 名词"模型；模范，榜样"，动词"做模型；使效仿"。模范字通作"範"，动词是用模型制作，《孔子家语·问礼》："範金合土，以为台榭宫室户牖。""範軷"，《说文》谓出行时在道路上的祭祀："軷，出将有事于道，必先告其神。立坛四通，树茅以依神为軷。既祭犯軷，轹牲而行为範軷。从车，犮声。《诗》曰：取羝以軷。""軷"的语义可能跟行走有关，《周礼·大驭》"犯軷"注曰："行山曰軷。"《左传·襄公二十八年》："必使而君弃而封守，跋涉山川，蒙犯霜露，以逞君心。"故书"軷"作"罚"。处罚义不知跟规范的"范、範"有没有联系。印尼语 siasat"政策，策略；［古］刑罚，惩罚"。俞敏先生拿汉语"钦、坎"对应藏语 khrim"法律"，《尚书·尧典》："钦若昊天。"《尔雅·释言》："坎、律，铨也。"（1989a）一般拿汉语"禁"

来对应藏语 khrim "法律"（施向东 2000：72）。俞敏先生的对应很特别。"钦"有钦敬、谨慎的意思。印尼语 siasat "谨慎；策略，对策"。英语 court "法院；朝廷；奉承，殷勤"。尊敬跟遵守在语言里也可能是一个词，意大利语 rispettare "尊敬；遵守；爱惜"。汉语尊敬、遵守，写作两个字，其实是一个来源。"坎"，可比较汉语"刑范"，"范"是竹木模范，土制为"型"，字或作"刑"，《荀子·强国》："刑范正，金锡美，工冶巧，火齐得。"又当作为楷模讲，《大雅·思齐》："刑于寡妻，至于兄弟。""坎、刑"均为模板，引申为标准，为刑罚条例。

（102）材质（簀）与堆积（积）。《说文》："簀，床栈也。从竹，责声。"《卫风·淇奥》："绿竹如簀。"传曰："簀，积也。"段注谓"此言假借"。床板之"簀"与累积之"积"，语义似有关联。"栈"也是树木名，《尔雅·释木》："栈，干木。"又指木头搭建的棚子，或打造的车子、铺设的栈道。这些语义演变，均是原料与器物的关系。"簀"侧革切 *ʔsreeg，"积"资昔切 *ʔseg。树木、柴木可发展出堆积义，《小雅·车攻》传曰："柴，积也。"朱熹《诗集传》曰："谓积禽也。"英语 pile 名词"（修建房屋、桥梁的）桩；尖形草叶"，动词"堆积（或叠架）"。

（103）镊子（箝、钳）与钳制（拑）。《说文》："箝，籋也。从竹，拑声。""箝"，竹制镊子，金属的则写作"钳"，《说文》："钳，以铁有所劫束也。从金，甘声。"段注"箝"字曰："以竹胁持之曰箝，以铁有所劫束曰钳，书史多通用。""拑"是夹持，《说文》："拑，胁持也。从手，甘声。"段注："谓胁制而持之也。""拑、箝、钳"巨淹切 *gram，语义有关联。英语 tweeze，动词"（用镊子）钳住（或钳出、拔除）"，tweezer 名词"镊子"，作动词同 tweeze；tong 名词"钳子"，动词"用钳子夹取（或夹住）"。

（104）竹木棰（箠）与捶击（捶）。《说文》："箠，所以击马也。

从竹，垂声。"段注："假借为杖人之称，《汉书》'定箠令'是也。《周礼》假垂为箠，'垂氏掌共燋契'是也。"段氏谓假借为杖人之称，是词义的引申，木棒、木棰发展出捶打义，是很常见的词义发展。动词作"捶"，《说文》："捶，以杖击也。从手，垂声。"英语 hammer 名词"锤子"，动词"锤击"；cane 名词"棍，棒"，动词"打"。

（105）边界（垂）与危险（陲）。"垂"，边陲，《说文》："垂，远边也。从土，烝声。""陲"，《说文》训危也。段注："许义垂训远边，陲训危。以垂从土，陲从阜之故。今义训垂为悬，则训陲为边，边陲行而边垂废矣。"边界与危险有语义关系，"悬崖勒马"，以边崖危险也。英语 edge "边，边界"，on edge "直立；紧张不安，烦躁，恼怒"，over the edge "精神错乱，疯狂"；edgeness "锐利；易怒，紧张"。

（106）放置（奠）与储存（屓）。《说文》："奠，置祭也。从酋。酋，酒也。丌其下也。《礼》有奠祭。"《太玄·太玄攡》："天地屓位，神明通气。"段注谓"假屓字为之"。"屓"，储备、存储，《说文》："屓，偫也。从尸，奠声。"段注："偫者，储偫也。""奠、屓"堂练切 *diiŋs。今标点本"屓"径改作"奠"字。放置与存储的语义关系，可比较英语 deposi "放置；使沉淀；存放；存储"。

（107）反复（達）与啰嗦（沓）。《说文》："沓，语多沓沓也。从水曰。"段注："引伸为凡重沓字，假借为達字。""達"，抵达、到达，《说文》："達，行不相遇也。从辵，奎声。《诗》曰：挑兮達兮。或曰迭。""復"，往来、反复，也指重复，《史记·秦始皇本纪》："为复道，自阿房渡渭。"这个意思通作"複"。"反"，返回，也指反复。是往来反复与重复、啰嗦有语义联系，"重复、反反复复"都指啰嗦，"来回好多次"也指反复不断。英语 trip "出行；说话结巴"。

（108）高峻（峻）与惊悚（夋、惸）。《说文》："夋，惊词也。从分，旬声。惸，夋或从心。"《礼记·大学》："瑟兮僩兮者，惸栗也。"

注："恂字或作峻，读为严峻之峻，言其容貌严栗也。"段注："《大学》之恂，即《说文》之惕，有惊惧之意，故恂栗为容貌严栗。《心部》曰'恂，信心也'，是其本义也。《大学》则假恂为惕。《庄子》'众狙见之，恂然弃而走'，亦是惊意。"高峻与危险、惊悚有语义关联，所谓"危楼高百尺"，汉语还说"险峻"。惊悚与诚意（恭敬）有语义关系，惊与敬是同族词。

（109）钟声（鏛）与鼓声（鼟）。《说文》："鼟，鼓声也。从鼓，堂声。《诗》曰：击鼓其鼟。"段注："今诗作鏛，《金部》曰：鏛，鼓钟声也。鼓钟即击钟也。字从金，故曰钟声。于鼓言鏛为假借。"敲击钟鼓，与钟鼓、钟鼓声，可以是一个词。英语 drum 名词"鼓，鼓声；（打鼓的）咚咚声，敲击声"，动词"打鼓"；ring 名词"铃；铃声，钟声；（教堂、钟楼的）编钟"，动词"敲铃，按铃"。

（110）嘉美（嘉）与祝贺（贺）。《说文》："嘉，美也。从壴，加声。"段注："经有借假为嘉者，如《大雅》《周颂》毛传皆曰'假，嘉也'是也。有借贺为嘉者，《觐礼》古文余一人嘉之，今文嘉作贺是也。""假"，虚假。《说文》："假，非真也。从人，叚声。《虞书》曰：假于上下。"段注谓训至的"假"是"徦"之假借字，又假借"贺"为"嘉"字。按虚假跟美丽，语义关联有待进一步考察。"贺"，祝贺。嘉好跟祝贺有语义联系，可比较"庆"字，《尚书·吕刑》："一人有庆，兆民赖之。"此谓嘉善。又为祝贺，《说文》："庆，行贺人也。"英语 celebrate"庆祝；欢乐"；compliment"恭维；敬意；祝贺"。

（111）音乐（豈）与快乐（愷）。《说文》："豈，还师振旅乐也。一曰欲登也。从豆，微省声。"段注："经传岂皆作愷。""愷"，康乐，《说文》："愷，康也。从豈心，豈亦声。"段注："奏豈经传多作愷，愷乐毛诗亦作豈，是二字互相假借。""豈"祛狶切 *ŋhuɯlʔ，"愷"苦亥切 *ŋhɯɯlʔ。二字同源，音乐与快乐语义有关联。比较汉语"乐"，有音乐跟快乐两个意思。英语 music "音乐；军乐队"，也指"悦耳的声音，佳音"，The news is music to my ears. "这消息对我来说是喜讯。" cantus "旋律，歌曲"，canty "愉快的；轻松活泼的"。

（112）**山岳（甎）与陶器（匋）**。《说文》："甎，古陶器也。从豆，虍声。"段注："陶当作匋，书多通用。"《说文》："陶，再成丘也。在济阴。从阜，匋声。""陶"是山名，制作陶器、陶器，字作"匋"，《说文》："匋，作瓦器也。从缶，包省声。古者昆吾作匋。案《史篇》读与缶同。"郑张先生说，"匋"徒刀切 *l'uu<bl'uu，与"缶" *plu 是同源异式的转注字，《说文》云"案《史篇》读与缶同"。而"陶"又音馀昭切 *luu，其原始形式 *bluu 正与藏语 phru "陶器"对当。（2013：138）"陶、匋"同音，语义相同。拿器物来命名山岳，语言里常见，《释名·释丘》："再成曰陶丘，于高山上一重作之，如陶灶然也。"《后汉书·明帝纪》注引孙炎曰"陶丘形如累两盂也"。"陶"作为山名是否来自陶器，尚需研究。《史篇》"匋"读与"缶"同，跟"宝"通用，语义也相通。

（113）**酒器（盎）与酒水（醠）**。《说文》："盎，盆也。从皿，央声。瓷，盎或从瓦。"段注谓盎"假借为酒名。《周礼》盎齐注曰：盎犹翁也，成而翁翁然葱白色，如今酂白矣。按翁者，瀼之假借。瀼瀼犹泱泱也，酒之成似之"。孙诒让正义说"盎、翁"即"醠、瀼"之借字。按"盎"是盆，用以盛酒，亦名"盎"，字也作"醠"，《说文》："醠，浊酒也。从酉，盎声。"段注谓"醠"字《周礼》作"盎"，古文假借也。器皿与饮食名可以共享一个词。甲骨文"酉"字象酒坛形，里头装酒，后通作"酒"。英语 jar "坛子，罐子；一杯啤酒"。爵杯是器皿，也指所盛之酒，比较英语 cup "杯；酒"。

（114）**流血（衄）与牺牲、挫败（朒、辱）**。《说文》："衄，鼻出血也。从血，丑声。""衄"又有挫败、退缩义，故段注曰："诸书用挫衄者，缩朒字之假借也。缩朒者，退却之意也。"朱骏声也说假借为"朒"。"朒"，农历月初月亮出现于东方，也有亏损、迟缓不足等义。王力谓"衄、辱"是同源字，二者在屈辱、耻辱上同源（2007：1194）。这跟《释名》《广雅》等文献相同，《释名·释言语》："辱，衄也。"从这些文献来看，挫败、退缩跟屈辱、耻辱应有语义关联，跟出血的"衄"音义有关。出血跟牺牲有语义联系，所谓"流血牺牲"。英语 bleed"流血；（在战争中）受伤，战死；悲伤"。

（115）**法律（㓝）与处罚（刅）**。《说文》："㓝，造法㓝业也。从井，刅声，读若创。"段注："《国语》《孟子》字皆作创，赵氏、韦氏皆曰'创，造也'，假借字也。"依据《说文》，"㓝"是创造法律条款，"创"是刅的重文，《说文》："刅，伤也。从刀从一。创，刅或从仓。"段注："凡刀创及创疡字皆作此，俗变作刱、作疮。多用创为㓝字。"法律与建立法则，应有语义关联，"㓝"是造法㓝业，泛指制造。英语 statute"法律；章程"，来自拉丁语 statuere"建立（to set up）"。"刅创"是处罚、伤害，发展出伤口。英语 cut"切割，截；伤口"。法律与处罚，参见上文第（101）"模型（范）与模范（範）"条。

（116）**食物（馂）与进食（籑、馔）、篡改（篡）**。《说文》："籑，具食也。从食，算声。馔，籑或从巽。"《论语·为政》："有酒食先生馔。"《释文》："馔，郑作馂。"段注："若《论语》鲁馂、古馔，此则古文假馔为馂。"朱骏声说"籑"当训食余，亦作"馂"，与"馔"各异。"馂"字不见《说文》。《广雅·释器》："孰食谓之馂籑。"王氏疏证："馂，读若飧。""馂"有熟食义，又谓食余，《大戴礼记·保傅》："食肉而馂。"王聘珍解诂："馂，食朝之余也。""籑、馔"士恋切 *sgrons，"馂"子峻切 *ʔsluns。熟食跟具食应有语义关系，比较"饭"字有饭食和吃饭两个意思。"籑"是做好的饭食，烹煮改变了食物的性质，英语 cook 动词"烹饪；篡改（账目）；毁坏；使筋疲力尽"，名词

"蒸煮；蒸煮物"，cookie"甜饼干"。汉语"篡"，篡夺，《说文》："屰而夺取曰篡，从厶，算声。"可与英语的烹饪、篡改、毁坏等义进行比较。

（117）**煮熟（鬻）与熟练（纯）**。《说文》："鬻，孰也。从盲羊。读若纯。一曰鬻也。"段注："今俗云纯熟，当作此字。纯、醇行而鬻废矣。《周礼·司裘》注假借为墡的字。""一曰鬻"者，"鬻"是"粥"，跟煮熟殆有语义联系。纯熟、熟练由烹饪的煮熟义而来，"熟"字就有熟练、纯熟义。英语 mature"熟的，酿熟的；慎重的，明白事理的"。印尼语 masak"（果子等）成熟；煮熟的；成熟的，老练的"。葡萄牙语 manjar 名词"食物；美味"，动词"吃；熟悉，明白"。

（118）**靶子（墡）与准则（准）**。"鬻"，假借作"墡"。"墡"是箭靶，《说文》："墡，墡的，射臬也。从土，鬻声。读若准。"《周礼·司裘》："皆设其鹄。"注："以虎熊豹麋之皮饰其（侯）侧，又方制之以为鬻，谓之鹄，箸于侯中。"段注谓"鬻即墡之假借字也"。"鬻"，常伦切 *djun<*gjun，"墡"之尹切 *qwjin?。《说文》"墡"读若"准"*qwjin?。"准"，标准、准则，也当箭靶子讲，见《抱朴子·广譬》。靶子可发展出目标、准则义，"的"字由靶心发展出准的义，《韩非子·外储说》左："人主之听言也，不以功用为的，则说者多棘刺、白马之说。"英语 target 名词"靶子；（欲达到的）目标，指标；（攻击的）对象"，动词"规定……指标"。法语 cible"靶子；目标，对象"。

（119）**皮革（韦）与缠绕（囗、围）**。《说文》："韦，相背也。从舛，囗声。兽皮之韦，可以束物枉戾相韦背，故借以为皮韦。"段注："其始用为革缕束物之字，其后凡革皆称韦。此与西、朋、来、子、乌五字下文法略同，皆言假借之恉也。假借专行而本义废矣。"许慎的假借与词义相关。朱骏声说"韦假借为囗"。《说文》："囗，回也。象回匝之形。"段注："回，转也。按围绕、周围字当用此，围行而囗废矣。"皮革可发展出缠绕、捆束义。皮革跟违背的语义关系待考。"韦、口"雨非切 *Gwuul，从皮革发展出捆束更自然。英语 leather "皮革"，动词"用皮革包裹；［口］用鞭子打"。

（120）刀锋（锋）与山峰（峰）。《说文》："夆，牾也。从夂，丰声，读若缝。"段注："夆，古亦借为鏠、峰字。""锋"本指兵器的尖端，《说文》："鏠，兵端也。从金，逢声。"段注："凡金器之尖曰鏠，俗作锋。"《说文》："劋，刀剑刃也。从刀，咢声。劅，籀文劋从韧各。"剑锋曰"劋"，边界曰"垮"，字或作"鄂、崿"。刀锋跟边界有语义关系，英语 edge "边，边界；刀锋，刃"，knife-dege "刀锋；陡峭的山脊"。"峰"，山峰，《说文》："峰，山端也。从山，夆声。"段本删去"峰"字。

（121）杨柳（杨）与飘扬（扬）。《说文》："杨，蒲柳也。从木，易声。"段注："古假杨为扬。故《诗·杨之水》毛曰：杨，激扬也。《广雅》曰：杨，扬也。"杨柳枝条曼柔，发展出柔软、飘逸义极有可能。英语 willow "柳树"，a weeping willow "垂柳"，willowy "柳树成荫；柳树般的，婀娜多姿；柔韧的"。

（122）头（颠）与树顶（槙）、颠仆（槙、颠）。《说文》："槙，木顶也。从木，真声。一曰仆木也。"段注："人顶曰颠，木顶曰槙，今颠行而槙废矣。"木顶、头顶曰"槙、颠"，是同族词。英语 top "顶，山顶，头顶；（植物）长出地面部分，（嫩枝的）梢端"。头、顶端发展出颠倒义，段注："人仆曰颠，木仆曰槙，颠行而槙废矣。顶在上而仆于地，故仍谓之颠、槙也。"同族词语义来源相同，但字有分工，不同的意思，用不同的字标记。文献记载使用了不同的字，段氏依旧认作是假借，故曰："《大雅》：人亦有言，颠沛之揭，枝叶未有害，本实先拨。此以木为喻，故毛曰：颠，仆。沛，跋（拔）。揭，见根貌。是毛诗之颠，槙之假借也。"《大雅·荡》以木颠仆为喻，字本当作"稹",毛诗作"颠",故段氏判定是假借。段注又谓:"《考工记》稹理亦或假稹。""稹",植物稠密,《说文》:"稹,穊概也。从禾,真声。《周礼》曰:稹理而坚。""稹"都年切 *tiin,"稹"章忍切 *tjinʔ<*ʔlj-。殆同音假借。"颠"是头,也有坠落义,《左传·隐公十一年》杜注:"颠,颠队而死。"英语 head "头",on one's head "倒立,颠倒"。

(123)原木(樸)与树皮(朴)。《说文》:"樸,木素也。从木,菐声。"段注:"《汉书》'以敦朴为天下先',假朴为樸也。"又谓:"今《诗》棫朴、《周礼》樸属,借用此字。""朴"是树皮,"樸"是未加工的原木,也指丛生的树木,《大雅·棫朴》朱熹集传:"樸,丛生也。"英语 wood "树干;木头;(产品)原料;汤汁,原汤"。"樸"又有敦朴义,《庄子·渔父》:"甚矣由之难化也,湛于礼义有间矣,而樸鄙之心至今未去。"敦朴义殆由木头的木讷义而来,英语 wood 就有"木头似的东西,木头木脑的人"义。用木头表示痴呆、质朴,在语言里很常见。《周礼·考工记》"樸属",注:"樸属犹附着坚固貌。"可能也跟原木的坚固义有关。

(124)梆子(檬)与敲打梆子(柝)。"柝",梆子,《穀梁传·庄公二十五年》:"大夫击门,士击柝。"注:"柝,两木相击。"《说文》作"㭷",训开裂,"㭷,判也。从木,庐声。《易》曰:重门击㭷"。段注谓《说文》引《周易·系传》文,旨在说明"柝"是"檬"之借字,是"引经言假借"。梆子字,《说文》作"檬":"行夜所击木。从木,橐声。《易》曰:重门击檬。"段注:"今之敲梆是也。""柝、檬",他各切。"檬"是梆子,"柝"是开裂。梆子、敲打、(敲打)开裂,语义可能有联系。英语 clap 动词"敲,拍",名词"拍手声,爆裂声;拍板",clapped out "破旧的,用坏的,坍塌的;筋疲力尽的",clapper "拍板,响板",watchman's clapper "梆子"。英语梆子也说 slit drum "开口木鼓（一种用树干挖空制成的原始打击乐器）"，slit "（纵向）切开，撕开；开狭长的口子"。英语中的这些词可帮助我们理解"柝、橐"的音义关系。"柝"有开拓义，字通作"拓"。

（125）支柱（樘）与支撑（㞆）。《说文》："樘，柱也。从木，堂声。"段注："樘可借为㞆距，犹柱可借为支柱，而支柱遂正释樘。""樘"是支撑之木柱，"㞆"是支撑，《说文》："㞆，距也。从止，尚声。"段注："今俗字㞆作撑。"英语 prop 名词"支柱，支撑物"，动词"支撑；支持"。

（126）马（骊）与三脚架（楷）。《说文》："楷，木参交以支炊簧者也。从木，省声，读若骊驾。"段注："《汉书·平帝纪》：礼娶亲迎，立轺併马。服虔曰：立轺，立乘小车也。併马，骊驾也。按骊之言丽也。骈下云：驾二马也。驾二马为丽驾。楷读若骊驾之骊，此清、支二部合韵也。""楷"，《集韵》所景切 *sreŋʔ，"骊"郎奚切 *reel，二字读音郑张先生在《上古音系》"e 元音变通"节有讨论。"楷"是搁置炊簧的三角支架，段注："谓米既渐将炊，而漉之令干，又以三交之木支此簧，则沥干尤易也。三交之木是为楷。"语言可用马、驴、象、猫来命名三脚架，《说文》："桓，行马也。从木，互声。"英语 horse "马；像马的东西，有脚的木架（如锯木架，烘衣架）"。

（127）勺子（枓）与升斗（斗）、北斗星（斗）。《说文》："枓，勺也。从木，斗声。"段注："凡升斗字作斗，枓勺字作枓，本不相谋，而古音同当口切，故枓多以斗为之。"《说文》："斗，十升也。象形，有柄。""斗"是升斗，"枓、斗"，形状类似，均有柄，故得以同名。英语 dipper "长柄杓；（挖土机）铲斗；北斗七星"；scoop "勺子，长柄杓；铲斗，煤斗"；ladle "长柄（汤）勺；（冶金）铸勺；（募捐用）长柄木盒"。

（128）木块（櫷）与石块（厥）。《说文》："櫷，弋也。从木，厥声。一曰门梱也。"段注："檗或借厥，梱或借困。""檗"字通作"橛"，短木桩，转指门槛、马口衔木（《史记·司马相如传》），作动词是敲击，《山海经·大荒东经》："黄帝得之，以其皮为鼓，橛以雷兽之骨，声闻五百里。"注："橛犹击也。"木棍与敲打的语义关系，可比较"杖、椎"字。"厥"是石头，《荀子·大略》："和之璧，井里之厥也。"注："厥，石也。"用机械投掷石块，《说文》："厥，发石也。"石与投石的语义关系，比较英语 stone 名词"石；碎石；圆硬似石之物，（尤指）（桃李等）核；结石"，动词"投石"。英语 block"（木、石之）大块；障碍物"，木头与石块共享一个词。"梱或借困"，捆束，就是束缚，英语 bind 动词"捆绑；束缚"，名词"困境，尴尬的处境"，跟汉语"梱、困"一一对应。据《说文》，"困"是故庐也。段注："困之本义为止而不过，引伸之为极尽。凡言困勉、困苦，皆极尽之义。"段说可从。停止义可发展出房舍义，汉语"停、亭"来源相同。参见拙著《比较词义探索》"站立与房舍"条。捆绑可以有停止义，英语 bind 有阻止义；tie"捆绑"，tie up"系紧；阻碍，使停顿；（使）靠码头"。

（129）木（根）与木梁（梁）、木桥（梁）。《说文》："桥，水梁也。从木，乔声。"段注："梁者，宫室所以关举南北者也。然其字本从水，则桥梁其本义，而栋梁其假借也。"段氏的假借，谓词义的引申。《说文》："梁，水桥也。从木水，刅声。""梁"是桥，也指屋梁，《尔雅·释宫》："杗廇谓之梁。""梁"*raŋ、"根"*raaŋ（《说文》"根，高木也"）、"梗"*kraaŋʔ、"衡"*graaŋ、"桁"*graaŋ（《玉篇》"桁，屋桁也"），均指树木、木头，殆为同族词。"梁"是木，用作桥梁、梁栋，依旧曰"梁"，不存在由桥梁假借为栋梁。英语 tree"树木；（树状的）木制用具"；wood"木头；木制的东西"。英语 bridge"桥"，跟古斯拉夫语（Oslav）brŭuŭno"梁、桁（beam）"有关（陆谷孙 2010：395）。

（130）薄片（柿）与肺叶（肺）。《说文》："柿，削木朴也。从木，宋声。陈楚谓之札柿。"段注谓《汉书》《后汉书》假"肺"为之。按"柿"是砍削的木片，"肺"是薄的片状物，汉语还说"肺叶"，叶是薄片。英语 lobe"（肺、肝）叶；（植物）裂片；（鸟足）瓣蹼"。塞尔维亚克罗地亚语 krílo"翼；（风车等的）叶片，门扇，窗页；肺叶"。

（131）山林（麓）与林吏（麓）、野鹿（鹿）。《说文》："麓，守山林吏也。从林，鹿声。一曰林属于山为麓。《春秋传》曰：沙麓崩。""麓"，山足，也指山地之林木，也指守山林之官吏。西班牙语 mata"草，灌木；树林；小山"。《左传·昭公二十年》："山林之木，衡鹿守之。"段氏谓"鹿者，麓之假借字"。章太炎先生《官制索隐》："鹿即麓也。衡麓在后世只为虞衡之官，而古代正为宰相。如伊尹官阿衡，亦名保衡，犹是衡麓之故名也。"（《太炎文录初编》，2014）森林可转指森林的管理者，比较"圃"字，指园圃，也指园丁；森林也指森林里的动物。英语 forest"林区，森林"，forester"林务官；森林的居民；森林动物，栖林鸟，灰色大袋鼠，虎蛾"。

（132）重复（棼）与纷乱（纷）。《说文》："棼，复屋栋也。从林，分声。"亦曰重栋。《左传·隐公四年》："臣闻以德和民，不闻以乱。以乱，犹治丝而棼之也。"段注："假借为纷乱字。"重叠、重复义，跟繁复、纷乱有语义联系，英语 complex"组合；复杂，错乱"。

（133）枝桠（秖、枳）与分歧（岐）。《说文》："秖，秖秖，多小意而止也。从禾，从支，只声。一曰木也。"《尔雅·释地》："枳首蛇。"段注："枳本或作秖，此则借秖、枳为岐字，亦同部假借也。""秖"从支，只声，疑与"支（肢）、枝、胑"音义并同，枝桠与肢体在语言里通常就是一个词。"格"是长木，与"胳、脚"是同族词。英语 limb"肢，翼；大树枝；分支"。德语 Ast"树枝；桠杈；

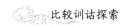

驼背"。"稿"是木，又有弯曲、分歧义，这都是枝丫义正常的词义演变。

（134）旋涡（回）与回旋（夏）。《说文》："回，转也。从口，中象回转之形。"《交部》："夏，衺也。从交，韦声。"段注："《毛诗》传曰：回，邪也。言回为夏之假借也。又曰：回，违也。亦谓假借也。""回"户恢切 *guul，"夏"雨非切 *Gwuul。"回"是旋转，也指旋涡，亦指回水。旋转与旋风，可以是一个词，旋转发展出眩晕、混乱类的意思，这可能就是"回"有旋转、旋涡、回邪义的原因。英语 eddy 名词"旋涡；（思想、政策等方面的）停滞不前，逆流"，动词"旋转"；whril"回旋，打转；飞奔；（头）发晕；混乱，扰乱，骚动"。印尼语 berpusar"（水、风等）旋转，形成旋涡，转动"。"夏"字过于冷僻，其回邪义，来自旋涡也有可能。待考。

（135）坚固（固）与固然（故）。《说文》："固，四塞也。从口，古声。"段注："凡坚牢曰固，又事之已然者曰固，即故之假借字也。"这里的假借指词义的引申。《说文》："故，使为之也。从支，古声。""固"，坚固、牢固，可发展出肯定义，英语 solid 形容词"固体的；牢固的，坚固的"，副词表肯定、无疑。肯定地回答他人说 I solid am。汉语当所以讲的连词"故"，跟坚固义可能有联系。汉语"定"，形容词"稳定"，副词"一定"，《史记·项羽本纪》："项梁闻陈王定死，召诸别将会薛计事。""硬"，形容词"坚硬"，副词"确实"。

（136）云彩（云）与众多（纭、纭）。《说文》："纭，物数纷纭乱也。从员，云声，读若《春秋传》曰宋皇郧。"段注："纭，今字作纭，纭行而纭废矣。纷纭谓多，多则乱也，古假芸为纭。"表示众多的意思来自"云"。《齐风·敝笱》："齐子归止，其从如云。"传曰："如云，言盛也。"桂馥义证说"纭又通作云"。《广雅·释诂》："员，众也。"王氏疏证："纭纭云义并与员同。"英语 cloud"云；一大群"。段注谓多则乱，可参见上文第（132）"重复（棼）与纷乱（纷）"条。

（137）行进（进）与送礼（赍）。《说文》："赍，会礼也。从贝，齐声。"段注谓"以财货为会合之礼也""或假进为之"。行走与赠送礼物有语义关系，送礼现在还说"进贡"。西班牙语 acudir "到，赶到；报答，回赠"。"赍"，也作"賵"，《孟子·公孙丑》注："賵，送行者赠贿之礼也，时人谓之賵。"送礼与礼物的语义关系，参见《比较词义探索》"馈赠与礼物"条。

（138）借贷（貣、贷）与差错（忒）。《说文》："貣，从人求物也。从贝，弋声。""貣"，贷入，借进来，他德切 *lhɯɯg。段注："从人犹向人也，谓向人求物曰貣也。""贷"，贷出，他代切 *lhɯɯgs。《说文》："贷，施也。从贝，代声。"段注："谓我施人曰贷也。"段氏谓"古多假貣为差忒字"。借贷之"貣、贷"，本是一词分化出来的，段注："代、弋同声，古无去入之别，求人、施人，古无貣、贷之分。""貣"又标记表差错义的"忒"，《说文》："忒，更也。从心，弋声。"《心部》有"㥏"篆，"㥏，失常也。从心，代声"。《集韵》惕得切。《管子·八势》王念孙《读书杂志》谓㥏"或作忒，又作貣"。段氏谓"㥏即忒，㥏篆盖浅人妄增"。"㥏"是过失，"忒"是更正，过失与改过似有语义联系。段氏谓"忒之引申为已甚，俗语用之，或曰大，他佐切，或曰太，或曰忒。俗语曰忒杀"。按"过"是过失，也说太过、过于，是过失义的进一步演化，意大利语 sproposito "错误，大错；过量，（价格）过高"。德语 Irrsinn "精神错乱的；极大的，非常的"。借贷与差错的语义关系，比较英语 debit "借方，借入；借项，借项总金额；存款账户的借记；缺点，弊端"；debt "欠款，债务；义务；罪"。汉语"责、债"有债务、怪罪的意思，也缘于借贷，从借贷发展出过错、责怪义。

（139）郊外（郊）与野草（蒿）。《说文》："郊，距国百里为郊。

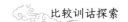

从邑，交声。"段注："《周礼》故书作蒿，假借字。""蒿"，青蒿，《说文》："蒿，菣也。从艸，高声。""郊"古肴切*kreew，"蒿"呼毛切*qhaaw。比较"林"的树林与郊外义，就能明了"郊、蒿"通用之由。西班牙语monte"杂草，牧草；郊外；植物，森林"。

（140）昏暗（昒）与黎明（昒、昧）。《说文》："昒，尚冥也。从日，勿声。"又："昧，昧爽，且明也。从日，未声。一曰暗也。"段注说"汉人昒、昧通用不分"，许慎"独分别昒为未明，昧爽为且明，以其时相际"。"昒"呼骨切*hmɯɯd，"昧"莫佩切*mɯɯds，昏暗，也指黎明。"昒、昧"是同族词，意为黑暗。"昒"是黑暗义，字又作"眒"，《说文》："眒，目冥远视也。从目，勿声。一曰久视也。一曰旦明也。"黑暗与黎明的关系，可参见第一章第（23）条、第四章第（5）条。

（141）明亮（旭）与亮丽（好）。《说文》："旭，日旦出貌。从日，九声，读若好。一曰明也。""旭"又有骄傲、好义，段注谓"此其引伸假借之义也"。明亮与骄傲、漂亮有明显的语义关系。《尔雅·释训》："旭，憍也。"郝懿行义疏说："旭借为好。""旭"字，《说文》"读若好"，"好"呼皓切*qhuuʔ。大徐本作"读若勖"，郑张先生说，"旭"许玉切*qhug>*hug，"勖"*hmug（2013）。明亮发展出漂亮义，所谓靓丽也，英语bright"明亮的；美艳的"，明亮又发展出欢快、聪明义；壮丽发展出自豪、骄傲义，印尼语megah"雄伟的，壮丽的；自豪，骄傲"。

（142）日光（晕）与火光（辉）、烟熏（熏）。《说文》："晕，光也。从日，军声。"段注："《周礼》晕作辉，古文假借字。""辉"，《说文》："光也。从火，军声。""晕"王问切*Guns，"辉"许归切*qhul，"晕、辉"音义皆同。《史记·吕太后本纪》："太后遂断戚夫人手足，去眼辉耳，饮瘖药，使居厕中，命曰人彘。"段注谓"此假辉为熏"。"熏"，烟熏，《说文》："熏，火烟上出也。从黑。中黑熏象。"许云切 *qhun。"熏"，语源殆来自"煙"*qiin。《说文》："煙，火气也。从火，垔声。烟，或从因。"英语 smoke 名词"烟"，动词"熏制；熏黑；用烟熏走"。日光闪烁，犹如熏蒸，所谓云蒸霞蔚，是日光跟熏蒸殆亦有语义联系。

（143）关闭（闇）与黑暗（暗）。《说文》："暗，日无光也。从日，音声。"《周礼·眂祲》"眂祲掌十煇之法"："五曰闇。"这里的"闇"指日月食也。段注："暗者正字，闇者假借字也，引申为凡深沈不明之称。""闇"，闭门，《说文》："闇，闭门也。从门，音声。"段注谓借以为幽暗字。"暗、闇"乌绀切 *quɯms。关闭跟黑暗的语义关系，可比较英语 dark"黑暗的；（戏院等）无演出的，关门的"；意大利语 accecamento"失明，瞎；糊涂；堵塞，关闭"。

（144）阳光（晹）与阳光照射之处（阳）。《说文》："晞，乾也。从日，希声。"《小雅·湛露》："湛湛露斯，匪阳不晞。"传曰："阳，日也。晞，干也。"段注："陽日也者，谓陽即晹之假借也。""晹"，日出、阳光，《说文》："晹，日出也。从日，易声。《虞书》曰：曰昜谷。""陽"，明亮之处，《说文》："陽，高明也。从阜，易声。""陽、晹"与章切 *laŋ。英语 sunshine"日光；阳光照射的地方"。西班牙语 sol"太阳；阳光；阳光照到的地方"。

（145）黎明（朝）与迟缓（輈）。《说文》："朝，旦也。从倝，舟声。"《周南·遵彼汝坟》："惄如輈饥。"段注："《毛诗》假輈为朝。""輈"，车行迟重，《说文》："輈，重也。从车，周声。"段注："轩言车轻，輈言车重，引申为凡物之轻重。""朝"，陟遥切 *ʔr'aw，"輈"职流切 *tjuw。"朝"字段注曰"舟声在三部，而与二部合音最近，《毛诗》以周声之调輈为朝，则朝非不可读如舟也"。殆音近假借。黎明，汉语曰"迟明"，"迟"似有迟重义。黎明是黑暗之时，日

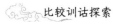

出犹如迟缓之马车。英语 break "（天）破晓；四轮无蓬大马车；训练幼马的车架子"。参见本书第一章第（23）条的相关讨论。

（146）**飘扬（旇、旚）与移动（飙、猋）**。《说文》："施，旗旖施也。从㫃，也声。齐栾施字子旗，知施者旗也。"段注："经传假此为敄㪚字，㪚之形、施之本义俱废矣。"《说文》："㪚，敄也。从攴，也声。读与施同。"段注："今字作施，施行而㪚废矣。施，旗旖施也。经传多假借。"也作"延"，《说文》："延，长行也。从延，厂声。"《大雅·旱麓》"施于条枚"，《吕氏春秋》《韩诗外传》《新序》皆引作"延于条枚"，段注："延音读如移，今音以然切。"《上林赋》："虵丘陵，下平原。"司马彪注："虵，延也。"段注谓："虵亦延之假借。""延"音 *lan，"虵"以豉切 *lals，延续、转移。旗帜之飘扬与行走、移动，语义相关联。汉语"飘、漂、猋"是同族词。英语 fly "飞；（旗帜等）飘扬；飞跑"。俄语 плыть "漂浮；航行；缓缓移动，飘荡"。

《说文》："旇，旌旗旇䍻也。从㫃，票声。"又："旚，旌旗飞扬貌。从㫃，猋声。"段注："扶摇风曰飙，（旇、飙）义略相近。""旇"后作"飘"，抚招切 *phew；"旚、飙、猋"，甫遥切 *pew。旗帜飘扬与奔跑，音义同。《广成颂》："羽旄纷其髟鼬。"段注谓"髟鼬即旇摇之假借字"。"髟鼬"即"旇摇"，叠韵连绵词，字无定准。但单字亦不一定完全无义。"髟"，卑遥切 *piw，《说文》："髟，长发猋猋也。从长彡。一曰白黑发杂而髟。""髟"与"飘、猋"似亦有音义关联。"鼬"，黄鼠狼，《说文》："鼬，如鼠。从鼠，由声。""鼬"余救切 *luwɢs。"䍻"，跟随，《说文》："䍻，随从也。从系，䚻声。由，或䍻字。"字又作"繇"，以周切 *luw。曾宪通先生说金文象"鼬"初文（1983）。英语 weasel 名词"鼬，鼬属动物（如黄鼠狼）"，动词"狡辩，推诿，逃避"，weasel out "（从团体）退出"。"髟鼬"，标记"旇摇"，"鼬"有没有语义联系，值得进一步研究。

（147）箭矢（族）与锋利（镞）。《说文》：“族，矢鏠也。束之族族也。从㫃，从矢。㫃所以标众，众矢之所集。”段注：“今字用镞，古字用族。”《说文》：“镞，利也。从金，族声。”段注：“今用为矢鏠之族，与许不同，疑后所增字。”“族、镞”昨木切 *zoog。器物（工具）与锐利有语义关系，“锋”是剑锋，又指锋利。英语 arrow“箭，矢”，arrowy“箭的；像箭一样迅速（或笔直、锋利）”。

（148）折叠（疊）与屈服（慑）、惧怕（婳、慴）。《说文》：“疊，杨雄说以为古理官决罪，三日得其宜乃行之。从晶宜。亡新以从三日大盛，改为三田。”《周颂·时迈》：“莫不震叠。”传曰：“叠，惧。”孔疏谓《释诂》“叠”作“慑”，音义同。《说文》：“慑，失气也。从心，聂声。一曰心服也。”“慑”之涉切 *ʔnjeb。《说文》又有“婳”字，“疾言失次也。从女，臿声，读若慑”。“婳”楚洽切 *shreeb，《广雅·释诂》：“婳，怯也。”段注以为毛诗“疊”即“慑”之假借字。《说文》：“慴，惧也。从心，習声，读若疊”。“慴”之涉切 *ʔljob，又徒协切 *l'ɯɯb。《汉书·李固传》：“《周颂》曰：薄言振之，莫不震叠。此言动之于内，而应于外也。”注引《韩诗》薛君传曰：“震，动也。叠，应也。美成王能奋舒文武之道而行之，则天下无不动而应其政教。”“应于外”殆从惧怕、臣服发展而来，比较“慑”字的心服义。心服与恐惧，语义当有关联。《说文·人部》：“傑，心服也。从人，聂声。”段注谓慑、傑“二字音义同”。《广雅·释诂》：“傑，惧也。”确信与征服的语义关系，可比较英语 convince“确信，信服；使知错；征服”。“叠”又有折叠义，折叠跟弯曲语义有关联，弯曲发展出屈服义是很常见的。折叠也可发展出屈服义，法语 plier“折叠；使弯曲；使屈服”；意大利语 piegare“使弯曲；折叠；使服从，使屈服”。

（149）兄长（伯）与君王（霸）。《说文》：“霸，月始生魄然也。承大月二日，承小月三日。从月，䨣声。《周书》曰：哉生霸。”段

注："后代魄行而霸废矣，俗用为王霸字，实伯之假借字也。""伯"，排行最长者，《说文》："伯，长也。从人，白声。"又引申为州伯，见《伯兮》传。段注："凡为长者皆曰伯，古多假柏为之。""伯、柏"博陌切 *praag。"兄" *hmraŋ>*hwaŋ，《说文》："兄，长也。"与"孟" *mraaŋs 同源，《说文》："孟，长也。从子，皿声。"白保罗拿汉语"孟"和藏缅语比较：独龙语（怒语支）dəməŋ "大（人）；（比较）年长的兄，叔叔"，缅语 ù-màŋ "叔叔"，汉语 mǎŋ/mɐŋ "孟（兄长）"（1972# 注 488；1984：324）。汉语"孟兄"对应缅文 maŋ³ "帝王；大臣，先生"。现在说"老大、大哥、大姐大"，指排行最长，亦可指行业或团体之长。

（150）钱串（贯）与贯穿（毌）。"毌"是动词，"贯"是名词，钱串，《说文》："毌，穿物持之也。"又："贯，钱贝之毌也。从毌贝。"段注："古贯穿用毌，今贯行而毌废矣。"钱串与贯穿的语义关系，可比较英语 string 名词"细绳，线，带"，动词"用线串，串起"；又指"（属于或与某人有联系的）一系列东西或人"，如 a string of girfriends "一大串女友"，string along with "陪伴"。这几个意思，可以让我们理解汉语"亲串"的意思。汉语还说"一条线的人""一条绳子上的蚂蚱"。

（151）槽沟（窬、窦）与厕所（牏）。《说文》："牏，筑墙短版也。从片，俞声，读若俞。一曰若纽。"《汉书》的《万石君传》"厕牏"，孟康注："牏，行中受粪者也。东南人谓凿木空中如曹谓之牏。"段注："依苏、孟说，则《史》《汉》之牏即窬之假借字。《穴部》曰：窬，空中也。徐广谓读牏为窦也是也。""窬"，凿木为槽，《说文》："窬，穿木户也。从穴，俞声。一曰空中也。"排水沟，也指路边厕所。厕所亦称"偃"，字亦作"宴、匽"，见《广雅·释宫》疏证。沟渠与厕所的语义关系，比较英语 dyke "堤，坝；沟，渠；厕所"。

（152）蒲草（密）与鼎盖（鼏）。《说文》："鼏，以木横贯鼎耳而举之。从鼎，冂声。《周礼》庙门容大鼏七个，即《易》玉铉大吉也。"段注："《礼经》十七篇多言扃鼏，注多言今文扃为铉，古文鼏为密（段氏引文有误，说见许惟贤先生校语）。按扃者假借字，鼏者正字，铉者音近义同字也。"《说文》："鼏，鼎覆也。从鼎冖，冖亦声。""鼏"是鼎盖。"鼏、鼏"，大徐本为一字，训作"以木横贯鼎耳而举之"，段本分二篆，"鼏"古荧切，"鼏"古狄切。段氏谓"鼏，见《礼经》，所以覆鼎，用茅为之。今本作鼏，正字也，《礼》古文作密，假借字也"。"鼏"是顶盖，用茅为之，殆草编织的盖子。《说文》："盖，苫也。"亦以草为之。"鼏"，或假借"密"为之，"密"是蒲草根，可编织为席，是亦可为鼎盖。"苫"是草，见《礼记·檀弓》释文；又指草盖，作动词是盖上。遮盖可引申出严密、隐密义，英语 cover"盖，遮掩"，covert"遮蔽的，秘密的"。

（153）作物（齋）与食物（餈、粢）、收获（穧）、资产（资）、器皿（盦）。《说文》："齋，稷也。从禾，斉声。粢，齋或从次作。""齋"是稷，重文作"粢"。用作祭祀的祭品，字或作"盦"。《说文》："盦，黍稷器，所以祀者。从皿。斉声。"段注谓"盦、粢古今字也"。器皿与所盛之物可以是一个词，参见拙文《食物名探源》。郑注《周礼》谓"赍、资"字同。"资"是资财，《说文》："资，货也。从贝，次声。""齋、盦、资"，即夷切 *ʔsli。农作物及畜产，皆是财富。西班牙语 trigo"小麦；麦田；财富"；hacienda"田产；资产；牲畜；牛"。英语 property"资产；大农场"。《说文》："餈，稻饼也。从食，次声。饎，餈或从齐。粢，餈或从米。"段注说"粢与粢各义"，又谓"今日经典粢盛皆从米作，则又粉餈之或字而误假之"。"齋、粢"即夷切 *ʔsli，是禾谷；"餈、粢"疾资切 *zli，是稻饼，"餈、粢"是食材与食物的关系，用清浊声母对立来加以区别。塞尔维亚克罗

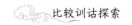

地亚语 prója "黍，稷；玉米面面包（饼子）"；žito "谷物；小麦；麦粥"。英语 oat "燕麦；燕麦种子；燕麦粥"。葡萄牙语 sêmea "麸，糠；麸饼"；carolo "玉米核；粗玉米面；粗玉米面粥"。《说文》："穧，获刈也。一曰撮也。从禾，脅声。"段注："上文既有齎字，以禾在上、禾在旁别其义。""齎、穧"音义同，禾稼草木均可以发展出采摘、砍伐义，比较"菜 / 采、毛 / 芼、茇 / 拔、艾 / 刈"。庄稼成熟就可收割，比较德语 Ernte "收割。成熟的庄稼；收获；捷克语 žatva "收割；（待收割的）庄稼"。

（154）磋磨（凿）与洁白（糳）。《说文》："糳，糲米一斛舂为八斗曰糳。从毇，丵省声。"段注："经传多假凿为糳。""糳、凿"同音，语义相关。"糳"是精白米，《九章·惜诵》："捣木兰以矫蕙兮，糳申椒以为粮。"朱熹集注："糳，精细米也。"旧校谓一作"凿"。"凿"，磋磨，也有洁白义。磋磨与洁白的语义关系，参见本书第一章第（4）条。

（155）完整（完）与宽大（宽）。《说文》："完，全也。从宀，元声。古文以为宽字。"段注："此言古文假借字。"《说文》："宽，屋宽大也。从宀，莧声。"段注："《广韵》曰：'裕也，缓也'，其引伸之义也。古文假完字为之。""完"胡官切 *ɦŋoon，"宽"苦官切 *khoon。完整、圆满和充裕，语义相关，英语 round "圆的；完整的；大量的，可观的"。

（156）外貌（容）与颂扬（颂）。《说文》："容，盛也。从宀，谷声。宀，古文容，从公。"段注："今字假借为颂貌之颂。"容貌字作"颂"，《说文》："颂，貌也。从页，公声。""颂"又为颂扬，段注谓"以容受释颂，似颂为容之假借字矣"。是颂扬之义，段氏以为来自容受，"德能包容，故作颂"。"容"余封切 *loŋ，"颂"似用切 *sGloŋs。容纳跟外貌似乎没有语义联系。容貌字作"颂"，可能只是同音假借。外貌跟颂扬，可比较英语 air "微风；容貌，外表，态度"，in the air "传播的，散布的"，on the air "（无线电）广播"。汉语 "举止"是容貌，"举、誉"同源，"誉"是赞誉。

（157）陶器（陶）与窑灶（窑）、烧制（匋）、财宝（寶）。《说文》："寶，珍也。从宀玉贝，缶声。宲，古文宝，省贝。"古文从"缶"，《广韵》曰 "古文作珤"。"缶"与 "匋、陶"同源。郑张先生说，"匋"徒刀切 *l'uu<bl'uu 与 "缶" *plu 是同源异式的转注字，《说文》云 "案《史篇》读与缶同"；而 "陶"又音馀昭切 *luu，其原始形式 *bluu 正与藏语 phru "陶器"对当（2013，详见 "虘"字条）。英语 ware 名词 "器皿；商品，货物；陶器，瓷器"，动词 "花钱，耗费（物质）"；pot "罐，钵；（钱等）大量，大笔款子"。依稀可以看出 "宝"与 "缶"之间的某种语义关系。《说文》："窑，烧瓦窑灶也。从穴，羔声。"段注："经之陶即窑字之假借也。""陶、缶"音义同，说见上文 "寶"字条。"窑"馀昭切 *luu，是烧制陶器的炉灶；"匋"烧制陶器，《说文》："匋，作瓦器也。从缶，包省声。古者昆吾作匋。案《史篇》读与缶同。""陶"是烧制的产品。陶器也作 "䍃"，《说文》："䍃，瓦器也。"以周切 *luɯw。窑灶、烧制、陶器，音义皆同，应是一个词。段注："匋、窑盖古今字。"英语 porcelain "瓷器"，porcelainize "烧制瓷器"；pottery "陶器；陶器制作；陶器作坊"。

（158）河流（凟）与沟穴（窦）、开沟（窦）。《说文》："窦，空也。"段注："空、孔古今语。凡孔皆谓之窦，古亦借凟为之。""凟"，河流、水渠，《说文》："凟，沟也。一曰邑中曰沟。""窦"徒候切 *l'oogs，"凟"徒谷切 *l'oog。"窦"是孔穴，多指排水孔，《左传·襄公二十六年》："遂袭我高鱼，有大雨自其窦入。"作动词是开挖沟渠，《国语·周语》："古之长民者，不堕山，不崇薮，不防川，不窦泽。"英语 ditch 名词 "沟；水渠"，动词 "开沟"；gutter 名词 "水沟；槽"，动词 "开沟"。水沟，可指河流，意大利语 canale "运河；沟渠；管道；海峡；（悬崖峭壁上的）裂缝"。空与山谷、河流的语义关系参见第四章第（60）条关于"江、孔"的讨论。

（159）疲劳（疲）与疾病（罢）。《说文》："疲，劳也。从疒，皮声。"疲劳义殆与皮革语义有关，皮革有柔软义，再发展出疲惫义，英语 buff 名词"浅黄色皮革；皮肤"，动词"使（皮革）柔软"。段注："经传多假罢为之。""罢"是废置、停止，《说文》："罢，遣有罪也。从网能。网，罪网也。言有贤能而入网，即贳遣之。《周礼》曰议能之辟是也。"又有疲乏义，引申出不好、恶劣义，《国语·齐语》："罢士无伍，罢女无家。"韦注："罢，病也。无作曰病。"段注："罢民、罢士谓偷惰之人。罢之音亦读疲，而与疲义殊。""罢民、罢士"犹言"有毛病的人"，指品行有污，或懒惰成性。疲劳、懒惰与疾病的语义关系好理解。德语 Beschwerde"辛苦，劳累；疾苦，病痛"。意大利语 infermita"疾病；体弱，虚弱，软弱"。"罢"停止、废置义，段注谓"罢"字"引申为止也"。停止、废止跟疾病也有明显的语义联系，现在还说"病废、残废"。

（160）帽子（冃）与戴帽遮盖（冒）。《说文》："冒，冢而前也。从冃目。"《邶风·日月》："下土是冒。"传曰："冒，覆也。"段注："此假冒为冃也。""冃"，后通作"帽"，《说文》："冃，小儿及蛮夷头衣也。从冂，二其饰也。"帽子跟佩戴、覆盖可以是一个词。英语 hood 名词"兜帽，头巾；羽冠"，动词"戴帽；加盖于，装车篷；覆盖"。

（161）丝线（纙、绢）与编织（纙、绾）、网罗（纙、冒）、捕猎（罻、绢）。《说文》："纙，网也。从网缪，纙亦声。一曰绾也。"段注："《糸部》曰：纙，落也。落者，今之包络字。纙网主于围绕，故从纙。"又谓"纙，俗作冒"，"《糸部》绾下曰绢也，绢即纙字，俗书假借也"。段说是也。"纙、绢"，丝线，编织以为网，亦名"纙、绢"，字别作"纙、罥"；丝线的动词形式是"纙、纙"，又训绾也。"纙、罥"也指捕猎，《慧琳音义》卷一"罥取"引《声类》曰："以绳绕系取物谓之罥也。"（桂馥义证引《声类》作"纙"）《上林赋》李周翰注："罥、射，皆杀也。""网"是网子，也有网罗、编织、捕捉义。英语 wire 名词"金属线"，动词"用金属网围起，用金属网诱捕（鸟、兔等）"，wirer"用铁丝网诱捕野兔（或类似动物）者"；net 名词"网"，动词"织成网，编织；（像网似的）缠绕"。

《说文》："绢，缯如麦稍色。从糸，肙声。"段注："汉人假为纙字。"《说文》："纙，网也。从网缳，缳亦声。"又："绾，恶绛也。从糸，官声。一曰纙也。读若鸡卵。"段注谓"绾之言绊也"。"绢、绾"是丝帛，也是编织罗网的原料，"纙"是罗网，用于捕获，可用作动词，是"绢、绾、纙"三字音义或相同，不是简单的同音假借。

（162）网罗（罪）与治罪（辠）。《说文》："罪，捕鱼竹网。从网，非声。秦以为辠字。"段注："《文字音义》云：始皇以辠字似皇，乃改为罪。按经典多出秦后，故皆作罪。罪之本义少见于竹帛。"天罗地网，用以捕捉，亦用以治罪。《说文》："辠，犯法也。从辛自，言辠人蹙鼻苦辛之忧。秦以辠似皇字，改为罪。"网罗与罪行及治罪的语义关系，似乎是很明显的。英语 net"网；网罗，束缚"，A police net trap the bank robber. "警方为诱捕抢劫银行的强盗而布下罗网。"

（163）毛巾（帉）与遮盖物（纷）、旗帜（纷）。《说文》："帉，楚谓大巾曰帉。从巾，分声。"段注谓假借作"纷"。按"纷"，包裹马尾的套子，《说文》："纷，马尾韬也。从糸，分声。"又指旗帜的飘旒，《羽猎赋》："青云为纷，红霓为缳。""幓"，旌旗之旒，"幓头"即束发巾。"帉、纷、帉"，抚文切 *phuun。毛巾与套子，形状或功能相似，英语 muffetee"围巾，绒线腕套"，muffler"围巾，面纱，遮盖物；手套"。布与旗帜的语义关系，比较法语 drapeau"旗帜；军队；

293

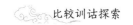

［古］破布，襺袴"。

（164）蚊帐（帱）与被子（裯）、短衣（裯）。《说文》："帱，禅帐也。从巾，雽声。"段注谓"假借作裯"。"袛裯"，短衣，见《说文》及《方言》。《召南·小星》："抱衾与裯。"传曰："裯，禅被也。"笺云："裯，床帐也。"段氏曰郑笺"裯为帱之假借"。蚊帐、被子、短衣，几个语义有关联。英语 clothes "衣服；被褥；各种衣服"，clothing "衣服；被褥；覆盖物（如毯子）"；bedclothes "床上用品（床单、枕头、毯子、被子等）"，bedding "寝具（床单、被褥、床垫、床罩、睡袋、床等）"。

（165）悬挂（张）与帷幕（帐）。《说文》："帐，张也。从巾，长声。"段注："古亦借张字为之。""张"本谓拉弦，泛指张开、陈设，《楚辞·招魂》："罗帱张些。"悬挂与悬挂物，有语义关系，英语 hang "悬挂"，hanging "悬挂物（如帷幕）"。

（166）旗帜（帜）与标识（识）。《说文》："微，微识也。以绛帛，箸于背。从巾，微省声。《春秋传》曰：扬微者公徒。若今救火衣然也。"段注："古朝觐、军礼皆有微识，而微各书作徽，容是假借。""徽"，绳索、琴弦，也指绑腿，《说文》："徽，衺幅也。一曰三纠绳也。从糸，微省声。"英语 colour "旗，（作为所属团体色彩标志的）绶带，徽章，衣帽"；badge "徽章；徽号；象征"。"徽、微"，许归切 *hmuul。标识字作"识"，段氏曰各书作"帜"，则是俗字，《毛诗》作"织"，则亦假借字也。

（167）绳索（紾）与囊袋（帣）、捆绑（紾、卷）。《说文》："帣，囊也。今盐官三斛为一帣。从巾，𢍏声。"段注："或借为紾字。""紾"，束缚用的绳索，《说文》："紾，缠臂绳也。从糸，𢍏声。"动词是捆束，段注："引申为凡束缚之称。"段氏又谓"臂袖易流，以绳约之，是绳谓之紾。紾有假帣为之者，又有假卷为之者"。"帣"是有底之囊，

"紼"是绳索，作动词是捆束，段注谓又有假卷为之者，是绳索、捆绑语义关系显赫。英语 cord 名词"（细）绳"，动词"捆扎"；string 名词"绳子"，动词"（用线、绳等）缚，扎"。口袋跟捆扎，可比较印尼语 kerbat"绕，捆绑。［古］（盛水）皮囊"。包裹也可发展出口袋义，"包"是包裹，后或指口袋。

（168）黑色（黪）与悲伤（憯）。《说文》："憯，好貌。从人，参声。"段注谓未见"憯"有好貌的用例，"《方言》：憯，悃也。悃，恶也。此假憯为憯也"。"憯"，狠毒，《说文》："憯，毒也。从心，参声。""憯"又有悲憯、忧伤义。《广雅·释诂》三："悃，恶也。"王氏疏证："此条恶字有二义：一为美恶之恶，一为爱恶之恶。《玉篇》：悃，悒也。义并相近。"美恶、爱恶，语义相关，"恶"字就有邪恶、厌恶两个意思，英语 malignant"恶毒的；不满的"；venom"毒液；恶毒；怨恨"。"憯"，悲伤，《列子·杨朱》："憯于腹。"《释文》："憯，痛也。""憯"同音字有"黪"，七感切 *shluum?。"黪"，《说文》："浅青黑色也。从黑，参声。"《广雅·释器》："黪，黑也。"王氏疏证："憯与黪通。"朱骏声《说文通训定声》说："憯，假借为黪。"悲伤跟黑色语义有关，英语 sad"悲哀的；（色彩）深暗的"；gloom"黑暗；忧郁"。"憯"的好义来源待考。

（169）扇动（扇）与炽盛（偏）。《说文》："偏，炽盛也。从人，扇声。《诗》曰：艳妻偏方处。"段注："古通作扇。"炽盛之"偏"，通作"扇"，语义或有联系。"扇"，扇动，也作"煽"，王筠句读谓"偏"是专字，"煽"者，俗字。《说文》："扇，扉也。"也用作扇动、飘拂义。"偏、扇"有激起、刺激义。字别作"謞"，《集韵》："以言惑人也。"英语 fan"扇"，有狂热、着迷义；又 stir 动词"吹；煽动；唤醒"，名词"激动；骚乱"。德语 anfachen"吹着，扇旺（火）；［转］扇起，激起"。《说文》："蟏，蝇丑，摇翼也。从虫，扇声。"《尔雅·释虫》作"扇"。从扇动、飞翔义而来，比较英语 fly 动词"飞；飘扬"，名词"苍蝇"。

（170）清澈（淑）与漂亮（俶）。《说文》："俶，善也。从人，叔声。《诗》曰：令终有俶。一曰始也。"《尔雅·释诂》、毛传皆曰"淑，善也"，段注谓淑"盖假借之字，其正字则俶也"。《说文》："淑，水之清湛也。"水清之"淑"，引申为美丽，字别作"俶"，拉丁语 munditia"清洁，漂亮，文雅"。

（171）并立（並、竝）与紧挨（傍）。《说文》："傍，近也。从人，旁声。""傍"疑来自膀，臂膀字发展出旁边义，故段注谓"傍亦假旁为之"。"左右"本指左右手，发展出左右边。英语 right"右边；右转弯；（拳击中的）右手，右手拳"。段注又谓"古多假並为之"。"並"，《说文》作"竝"，"併也。从二立"。段注："古文竝今文多作併，是二字音义皆同皆同之故。""比"字是比并，由比并发展出紧挨、亲近、连接义，"傍"作"並"，训近，可与"比"字比较。英语 stand"站立；位于"。

（172）迟缓笨重（蠢、偆）与愚蠢（惷、蠢）、残害（惷）。《说文》："偆，富也。从人，春声。"《白虎通·五行》："春之为言偆。偆，动也。"段注谓偆"盖皆蠢之假借字"。"蠢"，蠕动，《说文》："蠢，虫动也。从蚰，春声。《周书》曰：我有蠢于西。"蠕动发展出迟缓义，再发展出愚蠢义，字亦作"惷"，《战国策·魏策》一："寡人愚惷，前计失之。"《说文》："惷，乱也。从心，春声。《春秋传》曰：王室日惷惷焉。一曰厚也。"迟缓跟笨重有语义关联，《说文》"偆"训富，富亦多也，跟惷的"一曰厚也"可以比较。英语 slug 名词"鼻涕虫；行动迟缓的人（或动物、车辆）"，动词"行动迟缓；偷懒"，sluggish"缓慢的；呆滞的"。沉重则迟缓，故言"迟重"，英语 heavy"沉重的；（路）泥泞难走的；笨重的，笨拙的，行动迟缓的"。

段氏谓《尚书·大诰》："我有蠢于西。""蠢"与《心部》"惷"训乱义异。按"蠢"是迟缓，发展出愚蠢义，愚蠢常跟言行有关，会做出诸如残害、损坏类事情。意大利语 scempio "愚蠢的；残杀；破坏"；sciocchezza "愚蠢，蠢事，傻话"。

（173）艰难（俭、险）与节俭（俭）、奸邪（憸）。《说文》："俭，约也。从人，佥声。"段注："约者，缠束也。俭者，不敢放侈之意。古假险为俭。""约"有俭约、约束二义，俭欠而约束，段说是也。意大利语 miseria "贫困；艰难；[古] 吝啬"；carestia "饥荒；短缺；[古] 吝啬"。段注谓"假险为俭"，"险"，艰险，险阻，也作节俭，《左传·襄公二十九年》："大而婉，险而易行。"注："当为俭，字之误也。大而约则俭节易行。"《尔雅·释鱼》："蜎，大而险。"注："险者，污薄。""险"的瘦薄、艰险义，都来自少歉义。《说文》："憸，憸诐也。憸利于上，佞人也。从心，佥声。"段注："憸诐也，憸盖险之字误。"桂馥也说："憸，经典借险字。""憸"，奸邪，是憸利于上之佞人。饥荒、少歉以及饥饿和口渴，均可跟贪婪有语义关系，汉语说渴望，是竭力想得到的意思。"歉"是歉收、歉食不满，发展出贪欲，《说文》："欿，欲得也。从欠，臽声，读若贪。"黄季刚先生《蕲春语》："与欿生义相近者有欿，食不满也。读若坎，苦感切。有歉，歉食不满，苦簟切。吾乡谓心又所欲曰欿，离别相忆曰欿，读若欠。"黄群建疏证："蕲春话今谓欲得到某种食物，或离别思念皆曰歉 [tɕhian²⁵]，音与欠同。""欠"是欲望、惦念，也有少的意思。英语 esurience "饥饿，贪吃；贪心，贪婪"；hunger "饥饿；欲望"。法语 assoiffé "口渴的；渴求的，贪婪的"。西班牙语 anguliento "饥饿的；贪吃的；贪婪的；渴望的"。意大利语 affamato "饥饿的；贪婪的"。"俭"，巨险切 *gram?；"险"，虚检切 *qhram?；"憸"，息廉切 *sqhlam。

（174）僭越（僭）与错乱（譖）。《说文》："僭，儗也。从人，朁声。"《小雅·巧言》传曰："僭，数也。"段注："僭即譖之假借也。""僭"，僭越，又为错乱，僭越是错乱之一种行为。"譖"，虚伪，不实，《大雅·瞻卬》笺云："譖，不信也。"《说文》训诬陷，"譖，愬也。从言，朁声"。虚妄、错乱、诬陷，语义应有联系。印尼语 salah "错误；不妥；犯错误，犯法"。"诬"有不真实、诬陷义。英语 false "错误的；假的；骗人的"。"僭"，段本训"儗也"，大徐本作"假也"，于义为长。

（175）蒙蔽（侜）与欺骗（诪）。《说文》："侜，有廱蔽也。从人，舟声。《诗》曰：谁侜予美？"段注谓"侜张"乃"诪张"之假借。《说文》："诪，詶也。从言，寿声。读若酬。《周书》曰：无或诪张为幻。"段注："《释训》曰：侜张，诳也。毛诗作侜张，他书或作侏张，或作輈张，皆本无正字，以双声为形容语。此称张，训诳不训詶，是亦假借之理也。""诪"，诓骗，"侜"是廱蔽。"侜、诪"，张流切，"侜"音 *tɯw，"诪"音 *tu。英语 hoodwink "欺骗；［古］蒙住……眼睛；掩盖"。

（176）做作（为）与虚伪欺诈（伪）。《说文》："伪，诈也。从人，为声。"段注："经传多假为为伪。"作为与虚诈，语义相关，"诈"与"作"，均从乍声。现在说"做、做作"，均有欺骗义。英语 job "工作；诈骗"；act "行为；表演；假装，做戏"。

（177）轻飘（僄）与快捷（疾）、飘扬（飘）、掠夺（僄）、奸淫（嫖）。《说文》："僄，轻也。从人，票声。"轻飘义与飘扬义有联系，《广雅·释诂》："僄，轻也。"王氏疏证："僄之言飘也。""僄"又有轻视义，《荀子·修身》："怠慢僄弃，则炤之以祸灾。"注："僄，轻也，谓自轻其身。"轻快义作"慓"，《说文》："疾也。从心，票声。"英语 lightly "轻轻地；轻蔑地"。段注谓"僄"字"古或假剽为之，僄亦作嫖，霍嫖姚是也"。《说文》："剽，砭刺也。从刀，票声。一曰剽，劫也。"砍削与抢劫的语义关系，法语 dépouiller "剥（动物）皮；掠夺，抢劫"。《说文》："嫖，轻也。从女，票声。"段注谓"嫖与僄音义皆同"。"嫖"，嫖娼一类的意思，应该与"僄"的强劲义有关，《荀子·议兵》杨倞注："僄，骁勇也。"意大利语 ratto "强奸；劫持（妇女）；〔古〕抢劫"。

（178）**恶毒（㤪）与嫉妒（娭）、疾病（疾）**。《说文》："㤪，妒也。从人，疾声。一曰毒也。娭，㤪或从女。"段注："古亦假疾。""㤪、娭"，疾二切 *zids，"疾"秦悉切 *zid。恶毒与嫉妒的语义关系，可比较英语 envy "嫉妒；恶意，怨恨"；jealous "嫉妒；惧怕邪恶的，害怕的"。嫉妒也是毛病。《释名·释疾病》："乳痈曰妒。"毕沅疏证："乳痈谓之妒，今人语犹然。"

（179）**奔跑（贲、奔）与跌倒（偾）**。《说文》："偾，僵也。从人，贲声。"段注谓"引伸之为凡倒败之称"，假借作"贲、焚"。《说文》："贲，饰也。从贝，卉声。"段注："古假贲为奔。"奔跑可发展出跌倒义，"蹟"有奔跑、跌倒义，俄语 полёт "飞；飞奔；跌倒"。"焚"，可以表示焚毁，即烧垮。英语 burn "烧；烧毁"，burn down "烧毁；击毙"，burn out/up "烧毁、筋疲力尽"。从这个例子推测，奔跑、焚烧均可发展出倒毙、筋疲力尽义。

（180）**茧（茧）与茧袍（襺）**。《说文》："襺，袍衣也。从衣，茧声。以絮曰襺，以缊曰袍。《春秋传》曰：盛夏重襺。"段注："《玉藻》作茧者，字之假借也。絮中往往有小茧，故絮得名茧。"填充了茧丝的袍子曰"襺"，是原料跟成品共享一个词。《说文》："茧，蚕衣也。从糸从虫从芾。䌇，古文茧，从糸见。""襺、茧"古典切 *keenʔ。英语 silk "丝；绸衣"，buck-skin "鹿皮；鹿皮马裤"。

（181）**小儿衣物（褆）与裸露（裼）**。《说文》："褆，裎也。从衣，畜声。《诗》曰：载衣之裼。"段注："或假裼为之。"《说文》："裼，但也。从衣，易声。""裼"，袒露，也指穿在裘皮衣服上的外套。假借作"禧"，小儿的衣被，《小雅·斯干》毛诗作"裼"。后一义《集韵》他计切，与"禧、褅"同音 *theegs。"裼"是小儿衣，小孩的衣物，或短小，或简易，不像成年人，须遮盖严实，衣冠楚楚。从衣服简单，或破弊，可发展出裸露义，"裎"，对襟单衣，见《方言》卷四，又指赤裸，《说文》："裎，但也。从衣，呈声。"英语 naked "裸露的；衣不蔽体的，赤贫的"。参见本书第三章第（111）"（赵魏）裸体与短衣"条。

（182）脐（齐）与衣服下摆（齋）。《说文》："齋，缏也，裳下缉。从衣，齊声。"段注："经传多假齐为之。""齋"，缝制衣下摆，也指衣服的下摆，字亦作"齐"。"齐"通作"脐"，衣服下摆贴近人的脐部。英语 lap "（衣服的）下摆，裙兜，衣兜；（人坐着时）腰以下及大腿的前面部分"。德语 Schoß "膝间，怀里；（衣服）下摆，（燕尾服）后摆，后尾"。

（183）针（鐕）与簪子（先、簪）。《说文》："先，首笄也。簪，俗先，从竹，从簪。"《易·豫》九四："朋盍簪。"郑玄云："簪，速也。"段注谓簪"实疌之假借字"。《仪礼·士丧礼》："复者一人，以爵弁服簪裳于衣。"注："簪，连也。然则此实鐕之假借字。""簪、疌"假借关系待证实。"簪、鐕"音义殆相同。《说文》："鐕，可以缀箸物者。从金，簪声。""鐕"，缝衣针，作动词是连缀缝制。英语 needle 名词"针"，动词"用针缝"。簪子与针，形状相似，英语 pin "大头针，别针，针；发卡"，发卡也说 hailpin。

（184）饥荒（歉）与饮食（嗛）、谦虚（谦）。《说文》："歉，歉食不满也。从欠，兼声。"段注："古多假嗛为歉。"《说文》："嗛，口有所衔也。从口，兼声。""歉"是饥荒、饥饿；"嗛"，衔、含。饥饿跟饮食、暴食或共享一个词。英语 esurience "饥饿，暴食；贪婪"；hunger "饥饿；食欲；欲望"。西班牙语 brisa "饥饿；胃口，食欲；牛肉"；jamancia "饭；饥饿"；jaspia "口粮；生活必需品；饥饿"。段注谓"嗛"亦假借为"谦"字。按谦虚义，也跟欠缺义有关，现在还说"虚心"。英语 modest "谦虚的；不太大（多）的"。

（185）哽咽（噎、咽）与生气（歔、歐）。《说文》："歐，歔也。从欠，因声。"段注："《王风》：中心如噎。传曰：噎谓歔忧不能息也（《玉篇》如此）。噎忧即歐歔之假借字，不能息谓气息不利也。"《说文》："噎，饭窒也。从口，壹声。""歐歔"是哽咽，"噎"指哽咽难以下咽，语义相关。"咽"，吞咽、哽咽。英语 choke "窒息；堵塞；厌恶，生气；（因激动）哽咽说不出话"，choking "令人窒息的；（嗓音因激动等而）哽住，嘶哑"。

（186）擤鼻涕（歘）与呕吐（歐）。《说文》："歘，蹴鼻也。从欠，咎声，读若《尔雅》曰麔貐短脰。"段注："《广雅》曰：歘，吐也。此谓歘即歐之假借字。"《说文》："歐，吐也。从欠，区声。""歘"，《集韵》於纠切 *qruwʔ，"歐"乌侯切 *qoo。擤鼻涕跟流眼泪、吐痰，可以是一个词，汉语"涕泗"是鼻涕，也是眼泪。英语 drivel "[古]流口水，流鼻涕"；snivel "哭泣；流鼻涕"。德语 rotzen "（大声）擤鼻涕；（大声）咳出痰；吐痰"。

（187）石块（石）与头颅（硕）。《说文》："硕，头大也。从页，石声。"段注："硕与石二字互相借。""石"下段注曰："或借为硕大字。"英语 stone "石；碎石；圆硬似石之物，（桃李等）核"。法语 caillou "碎石，小石块；脑袋"。

（188）脸面（靦）与表面（辅）。《说文》："靦，颊也。从面，甫声。"段注："古多借辅为靦。"《说文》："辅，《春秋传》曰：辅车相依。从车，甫声。人颊车也。""辅"，车轮外侧的直木；"靦"是面

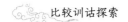

颊。"辅、酺"扶雨切 *baʔ。表面、平面，语义可来自脸面。"面"字有前面、表面等义。英语 face "脸；陡面，斜坡，山坡；面前"。也指物体的边柱，英语 cheek "脸；（门等）边柱"，可与车边直木比较。"酺"，面颊，亦指酒窝。

（189）修治（修）与肉脯（脩）。《说文》："修，饰也。从彡，攸声。"段注："经典多假《肉部》之脩。""修"是修饰，引申为修养，假借作"脩"。"脩"是肉脯，"修"是修治，可能还不完全是同音假借。段注曰："脩训治，治之乃成。修治之谓捶而施姜桂。"段氏谓："饰即今拭字，拂拭之则发其光采，故引伸为文饰。"段说是也。英语 clean 形容词"干净"，名词"打扫，刷净"，动词"弄干净"。"煆"，添加姜桂加工的干肉。王力先生说"煆、锻、段、碫"是同源字（2007：1008）。西班牙语 adobar "烹调；腌；鞣制（皮革）"，adobo "腌制的食物，腌肉"。

（190）干净（瀞、净）与素雅（彰）。《说文》："彰，清饰也。从彡，青声。"装饰素雅曰"彰"。段注："靓庄即彰妆之假借字，彰与《水部》之瀞义略同。""瀞"字后通作"净"，与"清"字是同族词。《说文》："瀞，无垢秽也。从水，静声。"段注："古书多假清为瀞。""彰、静"疾郢切 *zleŋʔ；"瀞"，《集韵》疾正切 *sgeŋs。朴素淡雅，现在还说"素净"，由朴素干净发展出素雅。英语 clean "干净；简洁，朴素，匀称"；neat "整洁的；简洁的，简明的"。

（191）毛发（毛、髦）与发式（鬏）。《说文》："鬏，发至眉也。从髟，敄声。《诗》曰：紞彼两鬏。髳，鬏或省。汉令有髳长。"段注："许引《毛诗》作鬏，今则《诗》《礼》皆作髦，或由音近假借，鬏与髦义古画然不同。"《说文》："髦，髦发也。从髟，毛声。"注："古亦假髦为毛字。""髦"是毛发，特指较长的毛发，"鬏"是发式。"鬏、髳"莫浮切 *mu，"髦、毛"莫袍切 *maaw。头发与发饰，可比较英语 bob "短卷发，女子的短发式"；chevelure "头发，发式；假发"，来自法语。

（192）厝石（厝）与摩擦（错）。《说文》："厝，厝石也。从厂，昔声。《诗》曰：佗山之石，可以为厝。"段注："许书厝与措、错义皆别，而古多通用。"《说文》："措，置也。从手，昔声。"段注："经传多假错为之，《贾谊传》假厝为之。"《说文》："错，金涂也。从金，昔声。"段注："或借为措、厝字，或借为这造字。""厝"，砺石，发展出砥砺；错，错金，其涂抹义跟摩擦义当有联系，英语 rub "摩擦；涂抹"。厝石跟放置、交错有没有语义关系，值得讨论。

（193）石头（石）与重量（䄷）。《说文》："石，山石也。在厂之下，口，象形。"段注："或借为硕大字，或借为䄷字。"石与硕大的语义关系，参见前文第（187）"石块（石）与头颅（硕）"条。《说文》："䄷，百二十斤也。稻一䄷，为粟二十斗。禾黍一䄷，为粟十六斗大半斗。从禾，石声。""石、䄷"，常只切 *djag。石块与重量的语义关系待证实，可比较英语 stone "石；英石（英制重量单位，相当于 14 磅或 6.35 千克，但因物不同而异，如肉类为 8 磅，干酪为 16 磅，玻璃为 5 磅）"。

（194）啮咬（豤）与伤害（垦）、开挖（垦）。《说文》："豤，豕啮也。从豕，艮声。"《考工记·旊人》："凡陶旊之事，髺垦薜暴不入市。"注："垦，顿伤也。"段注谓"此引伸假借字，今本作墾，非"。顿伤犹言损伤，啮咬与损坏有语义关系。德语 Biß "咬，咬伤；（咬伤的）伤口"；anfressen "咬，蛀；腐蚀，侵蚀"。意大利语 morso "咬，叮；（叮咬、刺留下的）伤痕，痕迹"。咬与挖也有语义关系，比较"啄"，是叮咬，也是琢磨。《说文》："琢，治玉也。"段注："雕人盖琢之，如鸟之啄物。"段说是也。黄陂话"啄"是挖。

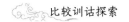
第六节　假借索义（下）

本节选取段注《说文》第十卷《马部》至第十四卷假借字，略作疏证，以证明假借字有语义关联。

（195）沉重（竺、重）与缓慢（笃、懂）。《说文》："笃，马行顿迟也。从马，竹声。"段注："古假借笃为竺字，以皆竹声也。"《说文》："竺，厚也。从二，竹声。"段注："笃、竺声同而义略相近，故假借之笃字专行。"厚重与迟缓，语义相关。沉重则迟缓，故言"迟重"，英语 heavy"沉重的；（路）泥泞难走的；笨重的，行动迟缓的"。《说文》："懂，迟也。从心，重声。"段注："迟重之字当作此，今皆假重字为之。"《说文》："重，厚也。从壬，东声。"段注："厚斯重矣，引伸之为郑重、重叠。"厚重发展出迟缓义。

（196）马匹（驺）与奔驰（骤、趣）。《说文》："骤，马疾步也。从马，聚声。"段注："今字骤为暴疾之词，古则为屡然之词。""亟"字也有急速、屡次两个意思。英语 fast"快，迅速；快速不断"，Events followed fast upon one another to the crisis."事件接二连三地发生，迅速导致危机。"段注谓驰骤字，《礼记·曲礼》假"驺"为之。《说文》："驺，厩御也。从马，刍声。""驺"是养马、御马之马夫，也指马，《慧琳音义》卷八十五："驺，马属。""骤"是马奔跑。段注谓"驺之假借作趣"。《说文》："趣，疾也。从走，取声。""走、趣、趋"三字同源。马与奔驰，可比较英语 trot"（指马等）疾走；疾走，小跑"，troter"受过小跑训练的马"。《说文》："腾，传也。从马，朕声。一曰犗马。""腾"，腾跃，奔驰。段注："犗马谓之骤，则是腾为骤之假借字也，亦有假腾为乘者，如《月令》絷牛腾马，读乘

匹之乘。""腾、乘、升、登"是同源字（王力 2007：1690）。德语
aufsteigen "登高，上马，上车；起飞；上升；晋级"。《说文》："骒，
牺马也。从马，乘声。"汉语牺马与奔驰是一个词。还可比较：《说
文》："暮，上马也。从马，莫声。"杨树达先生说，兽名曰"马"，上
马因亦曰"马"，后人欲为识别，故于马旁加莫字为声符（1982b）。
英语 horse "马；上马，骑马"。

（197）尘土（塵）与扬尘（麤）。《说文》："麤，鹿行扬土也。从
麤土。"段注："群行则扬土甚，引伸为凡扬土之称。"扬土与尘土有语
义联系，词义演变的路径殆是从尘土发展出扬起尘土，反之则不好理
解。《玉篇》："麤，近作塵。"英语 dust 名词"尘；粉末"，动词"去
掉尘土"，如 dust a room "打扫房间；扬起尘土"。段氏又谓："窴、
填、尘、陈四字同音，皆训久，当是填为正字。填者，寘也。寘则安
定。窴、镇与填同，尘、陈皆假借字也。""尘、陈"同音，而语义无
关联，故曰"尘、陈"皆假借字。填与塞，语义相同。填可发展出充
塞义，转指众多、久远。参见第一章第（10）"填"条。

（198）气味（臭）与嗅（臭、臭）。《说文》："臭，禽走臭而知其
迹者犬也。从犬自。"段注："引伸假借为凡气息芳臭之称。""臭"有
气味、香臭、嗅闻等义，字或作"臭、殠"，《说文》："臭，以鼻就臭
也。从鼻臭，臭亦声，读若兽牲之兽。"字后作"嗅"。又："殠，腐
气也。从歺，臭声。""臭"许救切 *qhlus，"殠"尺救切 *khljus。嗅
与气味的语义关系，可比较英语 nose 名词"鼻；嗅觉；气味"，动词
"嗅"；西班牙语 nariz "鼻子；嗅觉；（酒的）气味，香味"。

（199）温暖（昫）与火热（煦）。《说文》："煦，烝也。一曰赤
貌。一曰温润也。从火，昫声。""煦"，烝也，殆跟火、烧有关，或
跟红色、温润二义有语义关联，段注谓"首一义足兼之"是也。英语
fire 名词"火"，动词"使燃烧；使发光，使发红，使发热"。意大利

语 vampa "熊熊烈火，炎热；脸红"。段注又谓"昫、煦古通用，煦盖日出之赤色"。《说文》："昫，日出皓也。从日，句声。"段注谓"昫与煦义略同"。"煦"似是"昫"的异体字。

（200）火光（熹）与喜悦（熙、譆）。《说文》："熹，炙也。从火，喜声。"段注谓字作"譆"，"此同音假借也，又与熙相假借"。"譆"为嬉笑、叹息，不见《说文》。《说文》："熙，燥也。从火，配声。""熹、熙"许其切 *qhlɯ，义为炙烤、干燥，当是一个词。"熙"的欢悦熙乐义，跟火、光明有关。"熙、熹"的同音字还有"娭"，《说文》："娭，说乐也。从女，配声。"段注："《老子》《史记》天下熙熙字皆当为娭娭，今熙行而娭废矣。"英语 light 名词"光；灯火"，动词"点燃；照亮；露出喜色"。

（201）烹煮（爢）与食物（糜）。《说文》："爢，烂也。从火，靡声。"段注："古多假糜为之。糜训糁，爢训烂，义各有当矣。""糜、靡"音义皆同，参见第三章第（166）条。"爢"，是火烧，或与毁坏、灾难有语义关系，参见"爁"字。"糜"与"爢"的语义关系，可比较"火"与"毁"的语义关系。烧、烹与食物共用一个词，比较"燔、膰"。

（202）桑葚（葚）与黑色（黮）。《说文》："黮，桑葚之黑也。从黑，甚声。"《鲁颂·泮水》传曰："黮，桑实也。"段注："黮即葚之假借字。"《说文》："葚，桑实也。从艸，甚声。""黮"他感切 *lhuum?，"葚"食荏切 *ɦljum?。桑葚黑红色，"葚、黮"读音同，语义有联系，英语 mulberry "桑树；桑葚；桑葚色，深紫红色"。段注谓"黮"引申为凡黑之称，《方言》卷十三云："黮，私也。"郭注："皆冥暗，故为阴私也。"黑色引申出黑暗、邪恶义。"阴、暗"从黑色发展出私下、不健康等义，《后汉书·杨厚传》："阴臣近戚妃党当受祸。"注："阴，私也。"以为奸邪之臣。英语 dark "黑暗的；阴暗的；坏的"。

《日知录》卷二十七另有解释，顾炎武说："阴臣谓妇人，下文宋阿母是也。"

（203）火红（赫）与兴盛（奭）。《说文》："赫，大赤貌。从二赤。"段注谓"假借为奭"。"赫、赤"音义同，殆同族词。郑张先生拿藏语 bkrag"光彩夺目"对应汉语"赫"（2013：92）。《说文》："奭，盛也。从大从皕，皕亦声。此燕召公名。读若郝（*hljag）。《史篇》名丑。""赤、赫"，由红色发展出红火、强盛义，现在说"很红、走红"，语义演变路径一致。英语 flamboyance"火红；艳丽；浮夸"。火可发展出红色，也可发展出强盛义。

（204）夹持（夹）与强盗（侠）、侠士（侠）。《说文》："夹，持也。从大夹二人。"段注："古多假侠为夹。"《说文》："侠，俜也。从人，夹声。"段注："侠之言夹也。夹者，持也。经传多假侠为夹，凡夹皆用侠。"段说可从。握持可发展出偷抢。"夹"，《说文》作"挟"，"俜持也。"段注："俜持谓俜挟而持之也。"其偷藏义明显，后世常说"私挟"。"抄"是握，也是掠夺，《后汉书·郭伋传》："时匈奴数抄郡界，边境苦之。"现在说"拿别人的东西"，拿可以是偷的意思。德语 krallen"紧紧握住；偷；抓住"。侠士也是为非之强盗，《史记·游侠列传》集解引荀悦曰："立气齐，作威福，结私交，以立强于世者，谓之游侠。"如淳曰："相与信为任，同是非为侠。所谓权行州里，力折公侯者也。"英语 brave 形容词"勇敢的"，名词"勇敢的人；北美印地安武士；〔古〕恶棍，刺客"。意大利语 intrepido"勇猛的；厚颜无耻的"。汉语"盗"是强盗、窃贼，也泛指恶人，《小雅·巧言》："君子信盗，乱是用暴。"

（205）监狱（圉）与监禁（圉）。《说文》："圉，囹圉，所以拘罪人。一曰圉，垂也。一曰圉人，掌马者。"段注"他书作囹圄者，同音相假也""边垂者，可守之地。养马者，守视之事。疑皆圉字引申之义，各书假圉为之耳"。《说文》："圉，守之也。从口，吾声。""圉"是监狱，作动词是拘禁，见《左传·宣公四年》。英语 coop 名词"（关家禽的）笼，棚；监狱"，动词"把（家禽）关进（笼）；禁闭"；jail 名词"监狱"，动词"监禁，拘留"；prison 名词"监狱"，动词"监禁，关押"。法语 cabana "简陋的小屋；（家畜的）窝，棚"，mettre en cabana "关入监狱"。"圉"是监狱，也是养马、马夫，当是从马圈义发展而来。马圈与监狱可以是一个词，可比较"牢"字。葡萄牙语 gaiola "笼子；监狱；极小的房子；（斗牛场的）牛栏"。德语 Stall "厩，棚；脏而乱的房子；厩中所有的马"。"圉、圄"鱼巨切 *ŋaʔ。"圉"，又有边陲义，可比较法语 campagne "平原；田野；农村，乡下；监狱"。

（206）告诉（赴）与宣判（报）。《说文》："报，当罪人也。"《礼记·少仪》："毋拔来，毋报往。"注："报读为赴疾之赴，拔、赴皆疾也。"段注："假为赴疾之赴。"《集韵》赴疾之"报"芳遇切，与"赴"同音 *phogs。《说文》："赴，趋也。从走，卜声。"讣告字后作"讣"。"报"有报白、告诉义，"讣"是告诉死讯，学者说"宣判"，有宣读、判定义。宣判也叫读书，《礼记·文王世子》注曰："读书论法曰鞫。"孔颖达正义："读书，读囚人之所犯罪状之书。"诉讼也叫"辞"，《说文》："辞，讼也。从䇂辛。䇂辛犹理辜也。嗣，籀文辞，从司。"段本改"讼也"为"说也"，似不妥。"告、讼"也跟言说有关。英语名词 sentence "句子；谚语"，动词"宣判，判决"。

（207）耸立（竦）与恭敬（竦）、恐惧（愯）。《说文》："竦，敬也。从立，从束。束，自申束也。"《商颂·长发》传曰："竦，惧也。"段注曰："此谓假竦为愯也。愯者，惧也。""竦"也是站立，《江赋》张铣注："竦，亦立也。"《说文》："愯，惧也。从心，双省声。《春秋传》曰：驷氏愯。""竦"是站立，端立发展出恭敬，再由恭敬发展出敬畏。意大利语 rizzarsi "站立，竖起；毛骨悚然"。

（208）攀登（德）与修养提升（惪）。《说文》："惪，外得于人，内得于己也。从直心。"段注："俗字假德为之。德者，升也。古字或假得为之。"《说文》："德，升也。""德"是上升、攀登，修养提升，德业进步即为德，是"惪、德"二字不只是同音，语义也有关联。"尚"，在上、上位，又有高尚义。英语 elevate "举起，上升；提高（文化教养、信心等）"，elevated "升高的；高尚的，严肃的；振奋的"，elevation "提升；高度；高尚，高贵，庄严"。法语 ascension "上升；进步，晋升"。"得"是得到，《说文》："得，行有所导也。从彳，导声。导，古文省彳。"得到发展出适宜，《礼记·大学》："安而后能虑，虑而后能得。"注："得谓得事之宜。"《说文·见部》有"导"字："导，取也。从见寸。寸，度之，亦手也。"段注："《彳部》导为古文得，此为小篆。义不同者，古今字之说也。在古文则同得，在小篆则训取也。"获得也是追求，葡萄牙语 caça "狩猎；猎物；追求"。德语 erjagen "猎获；奋力求得，追求到"。值得注意的是意大利语 levata "升起；智慧，智力；［古］征集"。

（209）外壳（殼、殳）与朴素（悫）。《说文》："悫，谨也。尽心曰忠。从心，殳声。""悫"，来自外壳，所谓朴素、淳朴。《舞赋》："姿绝伦之妙态，怀悫素之洁清。"桂馥《札朴》卷七谓"悫"当作"殳"。《周礼·大司寇》注："愿，殳慎也。"（许惟贤先生说注疏本作"悫慎"）段注谓此"用假借字。殼者，殳之俗字"。《说文》："殳，从上击下也。从殳，肯声。一曰素也。""殳"是皮，也指敲打，英语 hide 名词"皮革；人的皮肤"，动词"剥……皮；痛打"；leather 名词"皮革；皮革制品"，动词"用皮革包裹；用鞭子打"；pelt 名词"毛皮，生皮；（人的）皮肤；剥皮"，动词"连续投掷；（言语）攻击；重重拍打，连续打击"。葡萄牙语 casca "皮；外表"，cascar "打，揍；

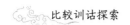

去皮"。

（210）明亮（昷）与敏捷（宪）、欣喜（欣）。《说文》："宪，敏也。从心目，害省声。"段注谓假借为"昷、欣"。明亮可发展出敏捷聪明、欣喜愉悦义。英语 bright "明亮的；晴朗的；聪明的；欢快的"。塞尔维亚克罗地亚语 vȅdar "晴朗的；清澈的；愉快的"。

（211）急速（亟、愐）与谨敬（恜、戒）。《说文》："恜，饬也。从心，戒声。《司马法》曰：有虞氏恜于中国。""饬也"各本作"饰也"。段注谓"恜与戒义同"。《说文》："戒，警也。持戈以戒不虞。""恜、戒"是警戒，"恜"又通作"愐"，《说文》："亟，敏疾也。"注："《释言》曰：恜，急也。亦作愐，皆亟字之异者耳。"急速与惧怕、谨敬语义有关，《说文》："嫆，敏疾也。从女，金声。一曰庄敬貌。"

（212）干渴（㰤）与贪婪（愒）。《说文》："愒，息也。从心，曷声。"段注："此休息之息。上文息篆训喘息，其本义也。凡训休息者，引申之义。《释诂》及《甘棠》传皆曰：愒，息也。憩者，愒之俗体。""愒"训贪也、急也，"乃㰤之假借"。《说文》："㰤，欲歠歠。从欠，渴声。"段注谓"㰤"字从欠，渴声，"此举形声包会意。渴者，水尽也。音同竭。水渴则欲水，人㰤则欲饮，其意一也。今则用竭为水渴字，用渴为饥㰤字，而㰤字废矣，渴之本义废矣"。"渴"是水尽，又指干渴，段说是也。干旱、缺水与口渴，可以是一个词。英语 drought "干旱；长期缺乏；〔古〕口渴"。意大利语 assetato "口渴的；（土地、植物等）干旱的"。口渴就想饮水，发展出渴望，捷克语 prahnout "干燥；干渴；渴望"。极度的欲望，就发展出贪婪义，"愒"训贪也、急也，乃"㰤"之语义引申。法语 assoiffé "口渴的；渴求的，贪婪的"。西班牙语 anguliento "饥饿的；贪吃的；贪婪的；渴望的"。还有一个问题，就是"愒"训息也，是歇息义，是从哪里发展而来的，值得探讨。

（213）放松（解）与懈怠（懈）。《说文》："懈，怠也。从心，解声。"段注："古多假解为之。"《说文》："解，判也。从刀判牛角。""解"的松懈义，见《大雅·烝民》"夙夜匪解"。懈怠现在还说"松懈、放松、散漫"，都来自松散、不紧凑。英语 lazy "懒散；缓慢；下垂的，松垮的"；slack "松弛的，不紧的；懈怠的；缓慢的"。

（214）呻吟（悝）与忧愁（癉）。《说文》："悝，啁也。从心，里声。《春秋传》有孔悝。一曰病也。"《尔雅·释诂》"悝"训忧，又训病也。段注："盖忧与病相因，悝、癉同字耳。《诗》：悠悠我里。传曰：里，病也。是则假借里为悝。"忧愁与痛苦，语义相关，段说是也。"悝"训啁，啁是嘲笑戏弄，也是鸣叫。言语、呻吟，与痛苦也有关系。《说文》："侗，大貌。从人，同声。《诗》曰：神罔时侗。"段注谓"《毛诗》假侗为恫也"。"恫"，悲痛，《说文》："恫，痛也。从心，同声。一曰呻吟也。"段注谓"恫"的痛义可包后说。按段说是也。哀痛与呻吟，语义相关。《大雅·桑柔》："哀恫中国。"笺云："恫，痛也。"《释文》谓"本作痌"。英语 groan "呻吟；受压，受苦"；moanful "呻吟的；悲伤的，凄切的"；sorrow "悲伤；烦恼；恸哭"。意大利语 pianto "哭泣；痛苦，哀伤"。"恫"又有恐惧义，《史记·燕世家》："三年，国大乱，百姓恫恐。"

（215）改变（恑）与诡异（诡）、欺诈（诡）。《说文》："恑，变也。从心，危声。"段注："今此义多用诡，非也。诡训责。"《说文》："诡，责也。从言，危声。"段注谓"今人为诡诈字"。改变可发展出变化无常，再指诡异，"异"字有变异、怪异义；变异、怪异，也有欺诈义，英语 change "改变；反复无常"，put the change on sb. "欺骗（或迷惑）某人"；turn "转动；改变；变化无常"。"怪"，奇怪，又有责怪义，是诡异跟责备不无关系。

（216）离去（攜）与二心（憰）。《说文》："憰，有二心也。从心，巂声。"段注："古多假借攜为之。""攜"是提、牵挽，《说文》："攜，提也。从手，巂声。""攜"，有携带、离开义，《左传·僖公七年》："招攜以礼，怀远以德。"这里的"携"是离去，离心离德，是为二心，《左传·襄公四年》："我德则睦，否则携贰。"英语 carry "携带；运输，运输"，carry away "拿走，搬走；冲走"；lift "提升；（云、雾等）消失"。

（217）怀疑（慊）与厌恶（嫌）。《说文》："慊，疑也。从心，兼声。""慊"有嫌疑、满足、遗憾、不满足义。嫌疑义，跟"嫌"同音，段注谓"今字多作嫌"。《说文》："嫌，不平于心也。从女，兼声。一曰疑也。"怀疑与嫌弃，常说"嫌弃、嫌疑"，嫌是不满足，不信任，意大利语 dubitare "怀疑，疑惑；不信任；担忧；［古］害怕"。

（218）漏洞（溃）与错误（愦）。《说文》："愦，乱也。从心，贵声。"《大雅·召旻》："溃溃回遹。"传曰："溃溃，乱也。"段注谓"溃溃者，愦愦之假借也，后人皆用愦愦"。《说文》："溃，漏也。从水，贵声。"漏水跟逃走，有明显的语义关系，"流"字就有水流、移动义，英语 run "跑；（河水等）流动"；行走与过失义，有语义关系，而漏洞表示错误也是很正常的。

（219）满（满）与厌倦（懑）。《说文》："懑，烦也。从心满。"段注："烦者，热头痛也。引申之，凡心闷皆为烦。《问丧》曰：悲哀志懑气盛。古亦假满为之。"《说文》："满，盈溢也。从水，㒼声。"英语 full "满的；饱的，胀的；完全厌倦的"。

（220）堵塞（忔）与忧伤（忾）。《说文》："忾，大息貌。从心，气声。《诗》曰：忾我寤叹。"《礼记·哀公问》："君子行此三者，则忾乎天下矣。"注："忾，犹至也。"孔疏谓"忾"音近"憩"，"憩"为息，"息"是至之义。段注谓"此假忾为忔"。《说文》："忔，止也。从言，气声。"阻隔似乎跟忧伤太息有关。"阻"，阻隔，阻绝，又沮丧，字通作"沮"。《邶风·雄雉》："自诒伊阻。"现在还说"心里堵得慌"。堵塞与忧伤，英语 choke "窒息；堵塞；厌恶，生气"，choking "令人窒息的；（嗓音因激动等而）哽住，嘶哑"。

（221）过失（咎）与怪罪（愆、俗）。《说文》："愆，怨愆也。从心，咎声。"段注："愆与咎音同义别，古书多假咎字为之，咎行而愆废矣。"《说文》："咎，灾也。从人各。各者，相违也。"又："俗，毁也。从人，咎声。"段注："疑咎字可以包之，但《广韵》引已如此。""咎"是灾祸，又指罪过，再发展出追究罪过，有指责、归罪的意思，《尚书·西伯戡黎》："殷始咎周，周人乘黎。"传："咎，恶也。"孔疏："咎是过之别名，以彼过而憎恶之，故咎为恶也。"指责、归罪也作"俗"，《说文》："俗，毁也。从人，咎声。"灾祸与厌恶的语义关系，比较意大利语 malanno "灾难；疾病；令人讨厌的人"；piaga "灾难；讨厌的人"。灾祸与谴责，可比较"过"字，有罪过和怪罪义；德语 Geißel "灾难，祸害"，geißeln "严厉谴责，抨击；折磨"。

（222）伤害（伤、殇）与死伤（殇）、悲伤（惕）。《说文》："惕，愒也。从心，殇省声。""惕"从"殇"省声，段注谓"假借作伤"。"伤"是伤害，《说文》："伤，创也。从人，殇省声。""殇省声"，段本改为"殇省声"。"殇、伤"本为一词，"殇"指伤于箭矢，"伤"则凡言伤害，《说文》："殇，伤也。从矢，伤省声。""惕"从殇省声，"殇"是夭折，《说文》："殇，不成人也。人年十九至十六死为长殇；十五至十二死为中殇；十一至八岁死为下殇。从歹，伤省声。"伤害与忧伤，伤害与死亡，语义相通。英语 hurt "受伤；伤心"；grieve "悲伤，哀悼；［古］伤害"；kill "杀死；使丧生；使非常痛苦"。意大利语 piaga "伤口；伤心事；灾难"。

（223）捆束（掣）与忧伤（愁）。《说文》："愁，愵也。从心，秌声。"段注谓"或借为摹字"。《说文》:"摹,束也。从手,柬声。《诗》曰:百禄是摹。"《商颂·长发》作"遒",传曰:"遒,聚也。""摹"是束缚,段注:"《韦部》蘸,收束也。蘸字或从要作蘨,或从秋手作摹。摹即摹,摹篆实为重出。"束缚发展出忧愁、伤心是很常见的。"捆或借困",捆束,就是束缚,英语 bind 动词"捆绑;束缚",名词"困境,尴尬的处境",跟汉语"捆、困"一一对应。据《说文》,"困"是故庐也。段注:"困之本义为止而不过,引伸之为极尽,凡言困勉、困苦,皆极尽之义。"段说可从。参见前文第(207)"竦"条。

(224)饥渴(㤅)与悲伤(㥶)。《说文》:"㥶,㤅貌。从心,弱声。读与㤅同。"段注:"古㤅、㥶通用。"《说文》:"㤅,饥饿也。从心,叔声。一曰意也。《诗》曰:㤅如輖饥。"饥饿可发展出欲望、渴望,而渴望跟悲伤又可以是一个词。印尼语 cinta"渴望,想念;〔古〕悲伤";damba"渴望,憧憬;闷闷不乐"。意大利语 sospiro"叹息;渴望"。"㤅"也可指哭泣,《方言》卷一:"齐宋之间谓之暗,或谓之㤅。"《说文》:"欥,㤅然也。从欠,未声。《孟子》曰:曾西欥然。"段注:"欥然,心口不安之貌也。《公孙丑》作慗。"

(225)亲戚(戚)与怜爱(慽)。《说文》:"慽,㤅也。从心,戚声。"段注谓"或书作戚"。"戚"字,《说文》训钺,又有亲戚义,亲戚可发展出怜爱,所谓休戚与共。汉语"亲",有亲戚、亲爱等义。"姻",指男方父亲,也有亲密的意思。"戚"发展出忧慽,段注谓"度古只有戚,后乃别制慽字"。其说可从。英语 genial"和蔼可亲的,友好的;婚姻的";kind"家族;仁慈的,和蔼的;亲切的"。

(226)河水雨水(潦、潦)与水潦(潦)。《说文》:"潦,潦水,出右扶风鄠,北入渭。从水,劳声。"段注:"《史》《汉》《文选》皆作潦,惟《封禅书》正作潦。按今用为旱潦字。"旱潦字读郎到切。《说文》:"潦,雨水也。从水,尞声。"段注:"俗借潦水字为之。"潦"是雨水，为水淹没亦曰"潦"，郎到切，借"涝"为之。水与淹没的语义关系，英语 flood 名词"洪水；水，江河"，动词"淹没"；inundation"淹没；洪水"。"涝"是河流名，跟水涝之潦，以及淹没之涝，读音相同，语义似亦当有联系。英语 swamp 名词"湿地，沼泽"，动词"淹没；陷入困境"。

（227）水（沾）与沾湿（霑）。《说文》："沾，沾水，出上党壶关，东入淇。一曰沾，益也。从水，占声。"段注谓《礼记·檀弓》假为"觇"字。段注又谓《史记·陈丞相世家》《滑稽列传》假为"霑"字。《说文》："霑，雨霚也。从雨，沾声。"桂馥说："霑，通作沾。"水与沾湿，语义应有关系。英语 water 名词"水；液体；地下水；流水"，动词"喷淋，弄湿"。

（228）水（沾）与添加（添、沾）。《说文》："沾，沾水，出上党壶关，东入淇。一曰沾，益也。从水，占声。"段注："沾、添古今字，俗制添为沾益字，而沾之本义废矣。"英语 water 名词"水"，动词"喂水；供水，（给水库）加水"。

（229）水流（泄）与泄露（詍、呭）。《说文》："泄，泄水，受九江博安洵波，北入氏。从水，世声。"《大雅·板》传曰："泄泄犹沓沓也。"段注谓"此谓假泄为詍也"。《说文》："詍，多言也。从言，世声。《诗》曰：无然詍詍。"段注谓"詍与《口部》呭音义皆同"。《说文》："呭，多言也。从口，世声。《诗》曰：无然呭呭。"水流亦可以表示话语繁杂琐碎，泄流与泄露也是一个词，英语 leak"泄出；泄露（消息）"。

（230）水（沽）与酒水（酤）、沽酒（酤）。《说文》："沽，沽水，出渔阳塞外，东入海。从水，古声。"段注谓"今字以为沽买字"，《小雅·伐木》郑笺曰："酤，买也。"字从酉。《说文》："酤，一宿酒也。一曰买酒也。从酉，古声。""酤"是酒，发展出酿酒、喝酒很

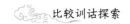

常见，指买酒则罕觏。吃喝跟有关买卖的店铺，其语义关系在其他语言里也存在。西班牙语 gula "贪吃；酒铺；[古]咽喉"。葡萄牙语 petisqueira "美味，佳肴；饭店，酒家"。

（231）酒（醹）与牛奶（湩）。《说文》："湩，湩水也。从水，乳声。"段注："或以为'酒醴维醹'之醹。""湩"乃后切，《左传·宣公四年》："楚人谓乳穀，谓虎於菟。""穀"也作"穀"，《释文》"穀"音奴口反，对应藏缅语 *nuw=new "乳房，乳汁"。《广雅·释器》："湩，酒也。"王氏疏证："《说文》：醹，厚酒也。《大雅·行苇篇》：酒醴维醹。毛传云：醹，厚也。《集韵》云：醹或作湩。湩犹乳也。"酒及牛乳，皆为液体，故不嫌同名。"醳"是酒，"酪"是乳制品，醳酪与液泽是同族词，藏缅语 *ryak "动物脂、油、汁液"，可与汉语比较（白保罗 1972# 注 458；1984：300）。缅语 pan³rak⁴ "花蜜"，a¹rak⁴ "酒"。塞尔维亚克罗地亚语 nĕktār "美酒；花蜜"。英语 milk "牛奶"，mother's milk "母乳；酒"。

（232）水（衍）与口水（次、羡）、流动（衍）。《说文》："衍，水朝宗于海貌也。从水行。"段注谓衍"引伸为凡有余之义，假羡字为之"。《说文》："羡，贪欲也。从次，羡省。""羡"来自"次"，从口水发展出羡慕义。英语 saliva 名词"口水"，动词"流涎"，salivate "（过量）流涎；垂涎，渴望"。口水、水，跟流（水、口水），语义似有关联。英语 slaver "口水"，动词"流口水"；slobber "口水"，动词"流涎"。英语 water "水；分泌物（泪水、唾液、体液等）"。移动、行走发展出遥远、广大义，也很常见。《礼记·郊特牲》："顺成之方，其蜡乃通，以移民也。"注："移之言羡也。"移与侈均从多得声。参见"移"字条段注。

（233）河岸（汭）与河岸草地（芮）。《说文》："汭，水相入貌。从水内，内亦声。"《大雅·公刘》："止旅乃密，芮鞫之即。"传曰：

"芮,水崖也。"笺云:"芮之言内也。水之内曰隩,水之外曰鞫。公刘居豳既安,军旅之役止,士卒乃安,亦就涧水之内外而居,修田事也。"《释文》谓"芮"本又作"汭"。段注谓"凡云某之言某,皆在转注假借间"。段氏转注指同义词互训,他认为假借有语义关系,所谓"在转注假借间",大致指语音相同,而词义有关联。《说文》:"芮,芮芮,草生貌。从艸,内声,读若汭。""汭"指河边大堤之内,跟内外之内当是同一个词。河岸水草交会,《说文》:"水草交为湄。"罗马尼亚语 luncét "河滩地;(河岸的)林木"。

(234)儿童(童、僮)与谦和(冲)。《说文》:"冲,涌繇也。从水,中声,读若动。"段注:"凡用冲虚字者,皆盅之假借。《老子》:道盅而用之。今本作冲是也。《尚书》冲人,亦空虚无所知之意。"《说文》:"盅,器虚也。从皿,中声。《老子》曰:道盅而用之。"冲人指童蒙无知貌,来自年幼之冲。"冲"直弓切 *duŋ,"童"徒红切 *dooŋ。朱骏声《说文通训定声》说:"冲,假借为僮。""僮"有童子义,亦有无知貌,见《太玄·童》。儿童跟蒙昧有语义关系,谦逊冲和义疑来自童蒙,所谓静若处子。葡萄牙语 criança "儿童;〔转〕孩子气的;〔古〕教养,教育"。意大利语 bambino "儿童;有孩子气的人,幼稚的人"。

(235)河流(穴)与水流(汃)。《说文》:"汃,水从孔穴疾出也。从水穴,穴亦声。""穴"是洞穴,也指水道,《海赋》:"江河既导,万穴俱流。"英语 hollow 形容词"空的;凹陷的",名词"洼地,洞穴;山谷"。意大利语 canale "运河;沟渠;(悬崖峭壁上的)裂缝"。段注谓"韩诗之回汃,《楚辞》之汃寥皆假借也"。"汃寥"指旷荡空虚,"回汃"指水弯曲漂流,跟水、水流可能均有语义联系。参见本书第一章第(27)"减/沊"条。

(236)奔腾(腾)与水流动(滕)。《说文》:"滕,水超踊也。从

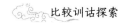

水，骿声。"《小雅·十月之交》："百川沸腾。"传曰："沸，出。腾，乘也。"段注："腾者，滕之假借。"《说文》："腾，传也。从马，朕声。一曰犗马也。""滕"是水涌出，"腾"是马奔腾，语义相同，当是一个词。现在说"奔腾、沸腾"。英语 run "跑，奔跑；（河水等）流动"。"腾"的犗马义，表明牛马与奔驰有语义关系。参见本章第（196）"马匹（驹）与奔驰（骤、趣）"条。

（237）河渠湖泊（陂）与波浪（波）。《说文》："波，水涌流也。从水，皮声。""波"是水波涌动，也指波流，《汉书·景十三王传》："后游雷波，天大风。"颜注："波读为陂。雷波，波名。"段注谓此"假借为陂字"。波涛与波涌可以是一个词，浪是波浪，也指浪荡。波浪跟水、池塘也可以是一个词。英语 wave 名词"波；波状运动，起伏；水，大海"，动词"水波动"。德语 See "湖；海，海岸；波浪（的起伏）"。

（238）盆（鉴）与池塘（滥）。《说文》："滥，泛也。从水，监声。一曰濡上及下也。《诗》曰：觱沸滥泉。一曰清也。""滥"有泛滥、淋沃、清澈、贪婪义，也指浴盆，通作"鉴"，《庄子·则阳》："夫灵公有妻三人，同滥而浴。"盆与池塘的语义关系明显。英语 basin "盆，脸盆；水池；流域"。法语 bassin "盆；池塘；流域"。葡萄牙语 tanque "水塘；大盆，大桶；水坝"。从池塘再指水就很容易，其流动、清澈、淋浇义也从水发展而来。

（239）水（液）与水声（沴）。《说文》："沴，激水声也。从水，勺声。井一有水，一无水谓之瀱沴。"《释名·释形体》"沴，泽也。有润泽也"，又"自脐以下曰水腹，水沴所聚也"，"胞主以虚承沴也"，段注谓盖皆借为"液"字。《说文》："液，盡也。从水，夜声。""沴"市若切 *bljewG，"液"羊益切 *laag，语音的差异还得再研究。"液"是液体、水，"沴"是水流声，也指水井，段注谓《楚辞》"沴约"，即

《庄子》"淖约"。"汋约"即柔美可爱,《楚辞·哀郢》:"外承欢之汋约兮,谌荏弱而难持。"王注:"汋音绰。"《楚辞·九章·远游》:"质销铄以汋约兮,神要眇以淫放。"水可发展出泽润、光泽义,表示光艳可爱。西班牙语 agua "水;液;光泽"。

（240）静止（懲）与清澈（澂）。《说文》:"澂,清也。从水,徵省声。""澂"是沉淀,使之洁净。英语 clarify "使（液体）澄清;澄清,阐明",clarity "清澈,明亮;清晰"。汉语也说澄清事实。《礼记·礼运》:"澄酒在下。"注:"澄酒与《周礼》沈齐字虽异,盖同物也。"段注谓"澂、澄古今字"。《周易》:"君子以徵忿。"段注谓"徵者,澂之假借字"。《说文》:"懲,忿也。从心,徵声。"注:"古亦假徵为懲。""懲"是静止,水止则清。

（241）滑行（滑）与放荡（猾）。《说文》:"滑,利也。从水,骨声。""滑"是滑溜、滑动。英语 slip "跌跤;滑行;滑落",slippery "滑的;油滑的;放荡的"。油滑发展出放荡、邪恶义。意大利语 lubricita "光滑;淫荡,淫秽"。德语 ausrutschen "滑倒;失足,走上邪路"。印尼语 licik "滑,圆滑;狡诈"。狡猾义字或作"猾",《史记·高祖本纪》:"项羽为人僄悍猾贼。"这里的"猾"不应理解为狡猾,邪恶可能更恰当。"猾"又有扰乱义,《尚书·尧典》:"蛮夷猾夏,寇贼奸宄。"段注谓滑字"古多借为汩乱之汩"。"滑、猾"本身就可发展出扰乱义。

（242）水流（沸）与沸腾（灊）。《说文》:"沸,毕沸,滥泉也。从水,弗声。"段注:"《毛诗》觱、槛皆假借字,今俗以沸为灊字。"《说文》:"灊,涫也。从鬲,沸声。""沸、灊"方味切 *puds。水的翻滚跟煮沸可以是一个词。英语 boil "沸腾;像水一样翻腾"。德语 kochen "（水）沸腾;（巨浪）汹涌澎湃;（人、感情等）激动,沸腾"。印尼语 golak "翻滚;（水等）沸腾;动荡"。

（243）行驶（冯）与渡河（淜）。《说文》："淜，无舟渡河也。从水，朋声。"段注："淜正字，冯假借字。"《说文》："冯，马行疾也。从马，仌声。"段注："凡经传云冯依，其字皆当作凭，或假为淜字，冯河，皆当作淜也。"无舟渡河曰"淜"，殆指涉水。渡口、涉水及渡船，语言里可以是一个词。《说文》："横，小津也。从水，横声。一曰以船渡也。"英语 ferry 动词"渡过"，名词"渡口，渡船"。意大利语 tragitte"［古］摆渡，渡口；路程"，traghetto"摆渡；渡口；渡船"。印尼语 tambangan"渡口；渡船；摆渡费"。渡河和马行疾，皆表示位移，汉语"度、渡"均指位移。印尼语 arung，mengarung"跨越，穿越；横渡，远涉"。

（244）花（英）与繁荣（泱）。《说文》："泱，滃也。从水，央声。"段注引《射雉赋》："天泱泱以垂云。"李善注：《毛诗》英英白云。毛苌曰：英英，白云貌。泱与英古字通。""泱"深广，用来形容流水、白云。《汉书·息躬夫传》注："泱郁，盛貌。"《说文》："英，草荣而不实者。一曰黄英。从艸，央声。""英"是花，花可发展出开花、繁华。"荣"是花，发展出繁荣兴盛。英语 blow"开花；花丛；灿烂的景象"。德语 Flor"盛开的花簇；繁荣，茂盛"。

（245）积水（沈）与雨水（霃）、汁液（瀋）、淹没（湛）。《说文》："沈，陵上滈水也。从水，尤声。一曰浊黕也。"段注："古多假借为湛没之湛，如《小雅》'载沈载浮'是，又或借为瀋字。"《说文》："湛，没也。从水，甚声。一曰湛水，豫章浸。"段注："古书浮沈字多作湛，湛、沈古今字，沉又沈之俗也。""沈"是山上积水，"湛"是淹没，语义当有联系。英语 deluge 名词"洪水；暴雨"，动词"使泛滥，淹没；使充满"。参见上文第（226）"河水雨水（涝、潦）与水涝（潦）"条。"瀋"，汁液，《说文》："瀋，汁也。从水，审声。《春秋传》曰：犹拾瀋也。"《礼记·檀弓》："天子龙辒而椁帱，诸侯辐而设帱，为榆沉，故设拨。"注："以水浇榆白皮之汁，有急以播地，于引辐车滑。"段注谓"假沈为潘"。"潘"是汁液，和陵上滴水义，有明显的语义联系。德语 Wasser"水；液体；流水，积水；（指河流、湖泊、海洋等）水域"；Naß"供游泳的水；雨；饮料，酒"，naß"湿的，潮湿的；多雨的"。

《说文》："霃，久霃也。从雨，沈声。"《礼记·月令》："（季春）行秋令，则天多沈阴。"段注："沈即霃之假借也，沈行而霃废。"久雨与陵上积水、沉没，语义相关。英语 deluge"洪水；暴雨"。葡萄牙语 regadeira"滂沱大雨；山洪"。阴雨与下雨，葡萄牙语 neblina"浓雾；阴暗，黑暗；毛毛雨"。参见前文"沈"字条。

（246）灭火（淬）与淬火（焠）。《说文》："淬，灭火器也。从水，卒声。"段注："灭火器者，盖以器盛水濡火使灭，其器谓之淬，与焠义略相近，故焠通作淬。"《说文》："焠，坚刀刃也。从火，卒声。""淬、焠"从"卒"，可能跟熄灭、停止有关。英语 quench"消除，停止；扑灭，熄火；将……淬火，使冷却"。灭火与灭火器，可比较英语 extinguish"扑灭，熄灭"，extinguisher"灭火者；灭火器"。

（247）浇灌（淳）与醇厚（醇、纯）、浇薄（淳）。《说文》："淳，渌也。从水，享声。"段注谓淳"当依《经典释文》之纯反，常伦切乃不浇之训，纯、醇二字之假借，假借行而本义废"。段氏以为醇厚义是纯、醇的假借。此说有待进一步探究。"淳"训渌也，置于"淋"篆之前，是浇灌的意思。"沃"字是浇，也有沃足、肥沃义；"浇"字有浇灌、醇厚义，浇灌使之味道减少，《淮南子·齐俗》："浇天下之淳。"注："浇，薄也。"浇灌可以使之得到充裕的水，表示多。葡萄牙语abeberar"使饮；浇灌；浸泡；使充满，使饱和"。法语 abreuver"给（牲畜）饮水；浇灌；大量给予"。加水也可起到稀释的作用，表示少、薄。英语 water 名词"水"，动词"浇水；加水，冲淡"。《汉

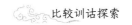

书·黄霸传》："浇淳散朴，并行伪貌，有名亡实，倾摇解怠，甚者为妖。"注："浇，以水浇之，则味离薄。"

（248）洗涤（澣、浣）与盥洗（盥）、洗涤器皿（洗）。《说文》："澣，濯衣垢也。从水，榦声。浣，今澣从完。"段注：《仪礼》古文假浣为盥，《公羊传》亦有此字。"《说文》："盥，澡手也。从臼水临皿也。《春秋传》曰：奉匜沃盥。""澣、瀚"胡管切 *gwaanʔ，"盥"古玩切 *koons。洗衣与洗手，可以是一个来源，读音小变，以示区别。"盥"也指盆，《仪礼·既夕礼》："夙兴，设盥于祖庙门外。"胡培翚正义："盥亦盥盆也。""洗"是洗涤，也指洗涤的器具，《仪礼·士冠礼》："夙兴，设洗直于东荣。"注："洗，承盥洗者，弃水器也。"英语 bath "洗澡；浴水；浴缸；澡堂"。法语 bain "沐浴；洗澡水，洗澡盆"。葡萄牙语 banho "沐浴；浸洗液；洗澡水；澡盆"。意大利语 lavacro "浴盆，澡盆；洗涤，洗澡；洗净"。罗马尼亚语 báie "沐浴；澡盆，澡堂"。俄语 ванна "澡盆，浴盆；洗澡"。

（249）山谷（谷）与河岸（鞫）。《说文》："谷，泉出通川为谷。从水半见出于口。""谷"与"江"是同族词，山谷与溪流的语义关系，可比较西班牙语 quebrada "山谷；沟壑；河流，小溪"。《大雅·桑柔》："进退维谷。"传曰："谷，穷也。"段注谓"假谷为鞫"。"鞫"，河岸，《大雅·公刘》："止旅乃密，芮鞫之即。"传曰："芮，水崖也。"笺云："芮之言内也。水之内曰隩，水之外曰鞫。公刘居豳既安，军旅之役止，士卒乃安，亦就涧水之内外而居，修田事也。""鞫"有穷困义。山谷转指狭隘、险要之地，比喻困境。英语 narrow 形容词"狭窄的；目光短浅的"，名词"（山谷、道路等）狭窄部分；海峡"。塞尔维亚克罗地亚语 klànac "峡谷，山谷，隘口；［转］死胡同"。

（250）雷（靐、雷）与雷声（回）。《说文》："靐，阴阳薄动生物者也。从雨，畾象回转形。靐，籀文靐。（畾）间有回。回，靐声也。"段注："凡古器多以回为靁。"雷与雷声，语义有关。英语 thunder "雷，雷声；轰隆声"。德语 Donner "雷，雷声；隆隆声"。

（251）下雨（霝）与零落（零）。《说文》："霝，雨零也。从雨吅，象零形。《诗》曰：霝雨其蒙。"段注："《定之方中》灵雨既零。传曰：零，落也。零亦当作霝。霝亦假灵为之。"零落即霝落，雨曰霝零，草木曰零落。英语 downfall "阵雨，阵雪；垮台；落下"，fall "落下，跌落；（雨、雪等）降落"。德语 regnen "下雨；密密麻麻地落下"。

（252）飞（飛）与飞虫（蟊）。《说文》："飛，鸟翥也。象形。"段注："古或假蜚为飞。"《说文》："蟊，臭虫，负蠜也。从虫，非声。蜚，蟊或从虫。""蟊"字又作"蜚"，一种小臭虫，危害庄稼，《春秋》屡言"有蜚，为灾也"。飞与虫子，可以是一个词，英语 fly "飞；苍蝇，有翅的昆虫，蝇类害虫"。飞翔与昆虫的语义关系，参见上文第（169）"扇动（扇）与炽盛（偏）"条。

（253）木柱（阑）与遮拦（阑）、冲撞（闌）。《说文》："闌，妄入宫亦也。从门，繿声。读若阑。"《汉书·成帝纪》："闌入尚方掖门。"颜注："无符籍妄入宫曰闌。"段注谓"此以闌为闌字之假借""又或作兰"。《说文》："阑，门遮也。从门，柬声。"段注曰："（阑）谓门之遮蔽也，俗谓藁槛为阑，引申为酒阑字，于遮止之义演之也。"段说是也。"阑"是木杆，可作互枑之类的遮蔽之物，再发展出遮拦义。闯与遮拦，语义不同，但好像应有关联。木与阻拦的关系，可比较英语 balk "大木，梁"；葡萄牙语 estaca "柱，支柱；插条"，estacada "一排桩；栅栏；厩，棚"，estacar "（用桩等）加固；使停止"。防守与冲撞，英语 rush "冲，奔"，rush line "（球队）防守线"；break "强行越（狱），挣脱；冲破，破……而入；终止（旅程等）"。参见第三章第（149）"（东齐）门与开门"条。

（254）铃（鈴）与聆听（聆）。《说文》："聆，听也。从耳，令声。"《礼记·文王世子》："梦帝与我九聆。"段注："此假聆为铃，梦天以九个铃与己也。"《说文》："铃，令丁也。从金，令声。"铃、铃声、听，可以是一个词。英语 bell "铃；铃声"；ring "发出声音；按铃；听上去，听起来"，也指教堂的编钟。

（255）握（挈）与握持之物（勢、贽）。《说文》："挈，握持也。从手㪍。"段注："《周礼》六贽字，许书作勢，又《鸟部》鸷鸟字皆或假挈为之。"《说文》："勢，至也。从女，执声。《周书》曰：大命不勢。读若执同。一曰《虞书》雉勢。""挈"是握持，所持礼物亦曰"贽"，《说文》别作"勢"（梅祖麟1980：434）。

（256）俘获（捷）与猎获（猎）、俘虏（捷）。《说文》："插，刺内也。从手，臿声。"段注："汉人注经多假捷字、扱字为之。"《说文》："捷，猎也，军获得也。从手，疌声。《春秋传》曰：齐人来献戎捷。"《礼记·内则》："国君世子生，告于君，接以大牢。"段注："郑注皆读为捷，胜也。是古文假借字也。""捷"是猎获、俘虏，"猎"是猎获。《尔雅·释诂》："际，捷也。"郝懿行义疏曰："捷、猎二字叠韵。"《初学记》卷二十二引蔡邕《月令章句》"猎之言捷也"。"猎"良涉切 *rab，"捷"疾葉切 *zeb。狩猎和俘虏可以是一个词。英语 capture 动词"俘虏，捕获；赢得"，名词"俘虏；猎物；奖品"。插入跟猎获的语义关系待考。《说文》："扱，收也。从手，及声。"《仪礼·士冠礼》"建柶"，注："建柶，扱柶于醴中。"段注谓"此插之假借字也。""插"，楚洽切 *shreeb；"扱"，楚洽切 *skhruuub。《广雅·释诂》："扱，取也。"王氏疏证："扱之言把取之也。""插、扱"语义似有联系，待考。

（257）头发（髻）与剪发（揃）。《说文》："揃，搣也。从手，前声。"段注谓"揃搣"是摩其颊旁，养生家之一法，《仪礼·士虞礼》

"蚤揱","（郑）注云：鬄鬏也。释鬏为剃理鬓发，是《礼经》揱字为剃若鬄之假借，而不用揱之本义"。段氏认为，"揱"的本义是按摩、摩擦，剪去指甲鬓发，其本字当作"剃"或"鬄"，"剃"后作"剪"。《说文》："鬄，女鬓垂貌也。""鬄"殆女子发饰，理发与发饰，似有语义关系。"鬎"是剃发，《素问·缪刺》："鬎其左角之发。"又指假发，见《说文》。《说文》："鬏，发墮也。从髟，隋省声。"段注："《内则》曰：三月之末，择日剪发为鬏，男角女羁。鬏本发落之名，因以为存发不剪者之名，故郑注云：鬏，所遗发也。《方言》《广雅》有氉字，《江赋》注所引字书有氋字，皆谓落毛，与鬏义相近。"

（258）抚摸（拊）与安抚（抚）。《说文》："抚，安也。从手，橆声。一曰循也。"段注："拊亦训循，故抚、拊或通用。"《说文》："拊，循也。从手，付声。""抚"芳武切 *mhaʔ，"拊"芳武切 *phoʔ。"抚、拊"元音交替，不妨有共同的来源。"抚"，既有抚摸义，也有安抚义，《尚书·泰誓》："抚我则后，虐我则仇。"英语 feel"抚摸；同情"，feeling"富有同情心的"。

（259）殒落（陨）与失去（抎）。《说文》："抎，有所失也。从手，云声。"段注："或假抎为陨也"，亦"假抎为抎也"。《说文》："陨，从高下也。从阜，员声。《易》曰：有陨自天。"坠落之陨，跟有所失之抎，并音 *Gunʔ，语义当有关联。《史记·东粤列传》："不战而抎，利莫大焉。"段注："闽粤不战而失其王头。此假抎为抎也。""锄"是除草，也有除掉义；"犁"是耕耘，"犁庭"也是清除，是耕耘义可转指清除。英语 weed"清除杂草；清除，剔除"。德语 ausroden"连根掘起（树）；砍伐……成耕地"。

（260）牵引（牵）与紧固（掔）。《说文》："掔，固也。从手，臤声，读若《诗》赤舄掔掔。"段注："掔之言坚也、紧也，谓手持之固也。或假借为牵字。俗用悭吝字，亦为掔之俗。"《说文》："牵，引而前也。从牛，冂象引牛之縻也。玄声。"牽"苦闲切 *khriin，"牵"苦坚切 *khiin。坚固与牵引，应有语义关系。英语 draw"拉，扯；拉紧，绷紧；使缩拢"。黄陂话"紧"指节省，反之则曰"手松"。是吝啬义也应从紧固义发展而来。

（261）牵引（揄）与取出（舀）。《说文》："揄，引也。从手，俞声。"《大雅·生民》："或舂或揄。"段注谓"假揄为舀也"。《说文》："舀，抒臼也。从爪臼。《诗》曰：或簸或舀。扰，舀或从手臼。""揄"是牵引，"舀"是抒取，语义也有关联。英语 draw"拉，拖；拔出，抽出，取出，使流出；提取，汲取"；pull"拉，扯；取出，抽取；（从桶等中）汲取（啤酒等）"。

（262）奔跑（失）与流水（泆）、失去（失）。《说文》："失，纵也。从手，乙声。"段注："古多假为逸去之逸，亦假为淫泆之泆。"《说文》："逸，失也。从辵兔。兔谩訑善逃也。""失"式质切 *hlig，"逸"夷质切 *lid。奔跑与失去、消失，语义相关。英语 run"跑，奔；逃跑；（时间）流逝"，runaway"逃跑；（马等）脱缰奔跑；失控"。印尼语 terbang"飞；飞跑；消失掉"。《说文》："泆，水所荡泆也。从水，失声。""泆"，夷质切 *lig。奔跑与水流，语义有关联，英语 run"跑；（水、潮等）流动；充满液体"。水满溢，发展出淹没，再转指沉沦，英语 submerge"浸没；湮灭；使沉沦"。

（263）摇晃（扤）与折断（捐）。《说文》："捐，折也。从手，月声。"《国语·晋语》："其为本也固矣，故不可捐也。"韦注云："捐，动也。"段注："按依韦注，是谓此捐为扤之假借字也，其本义则训为折。"《说文》："扤，动也。从手，兀声。""捐、扤"鱼厥切 *ŋod。摇晃与折断，应有语义关系。英语 shake"摇晃"，shaky"颤抖的；不稳固的；（木材）轮裂的；不健康的"。

（264）绳索（缪）与绞杀（摎）。《说文》："摎，缚杀也。从手，罩声。"段注谓《礼记·檀弓》"缪绖之缪即摎之假借"。《说文》："缪，枲之十絜也。一曰绸缪也。从糸，罩声。"段注："缪亦假为谬误字，亦假为谥法之穆。""缪"是（十束）麻，又有绸缪义，发展出绞杀义，也是很自然的语义演变。是以"摎、缪"音义皆同。比较汉语"缧绁"；西班牙语 cuerda"绳子；绞刑"；意大利语 ritorta"柳条，柳条绳；［古］（捆犯人用的）绳子"。

《说文》："緘，所以束匧也。从糸，咸声。""緘"，捆束用的绳子，也特指捆束棺木之粗绳子，字或作"咸"，段注："《丧大记》作咸。"按"咸"，咸刘，《鲁颂·閟宫》："克咸厥功。"传："咸者，灭绝之名。"绳子跟绞杀有语义关系，英语 noose 名词"绞索；束缚"，动词"把绳子打成活套；处以绞刑"。西班牙语 cuerda"绳子；绞刑"。

（265）矛（䂨）与刺杀（籍）。《说文》："籍，刺也。从手，籍省声。《春秋国语》曰：籍鱼鳖。"《国语·鲁语》今作"䂨"，段注："䂨本矛属，此假借䂨为籍也。许所据《国语》作籍，与《周礼》同。"《说文》："䂨，矛属。从矛，昔声，读若笮。"段注谓刺取义，乃"䂨字引申之义也"。段说是也。"䂨"本矛属，用以猎取，是词义的自然引申，字或作"籍"。工具大多可发展出相应的动词义，如"锄、犁、剑"等均有相应的动词义。英语 spear 名词"矛，鱼叉；持矛（鱼叉）的人；矛刺，投鱼叉"，动词"刺，戳"。段注谓《庄子》"擉鳖于江"，《东京赋》"毒冒不蔟"，皆音近义同者也。《集韵·觉韵》："擉，刺取鳖蜃。或作籍、捒、捔。"《广韵》测角切 *shroog，《庄子释文》又初角反 *rthoog。

（266）面具（顆）与丑陋（娸）。《说文》："娸，人姓也。从女，其声。杜林说：娸，醜也。"段注："杜说盖以娸为顆头字也。"《说文》："顆，醜也。从页，其声。今逐疫有顆头。""顆"是逐疫面具，《周礼·方相氏》注云："冒熊皮者，以惊驱疫疠之鬼，如今魌头也。"

面具发展出丑陋义，俄语 рожа "脸；脸丑的人；假面具"。

（267）妇女（媻、婆）与婆娑（蹒、娑）。《说文》："媻，奢也。从女，般声。一曰小妻也。"《子虚赋》："媻姍勃窣。"段注谓"借用此为蹒跚字"。小妻义，后来用"婆"字。妇人可发展出婆娑义，指女人姿态、行走步伐。英语词 wenche "女孩；少妇"，是由 wenchel "儿童；少女"简化而来，高地德语 wankōn "蹒跚"同源。汉语"婆"，老年妇女，《广韵·戈韵》："婆，老母称也。""婆"，也有婆娑、蹒跚的意思。"婆"又作"媻"，《集韵·戈韵》蒲波切。《说文》："娑，舞也。从女，沙声。《诗》曰：市也媻娑。"段注谓媻娑连文，恐尚非古也。《说文》："媒，媒妮也。从女，果声。一曰女侍曰媒。"段注："媒妮与旎施音义皆同，俗作婀娜。"

（268）衣物（装）与装扮（妆）。《说文》："妆，饰也。从女，爿声。"段注："《上林赋》：靓粧刻饰。粧者，俗字；装者，假借字。"《说文》："装，裹也。从衣，壮声。"服装义有相应的动词义，表穿戴。装扮义发展出修饰、庄严等义。英语 apparel 名词"衣服"，动词"给……穿衣，给……装饰"；dress 名词"连衣裙；（外穿的）衣服，礼服"，动词"穿衣，打扮；布置，装饰；使排列整齐"。英语 endue "穿（衣）；假装"；got-up "打扮的，装饰的；假的，骗人的"，汉语说"装、装×、伪装"。

（269）荆棘（棘）与戈矛（戛）、刺击（戛、扴）。《说文》："戛，戟也。从戈百。读若棘。"段注："棘在一部，相去甚远，疑本作读若亟而误。""戛、戟"与"棘"，读音有关，语义也有关联。参见本书第一章第（8）"刀（舠）/ 苕"条。段注又谓："《释诂》：戛，常也。此谓戛同楷。《皋陶谟》戛击鸣球，《明堂位》作揩击，扬雄赋作拮隔。此谓戛同扴，皆六书中之假借。""戛"是戈矛，可转指刺击。英语 spear 名词"矛，叉；持矛（叉）的人"，动词"（用矛、叉等）刺；

（用锐利器）戳"。

（270）杀戮（戓、戡）与战胜（堪）。《说文》："戓，杀也。从戈，今声。《商书》曰：西伯既戓黎。"段注谓"汉魏六朝人戓、堪、戡、龛四字不甚区别"《尔雅》曰：堪，胜也。郭注引《书·西伯堪黎》，盖训胜，则堪为正字，或假戓，或假戡，又或假龛，皆以同音为之也"。《说文》："堪，地突也。从土，甚声。"段注："引申之，凡胜任皆曰堪。古假戡、戓为之。""戓、戡"均为杀戮，杀戮发展出战胜。英语 kill"杀；被对方佩服得五体投地，产生不可抗拒的结果"。

（271）杀戮（戮）与努力（勠）。《说文》："戮，杀也。从戈，翏声。"段注："古文或假翏为之，又勠力字亦假戮为勠。"《说文》："勠，勠力，并力也。从力，翏声。"段注谓"古书多有误作戮者"。假借，段氏或谓之误作。所谓误作，就是段氏以为还是应该使用正字，或者是段氏所说的"真字"（"媄"字注）。"戮"是杀戮，与努力或不无关系，努力现在还说"拼、拼命（奋斗）、拼杀、拼搏"。英语 kill oneself"自杀；使自己过分劳累，竭尽全力"。法语 carnage"杀戮；激烈的战斗"。

（272）剪（劗）与剪灭（戩）、齐等（翦）。《说文》："戩，灭也。从戈，晋声。《诗》曰：实始戩商。"《鲁颂·閟宫》今诗作"翦"。段注："此引诗说假借也。劗之字多假翦为之。翦即劗，戩者，劗之假借。毛云'劗齐也'者，谓周至于大王，规模气象始大，可与商国并立，故曰齐。""翦"与"劗"的音义关系，以及剪与整齐的语义关系，参见前文第（257）"头发（髯）与剪发（揃）"条。剪与灭的语义关系，英语 clip"剪；削减，剪短；猛击"；lop"修剪（树枝）；砍（头、枝）"。德语 köpfen"斩首；剪下顶枝"。英语 clipping"修剪的；快速的；极好的，第一流的"，汉语的齐等也应该理解为超级好。

（273）筐子（匪）与车厢（筐）。《说文》："匪，器似竹匧。从匚，非声。《逸周书》曰：实玄黄于匪。"段注："匪、篚古今字。有借匪为斐者，有借为分者，有借为非者，有借为彼者。""匪"字标记"斐、分、非、彼"者，殆同音假借。段氏又谓《竹部》曰："篚，车笭也。""车笭"，车舆四周栏杆，也指车舆。"篚"是篚子，也是车笭，用篚子表示车厢，是很常见的语义演变。俄语 кузов "柳条筐；车厢"；короб "筐，箱；车厢"。汉语说车厢，是用箱柜表示车舆。德语 Kasten "箱，盒；柜；车厢；破旧的房子（或车辆、船只）"。西班牙语 caja "盒；保险箱；棺材；车厢；仓库"。参见第三章第（187）"（秦晋关西、陇西）车厢与筐子"条。

（274）编织（辫、编）与辫子（辫）。《说文》："辫，交也。从糸，釆声。"段注谓"《终军传》曰解辫发，削左衽。《三苍》假编为之"。《说文》："编，次简也。从糸，扁声。"段注："以丝次弟竹简而排列之曰编。""辫、编"，均是编织、编次，又指编织之物，如书籍、辫子，语义相通。英语 braid 名词"辫子，带子；穗带，镶边"，动词"编结"；plait 名词"辫子；褶边；辫状物"，动词"编织；打辫子"。

（275）增益（緟）与厚重（重）。《说文》："緟，增益也。从糸，重声。"段注"增益之曰緟，经传统假重为之，非字之本""今则重行而緟废矣。增益之则加重，故緟字从重。许书重文若干皆当作緟文"。《说文》："重，厚也。从壬，东声。"段注谓"厚斯重矣，引伸之为郑重、重叠"。"重"是厚重，可发展出重叠、重复，字作"緟"，英语 duplicate "复制；使加倍；重复"，reduplicate "使加倍，重复，复制"。

（276）破衣（纙）与渔网（罬）。《说文》："纙，西胡毳布也。从糸，罬声。"段注："毳者，兽细毛也。用织为布，是曰纙。亦假罬为之。"《说文》："罬，鱼网也。从网，剟声。剟，籀文锐。""纙"是西胡毳布，进入中原，汉语用表示渔网的"罬"予以命名，字别作

“𦇘”。“𦇘”虽为洋货，但名却是道地的汉语固有词。用渔网表示破碎的或劣质的衣物，在语言里是很常见的，“一床破絮像渔网”，就是这样的用法。黄陂话质量低劣或破败就用渔网来比喻，常说“渔网子”。意大利语 ragna“［古］蜘蛛；蜘蛛网；（衣服等）磨破的地方，磨破的地方”。外族衣服，多认为粗劣不符合要求，如未绩的麻线编制的衣物叫“褔”，段注：“谓取未绩之麻编之为衣，与草雨衣相类，衣之至贱者也。”“祓”，是蔽膝，也是蛮夷衣，见《说文》。

（277）叮咬（螫）与火辣（赫、奭）。《说文》：“螫，虫行毒也。从虫，赦声。”段注：“古亦假奭为之。”“奭”又表示赫，是火烈发展出盛大义，参见前文第（80）（203）条。螫咬与火烈、盛大的“奭”，有无语义关系，尚不好遽断。但虫子叮咬，火辣难受，也是正常的感受，在语言里用火烧表示叮咬难受，亦无不可。英语 bite“叮咬；（寒风等）刺痛，（辣椒等）刺激”；sting“叮咬；刺痛，灼痛”。段氏又谓或云“蛆”，音知列切，亦作“蜇”。

（278）虫（蜎）与蠕动（蠉）。“肙”是小虫。《说文》：“蜎，肙也。从虫，肙声。”段注“肙、蜎盖古今字”“蠉本训虫行，假作肙字耳”。《说文》：“蠉，虫行也。从虫，睘声。”段注：“凡虫行曰蠉，上蚑为徐行，则蠉为疾行也。”《羽部》曰：“翾，小飞也。”“蜎、肙”于缘切 *qwen，“蠉”许缘切 *qhwen。虫与蠕动的语义关系，参见前文第（172）条。

（279）蜜蜂（䖒、蜜）与小虫（螟）。《说文》：“䖒，蠭甘饴也。一曰螟子。从虫，鼏声。蜜，䖒或从宓。”段注：“假借为䖒没字，亦作蠠没，《韩诗》作蜜勿，《毛诗》作僶勉。”复音词用字更加率意，双音节词的前后两个字，可以承载比单字词更多的信息，随意替换同音字，不至于引发大的误解。“蜜”字来源，前人讨论很多，与英语 mead“蜜，蜜酒”或有联系。“蜜”弥毕切 *mlig，“螟”莫经切

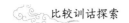

*meeŋ，"蜜、蟒"读音差异主要在韵尾。"蜜"字又指蟒子，也许是为了区别一般的蟒而改变了读音。罗马尼亚语 múscă "苍蝇；小飞虫；蜜蜂"。

（280）漆饰（垸）与鲜艳（睆）。《说文》："垸，以黍龢灰丸而鬃也。从土，完声。一曰补垣也。"段注谓垸"或假浣为之""或假睆为之"。"垸"是油漆、修饰，或假"浣"为之。"浣"是刷、刷饰、洗刷。修饰跟洗涤的语义联系。或假"睆"为之，《邶风·凯风》："睆睆黄鸟。"传曰："睆睆，好貌。"英语 paint 名词"油漆"，动词"上漆，涂饰；装饰一新"，painted "涂漆的，着色的；色彩鲜明的"。

（281）砖（坏）与砌（坏）、墙（坏）。《说文》："坏，丘一成者也。一曰瓦未烧。从土，不声。"段注谓"培"字正"坏"之假借，《月令》"坏垣墙""坏城郭"，注曰："坏，益也。"是又假"坏"为"培"也。按"坏"，后通作"坯"，瓦未烧，是土坏的意思，又指修补城墙，亦指低矮的山丘。建筑用的砖，可用作动词，指用砖砌。英语 brick 名词"砖，制砖的原料"，动词"用砖砌（铺设）；用砖围住"；adobe "风干的土坯（砖或瓦）；（制砖的）黏土；土砖建筑"。"坏"是砖，作动词是修葺，不必说是"培"的假借。砖砌的建筑跟砖是一个词，这也许是汉语"坏"指矮山的缘由。"坏"也指墙壁，《庄子·庚桑楚》："正昼为盗，日中穴坏。"《释文》引裴注："坏，墙也。"桂馥义证："以坏为墙也。"英语 brick 名词"砖"，动词"用砖围住、堵上"，a person bricked up alive "被监狱砖墙活活禁闭在内的人"。

（282）河流（汜）与堤岸（涘）、桥梁（圯）。《说文》："圯，东楚谓桥。从土，巳声。"段注："服虔曰：圯音颐。楚人谓桥为圯。按字当作汜。《史》《汉》假汜为之，故服子慎读如颐也。"《说文》："汜，从水，巳声。《诗》曰：江有汜。一曰汜，穷渎也。""汜"是河流，特指支流，或干涸的河流，也指河岸，《淮南子·道应》："至于河上，而航在一汜。"注："汜，水涯也。"河岸义，又通作"涘"，《说文》："涘，水厓也。从水，矣声。《周书》曰：王出涘。""汜"详里切 *ljɯʔ，"涘"床史切 *sGrɯʔ，"汜"是水流，"涘"是堤岸，语义联系可比较"河、干"；"唐"有池塘和堤岸两个意思。参见前文关于"坡、陂"字的讨论［见第一章第（8）条］。"阺"与之切 *lɯ，是桥梁。桥梁与堤坝的语义关系，可比较汉语"梁"，"梁"是河中堤坝，后转指桥梁。

（283）刻画（剺）及痕迹（嫠）。《说文》："鑗，金属也。一曰剥也。从金，黎声。"段注："剥者，裂也。剥训裂，知鑗与剺义同音别。"假借作蠡、劙。朱骏声以为假借作"剺"。《说文》："剺，剥也。划也。从刀，𠩺声。""鑗"力脂切 *ril，"剺"里之切 *rɯ。段注谓"剺与《文部》嫠字音同义近"。段说是也。《说文》："嫠，微画文也。从文，𠩺声。"刻画与刻画痕迹，可以是一个词，英语 tally 名词"符木；计数，记录；（刻符上的）刻痕"，动词"刻；记录"。抓亦可发展出抓痕，德语 kratzen"抓；搔痒"，Kratzer"抓痕；刮刀"。行走可发展出足迹义。

（284）钟（鎛）与钟上的装饰物（镈）。《说文》："鎛，大钟，淳于之属，所以应钟磬也。堵以二，金乐则鼓鎛应之。从金，薄声。"段注："《周礼》《国语》字作镈，乃是假镈鳞字。"《说文》："镈，镈鳞也，钟上横木上金华也。从金，尃声。一曰田器。《诗》曰：庤乃钱镈。""鎛"是大钟，"镈"是镈鳞，即钟上横木上的装饰物，"鎛、镈"补各切 *paag，二者同音，语义有关联，殆是从一个词分化出来的两个概念。"钟"字重文作"鐘"，"钟"是大钟，钟柄曰"甬"，是整个器物名可以转指其局部名。物体的临近部位，词义也会转移，比如"轵、轵"就属于这种情况。"轵"本指车毂外端的皮革装饰部分，

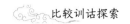

"钒"指车毂末端的小孔，但文献里"钒"又表示钒，而"钒、钒"读音相同，段氏谓"钒、钒"是同音假借。身体部位的名词，如腿与足、头与颈、脸与鼻，都会发生词义的转移。

（285）套筒（鐕）与顶针（揸）。《说文》："鐕，以金有所冃也。从金，晉声。""鐕"是金属套，动词是套住。王筠句读："古所谓鐕，即今所谓套也。"段注："《手部》揸下曰亦曰韦韬。"《说文》："揸，缝指揸也。从手，晉声，读若眾。一曰韦韬。""揸"是顶针。"鐕、揸"，徒合切 *thuub。英语 thimble"顶针，针箍；套筒，套管"。汉语"揸"是针箍，也指射箭时手臂所佩戴的皮套。

（286）锋利（利）与利益（鈰）。《说文》："鈰，利也。从金，术声，读若齐。"段注："《周易》：丧其资斧。子夏传及众家并作齐，应劭云：齐，利也。然则鈰为正字，齐为假借字。""鈰"是锋利，资斧作齐斧，专指金钱。"利"是锋利，也指利益。语言用利钝指金钱、利益。英语 keen"锋利的；（由于竞争而）价格低廉的，（因价廉而）有竞争力"，keener"精于讨价还价的人，精明的人"；blunt 是钝，也指现钱。从英汉比较来看，利是盈利，钝是现钱。汉语流动的钱叫"活钱"，固定的叫"死钱"。

（287）勺子（勺）与舀取（酌）。《说文》："斟，勺也。从斗，甚声。"段注："勺之谓之斟，引申之盛于勺者亦谓之斟。""斟"是羹勺，亦指羹汁，段说是也。器皿与器皿里的食物，可以是一个词，西班牙语 concha"贝壳，甲壳；汤匙"。参见本书第一章第（6）条"脈"字的讨论。勺子发展出舀，段注谓"枓曰勺，用枓挹注亦曰勺。《诗》：泂酌彼行潦，挹彼注兹。则勺、酌古通也"。《说文》："酌，盛酒行觞也。从酉，勺声。"英语 spoon 名词"勺子"，动词"舀"。段注又谓"引申之凡增益谓之斟"。勺之斟之，多少在己，故凡处分曰斟勺，今多用斟酌。段说可从。英语 soup 名词"汤"，动词"使如汤般浓稠"，还有增加、加大马力等义。

（288）山（陵）与攀登（夌、陵）。《说文》："陵，大阜也。从阜，夌声。"段注："引申之为乘也、上也、躐也、侵陵也、陵夷也，皆夌字之假借也。"《说文》："夌，越也。从夊屮。屮，高大也。一曰夌徲也。"山陵字，可发展出攀登义，英语 mount 名词"山丘；护堤；土墩，土岗"，动词"登上（山、台等）；骑上（马、自行车等）"，mountain"山岳"。

（289）孩子（孨）与啼哭（孱）。《说文》："孨，谨也。从三子。"段注"引申之义为弱小""孟康曰：冀州人谓懦弱为孱。此引申之义，其字则多假孱为孨"。《说文》："孱，迮也。从孨在尸下。一曰呻吟也。""孨"的弱小、谨慎，与"孱"的呻吟，好像都与幼儿有关。"孩"或作"咳"，从婴儿啼声转指孩子。啼哭与孩子的语义关系，参见郑张尚芳《汉语方言表"孩子"义的七个词根的语源》。本书第四章第（95）条，亦有讨论。

（290）老酒（酉酋）与耆旧官长（酋）。《说文》："酋，绎酒也。从酉，水半见于上。《礼》有大酋，掌酒官也。"段注："酋之义引申之，凡久皆曰酋，久则有终。""酋"自秋切 *sglu，与"酉、酒"是同族词。桂馥说："酉通作酋。"酒与水的语义关系，前已阐述，此不赘。用陈年老酒指称老人、官长，语言里也很常见。德语 Alte"老人；父亲；丈夫；上司；（去年的）老葡萄酒"。葡萄牙语 enóforo"（古人用的）酒杯；管理酒的官员"。

篇章解读

文献解读，从字词开始，落实到文章的篇章。先师杨潜斋教授主张"文字、声韵要落实到训诂上；训诂要落实到具体的经典上"。前人所谓以字解经，最终是要把握经典的原意。字词离开了文章，就失去了准确的含义。房德里耶斯说得好："决定词的价值的都是上下文。词总是处在语境里，每次都是这个语境暂时确定词的价值。词尽管可能有各种各样的意义，上下文总是强使词具有'特殊'价值，使词摆脱记忆对它所积累的过去的一切表象，为它创造'当前'价值。"（2012：215）

第一节　故训与故训抉择

类型学视野下的跨语言词义比较，可以用于研究汉语词汇，把汉语内部的材料跟其他语言的外部材料结合起来进行研究。类型学的词义研究可以开阔视野，拓展思路。跨语言的词义比较可以用于词义研究的评价与抉择。传统的词义研究，已经有两千多年的历史，不同的学者，会得出不同的结论。如何评判，怎样抉择，是进一步研究的起点。比较词义可以作为学术评判的依据，对不同的学术观点进行评价，选取其中较为合理的说法。

跨语言的词义研究，可以运用到学术评价中，对不同学者的不同意见作出评判，在不同的学术观点中选取较为合适的说法。这个工作既是对过去研究的总结，也是进一步研究的起点。传统训诂学历史悠久，名家辈出，学术成果积累丰厚。学术研究，愈是深入，争论就会愈多。不同的学者，采用不同的材料，运用不同的理论和方法，得出的结论自然就有差异。不同的结论，有的观点离事实真相很远，也有逼近真理的结论。聚讼千年的训诂疑难点是很多的，如何评价这些学术观点，怎样在众说纷纭的结论里选择切近合理的说法，值得认真探索。学术评价可以在比较词义的框架下进行，也就是说，比较词义的跨语言探索，为词义研究的评价提供了一个比较新的观察视角，一个直观的、可以操作的标准。

（1）望／盲。先看一个古代文本用字的例子。《礼记·内则》："豕望视而交睫，腥。"郑注："望视，远视也。腥当为星，声之误也。星，肉中如米者。"孔疏谓："望视谓豕视望扬。交睫谓目睫毛交。豕若如此，则其肉如星也。""望视"是仰视、远视，《左传·哀公十四年》："有陈豹者，长而上偻，望视，事君子必得志。"杜预注曰："望视，目望阳。"孙诒让《周礼正义》引《庄子·秋水》"盳洋向若而叹"，并谓："《庄子》盳与此盲字正同。"今本通作"望洋"，《庄子释文》作"盳"，云："盳，莫刚反，又音旁，又音望。本亦作望。司马、崔云：盳洋犹望洋，仰视貌。"

《内则》"望视"，《礼记·内饔》作"盲眄"。根据《内则》《内饔》的记载，在汉语文献里，"盲"就有看望和眼疾两个意思。《内则》

的"望视"，到了《内饔》作"盲眂"。"盲眂"，各家有不同的理解。郑康成注引杜子春云："盲眂当为望视。"贾公彦《内饔》疏说："杜子春盲眂当为望视者，以其盲，则无所睹见，不得视，《内则》为遥望之字，故子春从《内则》为正也。"孙诒让正义谓"杜即从《内则》读也，但杜意止谓盲当为望耳"，又说"子春不云读为，云当为者，谓为声之误也"。臧庸也说作"盲"是讹字：《月令》"盲风"，"凉风"之讹也；《内饔》"盲视"，"望视"之讹也。"凉""望"并与"盲"声相近，故俱误作"盲"（《拜经日记》"盲视"条）。孙诒让《周礼正义》又引段玉裁说，谓"盲、望同音假借"。

前辈学者并没有梳理清汉语"盲、望"的音义关系，只是简单地归结于误用，或直接就说是讹字，有言通假者，也没有解释缘由。说见上文。语言里，眼疾类词语，可表示看望；当看望讲，多是非正常的看，如斜视、费劲地看；看望义使用一段时间后，也可能去掉标记，表示一般意义的看望（黄树先、邹学娥 2019）。在自然语言里，这种语义演变是较为常见的，我们在文章里列举了比较多的亲属语、汉语文献，以及汉语方言的例子，这些词语词既表示眼疾，也表示看望。在这里还可以再补充一些例子，比如梵语 kékara-s "斜眼看，眼半睁"，拉丁语 caecus "盲"，哥特语 haih-s "独眼"（裴特生 2009：263）。

有了类型学语义演变的例子，再看"望"与"盲"的音义关系就好理解了。拙著《比较词义探索》"脖子与大脖子"条讲到身体部位跟疾病可共用一个词。文中讲到"盲"*mraaŋ 和"望"*maŋs 同根，是同族词，"盲"比"望"多出一个 *-r- 介音。类似的还有"省"*sleŋʔ 和"眚"*sreŋʔ。"省"是看；"眚"，《说文》："目病生翳也。"眼疾的"眚"也有 *-r- 介音。"看"*khaan、*khaans，是看望；眼睛突出貌的"睅"*gronʔ，同样有 *-r- 介音。梳理了汉语内部的资料，再结合跨语言的词义比较，文献"望视、盲眂"的语义关系就容易理解了。简单归纳一句，"盲"*mraaŋ、"望"*maŋs同根，是同族词；表示眼疾的"盲"比看望的"望"，多出一个*-r-介音。汉语表示眼疾的"盲"，跟看望的"望"，是同根词，属于一个词族的两个词。"盲、望"看似语义差别很大，其实有共同的来源。看望写作"望"，眼疾写作"盲"，《内则》的"望视"，《内饔》作"盲眠"，从文献学上说，也可视作一种假借。前人所说的假借字，包括同音借用字与同源通用字两种（陆宗达、王宁1996：97-98）。从语言来看，"望、盲"是同族词，假借是文献用字。

跨语言的词义比较，可以帮助我们更好地理清词义的演变。词义演变的路径清楚了，我们就能做出正确的解释，词义的理解、文献的释读就更加清晰、明了。解释不清，甚至错误，均可以用比较词义来加以评判和纠正。再举"选、烦"这两个例子来加以说明。

（2）选。"选"有优秀义。拙著《比较词义再探》"选择与优异"条，讲挑选跟优秀的语义关系。事物有精粗，经过筛选后，可挑选出精美之物，汉语把挑选出来的精粹叫"选"，如说"一时之选"。"选"由挑选发展出优秀义，其他语言习见。英语choice"选择；被选中的人或物；精选的货源；精华；审慎"。法语choix"挑选；选中的事物，精华"。

汉语"选"由挑选发展出优秀义，《白虎通·圣人》："五人曰茂，十人曰选，百人曰俊，千人曰英。"《逸周书·宝典》："五中正，是谓权断，补损知选。"朱右曾《集训校释》说："选，善也。"《汉书·武帝纪》："九变复贯，知言之选。"颜注："选，善也。"

"选"字单用，有优秀义，诸家解释或不准确。《齐风·猗嗟》："舞则选兮，射则贯兮。"传曰："选，齐。"笺云："选者，谓于伦等最上。"郑康成"伦等最上"的解释是正确的。王引之《经义述闻》"舞则选兮"条曰："《史记·平准书》曰：吏道益杂不选。谓杂出不齐也。《仲尼弟子传》任不齐，字选。是选与齐同义。"马瑞辰说跟王引之说略同："选择所以整齐之，故选又为齐。"马说以整齐义来解释"选"，稍嫌迂曲。朱熹集传曰："选，异于众也。或曰齐于乐节也。"朱熹不太明了"选"的引申义，故首鼠两端，举棋不定。

　　由"选"组合的词语，仍保留优秀义，解释也有不少错误。"选士"，《礼记·王制》："命乡论秀士，升之司徒，曰选士；司徒论选士之秀者而升之学，曰俊士。"郑注谓学为大学。"选"，《释文》宣练反，读去声。选士、俊士，皆谓造士。孔疏："学业既成，即为造士。"孙希旦集释（1989：364）谓："俊，美也。千人谓之俊。选士、俊士，皆乡大夫所宾之贤者能者"，又谓"盖选士、俊士二者，皆谓之造士，谓其学业有成，故免其繇役以优异之"。《汉书·王莽传》："惟公多拥选士精兵，众郡骏马仓谷帑藏皆得自调，忽于诏策，离其威节，骑马呵噪，为狂刃所害，乌呼哀哉！""选士精兵"连文，是"选士"亦当为俊士义。《管子·幼官》："定选士，胜。"沈约《应诏乐游苑饯吕僧珍》诗："超乘尽三属，选士皆百金。"吕延济注："选，择也。"吕注有误。李善注引《汉书音义》服虔曰："良士直百金。""选士"就是"良士"。又曰"选和"，谢庄《月赋》："于是弦桐练响，音容选和。"李善注："选，可选择也。""选和"指音乐优美，李注殆非。

　　《史记·魏公子列传》："得选兵八万人，进兵击秦军。"周志锋先生说，"选兵"有人注释为"挑选精兵"（程希岚、吴福熙1984），或释为"经过挑选的精兵"（北京大学中国文学史教研室1978）。周先生说，此"选"当训"精善"，"得选兵八万人"即"得精善之兵八万人"。《史记·项羽本纪》："使人收下县，得精兵八千人。"两相比较，不难看出"选兵"就是"精兵"。（周志锋2014：20）周先生还讨论了文献里"选卒、选车、选锋、选士"等词，认为这些"选"字并训"精善"。"选"，本指选择、挑选，引申为名词，可指被选拔出来的人才、杰出人物；引申为形容词，就有精善义，因为人或物经过挑选，一定是精良的、完善的。（2014：21）所言是也。

汉语文献"选"以及由"选"组合的词语，均有优秀义，这跟其他自然语言的演变一致。可是对"选"的演变路径认识不清，训诂实践多有误释，字词典也不收录"选"的优秀义。叶正渤先生说，"选"有"俊杰"或"优秀出众者"这个意义，台湾《中文大辞典》收有这个义项，释为"优秀出众者也"，引《白虎通·圣人》"十人曰选，百人曰俊，千人曰英，倍英曰贤，万人曰杰"为例，又引《左氏·宣公十五年》杜注（1990）。即便收录此条词语，释义也不完善，如《辞源》第三版收录"选士"，解释为"才能优异、被推荐的士人"（2010），添加"被推荐的士人"，释义反而不准确。

"简"，选择，《邶风·简兮》笺云："简，择也。""简选"连文，也当选拔讲，《后汉书·贾琮传》："简选良吏试守诸县，岁间荡定，百姓以安。"《吕氏春秋》有《简选》篇："简选精良，兵械铦利。""简"也有良善义，《逸周书·谥法解》："壹德不解曰简。"胡三省注《资治通鉴·汉纪》四十三引《臣谥》："恭敬行善曰简。""简"的语义发展，跟"选"是一样的。

（3）烦。由"烦"组合的词语有"烦疼"。"烦疼"作疼痛讲。袁宾等先生《宋语言词典》列"烦疼"条，引《和剂局方》"骨节烦疼""肢节烦疼"，释为"疼痛扰人"（1977：88）。把疼痛义释为"扰人"，是按照"烦"的烦恼义解释的。周志锋先生说，"烦疼"是疼痛的意思（2014：20）。王云路、王前先生也说，"烦"来自头热发痛（2009）。《伤寒论·辨脉法》："风则伤卫，寒则伤荣，荣卫俱病，骨节烦疼，当发其汗，而不可下也。"或释为"剧疼、甚疼"（刘渡舟1991：8）。王云路、王前先生认为此说不确。"烦"有疼痛义，"烦疼"是并列结构的双音节词，又作"疼烦"，《肘后备急方·治卒中风诸急方》："若骨节疼烦，不得屈伸，近之则痛。"两位先生认为，作疼痛讲的"烦"指头热发痛，发展出身体部位的不舒服。

二王先生的解释是准确的。当疼痛讲的"烦"，跟烦恼有关系。"烦"的本义是发热，发展出烦恼义。英语 fever "发热，发烧"，feverish "发烧的；狂热的；急躁不安的"。俄语 гореть "燃烧；发烧，发热"；жар "热，炎热；发热，体温很高；情绪激烈"。意大利语 febbre "发热，发烧；热病；唇炎；狂热"。烦恼、疼痛可共用一个词。英语 anger "愤怒；［方］（伤口）肿痛"；fleabite "轻微的伤痛，小麻烦"。意大利语 noia "厌烦，无聊；烦恼；烦人的事，讨厌的人；［古］痛苦，折磨"。发热可直接发展出疼痛义，如英语 burn "燃烧；发热，发烧；烧灼，使扎痛，有火辣感"。汉语"灼"是燃烧，疼痛也说"灼痛"。有了跨语言的词义比较，汉语"烦"发烧义发展出疼痛、烦恼就容易理解，错误的解释也能得到纠正。

上古汉语词汇的词义研究，除了关注本义、引申义外，还研究词族。词族的研究就是探讨词与词之间的关系，正如索绪尔所说："词源学首先是通过一些词和另外一些词的关系的探讨来对它们进行解释。所谓解释，就是找出它们跟一些已知的要素的关系，而在语言学上，解释某一个词就是找出这个词跟另外一些词的关系。"（1985：264-265）探讨滋生词如何从基础词派生出来，以及晚出的词语得名之由。我们举跟丧葬有关的词"薨"来加以说明。

（4）薨。最后说"薨"。"薨"是死亡，指王侯死去，《说文》："薨，公侯卒也。"复合词有"薨落、薨奄、薨殁、薨逝、薨谢、薨殂"。"薨"的语源，前人也有探讨。《白虎通·崩薨》："薨之言奄也，奄然亡也。""奄然"有忽然、气息微弱、悲伤诸义。郑玄谓"薨"来自颠坏之声，见《礼记·曲礼》注。孔疏曰："薨者，崩之余声也。"《释名·释丧制》："诸侯曰薨，薨，坏之声也。"

　　"薨"可能跟睡梦有语义关联。王凤阳先生说:"薨,字从死从梦,用现代话说当是长眠的意思,也是死的避讳说法。"(2011:85)相比奄然而逝、轰然倒塌的解释,王凤阳先生的解释更贴近真相。"薨",跟睡眠有关系,"梦",《齐风·鸡鸣》:"甘与子同梦。""梦"为睡梦,可发展出朦胧、不清晰的意思,见《说文》。

　　汉语"薨"*hmɯɯŋ、"梦"*mɯŋs,是同族词。我们看汉藏语亲属语言的情况。"梦",卢舍依语 maŋ,米基尔语 maŋ;同语族的语言有 r- 前缀,如藏语 rmaŋ-lam(lam "路,路途"),藏语 rmi-ba "做梦"<藏缅语 *(r-)mwəy "睡",有 r- 前缀;r- 前缀发展出擦音 h-,如缅甸语 hmaŋ-tsa-saŋ "梦游",hmaŋ-tak-mí "着魔(相当于梦游)",藏缅语 *maŋ(白保罗 1972#82;1984:28)。马加里语送气清化鼻音和流音声母特别丰富:hmaŋ-naŋ daŋ "梦"("梦中所见")(1972# 注 114;1984:210)。包拟古讨论了汉语"梦"字早期读音,并跟藏语 rmang-lam "梦"比较(1995)。汉语"薨"跟缅甸语、马加里语"梦"的形式更近,亦应来自古代前缀。

　　从汉藏比较来看,"薨、梦"是同族词,跟汉藏语的"梦"*maŋ,以及带前缀 *r- 的 *rma[ŋ] 同源(白保罗 1972# 注 98;1984:206)。汉藏语亲属语言主要意思是"梦、做梦、梦游、睡",语义皆有关联。

　　"薨"跟"梦"是同族词,跟睡梦有关系,发展出朦胧义,字或作"儚",《说文》:"儚,惽也。从人。薨声。"段注:"惽者,不憭也。《释训》曰:儚儚、洄洄,惽也。儚当作儚,与梦梦、乱也义别。"还有"懜",朦胧不明,《说文》:"懜,不明也。从心,梦声。""睡眠、做梦、昏暗"可以是一个词。俄语 сон "睡;沉寂;梦";хмара "乌云,忧郁的情绪;昏暗,噩梦"。保加利亚语 сън "睡眠;沉寂;梦"。

　　汉语"薨、梦"是同族词,既有汉藏比较的证据,跨语言的词义比较亦可证成其说。有了这些基础,再来看表示死亡的"薨"的语源就有立论的基础。在自然语言里，用睡眠表示去世是很常见的。拉丁语有好几个表示睡觉、做梦的词也表示死亡：dormio"睡；安眠；死去"；nox，noctis"死；睡；梦"；somnus"睡眠；梦乡；永眠"；sopor"睡觉；长眠；死亡"；acquiēsco"休息；死去；睡眠"；quiēs"休息；睡眠；死亡"。英语 last sleep"最后睡觉；长眠"。德语 entschlummern"入睡；安然死去，长眠"；einschlafen"入睡；安详地无痛苦地死去"。法语 sommeil"睡眠；长眠，死"。捷克语 spánek"睡眠；死去，长眠"。塞尔维亚语 svèsti"入睡；死去"。波斯语 margkhāb"酣睡；长眠，死亡"。土耳其语 gözleriniyummak"睡着；去世，死亡"。用睡觉指代死亡，多指安详地死去，用于较庄重的场合，如德语 einschlafen"睡着，入睡；安详地无痛苦地死去"。汉语"薨"来自汉藏语的做梦、睡觉，转指诸侯去世，语义来源及使用的庄严就比较容易理解了。

　　本节以四个汉语词语为例，讨论了比较词义在汉语词义研究的评价与取舍上的运用。我们主张在跨语言语义比较的视野下，对汉语词义和文献进行研究。我们前期的探索工作，主要是借助跨语言的词义比较来研究汉语词义，在跨语言比较、汉藏比较的框架下，对汉语词义进行研究（参见《比较词义探索》《比较词义再探》）。本节从另一个角度讨论比较词义在词义研究的评价与抉择上的运用。引入语义类型学来评价前人的词义研究，这是一种新的尝试。当然，这种探索是有条件的。比较词义是外部材料，只能作为辅助手段，用以开阔视野，启发思维。比较词义所得出的结论，也只是一种可能。我们强调汉语内部材料优先，主张把跨语言的词义比较跟训诂学有机结合起来，用来研究汉语的词义。另外，我们也知道，比较词义不是灵丹妙药，不可能解决所有问题。比较词义的运用和功效决不能夸大，更不能取代传统语文学和经典词汇学，也不能凌驾于这些经典学科之上。跨语言的词义比较只能是外围的、辅助的。技之运用，全在会心，好学深思，当能心知其意。世无灵丹妙药，运用得当，方能奏效，切忌滥施。

第二节　《关雎》较诂

较诂是比较训诂的简称。《关雎》较诂，先列原文，再录传笺，传笺文字用楷体标识。《诗经》原文及传笺，依据《宋本毛诗诂训传》（国家图书馆出版社，2017），参校《毛诗注疏》（上海古籍出版社，2007）。本节试以《关雎》为例，对其中的关键字词进行解读，用比较训诂解释传统的经典。

《诗序》说："《关雎》，后妃之德也，风之始也，所以风天下而正夫妇也。故用之乡人焉，用之邦国焉。"现在一般的看法，认为此诗是一首描写男女恋爱的民歌。

（1）〇**关关雎鸠，在河之洲。**〇传曰："兴也。关关，和声也。雎鸠，王雎也，鸟挚而有别。水中可居者曰洲。后妃说乐君子之德，无不和谐，又不淫其色，慎固幽深，若关雎之有别焉，然后可以风化天下。夫妇有别则父子亲，父子亲则君臣敬，君臣敬则朝廷正，朝廷正则王化成。"笺云："挚之言至也，谓王雎之鸟，雄雌情意至然而有别。"〇**窈窕淑女，君子好逑。**〇传曰："窈窕，幽闲也。淑，善。逑，匹也。言后妃有关雎之德，是幽闲贞专之善女，宜为君子之好匹。"笺云："怨耦曰仇。言后妃之德和谐，则幽闲处深宫贞专之善女，能为君子和好众妾之怨者。言皆化后妃之德，不嫉妒，谓三夫人以下。"

"关关"是拟声词，状关雎之声。传曰："关关，和声也。"王力先生的拟音是 *koan，郑张先生拟作 *kroon。在语言里，拟声词也许连近似也谈不上。同一个拟声，不同的语言各不相同。各家的拟音，跟鱼鹰的叫声也许风马牛不相及。索绪尔说，真正的拟声词（像 glou-glou "火鸡的叫声或瓶口流出的声音"、tic-tac "嘀嗒"等），不仅为数甚少，而且它们的选择在某种程度上已经就是任意的，因为它们只是某些声音的近似的、而且有一半已经是约定俗成的模仿（试比较法语的 ouaoua 和德语的 wauwau "汪汪"犬吠声）（1985：105）。赵元任先生也说："平常所谓的象声字，总觉得这个字应该象真声音了；其实啊，象声字并不象声。"（1980：40）

"雎鸠"，鸟名，传曰："雎鸠，王雎也，鸟挚而有别。"《尔雅·释鸟》同。郭璞注："雕类也，今江东呼之为鹗。好在江边沚中，亦食鱼。"孔疏谓扬雄、许慎皆曰白鷢，似鹰，尾上白。段玉裁谓"所谓杨雄者，今不见于《方言》，未知其所本"（《说文》"鷢"字注）。朱熹集传则以为是野鸭一类的水鸟："雎鸠，水鸟，一名王雎。状类凫鹥。今江淮间有之。生有定耦而不相乱，耦常并游而不相狎，故《毛传》以为挚而有别。《列女传》以为人未尝见其乘居而匹处者，盖其性然也。"邵晋涵、焦循等谓雎鸠为鱼鹰（马瑞辰《毛诗传笺通释》）。

"雎鸠"，鸟名。"雎" *sha，是鸟名，《说文》："雎，王雎也。从鸟，且声。"详细情况不清楚。"鸠" *ku，《说文》："鸠，鹘鸼也。从鸟，九声。""鸠"是某类小鸟的通称，故段注谓："鸠为五鸠之总名，犹雉为十四雉之总名，雇为九雇之总名也。经文皆单言鸠，传注乃别为某鸠，此可证鸠为五鸠之总名。经传多假鸠为逑、为勼。《辵部》曰：逑，敛聚也。《勹部》曰：勼，聚也。"

汉语"鸠"跟亲属语有对应关系。汉藏语系里的不同语言，所指之鸟也不完全相同，有的指鸽子，有的指野鸽子，还有的指猫头鹰：克钦语 khru，缅语 khruì~khyuì，拉祜语 gu，加罗语 kru，卡米语 məkhru，安加米那加语 mekru "野鸽"，卢舍依语 ṭhu-mi "鸽子"、ṭhu-rou "野鸽"；藏缅语 *khruw（白保罗 1972#118；1984：35）。傣语 "鸽子"，傣雅 kaˈkjeˈ、西双版纳 kaˈkɛˈ、德宏 kaˤkeˈ、khauˈ<*khr-。泰语 khauˈ 与汉语 "鸠" 有关。（邢公畹 1999：147）汉语 "旧" *gwuus，是猫头鹰一类鸟，亦可跟亲属语比较：白保罗说，汉语 g'iug "旧"（鸲鸺），藏缅语 *gu；克钦语 u-khu（u 是 "鸟"），缅语 khu（Tin 记的塔沃扬方言，1933），栗僳语 gu，拉克尔语 va-ku（va 是 "鸟"），米基尔语 iŋhu<iŋkhu "猫头鹰"；唐吐语 wa "鸟"，藏缅语 *wa（白保罗 1984：177）。

引用亲属语跟汉语 "鸠" 进行比较，可证明汉语 "鸠" 是古老的词语，来自亲属语。汉语后来泛指某一类小鸟，就是段玉裁所说的 "鸠为五鸠之总名"。"雎鸠" 之 "雎"，加在 "鸠" 的前面，用以区别于其他鸠鸟。郑张尚芳先生说，"鸠" *ku，本拟鸠鸽鸣音为名，《诗》虽借表一种鸟，但词根仍来自鸠鸽，泰文 "鸠鸽" khau，"寻偶时鸣" kuu（2019：84）。此言得之。

"在河之州"，"在" 是存在，出现于（某地）。郑张尚芳先生说，"在" *zii 对应泰文 zuk "躲在"（2019：82）。

"河" *glaal，本是黄河专名，《说文》："河，水也。" 中国河流名称的分布具有区域特征：北方以称 "河" 为主，南方以称 "江" 为主，黄河、长江之间则有称 "水" 的。罗杰瑞、梅祖麟、桥本万太郎等学者认为，"江、河" 均非汉语本身固有的基本词，而是分别借自南亚语和蒙古语。张洪明等先生则认为，根据语言学、民族学、历史文献以及地理学等方面的材料，例如来自汉语词源的证据，来自蒙古语的反证，中国最古老的历史文献（"十三经" 及《国语》《庄子》《楚辞》《战国策》等）的证明，以及 "河" 在中国历史地志中的分布以黄河为中心分别向南北两边扩散的史实，"河"是汉语本身固有的基本词，它的词源不是蒙古语，至于"河"在别的语言中的对应形式，很可能是受汉语的影响而产生的（张洪明、颜洽茂、邓风平 2004）。多数学者认为，"河"是汉语固有词：龚煌城先生拿古汉语 gar "河"，对应藏语 rgal "滩，涉水过河"（1980：465）。参见本书第四章对"江、河"的讨论。

"河"是黄河，后泛指河流。《汉书·司马相如传》："下属江河。"文颖注："南方无河也。冀州凡水大小皆谓之河。"用特指的河流泛指一般河流，在语言里很常见。房德里耶斯观察到，小孩们常用本城的河流的名称去称呼任何的河流，例如巴黎的小孩看见一条河流时说，"我看见一条塞纳"，就是这种情况（2012：241）。佤语 krɔŋ "澜沧江"，klɔŋ "小河"；汉语"江"*kroŋ（潘悟云 1995）。

"河"是汉语固有词。"河"*glaal 的同族词，还有"干、涧、川"。"河"跟"干、涧、川"等组成同族词，证明"河"是汉语固有词更为坚确。"干"*kaan，见于《诗经》等古老文献。段注谓：《小雅》：秩秩斯干。毛传：干，涧也。此谓诗假干为涧也。"俞敏先生拿藏语 dkan "山坡，崖子"对应汉语"干"kan（1989a）。《魏风·伐檀》："置之河之干兮。""涧"*kraans，《说文》："涧，山夹水也。""川"*khjon，《说文》："川，贯穿通流水也。"《楚辞·招魂》："川谷径复。"王注："流源为川。"又特指河神。总之，"河"早期专指黄河，后泛指河流，是汉语固有的古老词语。

"州"*tju，传曰："水中可居者曰州。"孔疏引李巡曰："四方皆有水，中央独可居。《释水》又曰：小洲曰渚，小渚曰沚，小沚曰坻。""州"可指屁股，《广雅·释亲》："州，臀也。"王氏疏证："《内则》：鳖去丑。郑注云：丑谓鳖窍也。丑与州声近而义同。"屁股可转指山，"脽"是臀部，又指小山，《说文》："脽，屁也。"《汉书·武帝纪》:"十一月甲子,立后土祠于汾阴脽上。"颜注:"脽者,以其形高起如人尻脽,故以名云。"太炎先生认为"堆"孳乳为"脽",变易为"臀"(《文始》二,2021:232)。意大利语 groppa"(动物的)臀部;圆形山顶"。"坻"之得名,可比较"骶"字,《广雅·释亲》:"背谓之骶。"王氏疏证:"骶之言邸也,邸者,后也。"婉指臀部,见《玉篇》。英语 derriere"后部;臀部"。李巡谓"四方皆有水,中央独可居",臀部可发展出居住、住所义。罗马尼亚语 şezút"坐;臀部;肛门;住所"。王力先生说,"沚、洲(州)",之幽旁转,是同源词(1982a:154)。两个词语音可以旁转,但语义来源可能不太相同。"州"来自臀部,"沚"可能来自足。

"窈窕淑女",传曰:"窈窕,幽闲也。淑,善。"孔疏:"窈窕者,谓淑女所居之宫,形状窈窕然,故笺言幽闲深宫是也。"又引扬雄云:"善心为窈,善容为窕。"诸家"窈窕"的解说,不外幽静、美丽,还有稍后的高挑说,身材高挑无非也是状其美丽。汉语说"文静",安静、文雅,是一种安静的美丽。英语 gentle"轻柔的;温顺的;文雅的;文静的"。"窈窕"是幽静发展出美丽,"淑"是洁净发展出美丽。"淑"的来源。请参看下条解说。

"淑",美好,《说文》:"淑,清湛也。从水,叔声。"段注:"湛,没也。湛、沈古今字,今俗云深沈是也。《释诂》曰:淑,善也。此引伸之义。""淑"是从清澈发展出美丽义。自然语言里,整洁与美丽有语义联系。拉丁语 munditia"清洁,漂亮,文雅"。印尼语 majelis,又作 mejelis,"[古](容貌)美丽;(衣着等)整洁";mulus"洁净的,漂亮的"。参见拙著《比较词义探索》"干净与漂亮"条。

"女",对应藏缅语 *(m-)na"女、媳妇、姐姐、母亲"(白保罗1972# 注487)。郑张先生说,"女"*na',对应泰语 naang、藏语 njag-mo(2019);"女"还应对印尼语 anak"子女"(2013)。《释名·释长幼》："女，青徐州曰姁。"《广韵·模韵》："姁，美女。"俞敏先生认为，青徐的"姁"直接来自古羌语，藏语 ńa（ma）"女"（1991）。

"君子好逑"，上古文献的"君子"，主要意思有"高尚之人、统治者、男性贵族以及地位高的人、妻对夫之称"。汉语的"君"*klun，应来自"昆"*kuun。"昆"常见的意思是兄弟，跟侗台语的"人"对应，是同源词："人"，傣雅语 kun²，西双版纳傣语 kun²，德宏傣语 kon²，泰语 khon²<*ɣ-（邢公畹 1999：429）。从表示人、兄长义发展出君王，其语义演变十分清晰。《说文》："君，尊也。从尹口，口以发号。古文象君坐形。"语言里，人们拿统治者来指代道德高尚的人，这就是汉语里所谓的"君子"。其他语言里有相同的词义发展，如印尼语 bangsawan "贵族；高贵者，高尚的人"，muliawan "高贵的，崇高的；高贵者"。长官跟丈夫，其他语言也可以是一个词，如意大利语 balio "［古］司法官员，地方长官，使者；奶妈的丈夫；（因妻子不在而）照看小孩的丈夫"。"丈夫"是男人，也是有志气者，如"男子汉大丈夫"。

"好逑"，佳偶，绝配。郑张先生拿"好"*ghuu' 对泰语 khau' "投合"（2019）。用"投合"对"好"，诗意更为贴切。

"逑"，传曰："逑，匹也。言后妃有关雎之德，是悠闲贞专之善女，宜为君子之好匹。"郑玄作"仇"，笺云："怨耦曰仇。"孔疏引孙炎说，"相求之匹，《诗》本作逑，《尔雅》多作仇，字异音义同也"。照孙炎的说法，"仇"跟"逑"音义同，是一个词。拙著《比较词义探索》"对当与敌人"条，讲到不少语言对等跟敌人是一个词。汉语"敌"，本来是对当的意思。《说文》："敌，仇也。从攴，啻声。"段注："仇，雠也。《左传》曰：怨耦曰仇。仇者，兼好恶之词。相等为敌，因之相角为敌。古多假借适为敌。"段说"相等为敌"，正是此义。《仪礼·丧服》："有适子者无适孙，孙妇亦如之。"古字正作"适"。汉语"仇、雠"也是相等的意思。《说文》:"雠,犹膺也。从言,雔声。"段注:"《人部》曰:仇,雠也。仇、雠本皆兼善恶言之,后乃专谓怨为雠矣。""述"在文献里也指相匹敌的人,扬雄《甘泉赋》:"乃搜述索偶皋伊之徒。"李善注引韦昭:"述,匹也。"印尼语 musuh "敌人;对手"; padan "敌手;相称,相当,合适"; tanding "对手,敌手;对等物,配偶", setanding "相等,相匹敌,不相上下"。

《高本汉诗经注释》说,鲁诗(《列女传》引)、齐诗(《礼记·缁衣》引)都作"君子好仇","仇"训为"匹"。参看《兔罝》"公侯好仇"(公侯的好伴侣)。"仇"本来的意思是"对",所以一方面可以当"敌对"讲(这是常见的),一方面又可以当"伴侣,匹配"讲。(2012:3)高本汉讲得极明了。

上古汉语文献表明,"敌"也指同伴,《管子·兵法》:"进无所疑,退无所匮,敌乃为用。"郭沫若《管子集校》说,这里的敌不是仇敌之敌,叔夷钟乃齐灵公时器物,其金文"造铁徒四千,为女敌寮""女康能乃史暨乃敌寮",则齐人谓同伴为敌。

段注谓"经传多假鸠为述、为勼",郝懿行也说"鸠又通作述"(《尔雅·释诂》"聚也"条)。徐灏说:"述匹字当作雔,《说文》:雔,双鸟也。读若醻。盖双鸟为雔,引申为凡相匹对之称,假借为述、仇耳。郑君以怨耦为解,即因仇字望文生义,故说诗者不可不知假借例也。"(《通介堂经说》)于省吾也主张本字当作"雔"(《泽螺居诗经新证》)。鸟可发展出朋党义,这对我们理解下文的"述"是有帮助的。参见下文"朋"(凤)的解释。

(2)○参差荇菜,左右流之。○传曰:"荇,接余也。流,求也。后妃有关雎之德,乃能共荇菜,备庶物,以事宗庙也。"笺云:"左右,助也。言后妃将共荇菜之菹，必有助而求之者。言三夫人、九嫔以下，皆乐后妃之事。"○**窈窕淑女，寤寐求之。**○传曰："寤，觉。寐，寝也。"笺云："言后妃觉寐则常求此贤女，欲与之共己职也。"

"参差荇菜"，传曰："荇，接余也。""菜"是类名，"荇"是其中一种蔬菜。藏语 gzod "才、开始"，郑张先生拿来对应汉语"才"，昨哉切，《说文·才部》："才，草木之初也。"韵尾有变，比较藏文 tshod "菜、猜"，tshos "彩"（2013：102）。《尔雅·释诂》："哉，始也。"《释文》："哉，子来切，亦作栽。"邢昺疏："哉者，古作才。以声近借为哉始之哉。""菜"来自草，用作菜蔬亦名"菜"。"荇菜"，"菜"是类名，是大名，"荇"是其中的一种蔬菜，是小名，其结构是小名加大名。侗台语"白菜"，泰语 phak kaat，phak 是大名，kaat 是小名。傣雅语 phkaat（邢公畹 1989），大名弱化，和后面的 kaat 黏合在一起。侗台语的 phak，邢公畹先生拿台语的 *phl/r- "菜"来对应汉语"剥"（1999：468）。"菜"与"采"的语义关系，详见下文。

"左右流之"，笺云："左右，助也。言后妃将共荇菜之菹，必有助而求之者。"《释文》："左右，郑上音佐，下音佑。"孔疏："左右，助也，《释诂》文。此章未得荇菜，故助而求之。""左右"本为左右手，发展出帮助、助手这些意思，字后作"佐、佑"。《说文》："右，助也。从口又。"段注："又者，手也。手不足以口助之，故曰助也。今人以左右为𠂇又字，则又制佐佑为左右字。"比较英语 right hand "右手；得力助手"。《说文》："𠂇，左手也。象形。"段注："左，今之佐字。《左部》曰：左，𠂇手相左也。是也。又手得𠂇手则不孤，故曰左助之手。俗以左右为𠂇又字，乃以佐佑为左右字。"王力先生说，"左右"，帮助（1980：533）。英语 arm "臂；得力的助手"。比较汉语"左膀右臂"。印尼语 kanan "右"，tangan kanan "右手；得力的助手，心腹"；tangan "手；助手，帮手，人手"，tangan kanan "主要的助手"，kaki tangan "帮凶，走狗"。详见拙著《比较词义探索》"手与助手"条。

"流"，传曰："流，求也。"孔疏："流，求也，《释言》文也。所以论求菜事以美后妃者，以德不和谐，不当神明，则不能事宗庙。""流"本指水流，《楚辞·渔父》："宁赴湘流，葬于江鱼之腹。""流"作名词是水，动词是流动，《大雅·常武》："如川之流。"汉语"流"对应藏缅语 *lwi(y)：克钦语 ləwi~lwi "流（如水）"，卢舍依语（以及一般库基语）lui "小溪，河"（白保罗 1972#210；1984：47）。河流与流动语义密切相关。英语 stream 名词"河流"，动词"流出"；rill 名词"小河"，动词"小河般地流"。意大利语 rivo "小溪；流出"，rivolo "小溪；流动"。"流"训"求"，载籍罕觏。《广雅·释言》："摎，捋也。"王氏疏证："《周南·关雎篇》：参差荇菜，左右流之。流与摎通，谓捋取之也，捋、流，一声之转。左右流之、左右采之，犹言薄言采之，薄言捋之耳。下文云左右芼之，流、采、芼，皆取也。《芣苢》传云：采、捋，取也。卷一云：采、芼，取也。此云：摎、捋也。义并相通。"其说可从。马瑞辰说略同。

"寤寐求之"，传曰："寤，觉；寐，寝。"笺云："言后妃觉寐，则常求此贤女，欲与之共己职也。"孔疏："后妃寤寐之时，常求之也。"马瑞辰谓"寤寐"为梦寐，"寤寐求之"即梦寐求之；"寤寐思服"即梦寐思服（《毛诗传笺通释》）。苗瑶语古音 *mpe[去]"梦"，对应汉语"寐"（陈其光 2001：508-509）。可证马说不无道理。郑张先生说，"寤"*ngaas，对泰语 ngaah "张开、显露"；"寐"*mids，对泰语 mïïd "昏黑、昏暗"（2019：84）。后世谓"寤寐"为日夜，无时无刻。

（3）○**求之不得，寤寐思服**。○传曰："服，思之也。"笺云："服，事也。求贤女而不得，觉寐则思己职事，当谁与共之乎？"○**悠哉悠哉，辗转反侧**。○传曰："悠，思也。"笺云："思之哉，思之哉，言己诚思之。卧而不周曰辗。"

"寤寐思服"，"思服"，思念。"思"是思念，语源来自"囟"。郑张先生说，"思"*snï，对应泰语 nïk"思、想"（2019：84）。"服"，传曰："服，思之也。"笺云："服，事也。求贤女而不得，觉寐则思己职事，当谁与共之乎？"马瑞辰说，"服"训思、训忧、训念；又谓"服"字思念义，当是"㞑"之假借，《说文》："㞑，治也。""思"即治字引申之义也。（《毛诗传笺通释》）

"服"*buɡ 的好几个义项，疑均跟"腹"*puɡ 有语义关联。"腹"来自汉藏语 *puk~*buk 和 *pu‧k~*bu‧k（白保罗 1972# 注 479；1984：313）。上古汉语的箭箙（《国语·郑语》，韦昭注："服，矢房也。"通作"箙"，见《说文》）、鞶带（《周易·讼·象传》李鼎祚引虞翻说）诸义，或来自"腹"。语义演变模式，参见《比较词义探索》"腹与皮囊"条、《服饰名和身体部位名》"腰带"条。马瑞辰说"服"训思、训忧。所言是也。在有些语言里，肚子也跟骄傲有关，如葡萄牙语 panturra"大肚子，大肚皮；骄傲，矜持"。可比较汉语的"刚愎自用"，《左传·哀公二十七年》："知伯贪而愎。""愎"跟"腹"应有关。腹与骄傲语义有明显关联，可发展出生气、气愤义，"腹"发展出气愤义，字作"愊"，《广雅·释诂》一："愊，满也。"王氏疏证："腹满曰愊。"又说"愊忆"，或作"腷臆"，见王延寿《梦赋》。"愊"，或作"畐"，见《玉篇》，均来自"腹"。"忆"来自"臆"。英语 stomach 名词"胃，肚子；胃口；性格，气质；傲气，怨气"，动词"生气；有怨恨"；belly"腹，肚子；胆量"，bellyache"胃疼；

抱怨，委屈"，bellyacher "嘀嘀咕咕的人，动辄发牢骚的人"。印尼语 ambek "赌气，生气"，爪哇语当傲气、高傲讲。印尼语 -bek 跟汉语 "腹" 对应，有 "腹、郁结" 等义。中医说胃是情绪器官，西医也有这样认识。肠也有类似的语义寄托，马提索夫《藏缅语语义演变》提供的材料：原始苗瑶语 *hńou "肠 / 心情 / 情感所在地"。英语 gut "肠，胃；内心；勇气，胆量"。腹部与情感有密切的语义关系，"服" 字发展出思念，是极有可能的。

"悠哉悠哉"，传曰："悠，思也。" 笺云："思之哉，思之哉，言己诚思之。" 郑张先生说，"悠" *lïw "表思、长远、飘"（2019：84），对应泰语 liuh "远、飘"。汉语 "悠" *luɯw<*k-luɯw 是古老词语，潘悟云先生说，"悠" 与 "久" *k·lǎw· 为一对同根词，所以 "悠" 的上古音为 *k·lǔ，可比较景颇语的 kǎ³¹lu³¹ "长"，迪马萨语的 galau~lau-ba "长"（白保罗 1972），词根前都有一个次要音节 ka 或 ga（潘悟云 2000：281）。"悠" 可跟藏缅语比较：克钦语 gəlu "长"，缅语 lu "不匀称的高"，加罗语 ro，迪马萨语 galau~lau-ba；藏缅语 *low（白保罗 1972#279；1984：66）；原始汉藏 / 藏缅语 *low "久"（白保罗 1976：442）。克钦语、迪马萨语都有 g- 前缀。

《邶风·雄雉》："悠悠我思。" 朱熹集传谓："悠悠，思之长也。" 高本汉说，朱熹以为 "悠" 的基本意思是 "长"，是毫无疑问的。作 "长久" 讲，《楚辞》中有很好的例证，作 "长远" 讲，更是古书常见的，引申下去，就是 "久不能去" 了，"心" 傍正是由这个伸展义加的。"悠" 作 "长" 讲，和 "修"（常作 "长" 讲）的语源相同，也和作 "长" 讲的 "条" 语源同，如同它也和 "遥" 语源相同。（高本汉 2012：86）

高本汉讲得极好。语源的推导，可以使我们更深刻地理解诗意。"悠" 是思念、飘忽、悠长、众多（《后汉书·朱穆传》："悠悠者皆是。"李贤注："悠悠，多也。"）等诸多意思。《诗》中选用"悠"字，除了思念义外，还附带这诸多意思，诗句更加幽怨凄美。长可以是空间距离，也可以是时间的久远，时空的长远产生思念，思念越长，思念越浓烈。英语 long 形容词"（距离）长；长时间的"，动词"渴望，渴想，渴念"，longing"（尤指对得不到的东西的）渴望，渴切"。李冶说："思服之服，悠哉之悠，毛俱释之为思，非也。悠，远也。优哉游哉者，言所思之远又远，而莫之得焉。盖悠思之意，而非思也。"（《敬斋古今黈》）从比较词义的角度来看，悠远义可直接发展出思念义，汉语、英语均可证明。李说非也。长久与思念的语义关系，可参阅本书第三章第（48）条。

"辗转反侧"，郑张先生说，"反"*pan'，对泰语 phuan"回转"（2019：84）。《说文》："反，覆也。""反"字见于甲骨文。"反"也对应缅甸语 pran[2]"颠倒"（《缅汉词典》，1990：568）。

（4）○参差荇菜，左右采之。○笺云："言后妃既得荇菜，必有助而采之者。"○窈窕淑女，琴瑟友之。○传曰："宜以琴瑟友乐之。"笺云："同志为友。言贤女之助后妃共荇菜，其情意乃与琴瑟之志同，共荇菜之时，乐必作。"

"左右采之"，二章言"荇菜"，"菜"*shɯɯs 为蔬菜通称，《说文》："菜，草之可食者。从艸，采声。"其动词是"采"*shɯɯ?。笺云："言后妃既得荇菜，必有助而采之者。""菜"为（可食）草，采摘称"采"，作为菜蔬亦曰"菜"。菜蔬之"菜"，亦径作"采"，张家山汉简"夏日，多食采"（高大伦 1995）。采摘之"采"反而写作"菜"，《隶释·梁相孔耽祠碑》："躬菜菱蕅。"洪适注："菜即采字。"早期的"菜"多指蔬菜，《国语·楚语》下："庶人食菜，祀以鱼。"后泛指一般菜肴。黄金贵先生说，"菜"作佐食菜肴的泛称，盖在魏晋后（1995：883）。菜蔬跟采摘的语义联系，请参阅下文"芼"。晋语"菜"，还用作动词，作炒菜讲（许宝华、宫田一郎2020）。

"琴瑟友之"，传曰："宜以琴瑟友乐之。"笺云："同志为友。言贤女之助后妃共荇菜，其情意乃与琴瑟之志同，共荇菜之时，乐必作。"孔疏："后妃言己思此淑女，若来，己宜以琴瑟友而乐之。言友者，亲之如友。下传曰德盛者宜有钟鼓之乐，与此章互言也。明淑女若来，琴瑟钟鼓并有，故此传并云友乐之，亦逆取下章之意也。以乐有二等，相分以著义。"陈奂《毛诗传疏》："友之友读得相亲有之有；乐之乐读如喜乐之乐。于琴瑟言友，于钟鼓言乐，互词。""亲有"是友爱，友爱的来源可作如下简要梳理。"又"是右手，跟朋友之"友"语音有渊源关系，语义亦相关。《说文》："又，手也。象形。三指者，手之列多略不过三也。"又："友，同志为友。从二又，相交也。"段注："二又，二人也。善兄弟曰友，亦取二人而如左右手也。""右"*Gwuus，发展出朋友义，字作"友"*Gwuuʔ，二字同源，读音略有变化。印尼语 kanan "右"，tangan kanan "右手；得力的助手，心腹"；tangan "手；助手，帮手，人手"。英语 arm "臂；得力的助手"。比较汉语"左膀右臂"。（黄树先2012d）从表示右手的"又"发展出朋友、兄弟，再发展出友谊、友爱，英语 friend 有朋友、友谊、同情等义。兄弟是最好的朋友，《诗经》："燕尔新婚，如兄如弟。"

（5）〇**参差荇菜，左右芼之**。〇传曰："芼，择也。"笺云："后妃既得荇菜，必有助而择之者。"〇**窈窕淑女，钟鼓乐之**。〇传曰："德盛者宜有钟鼓之乐。"笺云："琴瑟在堂，钟鼓在庭，言共荇菜之时。上下之乐皆作，盛其礼也。"

"左右芼之"，传曰："芼，择也。"笺云："后妃既得荇菜，必有助而择之者。"孔疏云："《释言》云：芼，搴也。孙炎曰：皆择菜也。某氏曰：搴犹拔也。郭璞曰：拔取菜也。以搴是拔之义，《史记》云：斩将搴旗。谓拔取敌人之旗也。芼训为拔，而此云芼之，故知拔菜而择之也。"

陈奂《毛诗传疏》："芼者，覒之假借字，《玉篇》引诗作左右覒之。《说文》云：覒，择也。读若苗。《礼记·少仪篇》：为君子择葱薤，则绝其本末。《吕览·慎人篇》：颜回择菜于外。皆与传择字同义。择者，去其根茎也。《尔雅》：芼，搴也。择搴义近。"马瑞辰《毛诗传笺通释》："芼，取也。《尔雅》芼，搴也。搴亦取也。传训芼为择，盖谓择而取之，犹流之训求又训择也。芼者，覒之假借，《说文》：覒，择也。读若苗。《系传》引诗左右覒之。《玉篇》引诗亦作覒。又省作毛。《群经音辨》：毛，择也，引《礼》毛六牲。诗变文以协韵，故数章不嫌同义。先儒或训芼为芼羹之芼，失其义也。"

"芼"从"毛"得声，揆其初谊，应跟"毛"是一个词。《楚辞·大招》"吴酸蒿蒌"，"蒿"或作"芼"，注："芼，菜也。"《太平御览》卷八百五十五"芼"作"毛"，参见刘师培《楚辞考异》。马瑞辰说，"芼"，又省作"毛"，《群经音辨》："毛，择也。"引《礼》"毛六牲"。敦煌本"芼"作"毛"（程燕 2021）。

高本汉说，"芼"，毛传训"择"，《说文》引这句诗说："芼，草覆蔓也。"各家不同，并不是不能调和。"芼"本来指一种菜，《说文》比较切实地说是一种蔓生的植物。如此，这一句的正确意思是"向左向右都把它当作菜"。毛传就因此生出"择"的解释，朱熹集传说作"熟而荐之"，显然十分穿凿。韩诗更把"芼"字改作"覒"，不从艸而从见，使它更合乎"择"的意思。（高本汉 2012：5）

《诗》言"左右流之""左右采之""左右芼之"，马瑞辰说，诗变

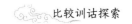

文以协韵，故数章不嫌同义，先儒或训"芼"为芼羹之芼，失其义也（《毛诗传笺通释》）。《诗经》重章叠句，是上古汉语同义词的连用。马瑞辰认为"芼"与"流、采"对应，是采摘，这个意见是正确的。

诸家均未把"芼"的来源说清楚。"芼"，文献或作"毛"，"毛"指草、庄稼。《广雅·释草》："毛，草也。"用作动词，当采摘讲。"芼"本是草，高本汉说是一种蔓生的植物，是不确切的。"芼"是草，取而烹之亦曰"芼"。《礼记·内则》注："芼，菜也。"还可比较"菜"字，动词是"采"，做成菜肴仍叫"菜"。"菜"早期指素菜，仍保留其原始意思。《关雎》"左右芼之"，跟上一章"左右采之"相对成文，"芼""采"二字词义演变类型也一致。

拙著《比较词义探索》"草与拔草"条讲到草跟动词采摘的联系。"草"，割草，《礼记·祭统》："草艾则墨，未发秋政，则民弗敢草也。"葡萄牙语erva"草；牧草；草丛"，ervar"［巴西］割草，打草"；escalracho"（庄稼地里的）杂草"，escalrachar"拔除（庄稼地里的）杂草"。英语weed名词"杂草"，动词"清除杂草"。"芼"，音义同"毛"，"毛"是草，发展出拔草，字写作"芼"。"芼"是草，又指菜，动词是采摘，做成菜肴亦曰"芼"，《礼记·内则》注："芼，菜也。"段玉裁于"芼"下注说："芼字本义是草覆蔓，故从艹毛会意，因之《尔雅》曰搴也，毛公曰择也，皆于从毛得解。搴之而择之，而以为菜酿，义实相成，诗礼本无不合。""左右芼之"与上章"左右采之"意思相同。这样理解"芼"字直截了当，语义明确。

"芼"字语源，以前没有梳理清晰，故异说纷纭。桂馥说，《新唐书·韦陟传》："穷治馔羞，以鸟羽择米。"桂馥谓"芼"从毛，择物以羽毛，古有此训，故毛公用之（《札朴》卷一"芼"）。杨树达先生说略同，《说文》："睸，择也。从见，毛声。读若苗。"按毛声之字多含选择之义（1983f：84）。

"左右芼之"，新出战国时期的楚国竹简作"左右教之"。注释者以为"上古音教属见纽宵部，芼属明纽宵部，二字韵部相同，声纽有关，当为通假关系"（黄德宽、徐在国 2019）。写作"教"很奇特。"教"在文献里也有菜肴义，朱骏声《说文通训定声》说："教，假借为肴。""教"*kraaws、"肴"*Graaw，读音很近。"肴"的食物义，可作如下说明。"蒿"呼毛切 *qhaaw，通作"稾"*kaawʔ，《韩非子·十过》："皆以荻蒿楛楚墙之。"王先慎引顾广圻曰："蒿读为稾。""稾"，本指禾秆，用作食物，《周礼》有"稾人"，"主冗食者"，惠士奇说"稾"读为"犒"，"犒"是后起字，《说文》不载，文献或写作"酷""犞"（《礼说》"稾为犒"条）。"蒿、稾"是草，草可发展出拔取、选择义，再发展出菜肴义。这和"菜/采、毛/芼"的语义演变完全一样。

"钟鼓乐之"，传曰："盛德者，宜有钟鼓之乐。"笺云："琴瑟在堂，钟鼓在庭。言共荇菜之时，上下之乐皆作，盛其礼也。"

"芼、乐"字入韵问题。王力先生说，在这种地方有两种可能的解释：一种解释是认为押不完全韵（assonance），如以 mau（芼）与 lauk（乐）互押；另一种解释是认为存在着一字两读的情况，如"芼"既可以读 mau，又可以读 mauk（"芼"字甚至可能只有 mauk 音）。前几年我倾向于前一种解释，现在我倾向于后一种解释。《关雎》的"芼"字应注云"入声"（王力 2003：263）。郑张先生标注《关雎》，"芼"*maaws、乐 *rawGs；又解释说，《诗经》出现 -q、-ʔ、-h 尾与 -k 尾合韵（如《桑柔》"垢 -ʔ"韵"谷"，《烝民》"赋 -h"韵"若"、《关雎》"芼 -h"韵"乐"）（2013：36）。《诗经》韵律及古音构拟，应该解决这些疑难问题。

用现代语言学理念，注释全篇文献，宜从字词入手，从语言来源讲清楚词义的演变。词义演化路径，有助于我们更好地理解原文，如

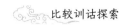

"琴瑟友之",找到了"友"字源头,再结合"如兄如弟",对这句诗的理解就应该不一样。

第三节 《七月》较诂

《七月》较诂,仍仿照注疏的格式,先列原诗,再录传笺,底下是我们新作的解释。

《豳谱》:"豳者,后稷之曾孙曰公刘者,自邰而出,所徙戎狄之地名,今属右扶风栒邑。"陆德明《释文》云:"豳者,戎狄之地名也。夏道衰,后稷之曾孙公刘自邰而出居焉。其封域在雍州岐山之北,原隰之野,于汉属右扶风郁邑。"《汉书·地理志》说:"其民有先王遗风,好稼穑,务本业,故豳诗言农桑衣食之本甚备。"《左传·襄公二十九年》吴公子来聘,请观于周乐,"为之歌《豳》,曰:美哉,荡乎!乐而不淫,其周公之东乎?"豳乐次于齐魏之间。今《豳风》有诗七首。

《诗序》云:"《七月》,陈王业也。周公遭变,故陈后稷先公风化之所由,致王业之艰难也。"案序谓周公遭变者,管、蔡流言,遂辟居东都。《七月》写豳地农人稼穑及日常生活,周公东迁之事,于诗无征。王业之艰难云云,殆亦后人附会牵涉,无关于诗旨。孔疏曰:"民之大命在温与饱,八章所陈,皆论衣服饮食。首章为其总要,余章广而成之。"吴闿生说《七月》神妙奇伟,洵六籍中之至文。殆不虚也。

(1) 〇七月流火,九月授衣。〇传曰:"火,大火也。流,下也。九月霜始降,妇功成,可以授冬衣矣。"笺云:"大火者,寒暑之候也。

火星中而寒暑退，故将言寒，先著火所在。"○一之日**觱发**，二之日**栗烈**。**无衣无褐，何以卒岁？**○传曰："一之日，十之余也。一之日，周正月也。觱发，风寒也。二之日，殷正月也。栗烈，寒气也。"笺云："褐，毛布也。卒，终也。此二正之月，人之贵者无衣，贱者无褐，将何以终岁乎？是故八月则当绩也。"○**三之日于耜，四之日举趾。同我妇子，馌彼南亩，田畯至喜。**○传曰："三之日，夏正月也。豳土晚寒。于耜，始修耒耜也。四之日，周四月也，民无不举足而耕矣。馌，馈也。田畯，田大夫也。"笺云："同，犹具也。喜读为饎。饎，酒食也。耕者之妇子，具以馈来至于南亩之中，其见田大夫，又为设酒食焉。言劝其事，又爱其吏也。此章陈人以衣食为急，余章广而成之。"

"七月流火"，火，星宿名，亦名大火、大辰。夏历六月黄昏，火星出现在南方正空，随后逐渐偏西，暑气消退，天气渐趋寒凉。火星西偏，故曰流。流，下行，偏移。

"九月授衣"，夏历九月，霜冻出现，始颁发御寒之衣。睡虎地秦简记载："受（授）衣者，夏衣以四月尽六月禀之，冬衣以九月尽十一月禀之，过时者勿禀。"是国家授衣服于民，民给付钱款。（季旭升2001）"授"，授予，给予。《说文》："授，予也。从手受，受亦声。"文献"受、授"通用，《小雅·天保》："受天百禄。"此为接受。"授"，承呪切 *djus，"受"，殖酉切 *djuʔ。

"一之日觱发"，"一之日"，周历的正月。夏、商、周三朝，历法稍异，建首各不相同。周历建子，商历建丑，夏历建寅，是为三正。周历正月，相当于夏历十一月。"觱发"bì bō，《说文》作"滭冹"："滭，滭冹，风寒也。《诗》曰：一之日滭冹。从仌，毕声。"引诗为段注所增。段注谓"觱发"皆假借字，或作"觱沸"，"滥"下引《诗》曰"觱沸滥泉"。段注谓许所据毛诗不同今本，或许采三家诗，皆未可定也。"泼"fú，《说文》："泼，潬泼也。从仌，犮声。""觱"，卑吉切 *mpid；"发"，北末切 *paad；"潬"，卑吉切 *pid；"泼"分勿切 *pud。"觱发、潬泼"是寒风吹拂的声音，也是流水的声音，"觱"，《说文》作"䚄"："羌人所歙角屠䚄，以惊马也。从角，蓻声。蓻，古文誖字。"羌人乐器，可能另有来源（黄树先 1994）。

"二之日栗烈"，"二之日"，周历的二月，夏历的十二月。"栗烈"，寒凉。《说文》作"凓冽"："凓，凓冽，寒貌。《诗》曰：二之日凓冽。从仌，栗声。"又："冽，凓冽也。从仌，列声。""栗、凓"力质切 *rig，"烈、冽"良薛切 *red。段玉裁《诗经小学》谓"潬泼、凓冽"皆叠韵字。《释文》谓《说文》作"飍飉"。《说文》："飍，飍飉，风雨暴疾也。从风，利声，读若栗。"又："飉，飍飉也。从风，列声，读若烈。"

"无衣无褐"，"衣"是上衣，"褐"是麻袜、粗布衣服，"衣、褐"泛指衣服。《说文》："褐，编枲袜。一曰粗衣。从衣，曷声。""葛"，藤生植物，皮茎可制作衣物，《说文》："葛，絺绤草也"。以"葛"为原料制作的衣物名"褐"，《榖梁传·昭公八年》范宁注："葛，或为褐。""葛" *kaad、"褐" *gaad，是原料跟衣物的语义关系，二字声母清浊交替，用以区别原词与派生词的读音。朱骏声《说文通训定声》亦谓"葛，假借为褐"。"葛、褐"二字并非单纯的同音假借。英语 vine "藤本植物；藤蔓；（一套）衣服，（尤其指）时髦或颓废的衣着"。"褐"的语源来自"葛"，葛皮所制作的衣物叫"褐"，是较为粗糙的衣服，多为贱者之服，故笺云"贱者无褐"。《毛诗会笺》谓："此诗无衣无褐，以《史记》寒者利裋褐推之，当从粗布衣之训，谓以粗布为裋褐御寒也。"《孟子·滕文公》："许子衣褐。"注："以毳织之，若今马衣也。或曰褐，枲衣也。一曰粗布衣也。"陈奂说马衣即马褐，《广雅·释器》："毼，䍸也。"马瑞辰说"褐"有三义，以《史记·始皇本纪》"寒者利短褐"推之，当从粗布衣之训。明了"葛、褐"的语源关系，"褐"是葛皮所制，为贱者所服的粗布衣服，上面的文献用例就好理解了。马瑞辰又说古人"衣褐"并言，不嫌词复。比较上举英语 vine 由藤蔓转指衣服。"褐"的语源是"葛"，早期应指葛皮所制衣服，以其粗劣，故为贱者所服，转指贫贱者，《左传·哀公十三年》注："褐，贫贱之人。"用衣物指人，可比较"卒、褚、巾帼、缙绅"的语义发展，法语 livrée "（古时帝王、领主、贵族的侍从、家丁等穿的）号衣；（某些仆役、雇员所穿的）制服；仆役"。"褐、葛"同源，为粗劣衣物，后用毛毪、枲皮为之，其名依旧说"褐"。季旭升《诗经古义新证》（2001）说枲价格低廉，适合贫贱之人。

"何以卒岁"，"卒"，终结，完结。"卒岁"，度过一年，到达年底。《管子·大匡》："行此卒岁，则始可以罚矣。""卒"子聿切 ***ʔsud，包拟古（1995）拿"卒"对应藏语 sdud "完结"。郑张先生拿"卒"对应泰语 sut[7] "末尾"（2013：95）。"岁"，年岁。"岁"本是星宿名，转指年岁，《说文》："岁，木星也。越历二十八宿，宣遍阴阳。十二月一次。从步，戌声。律历书名五星为五步。"段注谓"岁、越"叠韵。

"三之日于耜"，"三之日"，周历的三月。"于耜"，毛传谓修理耒耜，不确。"耜"，翻土的农具，《说文》作"相"："舌也。从木，目声。一曰徙土輂，齐人语也。桿，或从里。"又"耒耜"连文，"耒"是翻土工具，特指耒耜的柄为"耒"，"耜"是铲土部分，《礼记·月令》："季冬之月，命农计耦耕事，修耒耜。"注："耜者，耒之金也，广五寸。""耜"，《说文》作"枱"yí："耒耑也。从木，台声。鈶，或从金，台声。""耜、相、枱"详里切 *ljɯʔ。"于"，《诗经》恒用作动词词头，"耜"就应是动词。《群经平议》说《周礼·薙氏》"薙氏掌杀草，冬日至而耜之。"注："耜之，以耜测冻土划之。""耜"乃杀草之名。于省吾先生赞成俞樾的说法，耜之而只言耜，犹《鸿雁》"之子于垣"，筑墙壁而只言垣也。传以于耜为修耒耜，乃望文生义。（1982）所言是也。《国语·周语》："民无悬耜，野无奥草。"注："入土曰耜，耜柄曰耒。"崔述说"耜"，耕器，即今锄也，古未有犁，故用耜也（《读风偶识》）。"耜"本是农具，此处指耕地、掘土。"锄、犁"均可以发展出耕种义，英语 hoe 名词"锄头，（长柄）耘锄"，动词"锄地；用锄干活"；spud 名词"除草铲，刮树皮的小铲"，动词"用除草铲铲；钻井"。

"四之日举趾"，"四之日"，周历四月，夏历二月。"举"，举起，托起，《说文》："举，对举也。从手，与声。一曰舆也。""举"居许切 *klaʔ。"止"，见于甲骨文，指足、脚掌。《说文》："止，下基也。象草木出有址，故以止为足。"《说文》此字后儒或隶定为"之"字，似不确。许慎的解说也不确。郑樵《通志·六书略》说"止"象足趾。所言是也。后作"趾"，《尔雅·释言》："趾，足也。""止、趾"对应缅语 khe² "脚，腿；根基，底，根部"，原始藏缅语 *kriy "脚"（白保罗 1972#38；1984：19-20）。"止、趾"，诸市切 *tjɯʔ<kjɯʔ。"举趾"，动脚，《诗集传》："举趾，举足而耕也。"孔疏："训趾为足，耕以足推，故云无不举足而耕。"耒耜入土，须以足踩踏方能深入，《淮南子·主术》："一人蹠耒而耕。"高注："蹠，蹋也。""蹠"与"脚"音义同，是脚掌，字亦作"跖"，《淮南子·齐俗》："修胫者使之跖钁，强脊者使之负土。"王念孙《读书杂志》："跖，蹋也。"《说文》："钁，大鉏也。""蹠、跖"是足，用作动词是踩踏。其语义演变和用法跟"举趾"之"趾"相同。林义光说"举趾"谓行往耕也（《诗经通解》）。把"举趾"解释为去往，似不准确。"举趾"是蹋耒而耕，也就没有必要把"趾"读作"兹基"。

"同我妇子"，会同我的妻子及儿女。"同"，相同，同样，引申出一起。《说文》："同，合会也。从冃口。""同"，徒红切 *dooŋ。"妇子"，妻子和儿女。"妇"，甲骨文作"帚"。《卫风·氓》："三岁为妇。"笺云："有舅姑曰妇。""妇"房久切 *bɯʔ，"帚"之九切 *pjuʔ，二字音近。"妇"对藏语 bag "主妇，新娘"（郑张尚芳 2006：3）。"子"，子女，儿女。《仪礼·丧服》："子生三月。"注："凡言子者，可以兼男女。"《说文》："子，十一月易气动，万物滋，人以为称。象形。孚，古文子从巛，象发也。"古文字象子双手拳曲上扬，下肢弯曲。"子"即里切 *ʔslɯʔ。

"饁彼南亩"，"饁" yè，在野外吃饭。《说文》："饁，饷田也。从食，盍声。《诗》曰：饁彼南亩。""饁"从"盍"得声，是"饁"与"嗑"字音义并同。"饁"筡辄切 *Grab，"嗑"胡腊切 *gaab。"嗑"，吃喝，《易·象上》传："颐中有物曰噬嗑。"又《杂卦》传："噬嗑，食也。""饁"，本义是吃喝，毛传、《说文》训饷田，谓饷于田中，是随文释义。"饁彼南亩"，谓妇子携食物，与力田者共食于野，故曰"同我妇子，饁彼南亩"。新年伊始，开始耕种，仪式甚为隆重。一直到晚近，南方每年的第一次插秧，还有"栽秧酒"，田主人和农人携带丰盛的酒食，共享于田野。

"南亩"，南边的田野。"南"是向阳的意思，阳光充足，明媚温暖。"亩"，田地，《小雅·采芑》："于彼新田，于此菑亩。"又指土地单位，《汉书·食货志》："六尺为步，步百为畮，畮百为夫。"注："畮，古亩字也。"《说文》也作"畮"："畮，六尺为步，步百为畮。秦田二百四十步为畮。从田，每声。畞，畮或从十久。""畦、畹、甸、町"等词，既指田地，也是田亩单位，英语 acre "英亩（1 英亩约相当于 4046 平方米）；田地，地产；〔古〕田地"；are "面积单位，相当于 100 平方米"，area "空地，面积；地区；领域"。德语 Acker "耕地，农田；阿克尔（田亩单位，面积大小各地区不同）"。"南亩"泛

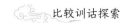

指田地，而"南亩"朝阳，诗多言及之。范处义谓田事喜阳而恶阴，南东向阳则茂遂，西北傍阴则不实（《诗补传》）。所言是也。

"田畯至喜"，"田畯"jùn，田夫，主管农事的官吏。孔疏引《释言》云："畯，农夫也。"孙炎曰："农夫，田官也。"郭璞曰："今之啬夫是也。"《说文》："畯，农夫也。从田，夋声。"孔疏谓："此官选俊人主田，谓之田畯。"段注谓"《尚书》以畯为俊"。"畯、俊"子峻切*ʔsluns。"畯、俊"与高峻之"峻"音义相同，均来自杰出高显。杨树达先生说"骏、陵、陵"字同源（2013c：513-514）。王力先生也说，山高出众山为"峻"，人高出众人为"俊"，马良出众马为"骏"（2007：1686；1982a：520）。印尼语 mongkok"（向上）凸出，突出；杰出的，出类拔萃的，显著的"。从语源上看，"田畯"当是能力凸显之俊杰，释作农官、农神较为合适，不是一般的农夫。"至喜"，孔疏谓："田畯来至，见勤劳，故喜乐耳。"笺读为"饎"chì。"饎"，酒食。《说文》："饎，酒食也。从食，喜声。《诗》曰：可以馈饎。"田畯至，设酒食予以招待。田畯也叫"农"，是农官，亦是农神，《礼记·郊特牲》"大蜡飨农"，注："农，田畯也。"段注："死而为神则祭之，《周礼》之乐田畯，大蜡飨农是也。"笺读"喜"为"饎"，是享用祭品。两周金文"饎"写作"喜"，参见袁行霈等《诗经国风新注》。"馌"，是饮食，也有祭祀义，裘锡圭先生说，很可能"馌兽"与"祭禽"同义，就是为了谢罪以食物祭祀禽兽（1996：134-135）。"同我妇子，馌彼南亩，田畯至喜"，释为祭祀田畯，也是可以讲通的。

（2）○七月流火，九月授衣。○笺云："将言女功之始，故又本于此。"○春日载阳，有鸣仓庚。女执懿筐，遵彼微行，爰求柔桑。○传曰："仓庚，离黄也。懿筐，深筐也。微行，墙下径也。五亩之宅，树之以桑。"笺云："载之言则也。阳，温也。温而仓庚又鸣，可蚕之候也。柔桑，稚桑也。蚕始生，宜稚桑也。"○**春日迟迟，采蘩祁祁。女心伤悲，殆及公子同归。**○传曰："迟迟，舒缓也。蘩，皤蒿也，所以生蚕。祁祁，众多也。伤悲，感事苦也。春女悲，秋士悲，感其物化也。殆，始。及，与也。豳公子躬率其民，同时出，同时归也。"笺云："春女感阳气而思男，秋士感阴气而思女，是其物化，所以悲也。悲则始有与公子同归之志，欲嫁焉。女感事苦而生此志，是谓《豳风》。"

"春日载阳"，"春日"，春天的太阳，丽日。"春"，春季，春天。《说文》："萅，推也。从日艸屯，屯亦声。""春"昌唇切 *thjun。"载"，开始。《尔雅·释诂》："载，始也。""载"作代切 *ʔsluɯs。"阳"，明亮，温暖，同族词还有"易、旸"。《说文》："阳，高明也。从阜，易声。"段注："阳，暗之反也。"《说文》："旸，日出也。从日，易声。《虞书》曰：曰旸谷。"又："易，开也。从日一勿。一曰飞扬，一曰长也，一曰强者众貌。"段注谓"易"是阴阳正字，"阴阳行而会易废矣"。日出、明亮、温暖，几个意思是有联系的。"阳、旸、易"与章切 *laŋ，这几个字在语言里应是一个词，语义分化，写作不同的汉字。

"有鸣仓庚"，"有鸣"，鸟鸣叫。"有"，词头。"仓庚"，孔疏："仓庚一名离黄，即《葛覃》黄鸟是也。"《说文》："离，离黄，从隹，离声。""仓庚"，或作"鸧鹒"，见《方言》卷八。一名"离黄"，又作"鸳黄"，亦名"楚雀"，《礼记·月令》仲春"仓庚鸣"。"仓、鸧"七冈切 *shaaŋ，"庚、鹒"古行切 *kraaŋ。

"女执懿筐"，"执"，握持，手持。《说文》："执，捕罪人也。从丮卒，卒亦声。"段注："引申之为凡持守之称。"《邶风·简兮》："左手执籥，右手秉翟。""执"之入切 *tjib。"懿筐"，深筐。《小尔雅·广诂》："懿，深也。""懿"是深，发展出深奥，转指美好，《大雅·烝民》："民之秉彝，好是懿德。"《说文》："懿，嫥久而美也。"段注以为深和美有语义关联，可从。英语 deep"深；深奥；深厚；深刻"。"懿"乙冀切 *qrigs。"筐"，本作"匚"，篮子，《说文》："匚，饮器。筥也。从匚，生声。筐，匚或从竹。"后通作"筐"。段注："匚之引申假借为匚正。《小雅》：王于出征，以匚王国。传曰：匚，正也。盖正其不正为匚。""筐"*khwaŋ，可对应缅甸语 khraŋ³"篓，筐"。《召南·采蘋》："于以盛之？维筐及筥。"传曰："方曰筐，圆曰筥。"《毛诗传笺通释》及《毛诗会笺》并谓"懿筐"盖对"倾筐"言之，倾筐浅而易盈，则懿筐深而难满矣。

"遵彼微行"，"遵"，行走，步行。《说文》："遵，循也。从辵，尊声。""遵"*ʔsun、"循"*ljun，段注谓二字叠韵。同族词可能还有"巡"*sGljun、"趡"（详遵切，与"巡"同音。《说文》"趡，走貌"）、"徇"*sGwins（《说文》"徇，行示也"）。《周南·汝坟》："遵彼汝坟。""微行"，小路，幽径。"微"，《说文》训潜行，暗中追踪，"微，隐行也。从彳，散声。《春秋传》曰：白公其徒微之"。隐匿发展出微小义，非徒借音也。微小义还有"散、溦"两个字，《说文》："散，眇（妙）也。从人从攴，岂省声。"又："溦，小雨也。从水，散声。""微、散、溦"无非切 *muul。"行"，道路。《尔雅·释宫》："行，道也。"道路、行走大抵来自足、腿。作道路讲的"行"，跟"胻"*graaŋ，有语义联系。汉语"行胻""胫"分别对应藏语 rkaŋ"脚，腿，干，茎"、keŋ"腿，脚"。

"爰求柔桑"，"爰"，于焉，于此。"求"，寻求，获得。"求"*gu 是"裘"的古文。文献多用作干请义，"寤寐求之，求之不得""不可求思"，诸"求"均指追求（女子）。泛指获取，《邶风·击鼓》："于以求之？于林之下。""柔桑"，鲜嫩的桑叶。"柔"，柔软，《说文》："柔，木曲直也。从木，矛声。"段注："凡木曲者可直，直者可曲曰柔。""柔",耳由切*mlju。《卫风·硕人》:"手如柔荑。""桑",桑树,桑叶,《卫风·氓》:"桑之未落,其叶沃若。"传曰:"桑,女功之所起。"

"春日迟迟","迟迟",舒缓貌。《说文》:"迟,徐行也。从辵,犀声。《诗》曰:行道迟迟。遅,迟或从尸。遲,籀文迟,从屖。""迟"直尼切*l'il。春天阳光明媚,人容易困倦,常谓春日慵懒。

"采蘩祁祁","蘩"fán,皤蒿,也作蘩蒿,白色蒿草,孔疏谓:"白蒿所以生蚕,今人犹用之。"《说文》:"蘇,白蒿也。从艸,緐声。"段注:"《召南》传曰:皤蒿也。皤亦白也。"《召南·采蘩》传曰:"蘩,皤蒿也。""祁祁",繁多,众多。"祁",渠脂切*gril,缅甸语krii³"大,多;长者",对应汉语"祁、耆",《说文》:"耆,老也。"年老犹言年岁之多。高本汉也认为"祁祁"是众多义。

"女心伤悲",《召南·草虫》:"未见君子,我心伤悲。""我心伤悲"是《诗经》常语,如《小雅·采薇》:"我心伤悲,莫知我哀。"

"殆及公子同归","殆",孔疏谓:"《释诂》云:胎,始也。说者皆以为生始。然则胎、殆义同,故为始也。""公子",诸侯之子,孔疏引王肃云:"豳君既修其政,又亲使公子躬率其民同时归也。"亦可指诸侯之女。疏申郑义,谓"故与公子同有归嫁之意"。《毛诗会笺》亦赞同笺说,"诸侯之子,男女通称公子"。

(3)○七月流火,八月萑苇。○传曰:"薍为萑,葭为苇。豫畜萑苇,可以为曲也。"笺云:"将言女功自始至成,故亦又本于此。"○**蚕月条桑,取彼斧斨,以伐远扬,猗彼女桑。**○传曰:"斨,方銎也。远,枝远也。扬,条扬也。角而束之曰猗。女桑,荑桑也。"笺云:"条桑,枝落之采其叶也。女桑,少枝,长条不枝落者,束而采之。"○**七月鸣鵙,八月载绩。载玄载黄,我朱孔阳,为公子裳。**○传曰:

"鵙，伯劳也。载绩，丝事毕而麻事起矣。玄，黑而有赤也。朱，深纁也。阳，明也。祭服玄衣纁裳。"笺云："伯劳鸣，将寒之候也，五月则鸣。豳地晚寒，鸟物之候从其气焉。凡染者，春暴练，夏纁玄，秋染夏。为公子裳，厚于其所贵者说也。"

"八月萑苇"，"八月"，夏历八月。"萑（huán）苇"，芦苇一类的草。初生曰"菼葭"，长成曰"萑苇"，《说文》："萑，薍也。从艸，乱声。八月薍为萑，葭为苇。"苇草既成，可编织为器用，《仪礼·大射仪》："小射正奉决拾以笥。"注："笥，萑苇器。""萑"胡官切 *goon，"苇"于鬼切 *Gwul?。"萑、苇"二字，韵尾 -n、-l 交替，语音形式很近，应是同一个来源的词；其后语音变易，表示不同的芦苇草。"萑、苇"，又用作动词，指采割苇草。"萑、苇"由草名发展出收割义，这个语义的演变，可比较"茇"，本指草根，又指草木初生，字或作"拔"，《大雅·緜》："柞棫拔矣，行道兑矣。"笺云："今以柞棫生柯叶之时，使大夫将师旅出聘问。"又作动词，拔草，《周易·泰》："拔矛茹。"王弼注："茅之为物，拔其根而相牵引者。"葡萄牙语 erva "草；牧草；草丛"，ervar"［巴西］割草，打草"。"萑苇"是采割苇草，用作蚕曲一类的器具。高亨谓"萑"当假借为"刉"，割也，指割苇子（《诗经今注》）。其说不确。或以为"萑苇"前省略了动词。其说亦非。

"蚕月条桑"，"蚕月"，夏历三月，养蚕之季节。《诗集传》："蚕月，治蚕之月。"《说文》："蚕，任丝虫也。从䖵，朁声。""蚕"昨含切 *zluum。"条桑"，孔疏申笺意，谓："条其桑而采之，谓斩条于地，就地采之也。"《说文》："条，小枝也。从木，攸声。"《周南·汝坟》："伐其条枚。"传曰："枝曰条，干曰枚。""条"，枝条，条桑是折断桑枝，在树底下采摘桑叶。枝条与折断枝条的语义变化，可比较"格"

字，指树的长枝条：司马相如《上林赋》："夭蟜枝格。"李善注："《埤苍》曰：格，木长貌也。"作动词是斩杀，《逸周书·武称》："追戎无恪，穷寇不格。"《史记·荆燕世家》："郢人等告定国，定国使谒者以他法劾捕格杀郢人以灭口。"作枝桠讲的"科"字也有砍削枝桠的意思。参见本书第二章第（17）条的有关讨论。葡萄牙语 esgalho "新芽，嫩枝"，esgalhar "修剪（树枝）；砍断（树木）；截断（肢体）"。"条桑"谓断其枝条，采摘桑叶。"桑"，采摘桑叶。马瑞辰说"条桑"《玉篇》引作"挑桑"，"挑"训取也。跟前面的解释并不矛盾。《毛郑诗考证》《群经平议》及《毛诗会笺》谓条桑指桑叶茂盛，似不确切。"条桑"也是一种养蚕方法，把带叶的桑枝放置在桑台，可保持桑叶新鲜。参见萧东海《"条桑"正释》。这可能是后来新起的意思，用来解释《七月》是否适合，还值得研究。

"取彼斧斨"，"斧斨"，砍伐刀具。"斧"，斧头。《说文》："斧，所以斫也。从斤，父声。""斧"方矩切 *paʔ。《齐风·南山》："析薪如之何？匪斧不克。""斨"qiāng，砍削刀具，亦用作武器。《说文》："斨，方銎斧也。从斤，爿声。《诗》曰：又缺我斨。""銎"qiōng，斧銎插入木柄的孔，《说文》："斤斧穿也。从金，巩声。""斨"七羊切 *shaŋ。

"以伐远扬"，远扬，桑树顶端的枝条。孔疏谓："言远枝，远者谓长枝去人远也。扬，条扬者也，谓长条扬起者，皆手所不及，故枝落之而采取其叶。"上言"条桑"，谓砍伐桑树顶端远扬者。

"猗彼女桑"，"猗"yǐ，通作"掎"jǐ，牵引，拖住，孔疏引《左传·襄公十四年》"譬如捕鹿，晋人角之，诸戎掎之"，云"然掎、角皆遮截束缚之名也，故云角而束之曰掎"。《说文》："掎，偏引也。从手，奇声。"朱熹说取叶存枝条曰猗。"掎"居绮切 *kralʔ。《小雅·小弁》："伐木掎矣。"传曰："伐木者掎其颠。""女桑"，柔弱的桑枝条。

"七月鸣䴗","鸣䴗"jú，伯劳鸟，《说文》："䴗，伯劳也。从鸟，臭声。鶪，䴗或从隹。"《礼记·月令》仲夏之月"䴗始鸣"。段注谓《夏小正》《孟子》作"鴂"，乃双声假借字。"䴗"古阒切 *kweeg，"鴂"古穴切 *kweed，二字韵尾交替。

"八月载绩","载绩"，开始捻搓麻线。《说文》："绩，缉也。从糸，责声。""绩"则历切 *ʔseeg。郑张先生拿"绩"对应藏语 seg-ma"编的"、sle-ba"织编"（2013）。

"载玄载黄","载……载……"，既……又……，表并列关系。"玄黄"，黑黄二色。《毛诗会笺》谓玄黄泛语彩染之事，而包众色也，非止二色。其说是也。"玄"，黑色。《说文》："玄，幽远也。黑而有赤色者为玄。象幽而一覆之也。""玄"本指黑色，发展出高深、玄妙之义，魏晋的玄学，命名来自黑色。"冥"，指昏暗、夜晚，也指幽深、高远。英语 dark"黑暗的；隐藏的"。塞尔维亚克罗地亚语 mrak"黑暗，黄昏；愚昧无知；心灵深处"。"玄"胡涓切 *gween。"黄"，五色之一，土之色。《说文》："黄，地之色也。从田，炗声。炗，古文光。""黄" *gwaaŋ，对应缅语 wang"黄"。《周南·卷耳》："我马玄黄。""玄黄"泛指各种色彩。

"我朱孔阳","朱"，大红，红色。《说文》："朱，赤心木，松柏属。从木，一在其中。"《糸部》："絑，纯赤也。虞书：丹朱如此。从糸，朱声。""朱、絑"章具切 *tjo。同音字还有"硃、袾"，"硃"，朱砂；"袾"，大红衣服，《荀子·富国》："故天子袾裷衣冕，诸侯玄裷冕。"注："袾，古朱字。""孔阳"，非常鲜艳亮丽。参见上章"春日载阳"。

"为公子裳"，替公子缝制衣裳。戴震说"殆及公子同归"及"为公子裳"，自豳之女子言之，则公之女公子也（《毛郑诗考证》）。"裳"，下装，此处泛指衣服。

（4）○**四月秀葽，五月鸣蜩。八月其穫，十月陨蘀。**○传曰："不
荣而实曰秀。葽，葽草也。蜩，螗也。穫，禾可穫也。陨，坠。蘀，
落也。"笺云："《夏小正》：四月，王萯秀葽。其是乎？秀葽也，鸣蜩
也，穫禾也，陨蘀也，四者皆物成而将寒之候，物成自秀葽始。"○**一
之日于貉，取彼狐狸，为公子裘。**○传曰："于貉，谓取狐狸皮也。狐
貉之厚以居，孟冬天子始裘。"笺云："于貉，往搏貉以自为裘也。狐
狸以共尊者。言此者，时寒宜助女功。"○**二之日其同，载缵武功。言
私其豵，献豜于公。**○传曰："缵，继。功，事也。豕一岁曰豵，三岁
曰豜。大兽公之，小兽私之。"笺云："其同者，君臣及民因习兵，俱
出田也。不用仲冬，亦豳地晚寒也。豕生三日豵。"

"四月秀葽"，"秀葽"，葽草开花。"秀"，开花。《论语·子罕》：
"子曰：苗而不秀者有矣夫，秀而不实者有矣夫。""葽"yāo，《说
文》："葽，草也。从艸，要声。《诗》曰：四月秀葽。刘向说此味苦，
苦葽也。""葽"於霄切 *qew。

"五月鸣蜩"，"鸣蜩"，蝉鸣叫。"蜩"tiáo，知了。《说文》："蜩，
蝉也。从虫，周声。《诗》曰：五月鸣蜩。蚼，蜩或从舟。""蜩"徒聊
切 *duɯɯw。

"八月其穫"，"其穫"，收获庄稼。"其"，动词词头。"穫"，收
割，《说文》："穫，刈谷也。从禾，蒦声。"与表示猎获的"獲"是
一个词，《说文》："獲，猎所获也。从犬，蒦声。""穫"胡麦切
*Gwreeg<Gwraag，"獲"胡郭切 *Gwraag。"穫、獲"最初可能是同音
的，后来为了区别词义，读音稍有变化。

"十月陨蘀"，"陨蘀"，草木凋零。"陨"，陨落。《说文》："陨，
从高下也。从阜，员声。《易》曰：有陨自天。"字又作"磒"："落
也。从石，员声。《春秋传》曰：磒石于宋五。"亦作"扚"："有所失

也。从手，云声。《春秋传》曰：抎子辱矣。"陨落发展出死亡，字作"殒"。"十月陨蘀"，《说文》"蘀"下引诗作"十月殒蘀"。"陨、磒、殒"于敏切 *Gunʔ，"抎"云粉切 *Gunʔ。"霣"，陨落，《公羊传·庄公七年》："夜中星霣如雨。"也指死亡，《史记·太史公自序》："惠之早霣，诸吕不台。"又指雨、雷、云气。"雨"有下雨和雨水两个意思。"蘀"tuò，飘落的木皮或树叶。《说文》："蘀，草木凡皮叶落，陊地为蘀。从艸，择声。《诗》曰：十月殒蘀。"马瑞辰说"蘀"实为落叶之称。"蘀"他各切 *lhaag。参见《郑风·蘀兮》。

"一之日于貉"，周历正月，猎取狐貉。"于貉"，猎获貉，取其皮毛。"貉"hé，狐狸类动物。《说文》作"貈"："似狐，善睡兽也。从豸，舟声。《论语》曰：狐貈之厚以居。"段注："凡狐貈连文者，皆当作此貈字。""貉"借作"貈"，"貈"是狐狸类动物，毛传以为"貉"就是捕猎，康成认为是捕猎貉，故笺云："于貉，往搏貉以自为裘也。狐狸以共尊者。""搏"即"捕"字，阮元校勘记说："搏、捕古近字，此正笺作搏，正义（作捕字）易字而说之也。"毛传郑笺均训作猎杀貉，解释并没有不同。《毛诗李黄集解》说"于貉"犹所谓"于耜"；"于貉"往取貉而为裘也，取狐狸者，特指取其狐狸之皮以为裘也。按"貉、貈"下各切 *glaag，狐狸类动物，作动词是猎获狐貉，取其皮以为裘衣。"于"，动词词头，释为往，并不准确。狐狸可发展出猎狐义，比较英语 fox 名词"狐狸"，动词"猎狐"。语言里的野生动物，多可发展出猎取义。"禽"是禽鸟，作动词是擒获；"雉、兔"也有动词的用法。《孟子·梁惠王》下："文王之囿方七十里，刍荛者往焉，雉兔者往焉。"注："雉兔，猎人取雉兔者。"杨伯峻先生说："雉，猎野鸡"，"兔，用为动词，捕捉兔子"（1981）。比较英语 bird 名词"鸟"，动词"捕鸟"；rabbit 名词"兔子"，动词"猎兔"。马瑞辰读"貉"为"禡"，余所不取。陈奂说"传文'于貉，谓取狐狸皮也'八字误，当作'取彼狐狸，谓取狐狸皮也'十字"。亦不确实。"貉"是兽名，作动词是捕猎。捕猎貉兽，取其皮毛。貉皮是贱者所服，严粲说："故至于陨萚之时则往取貉皮自用之裘，取狐狸之皮以为公子之裘。贱者以自奉，贵者以奉公。"（《诗缉》）

"取彼狐狸"，"狐狸"，狐狸和野猫类动物。"狐"，狐狸，《说文·犬部》："狐，妖兽也，鬼所乘之。有三德：其色中和，小前大后，死则丘首。从犬，瓜声。""狐"户吴切 *gwaa，《齐风·南山》："雄狐绥绥。""狐"字《说文》归《犬部》："狐，禖兽也，鬼所乘之。从犬，瓜声。"邢公畹先生说，原始汉藏语时代大概有不少关于狐的神话，已失传。"狐"从字从犬，归狗类，但在性质上完全不同于狗。汉语狐可与侗台语、苗瑶语的狗对应。（2001：23-25）邢氏拿"狗"比"狐"是可信的。我的家乡把狐狸叫"毛狗"，有"跟好人学好人，跟着毛狗出妖精"的民谚，是"毛狗"正为妖兽。"狸"，狸猫、野猫。《说文》："狸，伏兽，似貙。从豸，里声。""狸"是狐狸、黄鼬类的小动物，王应麟《急就篇补注》："狸，狐之类。"后世"狐狸"一词专指狐。"狸"，也写作"豾"。郑张先生说，"豾"音攀悲切 *phruu，《尔雅·释兽》"狸子"郭注："今或呼豾狸（phuu-ruu）。"表明至晋代还在如此说。《仪礼·大射仪》"奏狸首"，注"狸之言不来也"。说明原音近于"不来"。也可比较四川叙永苗语 pli[7]"野猫"。《广韵》敷悲切"豾，狸子"，里之切"狸，野猫"。"狸" *ruu、"豾" *phruu 显为同根分化（郑张尚芳 2013：130）。

"为公子裘"，为公子缝制裘衣。"裘"，本作"求"，《说文》："裘，皮衣也。从衣，象形。与衰同意。求，古文裘。""裘"巨鸠切，之部 *gwuu；"求"，幽部 *gu。

"二之日其同"，周历二月，大家一起外出狩猎。"其同"，一起，会同。程颐《诗说》曰："其同谓会聚共事也，后我稼既同谓收聚也。"

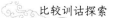

《毛诗传笺通释》及《毛诗会笺》并谓同之，言会和也，谓冬田大合众也。参见前文"同我妇子"。"其"，词头。

　　"载缵武功"，"缵"zuǎn，继承，发扬。《说文》："缵，继也。从糸，赞声。"作管切 *ʔsoonʔ。段注谓或假"纂"为之。《说文》："纂，似组而赤。从糸，算声。"段注谓《释诂》曰："纂，继也。"此谓"纂"即"缵"之假借也，近人用为纂集之称。按"纂"是丝带，又有编织义，纂集的语义当来自编织义。英语 weave "织，纺织；［喻］编排，撰作（故事）"；yarn "纱，毛线；故事，奇谈，编造的故事"。"缵"的继承义，也许跟丝线有关，可比较"系、係、繫"诸字，有串联、连续的意义。参见本书第三章的有关讨论。"武功"，兵戎军事，《大雅·文王有声》："文王受命，有此武功。"笺云："武功，谓伐四国及崇之功也。"田猎也是军事训练，故疏云："至二之日之时，君臣及其民具出田猎，则继续武事，年常习之，使不忘战也。""武"，武力，《说文》："武，楚庄王曰：夫武，定功戢兵，故止戈为武。""武"是武力，又为勇士，《淮南子·览冥》："勇武一人为三军雄。"注："武，士也。江淮间谓士曰武。"包拟古认为汉语"武"字跟藏语 dmag "军队，一大群人"、阿迪语 mi-mák "交战"同源（1995：158），可信。汉语还用"勇""力"等表示战士，都可以跟"武"比较。参见拙著《汉语身体词探索》"勇敢与勇士"条。印尼语 penjurit "［古］勇士，勇敢"；perwira "［古］勇敢；［古］勇士；（高、中级）军官"；prajurit "军人；士兵；［古］勇敢的"。英语 brave 形容词"勇敢的"，名词"勇敢的人；北美印地安武士；［古］恶棍，刺客"。"功"，功绩，功劳。《说文》："功，以劳定国也。从力，从工，工亦声。""功、工"，古红切 *kooŋ，音义同，郑张先生拿汉语"功"对应藏语 skoŋ "成就"（2013：202）。语言里做工与成就可以是一个词，"绩"，绩麻，即析麻而捻成线，发展出成绩义，《尚书·尧典》："允厘百工，庶绩咸熙。""功"是工作，跟表示工人的"工"同源（王力1982a），又发展出功劳、功勋义，也就是工作的业绩。法语fait"行为，做；功勋"。

"言私其豵"，小兽归猎获者所有。"私"，占为私有。"私"本是禾，《说文》："私，禾也。从禾，厶声。北道名禾主人曰私主人。"私自义作"厶"，后通作"私"。《说文》："厶，奸衺也。《韩非》曰：苍颉作字，自营为厶。"奸邪义是自我义的引申。"私"是个人，为自个的利益，就是私心、自私，"自营谓之厶"。"自"是自己，跟"私"合起来，就成为"自私"。汉语还说"自我"。英语self"自己，自我；私利，私欲，私心"。印尼语nafsi"自个，个人；自私的，私心的"。"豵"zōng，小兽。《说文》："豵，生六月豚。从豕，从声。一曰一岁曰豵，尚丛聚也。"《召南·驺虞》："壹发五豵。"传曰："一岁曰豵。"笺云："豕生三曰豵。"马瑞辰说，畜豕以生数、牝牡异名，田豕则大小、年数异名，故《周官》曰"大兽公之，小禽私之"（《毛诗传笺通释》）。其说可从。

"献豜于公"，大兽则充公，大家共用。"献"，献出，上交。《说文》："献，宗庙犬名羹献，犬肥者以献。从犬，鬳声。"《郑风·大叔于田》："献于公所。"笺云："献于公所，进于君也。""献"许建切*hŋan/s，又素何切*sŋal。"豜"jiān，大兽，巨型野兽。《说文》："豜，三岁豕，肩相及者也。从豕，开声。《诗》曰：并驱从两豜兮。""豜"，或作"肩"，见《齐风·还》。"肩、豜"古贤切，"肩"*keen，"豜"*k-ŋeen。"公"，公有，与私相对。《说文》："公，平分也。从八厶。《韩非》曰：背厶为公。""公"古红切*klooŋ。

（5）○五月斯螽动股，六月莎鸡振羽。七月在野，八月在宇，九月在户，十月蟋蟀入我床下。○传曰："斯螽，蚣蝑也。莎鸡羽成而振讯之。"笺云:"自七月在野,至十月入我床下,皆谓蟋蟀也。言此三物之如此者,著将寒有渐,非卒来也。"○**穹窒熏鼠,塞向墐户。**○传曰:"穹,穷。窒,塞也。向,北出牖也。墐,涂也。庶人荜户。"笺云:"为此四者以备寒。"○嗟我妇子,曰为改岁,入此室处。○笺云:"曰为改岁者,岁终,而一之日觱发,二之日栗烈,当辟寒气,而入所穹窒墐户之室而居之。至此而女功止。"

"五月斯螽动股","斯螽",*se-tjuŋ<kjuŋ,《周南》作"螽斯"*tjuŋ<kjuŋ-se。蝗虫类昆虫。"螽"*tjuŋ<kjuŋ,或作"蚣"*sqhloŋ,《说文》:"蚣,蚣蝑,舂黍也。以股鸣者。从虫,松声。蜙,蚣或省。""螽斯","斯"或作"蜇",朱熹把"斯"解释为虚词,马瑞辰也说"斯"是虚词:"螽斯",盖"柳斯、鹿斯"之比,以"斯"为语词耳。此说有道理。高本汉赞成此说。《小雅·小弁》:"鹿斯之奔,维足伎伎。"《诗经》在"螽斯""柳斯""鹿斯",在这些动植物名尾加一"斯"*se,其作用值得研究。"螽"是蝗虫一类的昆虫,《说文》(段本):"蟅,螽也。从虫,庶声。"汉语及汉藏语,早期有 *s- 词头,"斯螽",可能是这种词头的表现。*s- 词头亦可移至音节之后,变成 *-s 尾,"螽斯"殆是这种音尾。"动股",昆虫用后腿摩擦发出声响。"动",摇动,震动。《说文》:"动,作也。从力,重声。迵,古文动,从辵。""动"徒揔切 *dooŋʔ。"股",腿,大腿。《说文》:"股,髀也。从肉,殳声。"同族词有"胯",《说文》:"胯,股也。"段注:"合两股言曰胯。"动词是"跨",服饰名是"绔"。"股"公户切 *klaaʔ,"胯、跨"苦化切 *khwraas,"绔、袴、骻"苦故切 *khwaas。

"六月莎鸡振羽","莎 suō 鸡",蝗虫类昆虫。孔疏引陆机《疏》曰:"莎鸡如蝗而班色,毛翅数重,其翅正赤,或谓之天鸡。六月中飞而振羽,索索作声,幽州人谓之'蒲错'是也。""振羽",鼓动翅膀。"振"，震动，飞舞。《说文》："振，举救之也。从手，辰声。一曰奋也。"《周颂·振鹭》传曰："振振，群飞貌。""振"章刃切 *tjɯɯns。"羽"，羽毛，翅膀。《说文》："羽，鸟长毛也。象形。""羽"*Gwaʔ 对应藏缅语 *s-kra：藏语 skra，卡瑙里语 kra，克钦语 kəra"头发"（白保罗 1972#115；1984：35）。《周南·螽斯》："螽斯羽。"

"七月在野"，"野"，野外，郊外。《召南·野有死麕》传曰："在郊曰野。""野"羊者切 laaʔ；其语源当来自汉语的"土"，"土"他鲁切 *lhaaʔ。郑张先生拿"土"对应泰语 hlaa"大地"（2013：138）。

"八月在宇"，"宇"，屋檐。《说文》："宇，屋边也。从宀，于声。《易》曰：上栋下宇。㝢，籀文宇，从禹。"也指房舍，《大雅·緜》："聿来胥宇。""宇"王矩切 *Gwaʔ。

"九月在户"，"户"，门户。《说文》："户，护也。半门曰户。象形。""户"侯古切 *gwaaʔ。《唐风·绸缪》："三星在户。"

"十月蟋蟀入我床下"，"蟋蟀"，《说文》："蟋，悉蟋也。从虫，帅声。"段注谓作蟋蟀是俗字。一名"蜻"，郭璞注："今促织也，亦名蜻蛚。""悉、蟋"息七切 *sid，"蟀、蟋"，所律切 *srud。朱熹谓"斯螽、莎鸡、蟋蟀"，一物随时变化而异其名。顾梦麟《诗经说约》评价说"斯螽、莎鸡、蟋蟀"是三物而谓一物，极是朱子草率处。

"穹室熏鼠"，"穹室"，穹 qióng，《说文》："穹，穷也。从穴，弓声。"孔疏谓："以室是塞，故穹为穷，言穷尽塞其窟穴也。"《诗集传》："穹，空隙也。室中空隙者塞之。""穹"去宫切 *khwɯɯŋ。"室"，填塞。《说文》："室，塞也。从穴，至声。""室"陟栗切 *tig，又丁结切 *tiig，《集韵》徒结切 *diig。《东山》："洒扫穹室。""穹室"是堵塞房屋缝隙，可平整墙面，亦可消除缝隙里的虫豸。《周礼·赤友氏》："凡隙屋，除其狸虫。"注："狸虫，蠮肌蚭之属。"《毛诗传笺通释》及《毛诗会笺》谓盖狸虫隐于墙隙，易于室塞，故必除之务尽。"熏

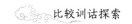

鼠"，用烟熏走洞中老鼠。《说文》："熏，火烟上出也。从中，从黑，中黑熏象。""熏"许云切 *qhun。

"塞向墐户"，"塞向"，堵塞窗户。"塞"是填塞，堵塞。堵塞义，《说文》作"窒"，"塞"是边塞义，"窒，实也。从心，𡫳声。《虞书》曰：刚而窒"。段注俗多用"塞"字。"塞，隔也。从土，𡫳声。""塞"苏则切 *sluug，跟"实"音义相同。《邶风·燕燕》："其心塞渊。"传曰："塞，瘗。""向"，窗户，特指房舍北边的窗户，《说文》："向，北出牖也。从宀从口。《诗》曰：塞向墐户。""向"许亮切 *hlaŋ/-s。《仪礼·士虞礼》："启牖乡。"注："乡、牖一名也。"《礼记·明堂位》注："乡，牖属，谓夹户窗也。"孔疏云："此为寒之备，不塞南窗，故云北出牖也。"孙嵘亦主"向"为窗牖通名（《西园随录》）。"乡、向"疑是窗户义，备寒而塞北窗，故把"向"释作北出牖，乃随文释义，"向"本身并无北出牖之义。"墐户"，用泥土填塞蓬门。"墐"jìn，涂以泥巴。《说文》："墐，涂也。从土，堇声。"泥土中掺和穰草，使之坚固。《礼记·内则》："涂之以谨涂。"注："谨当为墐，声之误也。墐涂，涂有穰草也。""堇"，黏土；"墐"，涂以泥巴，语义演变可比较"涂"，由泥土发展出涂抹义；"泥"也有涂抹义，字亦作"埿"，《集韵·齐韵》："埿，涂也。通作泥。"泥土发展出掩埋义，字作"殣"，道中死人，人所覆也。疑"墐、堇、殣"音义相同。涂抹义的还有"𢷬"字。《说文》："𢷬，饰也。从手，堇声。""堇"巨巾切 *grun，"墐、殣"渠遴切 *gruns，"𢷬"居焮切 *kuns。英语 earth 名词"泥土"，动词"用土掩盖；埋葬"。"户"，门户。孔疏："备寒而云墐户，明是用泥涂之，故以墐为涂也。所以须涂者，庶人荜户，《儒行》注云：荜户，以荆竹织门。以其荆竹通风，故泥之也。"

"嗟我妇子"，孔疏云："豳人又告妻子，言己穿窒墐户之意。嗟乎！我之妇与子，我所以为此者，曰为改岁之后，凓发凓烈大寒之时，当入此室而居处以避寒，故为此也。""嗟"是感叹之辞，《说文》："諸，嗞也。从言，差声。一曰痛惜。"后作"嗟"。《诗》也说"猗嗟、于嗟"，《周南·麟之趾》："于嗟麟兮。"传曰："于嗟，叹辞。""于"*Gwa，又作"吁、訏"*qhwa，《卷耳》"云何吁矣"。《说文》："訏，一曰訏，讏。"段注："今字作吁嗟。""嗟"子邪切*ʔsljal。

"曰为改岁"，"曰为"，《释文》："《汉书》作聿为。""曰"是句首虚词。陈奂谓古曰与聿通（《毛诗传疏》）。"改岁"，旧年已去，新年来临。"改"，更改，更新。《说文》："改，更也。从攴，已声。"《郑风·缁衣》："敝，予又改为兮。"传曰："改，更也。"《魏风·硕鼠》："三岁贯女。"

"入此室处"，孔疏谓："霜发栗烈大寒之时，当入此室而居处以避寒。"

（6）○六月食郁及薁，七月亨葵及菽。八月剥枣，十月获稻。为此春酒，以介眉寿。○传曰："郁，棣属。薁，蘡薁也。剥，击也。春酒，冻醪也。眉寿，豪眉也。"笺云："介，助也。既以郁下及枣助男功，又获稻而酿酒以助其养老之具，是谓豳雅。"○七月食瓜，八月断壶，九月叔苴。采荼薪樗，食我农夫。○传曰："壶，瓠也。叔，拾也。苴，麻子也。樗，恶木也。"笺云："瓜瓠之畜，麻实之糁，干荼之菜，恶木之薪，亦所以助男养农夫之具。"

"六月食郁及薁"，"郁"，树林，《说文》："郁，木丛者。从林，鬱省声。"引申出茂盛义，见《秦风·晨风》"郁彼北林"。此处指棠棣类果实，孔疏引刘桢《毛诗义问》云："其树高五六尺，其实大如李，正赤，食之甜。""郁"纡物切*qud。"薁"yù，樱桃，孔疏："薁薁者，亦是郁类而小别耳。"《说文》："薁，婴薁也。从艸，奥声。"於六切 *qug。孔疏谓"薁、郁"同类而小别，二字分别读 *qug、*qud，殆二字本为一词，小变其音，用韵尾的交替来区别有差异的同类植物。可比较"苹、萍"[本书第一章第（15）"蓣/萍莽"条]，"鴈、雁、鹅"[本书第三章第（179）"（关东、南楚）雁与鹅"条]。"郁"本是树木名，也指树上的果实，就像"桃、李"，本指树木名，又指树上所结的果实。英语 apple"苹果树；苹果属植物的果实"。"薁"，或作"蒮"yù，《说文》："蒮，草也。从艸，隺声。《诗》曰：食郁及蒮。"段注："宋掌禹锡、苏颂皆云：《韩诗》：六月食郁及蒮。许于诗主毛，而不废三家也。""蒮"余六切 *luwG，野生韭菜。《尔雅·释草》："蒮，山韭。""蒮"是野生韭菜，"蒮、薁"的读音相差比较远，野生韭菜和棠棣类果实，在语义上也不同。这可以看作是不同来源的异文。"及"，表示并列，跟上、赶上，《大雅·棫朴》："周王于迈，六师及之。"追赶的"及"表并列关系，可比较"跟"字，从跟随义发展出并且义。

"七月亨葵及菽"，"亨"，烹煮。"亨、烹"本是一词，裘锡圭先生说，"亨"和"享"本是一字异体，用法并无区别（2013：224）。后来，它们通过分工变成了两个用法不同的字，又用加意符的办法从"亨"字分化出了"烹"字，原来的一个字分化为三个字。"烹"*p-qhraaŋ，煮也，《左传·昭公二十年》："以烹鱼肉。"《集韵》披庚切，"亨"*p-qhraaŋ。汉语 *K- 和 *P-，或有语音交替。郑张先生认为，这类交替是前冠塞音 p-：帛书《周易》写"亨"p-hraŋ 作"芳"p-hlaŋ，而"烹"是 p-hraŋ（qh->h- 亨）（2013：55）。郑张先生解释的思路是对的，但不一定就是 p-qhraaŋ，也有可能是倒过来，即 k-paŋ。请看亲属语言的材料：克钦语 proŋ"（如房子）着火"，kəproŋ"烧焦"；米基尔语 phloŋ"烧尸体，火葬"；藏缅语 *ploŋ（白保罗 1972#139；1984：37）。克钦语也有 -r- 介音。汉语"烹"和"亨"也有可能像克钦语：

proŋ 是一般动词，加 k- 后，词义加强，变成 kəproŋ "烧焦"。"炳"和"烹"，和上面的一组字词比较，很明显的是 *K- 和 *P- 的关系。

"亨葵及菽"，"葵"，冬寒菜，其味柔滑。《说文》："葵，菜也。从艸，癸声。""葵"渠隹切 *gwil。"菽"，豆类，《说文》："尗，豆也。尗象豆生之形也。"段注："尗、豆古今语，亦古今字。"通作"菽"式竹切 *hljɯwG。柯蔚南把"菽"字的上古音拟为 *hnjəkw，以缅语 nok 为依据，把"豆"的原始藏缅语语音拟为 *(s-)nuk，用来和汉语上古音 *hnjəkw 比较（柯蔚南 1986）。

"八月剥枣"，"剥枣"，击打枣子。《广雅·释诂》："剥，取也。"王氏疏证引《夏小正》："八月剥枣。"传曰："剥也者，取也。""剥、攴" pū 音义相同，《说文》："攴，小击也。从又，卜声。"段注："八月剥枣，假剥为攴。""攴"普木切 *phoog，"剥"北角切 *proog。"枣"，《说文》："枣，羊枣也。从重朿。"羊枣是枣之一种，段注谓"当作枣木也"，又谓"析言则分枣、棘，统言则曰棘"。"枣"子晧切 *ʔsuuʔ。

"十月穫稻"，"穫稻"，收获稻谷。"穫"是刈获，《说文》："穫，刈谷也。从禾，蒦声。""稻"，稻谷，《说文》："稻，稌也。从禾。舀声。"《唐风·鸨羽》："不能蓺稻粱。"《尔雅·释草》："稌，稻。"郭注："今沛国呼稌。""稻、稌"二字，鱼部、幽部母音交替，区别黏与不黏。"稌"他鲁切 *lhaaʔ，"稻"徒晧切 *lʼuuʔ。"稻、稌"的音读，可参照上面的"薁、郁"来理解。

"为此春酒"，"为"，词义非常宽泛的动词，相当于后来的做、搞，此处指酿造。"为"逶支切 *Gwal。"春酒"，冬季酿造的酒，至春天酿成。孔疏谓："此酒冻时酿之，故称冻醪。"马瑞辰通释："春酒即酎酒也。汉制，以正月旦作酒，八月成，名酎酒。周制，盖以冬酿经春始成，因名春酒。"孔疏谓春酒即《周礼》中的清酒。沈万钶《诗经类考》说同。

"以介眉寿","介",乞求,通作"匄"。"介",分界,《说文》:"介,画也。从人从八。"后作"界",段注谓"介、畍古今字"。《小雅·甫田》:"攸介攸止。"马瑞辰谓"介"即画也,此处借作"匄"。"匄"gài,乞求,《说文》:"匄,气也。亡人为匄。逯安说。"段注:"气者,云气也。用其声假借为气求、气与字。俗以气求为入声,以气与为去声。""匄"字俗作"丐"。"介"古拜切 *kreeds,"匄、丐"古太切 *kaads。"眉寿",长寿,久寿。"眉",眉毛。《说文》:"眉,目上毛也。从目,象眉之形,上象额理也。""眉"武悲切 *mril。"寿",《说文》:"寿,久也。从老省,晿声。""寿"殖酉切 *dju?。《秦风·终南》:"寿考不忘。""眉寿"毛传谓豪眉,孔疏申之曰:"人年老者,必有豪毛秀出者,故知眉谓豪眉也。"王引之《春秋名字解诂》上"楚史老字子亹(《楚语》)"条下说:"亹读为眉。《方言》曰:眉,老也。东齐曰眉。说眉寿者当据《方言》为义,不得如毛、郑所云也。"杨树达先生(2006)说:"湄盖假为弥,弥日谓终日。"

"七月食瓜","瓜",瓜果。《说文》:"瓜,胍也。象形。""瓜"古华切 *kwraa。木实曰果,草实曰蓏,《说文》:"蓏,在木曰果,在草曰蓏。""果"古火切 *klool?,"蓏"郎果切 *lool?,"果、蓏"二字是同族词,"瓜"与"果、蓏"二字音义似亦相同。邢公畹先生拿汉语的"瓜"和缅语的 khwa[3]"黄瓜"、腊乙坪苗语 kwa[1]<*qlwa"黄瓜"比较(1995)。瓜是类名词,有多个品种。多隆阿《毛诗多识》说,瓜有甜瓜类的果瓜,又胡瓜类的菜瓜,"今俗所见瓜为蔬者有黄瓜、丝瓜、苦瓜、冬瓜、倭瓜五种,可食之时亦多在七月。此人习读而不曾致疑者"。七月食瓜,是七月又称瓜时。瓜有多种,"瓠"是瓜的一种,亦是草实之瓜。

"八月断壶",传曰:"壶,瓠也。""八月断壶",断壶,采摘葫芦。《说文》:"斷,截也。从斤𢇍。𢇍,古文绝。""断"徒管切

*doon?。截断之"断"跟短小之"短"是同源词。"断"是斩断、摘下，把成熟的瓠从瓜蔓上斩断，孔疏谓"就蔓断取"，是也。"壶"是瓠，葫芦。"瓠"是瓜，老而为壶，是材质与器物的关系。《说文》："壶，昆吾圜器也。象形。从大，象其盖也。"《诗》作"壶"，段注曰"此谓假借也"。

"壶、瓠"同音，义亦相同，二字是同源词，但不是简单的同音假借。《说文》："瓠，瓟也。从瓜，夸声。"《卫风·硕人》："齿如瓠犀。"传曰："瓠犀，瓠瓣。"也指器皿，《尔雅·释器》："康瓠谓之瓶。"注："瓠，壶也。"这个意思后来就写作"壶"，王观国说："古之人以壶、瓠通用为一字。"（《学林》卷二）。《尔雅·释木》："枣，壶枣。"注："今江东呼枣大而锐上者为壶。壶，犹瓠也。"邢疏引孙云："枣形上小下大，似瓠，故曰壶。"是"壶、瓠"音义并同。

"瓠"户吴切 *gwlaa，与古华切 *kwraa 的"瓜"字音义有关，是同族词。"瓠、瓜"二字鱼部字，声母清浊对立。英语 melon "瓜，甜瓜，葫芦科植物"，瓜与葫芦也是一个词。瓠老而为器，名曰"壶"，"壶、瓠"本同音，后变读为胡误、胡吴二切。小变其音，区别不同的小类，可参见上文"稻、稌""蘴、郁"。严粲《诗缉》引长乐刘彝说瓠枯者可为壶，嫩者可为茹。"瓠"又名"匏"，"匏"亦是葫芦，《说文》："匏，瓠也。从包，从瓠省。"剖之以为瓢，王力先生说，"匏、瓢"幽宵旁转，是同源字（1982a）。"匏"也指乐器，《礼记·郊特牲》："歌者在上，匏竹在下，贵人声也。"注："匏，笙也。"《释名·释乐器》："笙以匏为之，故曰匏也。"葫芦可为器物，器物名亦可以葫芦名之。英语 calabash "葫芦；（葫芦瓢、葫芦碗等）葫芦制容器；葫芦烟斗"；gourd "葫芦科植物；葫芦；葫芦果壳做成的容器瓢"，葫芦也说 bottle gourd，前一词是瓶子；cucurbit "（南瓜、葫芦等）葫芦科植物；葫芦形蒸馏瓶（亦作 cucurbite）"。德语 Kalebasse"葫芦瓢；葫芦"。西班牙语 calabaza"葫芦；葫芦瓢（碗）"，mate"葫芦，瓢；秃顶"。葡萄牙语 cabaço"葫芦；瓢"。汉语赣语方言"葫芦"指瓶子（许宝华、宫田一郎 2000）。牟应震说，"壶"即"瓠"，其无柄而圆者可以为尊，故又名"壶"也（《毛诗物名考》）。"瓠、匏"是古代的容器，材料来自"瓠、匏"，用作器皿亦名"瓠、匏"，读音略有变易。材质改变后，依然名"匏、瓠"，字或作"瓢、壶"。《礼记·郊特牲》："器用陶匏。"孔疏："陶谓瓦器，谓酒尊及豆笾之属。"

"瓠、壶"的同源关系，有汉藏语比较，说明这是一个很古老的汉语词，是从汉藏原始母语继承过来的。"瓠、壶"的语义关系，也有跨语言的词义比较。陈剑先生也说，从语源或者"得名之由"来讲，"瓜、瓠、壶"并应有关，三字读音极近（2020）。所言是也。陈说承蒙河南大学张新俊教授告知，特谢。

《诗》不写作"瓠"，而记作"壶"，可能不只是"瓠、壶"同音同义，这里的"瓠"也不宜理解为一般意义的瓠。杨简《慈湖诗传》说："瓠至八月坚成，则断截之可以为瓠，壶，圆器也，壶、瓠音义同。"郝敬《毛诗原解》也说"瓠干可为壶，故曰壶"。郝懿行《诗问》载王圆照说："瓠八月味苦，不堪食，断为壶任用尔，故瓠作壶。"多隆阿《毛诗多识》亦谓古者"瓠、匏"通称，八月瓠成质坚，盖断之为器，非食之。其说可从。崔述《读风偶识》也说，似古人于壶但以备器用，而不以充食也，所以瓜独言食，而壶但言断。崔说未尽，盖瓠有甘苦二种，瓠非不能尽食。黄位清《诗绪余录》说："匏苦瓠甘，复有长短之殊，非一物也。"王先谦说，楚南人谓之瓠瓜，故食瓠叶，亦断壶为葅。王说亦未尽善。瓠及瓠叶，至八月渐老，则不堪食用。《匏有苦叶》孔疏引陆机云"匏叶少时可为羹，又可淹煮，极美，故诗曰幡幡瓠叶，采之烹之。今河南及扬州人恒食之。八月中，坚强不可食，故云苦叶"。

"断壶"，将成熟的瓠从藤蔓上斩断。但还有不同的说法，刘彝谓断其梢，令勿复花，所欲坚其壶而大其茹。陆佃《埤雅》谓断其根，以为瓠性蔓生，披蔓斩之，八月冷露降，辄先断其根，令其余蔓饮（或作引）之，巳日乃收，尤坚成可用。二说多家称引，黄中松《诗疑辨证》辨之最详。刘、陆二说虽不贴近诗旨，但陆说依稀可以看出断壶之壶，乃枯老之瓠。窃以为断壶之壶，指坚成枯老堪为壶之瓠。谢枋得《诗传注疏》说《七月》一诗，"事皆豫立，道皆前定，事事有备而无患也"。万时华也说邠人之业不过衣食，衣食之事不过勤俭，勤俭处一言以蔽之，不过曰豫而已（《诗经偶笺》）。所言是也。《诗》谓"断壶"，断其老成者，瓠为器用，籽可预留为明年之种。《太平御览》卷九七九引《风俗通义》："八月秋穰，可以杀瓠，取其色泽而坚，类从以为瓠死烧穰，瓜亡煮漆，即此是也。今俗畜瓠之家不烧穰，种瓜之家不焚漆。俗说家人烧穰，则使田中瓠枯死也。"（王利器 2010：606）韩鄂《四时纂要》有种葫芦，断瓠留种曰："凡收种，于九月黄熟时摘取劈开，水淘洗去浮者，曝干。至春二月，种如葵法，常浇润之，旱即干死。"（《古今图书集成·博物汇编草木典》引）诗之"断壶"，即《风俗通义》"杀瓠"，《四时纂要》之收种，就是断取老成之瓠，预留种子，以待来年兴种。崔寔《四民月令》作"断瓠"，八月"可断瓠作蓄"。崔寔本注："瓠中有实，以养猪，致肥；其瓣以烛，致明者也。若烧黍穰，则害瓠者也。"（石声汉 2013：62）烧穰妨瓠，其说与《风俗通义》同，殆民间禁忌。罗愿《尔雅翼》："正月可种瓠，六月可蓄种，八月可断瓠。""瓠"字有两个读音，胡误切 *gwlaas，又胡吴切 *gwlaa。可以用作壶之"瓠"，宜读胡吴切，与"壶"同音。还有一个问题没有澄清，就是"壶、瓠"二字的先后。林义光说，"壶"是假借字，"瓠"是后出本字（《诗经通解》）。不知根据是什么。

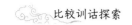

"断壶"是斩断老瓠而作壶，留其子以备明年种植。《诗经》"伐檀"是伐檀以为轮，与"断瓠"的结构和语义，可以比较。

陈奂说"瓜瓠"又作"瓜华"（《诗毛氏传疏》），《礼记·郊特牲》："天子树瓜华，不敛藏之种也。"《管子·山权数》："民之能树瓜瓠。""瓠、瓜"与"华、花"的音义关系，值得研究。"华"字古有浊清二读，浊的读"华"*Gwraa，清的读*qhwa，"荂"又音敷，后作"蔜"（芳无切）*p-qhwa、"葩"（普巴切）*p-qhwraa（郑张尚芳2013）。"瓜*kwraa、瓠*gwlaa"与"华*Gwraa"读音很近。从语义上看，花与瓜果，语义似有关联。白保罗提供的澳泰语材料中，有花和果实的语义关系：*(q/)(m)buŋ[ah]，*buŋ[ah]/buŋ[ah]"花，甘薯，芋头"（flower，sweet potato，taro）；*(m)bu(w)aq(/i)，*mbu[/mbuaq]，*(q/)(m)b/l/u(w)aq，*(q/)(m)b/l/u[/b/l/uaq]"果，槟榔，花"（fruit，areca，flower）（1975：294–295）。

"九月叔苴"，"叔苴"，采收麻子。"叔"，拾取，此指采收。《说文》："叔，拾也。从又，尗声。汝南名收芋为叔。杸，叔或从寸。"采收的"叔"，语义来自豆子的"尗"，《说文》："尗，豆也。尗象豆生之形也。"豆子义，通作"菽"字。豆子义发展出收拾义，字亦作"叔"，《释文》："叔，拾也。从又，尗声。汝南名收芋为叔。"段注："叔，少也。于其双声叠韵假借之，假借既久，而叔之本义鲜知之者，惟见于《毛诗》而已。""尗"是豆，"叔"是拾也。汝南名收芋为叔，也保留了早期"叔"的动词义，但词义转指收取芋。菽豆义派生出动词收拾义，语义演变可比较"菜、毛（芼）"等字，从草、菜发展出采摘义。"尗、叔"同式竹切*hljuwG，《说文》"叔"训拾，殆为收拾获取豆类。"菜、毛（芼）"有采摘义，豆子有捡拾义。还可比较其他语言，英语legume"豆科植物；豆（荚）"，来自拉丁语legūmen"bean豆"<legere"to pick（a crop）采摘庄稼"。"汝南名收芋为叔"，表明

汉语也不是止限于收获豆类。英语 hull 名词"豆荚",动词"去掉豆荚";pod 名词"豆荚",动词"剥掉豆荚;结荚",也是豆子发展出相应的动词。汉语的"毛"字,也作"芼",是采摘,也是选择。"叔"式竹切。瓜果曰食,瓜断壶,麻子曰叔,均是收获义。黄陂收获红薯、花生曰挖,棉花曰捡,瓜果曰摘。"苴"jū,子鱼切 *ʔsa,麻,此处指麻子,古人以麻子为食。"苴"字《说文》训履中草。又泛指草,《大雅·召旻》:"如彼栖苴。"传曰:"苴,水中浮草也。"《释文》"苴,锄如反",《广韵》锄加切 *zraa。又粗糙、糟粕义,均是草的引申。作麻讲的"苴",跟草义的苴,共用一个词,是麻亦草之一种。

"采荼薪樗","采荼",采摘荼草。"采"是采摘,来自当草讲的"采",采摘后烹制成菜肴亦曰"菜"。"荼",苦菜。《说文》:"荼,苦荼也。从艸,余声。"《邶风·谷风》:"谁谓荼苦。"传曰:"荼,苦菜也。""荼"同都切 *l'aa。"薪樗",砍伐椿木。"薪",砍伐。"薪"息邻切 *siŋ,早期汉语指树木,后指薪柴。"薪"可跟藏缅语 *siŋ"树,木"(白保罗 1972#233;1984:55)比较。《说文》:"薪,荛也。从艸,新声。"已作薪柴讲。动词是砍伐薪柴,字亦作"新"*siŋ,《说文》:"新,取木也。"段注:"引申为凡始基之称。"《鲁颂·閟宫》:"新庙奕奕。"笺云:"修旧曰新。"动词义取薪有三个形式:*siŋ、*se、*seg,分别写作"新、斯、析"。龚煌城先生拿古汉语"新"sjin 对应缅语 sac<*sik"新"(1980;2004b:222)。"樗"chū,臭椿树。《说文》:"樗,樗木也。从木,雩声。""樗"丑居切 *lha<qhwl'a。采集苦荼以备严寒食用,椿木用以生火御寒。

"食我农夫","农夫",耕种的男子,亦指田官。《周颂·噫嘻》:"率时农夫,播厥百谷。"笺云:"又能率是主田之吏农夫,使民耕田而种百谷也。""田畯至喜"疏引《释言》云"畯,农夫也"。孙炎曰:"农夫,田官也。""男"字跟"农"有共同的来源。章太炎先生《成均图》说，"农"字音转则为"男"（《国故论衡》，2019：8）。徐复先生疏证："农""男"同义。章先生《语言缘起说》："耕稼发土者命之为男，旧皆以任训男，即羊之字变也。侵冬自转，男之字又变为农矣。"（徐复1996：67）王力先生也认为"农"跟"男"同源：农业时代，男子是主要劳动人，故"男""农"同源（1982a：609-610）。"农"字已见甲骨文。裘锡圭先生说，从甲骨文看，"辰"是农业上用于清除草木的一种工具（1992：165-166）。汉语"农"字出现比较早，跟"男"应有关系。亲属语言的情况：藏缅语"农民"；藏语so nam pa，门巴语so nam pa。俞敏先生拿汉语"男""农"跟藏语nom"资财，利益"比较（1999：117），不知是如何考虑的。"农"，奴冬切 *nuuŋ<nuum，"男" *nuum，《说文》："男，丈夫也。从田力，言男子用力于田也。"夫，男子，《说文》："夫，丈夫也。"此谓男人。文献中"夫"还可指丈夫、役夫、武士、官长，都跟男性有关。字或作"伕"，比较晚起。"夫、父"还可以是构词尾码，构成诸如"渔父"这样的词。张永言先生拿"夫、父"跟藏语 -pa 进行比较（1960；亦见俞敏1989a）。

（7）○九月筑场圃，○传曰："春夏为圃，秋冬为场。"笺云："场圃同地耳，自物生之时，耕治之以种菜茹，至物尽成熟，筑坚以为场。"○十月纳禾稼，黍稷重穋，禾麻菽麦。○传曰："后熟曰重，先熟曰穋。"笺云："纳，内也。治于场而内之囷仓也。"○嗟我农夫，我稼既同，上入执宫功。○传曰："入为上，出为下。"笺云："既同，言已聚也，可以上入都邑之宅，治宫中之事矣。于是时，男之野功毕。"○昼尔于茅，宵尔索绹。○传曰："宵，夜。绹，绞也。"笺云："尔，女也。女当昼日往取茅归，夜作绞索，以待时用。"○亟其乘屋，其始播百谷。○传曰："乘，升也。"笺云："亟，急。乘，治也。十月定星将中，急当治野庐之屋。其始播百谷，谓祈来年百谷于公社。"

　　"筑"，捣土的木杵，《说文》："筑，所以捣也。从木，筑声。"发展出捣土使之坚固义，《大雅·緜》："筑之登登。"引申出修筑、建造。"筑"张六切 *tug。"场圃"，脱粒谷物的场地。春为圃，种植庄稼，秋冬庄稼成熟后筑为场地。场是堆积脱粒之地，故疏云"蹂践禾稼则谓之场"。"场"，平地，或指祭祀道场，也指脱粒谷物的场地。《说文》："场，祭神道也。一曰山田不耕者。一曰治谷田也。从土，易声。""场"直良切 *g-laŋ，对应缅语 kwaŋ³"空地，广场"；汉语"场"跟"掌"是同族词。"掌"诸两切 *tjaŋʔ<kljaŋʔ。俄语 ладонь"手掌；打谷场，场院"。西班牙语 coto"（围起来的）猎场，禁猎区；大庄园；掌，四指（长度单位，即除拇指之外其余四个手指并拢的宽度）"。塞尔维亚克罗地亚语 dlän"手心，掌心；巴掌大，（面积）很小"。

　　"十月纳禾稼"，"纳"，收获，谷物脱粒后放入谷仓。"纳、内"是同族词，"内"是内部，"纳"是入内。《集韵·合韵》："纳，古作内。""纳"奴答切 *nuub，"内"奴对切 *nuubs。"禾"，指庄稼，北方多种植小米，故"禾"又特指黍，《说文》："禾，嘉谷也。以二月始生，八月而孰，得之中和，故谓之禾。禾，木也。木王而生，金王而死。从木，象其穗。"《说文》："禾之秀实为稼，从禾，家声。一曰稼，家事也。一曰在野曰稼。""稼"是稼穑，也指长在田野尚未收割的庄稼。"禾稼"，泛指庄稼，《毛诗后笺》说此禾稼者，统言之也。

　　"黍稷重穋"，"黍稷"，高粱和小米，泛指五谷。"黍"，糯性的小米，《说文》："黍，禾属而黏者也。以大暑而穜，故谓之黍。从禾，雨省声。孔子曰：黍可为酒。故从禾入水也。"黍有多个品种，包括"秬"，《说文》作"𩰤"，"黑黍也。一秬二米以酿"。"黍"舒吕切 *hlja ʔ。"稷"，高粱。古人主粮有黍、稷、稻、粱、麦、苽，谓之

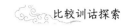

六桼，亦称六谷，而以黍稷最为常见，是以"黍稷"连文。《说文》："稷，𪋻也。五谷之长。从禾，畟声。"又曰"𪋻"，字亦作"桼"。稷之黏者曰"秫"，《唐风·鸨羽》："不能艺稷黍。"

"重穋"，不同季节成熟的谷物。"重"chóng，《释文》直容反，《说文》作"種"，直容切 *doŋ，"種，先穜后孰也。从禾，重声"。同族词有"穜"zhòng，《说文》："穜，埶也。从禾，童声。"后通作"种"，之用切 *tjoŋs，种子义读之陇切 *tjoŋʔ。杨慎说禾边作"种"，是重穋之种；禾边作"穜"，是种植之字，今人混之久矣（《升庵经说》）。种植、谷物及种子，有共同来源，文献可写作不同的字。英语 seed 名词"种子；[旧]子嗣"，动词"播种"；corn 名词"谷物；谷粒，（胡椒、水果等的）籽"，动词"给（土地）种上谷类"。"穋"lù，周期短、成熟快的植物。《说文》："穋，疾孰也。从禾。坴声。《诗》曰：黍稷种穋。穋，穋或从翏。""穋"力竹切 *rug，"穋"力竹切 *ruɯG。

"禾麻菽麦"，"禾"，谷物、庄稼，特指小米。《说文》："禾，嘉谷也。"《魏风·伐檀》："胡取禾三百廛兮。""麻"，五谷之一，皮茎可为衣绳，籽可食。《说文》："麻，枲也。从𣏟从广。𣏟，人所治也，在屋下。"参见《王风·丘中有麻》。"菽"，豆类。"麦"，麦子。

"嗟我农夫"，"嗟"，嗟叹，感慨。《说文》："𧪜，嗞也。从言，差声。""嗟"子邪切 *ʔsljal。《周南·卷耳》："嗟我怀人。"

"我稼既同"，"稼"，稼穑，泛指农事。"同"，聚集，收集在一起，孔疏谓："我之稼穑既已积聚矣。"

"上入执宫功"，孔疏谓："可以上入都邑之宅，执治于宫中之事。""上"，动词，时掌切 *djaŋʔ，来到高处。旧说农事已毕，来到都邑治宫事，故曰"上"。杨树达先生《诗上入执宫功解》谓"上与尚同"，《说文》："尚，庶几也。"乃有所冀望于人而命之之词。杨说可从。"入"，进入，来到。《说文》："入，内也。象从上具下也。"

《邶风·北门》："我入自外。""入"人执切 *njub，跟"内、纳"是同族词。"执宫功"，孔疏谓："执治于宫中之事。""执"本是拘捕罪犯，《说文》："执，捕罪人也。从丮卒，卒亦声。"引申出握持，紧握，《邶风·击鼓》："执子之手。"引申出承担，担任。《大雅·緜》："自西徂东，周爰执事。"笺云："皆于周执事，竞出力也。""执"之入切 *tjib，同族词有"絷"，陟立切 *tib。"宫功"，孔疏谓："执治于宫中之事。"朱熹集传曰："宫，邑居之宅也。功，葺治之事也。或曰：公室官府之役也。""宫"，宫室，宫殿。《召南·采蘩》："公侯之宫。""功"，事务，劳作，通作"工"。参见上章"载缵武功"。《诗经小学》以为"当作公，今本公作功误也"。《采蘩》笺及《天保》《灵台》传皆云"公，事也"。马瑞辰也说："古者通谓民室为宫，因谓民室中事为宫事。宫公即宫事。"说上入执宫功是修整自家房舍，不必解释为服劳役。

"昼尔于茅"，"昼"，白昼，白天。《说文》："昼，日之出入，与夜为介。从画省，从日。"陟救切 *tus。"尔"，虚词。"于茅"，割取茅草。"于"，动词词头。"茅"，茅草，此处作动词，采集茅草，朱熹《诗集传》："昼往取茅，宵尔索绹。"解释为取茅是确诂，释"于"为往则不妥。《说文》："茅，菅也。从艸，矛声。可缩酒为藉。""茅"莫交切 *mruu。草的动词义是拔取，参见"左右采之""左右芼之"。

"宵尔索绹"，"宵"，夜晚，晚上。《说文》："宵，夜也。从宀，宀下冥也。肖声。"《诗》中的"宵"，敦煌本作"霄"（程燕 2021）。"宵"是夜，与作天讲的"霄"并音相邀切 *sew。"宵、霄"音义相同，是一个来源，《召南·小星》："肃肃宵征。"传曰："宵，夜。"《说文》："霄，雨霰为霄。从雨，肖声。齐语也。"《尔雅·释天》郭注："雨雪杂下者谓之消雪。"也指天，左思《蜀都赋》："干青宵而秀出。"张铣注："宵，天也。"还有云彩义，《后汉书·张衡传》："涉清宵而升

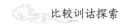

遐兮。"注:"宵,云也。"也指夜,《吕氏春秋·明理》:"有昼盲,有宵见。"注:"宵,夜。"天、雨雪、云、夜这几个意思可以共用一个词,如藏语 smuʔ-ba "雾",克钦语 mu "有云的,天,雷和闪电",ləmu(考里方言 məmu)"天",怒语 mu "天"(mru "被闪电侵袭"),缅语 muì "天,云,雨";藏缅语 *r-muw(白保罗 1972#488;1984:156)。又藏语 gnam "天,天空",nam "夜"(nam-nkha "天");马加里语 nam-khan~nyam-khan "太阳",nam-śin~nyam-sin "日",nam-bik "夜",nam-məra "晚上"(白保罗 1972# 注 405;1984:276−277)。

"素绹",编织绳索。"素",绳索,此处用作动词,搓绳索。《说文》:"素,草有茎叶,可作绳索。从宋糸。杜林说:宋亦朱木字。"王引之述闻谓"素"为纠绳之名。胡承珙说,"素"本绳名,而此诗则是索为绹,犹绳本物名,而《尔雅·释器》云"绳之谓之缩之"是也。但郑云夜作绞素,乃以绞释,义与赵岐正同,非是以索为绳索也。(《毛诗后笺》)"素"苏各切 *slaag,名词是绳索,动词是纠绳。"绞"是绳索,作动词是绞成绳子。英语 rope 名词"绳子",动词"拧成绳状";string 名词"绳子",动词"用线串,串起"。此处不必读索绹为动宾结构,理解成索绹为并列结构,此处二字均用作动词。"绹"táo,绳索。后世亦用作动词,宋应星《天工开物·舟车》:"凡舟中带篷索,以火麻秸绹绞。""绹"徒刀切 *l'uu。

"亟其乘屋","亟",快速,赶快。《说文》:"亟,敏疾也。从人口又二。二,天地也。"《邶风·北风》:"既亟只且。"传曰:"亟,急也。""亟"纪力切 *kɯɡ。"乘",登,攀登。《说文》:"乘,覆也。从入桀。桀,黠也。军法入桀曰乘。"段注谓"加其上曰乘。人乘车是其一耑也。"朱骏声引有"凡登高曰乘。""乘"食陵切 *ɦljɯŋ,"登"都滕切 *tɯɯŋ。王力先生说"腾、登、乘、升"是同源字(2007:1689)。郑笺"乘"训治,是补充传旨,谓升屋乃是治理修葺。传笺并无异见。"屋",房舍,房屋。《说文》:"屋,居也。从尸。尸,所主也。一曰尸象屋形。从至。至,所止也。屋室皆从至。""屋"乌谷切*qoog。《召南·行露》:"何以穿我屋。"

"其始播百谷","始",开始,重新。《说文》:"始,女之初也。从女,台声。""始"诗止切*hljɯʔ。《邶风·匏有苦叶》:"旭日始旦。""播",播种。《说文》:"播,穜也。从手,番声。一曰布也。𢿥,古文播。""播"补过切*paals。"百谷",泛指庄稼。《尚书·舜典》:"帝曰:弃,黎民阻饥,汝后稷,播时百谷。"

"昼尔于茅"以下四句,当是承接"上入执宫功",整葺房舍,宜是修理宫殿、学舍,故疏云:"我之稼穑既已积聚矣,野中无事,可以上入都邑之宅,执治于宫中之事。宫中所治,当是何事,即相谓云:昼日尔当往取茅草,夜中尔当作索绹,以待明年蚕用也。汝又当急其升上野庐之屋而修治之,以待耘耔之时所以止息。"《毛诗会笺》谓宫功既毕,当自修其屋,所谓公事毕然后敢治私事也。其说可疑。

(8) ○二之日凿冰冲冲,三之日纳于凌阴。四之日其蚤,献羔祭韭。○传曰:"冰盛水复,则命取冰于山林。冲冲,凿冰之意。凌阴,冰室也。"笺云:"古者日在北陆而藏冰,西陆朝觌而出之。祭司寒而藏之,献羔而启之。其出之也,朝之禄位,宾、食、丧、祭,于是乎用之。《月令》:仲春,天子乃献羔开冰,先荐寝庙。《周礼》凌人之职,夏颁冰掌事,秋刷。上章备寒,故此章备暑。后稷先公礼教备也。"○九月肃霜,十月涤场。朋酒斯飨,曰杀羔羊。○传曰:"肃,缩也。霜降而收缩万物。涤,扫也,场功毕入也。两樽曰朋。飨者,乡人饮酒也。乡人以狗,大夫加以羔羊。"笺云:"十月民事男女俱毕,无饥寒之忧,国君闲于政事而飨群臣。"○跻彼公堂,称彼兕觥,万寿无疆!○传曰:"公堂,学校也。觥,所以誓众也。疆,竟也。"

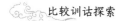
笺云："于飨而正齿位，故因时而誓焉。饮酒既乐，欲大寿无竟，是谓豳颂。"

"二之日凿冰冲冲"，"二之日"，周历的二月。"凿冰"，取冰，开凿冰块。"凿"，本是开凿的工具，《说文》："凿，所以穿木也。从金，糳省声。"段注："穿木之器曰凿，因之既穿之孔亦曰凿矣。"动词是开凿。"凿"在各切 *zoowG，洁白义则落切 *ʔsoowG，参见《唐风·扬之水》"白石凿凿"。"冲冲"chōng，凿冰之声音。《说文》："冲，涌繇也。从水，中声，读若动。"段注："《小雅》曰：攸革冲冲。毛云：冲冲，垂饰貌。此涌摇之义。《豳风》传曰：冲冲，凿冰之意，义亦相近。《召南》传曰：忡忡，犹冲冲也。忡与冲声义皆略同也。"冲"直弓切 *duŋ。

"三之日纳于凌阴"，"纳"，收纳。见上章"十月纳禾稼"。"凌阴"，冰室，藏冰之室。"阴"於金切 *qrum，毛传释作房舍，古籍无更多的材料证明，我们可从语言方面提供旁证：藏语 khyim，巴兴语 khyim~khim，瓦尤语 kim~kem，列普查语 khyŭm，米里语 əkum，姆鲁语 kim，安德罗语 kem，米基尔语 hem<*khem，查雷尔语 him，林布语 him，南桑语 hum，切邦语 kyim~tim，怒语 kyim~tśim-tśum，卡杜语 tyem，莫尚语 yim~yüm，马加里语 im~yum，梅特黑语 yum，缅语 im，拉祜语 yèÈ，钦博克语 im，卢舍依语（和一般库基语）in（是韵尾同化）"房子，家宅"；藏缅语 *kim（白保罗 1972#53；1984：22）。《后汉书·南蛮西南夷列传》载《白狼歌》，经学者研究，《白狼歌》所用语言是今藏缅族的一种语言。其《远夷怀德歌》"木薄发家"，原文用汉字"息落服淫"记音，"家"用汉字"淫"标记。"淫"余针切 *lɯm，对应原始彝缅语 *yim。马提索夫拿藏缅语 *kim 和汉语"宫" *kiôŋ<*kyum 进行比较。（白保罗 1972#479；1984：312）

"四之日其蚤"，"蚤"，早。此处指早朝，一种祭祀活动。孔疏谓："四之日，其早朝献黑羔于神，祭用韭菜而开之，所以御暑。""蚤"，跳蚤，假借为早晚之"早"。《说文》："早，晨也。从日在甲上。"《周南·采蘩》："夙夜在公。"传曰："夙，早也。"孔疏谓："早谓祭日之晨，夜谓祭祀之先夕之期也。""蚤、早"子晧切 *ʔsuuʔ。"其"，动词词头。早晚是时间词，可转指其时间段的活动，如朝夕发展出早朝夕见。意大利语 mattinata "早晨；［戏］日场，早场"；英语 night "夜；夜晚的活动"。

"献羔祭韭"，"献"，奉献，敬献。《说文》："献，宗庙犬名羹献。犬肥者以献。从犬，鬳声。"《郑风·大叔于田》："献于公所。"笺云："献于公所，进于君也。""献"许建切 *hŋan/s，又素何切 *sŋal。"羔"，羔羊、饣羊。"祭韭"，韭菜作为祭品。孔疏引《月令》："仲春，天子乃献羔开冰，先荐寝庙。""祭"，祭祀。《说文》："祭，祭祀也。从示，以手持肉。"子例切 *ʔsleds。"祭" *ʔsleds、"杀" *sreeds 是同族词（沈兼士 1988：212-223）。"韭"，韭菜。《说文》："韭，韭菜也。一種而久生者也，故谓之韭。象形，在一之上。一，地也。此与耑同意。"孔疏谓："祭韭者，盖以时韭新出，故用之。""韭、久"，举有切，"韭" *kuʔ，"久" *kwlɯʔ。

"九月肃霜"，"肃霜"，霜降，开始有霜冻。孔疏谓："肃音近缩，故肃为缩也。霜降收缩万物，言物干而缩聚也。《月令》：季春行冬令则草木皆肃。注云：肃谓枝叶缩栗。亦谓缩聚干燥之意也。"秋冬霜降，万物凋零，故云"肃"。"肃"，收缩，凋谢。《说文》"肃"是肃敬："肃，持事振敬也。从聿在𣶒上，战战兢兢也。𢙇，古文肃从心卪。""肃"的肃敬义，疑来自"速"，快速。快速发展出肃敬义，犹如缓慢的"慢"发展出简慢义。传笺训"肃"为缩。"肃"息逐切 *suwG，"缩"所六切 *srug。"霜"，冰霜，霜雪。《说文》："霜，丧也，成物者。从雨，相声。"《释名·释天》亦云："霜，丧也，其气惨毒，物皆丧也。"周祖谟先生说"霜丧并取双声为训"（1981：135）。"丧"，息郎切 *smaaŋ，"亡"武方切 *smaŋ，是同根词。"霜"色庄切 *sraŋ，来自消亡。"孀"亦色庄切，《白虎通·灾异》："孀之为言亡也。"《魏风·葛屦》："纠纠葛屦，可以履霜。"

"十月涤场"，"涤场"，洒扫场地。孔疏谓："在场之功毕，已入仓，故涤扫其场。""涤"，洗涤，洁净。《说文》："涤，洒也。从水，条声。"洗涤发展出干净义，《大雅·云汉》："涤涤山川。"传曰："涤涤，旱气也。山无木，川无水。"语义演变参见本书第一章"新台有洒"的讨论。"涤"徒历切 *l'ɯɯwG。王国维《肃霜涤场说》谓"肃霜、涤场乃古之联绵字，肃肃、涤场犹言肃爽，涤场犹言涤荡也"。王说似较旧说为优。

"朋酒斯飨"，"朋酒"，传谓两樽曰朋酒，即酒有双尊。"朋"，是"凤"的古文，发展出朋友义。鸟发展出朋党、朋友，是很常见的语义演变。《说文》："凤，神鸟也。天老曰：凤之像也，麐前鹿后，蛇颈鱼尾，龙文龟背，燕颔鸡喙，五色备举。出于东方君子之国，翱翔四海之外，过昆仑，饮砥柱，濯羽弱水，莫宿风穴。见则天下大安宁。从鸟，凡声。朋，古文凤，象形。凤飞，群鸟从以万数，故以为朋党字。鹏，亦古文凤。"汉语常拿鸟来指人，如说"不是什么好鸟"。英语 bird "鸟，禽类；人"。法语 volée "飞；鸟群，人群"。"羽"，鸟翅，亦指鸟、党羽，《韩非·外储说》右上："时季羽在侧。"陈奇猷注引尹桐阳曰："季羽，谓张季党也。""凤"冯贡切 *bums，"朋"步崩切 *bɯɯŋ。"朋"由鸟发展出众人、同类。朋酒，也应该理解为众多。孔疏谓飨疏民自饮酒。后儒多从之。《毛诗李黄集解》曰诗不过合众人而燕饮也，毛氏以朋酒为两樽曰朋，然与众而聚乐，饮之则岂止两樽乎。不如徐氏以为众酒也。李说可从。王质也说"朋酒"，酿酒也。酿酒亨羊,升公子之堂,献公子之寿,一岁之事毕也(《诗总闻》)。程氏《诗说》:"岁功既毕,朋聚以飨其乐。"似释朋为众多。林义光说,毛以"朋酒"为两樽酒,此特望文生训。古惟货贝乃以朋计,两樽不得为朋也。是"朋酒"不能释为两樽。林氏读"朋酒"为"朋丑",谓"朋丑"犹言"朋俦"(《诗经通解》),切合众多义,新颖可喜,尚嫌证据不足。"斯飨","斯",前置宾语和动词之间的虚词。亦用"是"字。"飨"xiǎng,宴会,饮宴。《说文》:"飨,乡人饮酒也。从乡从皀,乡亦声。"祭祀鬼神亦曰"飨",《小雅·楚茨》:"神保是飨。""飨"许两切 *qhaŋ/ʔ,乡声。"乡",许良切 *qhaŋ,古文象两人对食物,是"飨"之初文。"乡、飨"通作"享、亯",与"烹"是同族词。

"曰杀羔羊","曰",单音节动词前缀,也作"聿"。"杀",宰杀,《说文》:"杀,戮也。从殳,杀声。"又有伤害、讨伐、猎获、枯死等义。"杀",所八切 *srad,对应藏缅语 *g-sat "杀":藏语 gsod-pa(完成体 bsad),怒语 sat,克钦语 sat,缅语 sat,迪马萨语 thai<*that,卢舍依语 that,米基尔语 that(白保罗 1972#58;1984:24)。郑张先生说,藏语 gsad "宰杀",bsad-pa "杀戮",对应汉语"杀";slad "末后",对应汉语"煞",由"杀"结束生命义分化(2013:100)。"杀"与"祭、禷、肆",音义亦有联系。"羔羊",羊,小羊。《召南·羔羊》,传:"小曰羔,大曰羊。"孔疏谓:"小羔大羊,对文为异。此说大夫之裘,宜直言羔而已,兼言羊者,以羔亦是羊,故连言以协句。传以羔羊并言,故以大小释之。""曰杀羔羊",应是泛指羊。"羔" *kluu,是小羊,与"狗、驹"等是同族词。可比较藏语表示幼小动物的 -gu。汉语"羊" *laŋ 对应藏语 ra "羊";汉语"羊羔" *laŋ *kluu,可对应藏语 ra gu "山羊羔",lug gu "羊羔"。汉语、藏语均是表幼小的词在音节的末尾。参见本书第二章的相关讨论。

"跻彼公堂","跻"jī,登上,迈进。《说文》:"跻,登也。从足，齐声。《商书》曰：予颠跻。"段注谓"俗作隮"。《鄘风·蝃蝀》："朝隮于西。"传曰："隮，升。""跻、隮"，祖稽切 *ʔsliil，亦子计切 *ʔsliils。"公堂"，公共建筑，特指学校。疏申传曰："乃升彼公堂序学之上。"

"称彼兕觥"，"称"，擎举，高举。《尚书·汤誓》："称尔戈，比尔干。""称"，本是衡量，《说文》训铨也。段注谓称俗作秤。称举字，《说文》作"爯"，"爯，并举也。从爪，冓省。"又："偁，扬也。从人，爯声。"段注："称，举也。凡手举字当作爯，凡称扬当作偁，凡铨衡当作偁，今字通用称。"称扬义来自举起义，可比较"举"字，派生出"誉"。杨树达先生说，以言抬举人谓之誉，称扬人之美谓之称，皆受义于举（2007f），英语 heave "举起（重物）；说出"；ensky "把……捧上天"；exalt "高举；赞扬，吹捧"。德语 erheben "举起；提拔；颂扬，赞扬"。"称、爯"，处陵切 *thjɯŋ。"兕觥"，兕牛角制作的酒杯。《周南·卷耳》："我姑酌彼兕觥。"传曰："兕觥，角爵也。"参见本书第一章第（14）"兕觥"条。

"万寿无疆"，"万寿"，"万"是较大数目的概数。《史记·魏世家》："万，满数也。"古人以为盈数。"万"，无贩切 *mlans，"满"，莫旱切 *moonʔ。"寿"，长寿，《秦风·终南》："寿考不忘。""万寿"，亦称万年，《曹风·鸤鸠》："胡不万年。""无疆"，没有边界，表示久长。"疆"，边界，止境。《说文》："畺，界也。从畕，三其介画也。疆，畺或从土彊声。"动词，划定疆界，《信南山》："我疆我理。"传曰："疆，画经界也。理，分地理也。"俗作"壃"。英语 border 名词"边界，接线"，动词"形成边界；接界"；bound 名词"边界，界线"，动词"指明……疆界，给……划界；成为……界线"。"疆、畺、壃"居良切 *kaŋ。"竟、境"是同族词。《说文新附》："境，疆也。从土，竟声。经典通作竟。""竟"居庆切 *kraŋ/s，"境"居影切 *kraŋʔ。

参考文献

巴克（C. D. Buck），2017. 印欧语语汇比较词典（*A Dictionary of Selected Synonyms in the Principal Indo-European Languages*）[M]. 上海：中西书局 .

白保罗（Paul K. Benedict），1984（1972）. 汉藏语言概论（*Sino-Tibetan: A Conspectus*）[M]. 罗美珍、乐赛月，译 . 北京：中国社会科学院民族所 .

白保罗（Paul K. Benedict），1984（1976）. 再论汉－藏语系 [M]// 汉藏语言概论 . 罗美珍，乐赛月，译 . 北京：中国社会科学院民族所 .

白一平，1983. 上古汉语 *sr- 的发展 [J]. 语言研究（1）.

包拟古，1995. 原始汉语与汉藏语 [M]. 潘悟云、冯蒸，译 . 北京：中华书局 .

北京大学中国文学史教研室，1978. 两汉文学史参考资料 [M]. 北京：中华书局 .

蓓蒂・谢芙茨、张琨，1984-1985. 嘉戎语历史音韵研究 [Z]. 瞿霭堂，译 . // 中国社会科学院民族研究所 . 民族语文研究情报资料集：第 4-5 集 .

毕沅 . 释名疏证 . 经训堂丛书本 .

布龙菲尔德，1985. 语言论 [M]. 袁家骅，等译 . 北京：商务印书馆 .

蔡镜浩，1990. 魏晋南北朝词语例释 [M]. 南京：江苏古籍出版社 .

陈奂，2018. 诗毛氏传疏 [M]. 南京：凤凰出版社 .

陈澧，2008. 东塾读书记 [M]// 陈澧集 . 上海：上海古籍出版社 .

陈继揆，2019. 读风臆补 [M]. 北京：语文出版社 .

陈剑，2008. 金文字词零释 [M]// 古文字学论稿 . 合肥：安徽大学出版社 .

陈剑，2020. 释"瓜"[M]// 出土文献与古文字研究：第九辑 . 上海：上海古籍出版社 .

陈建初，2007. 释名考论 [M]. 长沙：湖南师范大学出版社 .

陈其光，1996. 汉语源流设想 [J]. 民族语文（5）.

陈其光，2001. 汉语苗瑶语比较研究 [M]// 丁邦新、孙宏开 . 汉藏、苗瑶同源词专题研究 . 南宁：广西民族出版社

陈奇猷，1986. 韩非子集释 [M]. 上海：上海人民出版社 .

陈启源，1991. 毛诗稽古编 [M]. 济南：山东友谊书社 .

陈直，1979. 汉书新证 [M]. 天津：天津人民出版社 .

陈直，1981.读子日札 [M]// 摹庐丛著七种.济南：齐鲁书社.

程晋芳，2002.毛郑异同考 [M]// 续修四库全书.上海：上海古籍出版社.

程俊英，2019.诗经译注 [M].上海：上海古籍出版社.

程俊英、蒋见元，2019.诗经注析 [M].北京：中华书局.

程希岚、吴福熙，1984.古代汉语 [M].长春：吉林人民出版社.

程燕，2021.诗经异文辑考 [M].合肥：安徽大学出版社.

程瑶田，2008.通艺录 [M]// 程瑶田全集.合肥：黄山书社.

程颐，2016.诗说 [M]// 二程集.北京：中华书局.

崔山佳、李有全，1984.关于"科"释"砍" [J]// 中国语文通讯（2）.

崔寔，2013.四民月令 [M].石声汉，校注.北京：中华书局.

崔述，1983.读风偶识 [M]// 崔东壁遗书.上海：上海古籍出版社.

戴家祥，1999.金文大字典 [M].上海：学林出版社.

戴震，1986.毛郑诗考证 [M]// 清人诗说四种.武汉：华中师范大学出版社.

戴震，2010.方言疏证 [M]// 戴震全书.合肥：黄山书社.

邓晓华、王士元，2003.藏缅语族语言的数理分类及其分析 [J].民族语文（4）.

丁邦新，2005.李方桂全集总序 [M]// 李方桂全集.北京：清华大学出版社.

丁声树，2020.诗卷耳芣苢"采采"说 [M]// 丁声树文集.北京：商务印书馆.

董同龢，1974.古籍训解和古语字义的研究 [M]// 董同龢先生语言学论文选集.台
    北：食货出版社.

段玉裁，1982.说文解字注 [M].上海：上海古籍出版社.

段玉裁，2019.诗经小学 [M].桂林：广西师范大学出版社.

段玉裁，2018.说文解字注 [M].上海：上海古籍出版社.许惟贤整理本，南京：凤
    凰出版社.

多隆阿，2002.毛诗多识 [M]// 续修四库全书.上海：上海古籍出版社.

法伟堂，2010.经典释文校记遗稿 [M].上海：华东师范大学出版社.

范处义，2005.诗补传 [M].长春：吉林出版集团.

范家相，1982.诗沈 [M]// 四库全书.影印本.台北：台湾商务印书馆.

方以智，1990.通雅 [M].北京：中国书店.

方玉润，2011.诗经原始 [M].北京：中华书局.

房德里耶斯，2012.语言 [M].岑麒祥、叶蜚声，译.北京：商务印书馆.

冯其庸、邓安生，2006.通假字汇释 [M].北京：北京大学出版社.

傅斯年，2019.诗经讲义稿 [M].上海：上海古籍出版社.

高本汉，2012.诗经注释 [M].董同龢，译.上海：中西书局.

高大伦，1995.张家山汉简引书研究 [M].成都：巴蜀书社.

高亨，1984. 诗经今注 [M]. 上海：上海古籍出版社 .

龚煌城（Hwang-cherng Gong），1989（1980）. 汉、藏、缅语母音的比较研究（A Comparative Study of the Chinese, Tibetan, and Burmese Vowel System）[J]. B.H.P. 席嘉，译 . 音韵学研究通讯（13）.

龚煌城，2004a. 从汉藏语的比较看上古汉语的词头问题 [M]// 汉藏语研究论文集 . 北京：北京大学出版社 .

龚煌城，2004b. 从原始汉藏语到上古汉语以及原始藏缅语的韵母演变 [M]// 汉藏语研究论文集 . 北京：北京大学出版社 .

顾梦麟，2002. 诗经说约 [M]// 续修四库全书 . 上海：上海古籍出版社 .

顾学颉、王学奇，1988. 元曲释词（三）[M]. 北京：中国社会科学出版社 .

桂馥，1992. 札朴 [M]. 北京：中华书局 .

桂馥，2021. 说文解字义证 [M]. 北京：中华书局 .

郭沫若，1984. 管子集校 [M]// 郭沫若全集：历史编第 7 册 . 北京：人民出版社 .

韩鄂，2022. 四时纂要 [M]. 北京：中医古籍出版社 .

郝敬，2021a. 毛诗原解 [M]. 北京：中华书局 .

郝敬，2021b. 毛诗序说 [M]. 北京：中华书局 .

郝懿行，2002. 诗问 [M]// 续修四库全书 . 上海：上海古籍出版社 .

郝懿行，1982. 尔雅义疏 [M]. 北京：中国书店 .

何耿镛，1989. 古代汉语的假借字 [M]. 福州：福建人民出版社 .

何九盈、王宁、董琨，等，2010. 辞源 [M]. 3 版 . 北京：商务印书馆 .

洪亮吉，1987. 春秋左传诂 [M]. 北京：中华书局 .

洪适，1985. 隶释 [M]. 北京：中华书局 .

洪兴祖，1983. 楚辞补注 [M]. 北京：中华书局 .

胡承珙，1998. 毛诗后笺 [M]. 安徽：黄山书社 .

胡光炜，1982. 胡小石论文集 [M]. 上海：上海古籍出版社 .

胡培翚，2018. 仪礼正义 [M]. 桂林：广西师范大学出版社 .

胡三省，2013. 资治通鉴注 [M]. 北京：中华书局 .

胡适，1993. 诗经中的"于""以"字 [M]// 胡适学术文集·语言文字研究 . 北京：中华书局 .

华学诚，2006. 扬雄方言校释汇证 [M]. 北京：中华书局 .

华学诚，2020. 浅议异文、通假与经典化——以毛诗关雎"芼"安大简作"教"为例 [J]. 语文研究（3）.

黄德宽、徐在国，2019. 安徽大学藏战国竹简一 [M]. 上海：中西书局 .

黄布凡，1992. 藏缅语族语言词汇 [M]. 北京：中央民族学院出版社 .

黄淬伯，2012. 诗经核诂 [M]. 北京：中华书局 .

黄群建，1999.《蕲春语》疏证 [M].// 湖北方言文献疏证 . 武汉：湖北教育出版社 .

黄金贵，1995. 古代文化词义集类辨考 [M]. 上海：上海教育出版社 .

黄侃，1983. 文字声韵训诂学笔记 [M]. 上海：上海古籍出版社 .

黄侃，2006a. 尔雅略说 [M]// 黄侃国学文集 . 北京：中华书局 .

黄侃，2006b. 蕲春语 [M]// 黄侃国学文集 . 北京：中华书局 .

黄侃，2007. 尔雅音训 [M]//. 北京：中华书局 .

黄树先，1986.《方言》转语的声纽研究 [D]. 华中师范大学硕士学位论文 .

黄树先，1989. 古楚语释词 [J]. 语言研究（2）.

黄树先，1991. 诗诂旁证 [J]. 语言研究（2）.

黄树先，1993. 说"幼小" [C]// 中国海峡两岸黄侃学术研讨会论文集（上）. 武汉：华中师范大学出版社 .

黄树先，1994. 古代汉语文献中的藏缅语词拾零 [J]. 民族语文（5）.

黄树先，1995. 古代文献中几个词的来源 [J]. 古汉语研究（4）.

黄树先，1998. 古代汉语文献中的"马"字 [J]. 古汉语研究（3）.

黄树先，2003. 汉缅语比较研究 [M]. 武汉：华中科技大学出版社 .

黄树先，2005. 从核心词看汉缅语关系 [J]. 语言科学（3）.

黄树先，2006. 汉语耕、元部语音关系初探 [J]. 民族语文（5）.

黄树先，2007. 汉语核心词"足"研究 [J]. 语言科学（2）.

黄树先，2008. 词义比较：薪柴与燃烧 [J]. 汉语学报（4）.

黄树先，2009. 服饰名和身体部位名 [J]. 民族语文（5）.

黄树先，2010a. 汉语核心词"根"音义研究 [J]. 汉藏语学报（4）.

黄树先，2010b. 食物名探源 [J]. 民族语文（5）.

黄树先，2010c. 汉语核心词探索 [M]. 武汉：华中师范大学出版社 .

黄树先，2011a. 词义发展论说 [J]. 汉语学报（3）.

黄树先，2011b. 比较词义探索十例 [J]. 语言研究（2）.

黄树先，2012a. 住所名探源 [J]. 语言科学（2）.

黄树先，2012b. 比较词义与文献释读 [J]. 语文研究（3）.

黄树先，2012c. 汉语身体词探索 [M]. 武汉：华中科技大学出版社 .

黄树先，2012d. 比较词义探索 [M]. 成都：巴蜀书社 .

黄树先，2013. 身体名与疾病名 [J]. 古汉语研究（3）.

黄树先，2014. 汉语核心词"木"研究 [M]// 高山流水——郑张尚芳教授八十寿诞文集 . 上海：上海教育出版社 .

黄树先，2015a. "臾"字形义考 [J]. 语文研究（1）.

黄树先，2015b. 天与雨 [J]. 民族语文（5）.

黄树先，2015c. 比较词义再探 [M]. 成都：巴蜀书社 .

黄树先，2016a. 说 "宾客" [J]. 民族语文（6）.

黄树先，2016b. 比较词义四题 [M]// 语言历史论丛：第九辑 . 成都：巴蜀书社 .

黄树先，2016c. 中国古典哲学的语言学解释——哲学语言札记之二 [J]. 汉语史学
　　报（15）.

黄树先，2023. 段王学术风格略论 [M]// 冯胜利、施向东 . 乾嘉 "理必" 科学观念
　　与方法 . 上海：中西书局 .

黄树先、吴娟，2019. 论汉语方言的语义类型学意义——兼谈语义类型学视野下汉
　　语方言大型词典的编纂 [J]. 语文研究（4）.

黄树先、邹学娥，2019. 看望与眼疾类词语的语义关系 [J]. 民族语文（3）.

黄树先、张倩，2022. "口水" 词及其派生义 [J]. 民族语文（2）.

黄汝成，1994. 日知录集释 [M]. 秦克诚，点校 . 长沙：岳麓书社

黄位清，2002. 诗绪余录 [M]// 续修四库全书 . 上海：上海古籍出版社 .

黄中松，2018. 诗疑辨证 [M]. 桂林：广西师范大学出版社 .

黄子降，1976. 用字假借释例 [M]. 台北：文史哲出版社 .

惠士奇，1988. 礼说 [M]// 清经解 . 上海：上海书店 .

季旭升，2001. 诗经古义新证 [M]. 北京：学苑出版社 .

贾昌朝，2020. 群经音辨 [M]. 北京：中华书局 .

金理新，2007. 苗瑶语的阴声韵母系统 [J]. 语言研究（3）.

江藩，2002. 隶金文 [M]// 续修四库全书 . 上海：上海古籍出版社 .

江声，2023. 尚书集注音疏 [M]. 北京：北京大学出版社 .

姜亮夫，1987. 重订屈原赋校注 [M]. 天津：天津古籍出版社 .

蒋骥，2019. 山带阁注楚辞 [M]. 上海：上海古籍出版社 .

蒋礼鸿，1986. 广雅疏证补义 [M]// 怀任斋文集 . 上海：上海古籍出版社 .

蒋礼鸿，1997. 敦煌变文字义通释（增补定本）[M]. 上海：上海古籍出版社 .

蒋绍愚，2005. 古汉语词汇纲要 [M]. 北京：商务印书馆 .

蒋文，2019. 先秦秦汉出土文献与诗经文本的校勘和解读 [M]. 上海：中西书局 .

柯蔚南（South Coblin），1986. 汉藏语词汇比较手册（*A Sinologist's Handlist of
　　Sino-Tibetan Lexical Comparisons*）[M]. 华裔学志丛书 .

孔颖达，2014. 毛诗注释 [M]. 上海：上海古籍出版社 .

雷选春，1992. 西部裕固汉词典 [M]. 成都：四川民族出版社 .

黎金娥，未刊稿 . 英语核心词 "女" 语义探析 [A].

李樗、黄櫄，1982. 毛诗李黄集解 [M]// 四库全书 . 影印本 . 台北：台湾商务印书馆 .

李冬鸽，2014. 释名新证 [M]. 上海：上海古籍出版社.

李富孙，1988. 诗经异文疏证补遗 [M]// 清经解续编. 上海：上海书店.

李范文、韩小忙，2005. 同义研究 [M]// 西夏研究：第 1 辑. 北京：中国社会科学出版社.

李方桂，1982. 上古音研究 [M]. 北京：商务印书馆.

李方桂，1984. 汉语和台语 [Z]. 王均，译. // 中国社会科学院民族研究所. 民族语文研究情报资料集：第 4 集.

李方桂，2011. 比较台语手册 [M]. 丁邦新，译. 北京：清华大学出版社.

李敬忠，1987. 方言中的少数民族语词试析 [J]. 民族语文（3）.

李玲圃，2004. 古字诂林 [M]. 上海：上海教育出版社.

李荣，1985. 论"入"字的音 [M]// 语文论衡. 北京：商务印书馆.

李荣，2014. 关于方言研究的几点意见 [M]// 语文论衡. 北京：商务印书馆.

李善，1997. 文选注 [M]. 上海：上海古籍出版社.

李孝定，1983. 汉字的起源与演变论丛 [M]. 济南：济南出版社.

李学勤，1998. 缀古集 [M]. 上海：上海古籍出版社.

李冶，1998. 敬斋古今黈 [M]. 北京：中华书局.

梁敏、张均如，1996. 侗台语族概论 [M]. 北京：中国社会科学出版社.

梁启雄，2009. 韩子浅解 [M]. 北京：中华书局.

梁寅，1982. 诗演义 [M]// 四库全书. 影印本. 台北：台湾商务印书馆.

林岊，1982. 毛诗讲义 [M]// 四库全书. 影印本. 台北：台湾商务印书馆.

林义光，2012. 诗经通解 [M]. 上海：中西书局.

林语堂，1989. 前汉方音区域考 [M]// 语言学论丛. 影印本. 上海：上海书店.

刘渡舟，1991. 伤寒论校注 [M]. 北京：人民卫生出版社.

刘剑三，2000. 临高汉词典 [M]. 成都：四川民族出版社.

刘克，2002. 诗说 [M]// 续修四库全书. 上海：上海古籍出版社.

刘青松，2022. 古释名辑证 [M]. 北京：中华书局.

刘师培，1997. 楚辞考异 [M]// 刘申叔先生遗书. 南京：凤凰出版社.

刘台拱，2023. 方言补校 [M]. 华学诚，点校. 北京：中华书局.

刘熙，2020. 释名 [M]. 影明嘉靖本. 北京：中华书局.

刘晓平，2000. 匡谬正俗平议 [M]. 济南：山东大学出版社.

刘又辛，1988. 通假概说 [M]. 成都：巴蜀书社.

刘又辛，2000. 古书里的假借字 [M]. 北京：语文出版社.

刘又辛，2005. 说"散" [M]// 文字训诂论集. 北京：商务印书馆.

刘毓庆，2006. 诗义稽考 [M]. 北京：学苑出版社.

刘志成，1991. 楚方言考略 [J]. 语言研究（增刊）.

龙宇纯，2009. 比较语义发凡 [M]// 丝竹轩小学论集 . 北京：中华书局 .

卢文弨，2022. 经典释文考证 [M]// 卢文弨全集 . 杭州：浙江大学出版社 .

卢文弨，2023. 重校方言 [M]. 华学诚，点校 . 北京：中华书局 .

鲁宝先，1973. 假借溯原 [M]. 台北：文史哲出版社 .

陆佃，2012. 埤雅 [M]. 北京：国家图书馆出版社 .

陆澹安，1979. 小说词语汇释 [M]. 上海：上海古籍出版社 .

陆奎勋，2002. 陆堂诗学 [M]// 续修四库全书 . 上海：上海古籍出版社 .

陆宗达，1980. 训诂简论 [M]. 北京：北京出版社 .

陆宗达，1981. 说文解字通论 [M]. 北京：北京出版社 .

陆宗达、王宁，1996. 训诂与训诂学 [M]. 太原：山西教育出版社 .

罗常培，2004. 罗常培序 [M]// 周祖谟 . 方言校笺 . 北京：中华书局 .

罗杰瑞，1995. 汉语概说 [M]. 张惠英，译 . 北京：语文出版社 .

罗美珍，1983. 试论台语的系属问题 [J]. 民族语文（2）.

罗愿，2005. 尔雅翼 [M]. 长春：吉林出版社 .

吕延济，等，2018. 五臣注文选 [M]. 南京：凤凰出版社 .

马瑞辰，2010. 毛诗传笺通释 [M]. 北京：中华书局 .

马提索夫，1978. 藏缅语语义演变（Variational Semantics in Tibeto-Burman）[M]// 沃尔芬登学会藏缅语言学论文集：第六卷 .

马提索夫，1985. 澳泰语系和汉藏语系有关身体部分词接触关系的检验 [Z]. 王德温，译 .// 中国社会科学院民族研究所 . 民族语文研究情报资料集：第 6 集 .

马学良，1992. 湘黔夷语掇拾 [M]// 马学良民族研究文集 . 北京：民族出版社 .

马学良，1999a. 汉藏语概论导言述要 [M]// 马学良民族语言研究文集 . 北京：中央民族大学出版社 .

马学良，1999b. 汉藏语言概论序言 [M]// 马学良民族语言研究文集 . 北京：中央民族大学出版社 .

梅耶，2008. 历史语言学中的比较方法 [M]. 岑麒祥，译 . 北京：世界图书出版公司 .

梅祖麟，1980. 四声别义中的时间层次 [J]. 中国语文（6）.

梅祖麟，1992. 汉藏语的"岁、越"、"还（旋）、圜"及其相关问题 [J]. 中国语文（5）.

梅祖麟，2008. 汉藏比较研究和上古汉语词汇史 [M]// 历史语言学研究：第一辑 . 北京：商务印书馆 .

缪文远，1987. 战国策新校注 [M]. 成都：巴蜀书社 .

莫友芝，1985. 唐写本说文解字木部笺异 [M]// 丛书集成初编 . 北京：中华书局 .

牟应震，2002. 毛诗物名考 [M]// 续修四库全书 . 上海：上海古籍出版社 .

牛运震，2019. 诗志 [M]. 北京：语文出版社 .

欧阳修，1982. 诗本义 [M]// 四库全书 . 影印本 . 台北：台湾商务印书馆 .

帕默尔，1983. 语言学概论 [M]. 李荣、王菊泉，等译 . 北京：商务印书馆 .

潘悟云，1995. 对华澳语系假说的若干支持材料 [J]. 中国语言学报（专刊）.

潘悟云，2000. 汉语历史音韵学 [M]. 上海：上海教育出版社 .

潘悟云，2001. 上古指代词的强调式和弱化式 [M]// 语言问题再认识 . 上海：上海
   教育出版社 .

潘悟云，2002. 潘悟云自选集 [M]. 合肥：安徽教育出版社 .

裴特生，2009. 十九世纪欧洲语言学史 [M]. 钱晋华，译 . 北京：世界图书出版公司 .

彭铎，1979. 潜夫论笺 [M]. 北京：中华书局 .

皮锡瑞，2022. 尚书大传疏证 [M]. 吴仰湘，点校 . 北京：中华书局 .

普璋开、孔昀、普梅笑，2005. 滇南彝文字典 [M]. 昆明：云南民族出版社 .

钱大昕，1997. 钱大昕全集 [M]. 南京：江苏古籍出版社 .

钱澄之，2005. 田间诗学 [M]. 合肥：黄山书社 .

秦松龄，2002. 毛诗日笺 [M]// 续修四库全书 . 上海：上海古籍出版社 .

钱绎，1984. 方言笺疏 [M]. 上海：上海古籍出版社 .

钱绎，2013. 方言笺疏 [M]. 李发舜、黄建中，点校 . 北京：中华书局 .

裘锡圭，1990. 古文字论集 [M]. 北京：商务印书馆 .

裘锡圭，1992. 甲骨文中所见的商代农业 [M]// 古文字论集 . 北京：中华书局 .

裘锡圭，1996. "祭禽"解 [M]// 文史丛稿——上古思想、民俗与古文字学史 . 上
   海：上海远东出版社 .

裘锡圭，2012. 应侯视工簋补释 [M]// 裘锡圭学术文集：第 3 册 . 上海：复旦大学
   出版社 .

裘锡圭，2013. 文字学概要（修订本）[M]. 北京：商务印书馆 .

屈万里，1991. 诗经诠释 [M]. 台北：经联出版公司 .

饶宗颐，1993a. 尼卢致论（Nirukta）与刘熙的《释名》[M]// 梵学集 . 上海：上海
   古籍出版社 .

饶宗颐，1993b. 安荼论（aṇḍa）与吴晋间之宇宙观 [M]// 梵学集 . 上海：上海古籍
   出版社 .

饶宗颐，2000. 符号·初文与字母——汉字树 [M]. 上海：上海书店出版社 .

沙加尔，1995. 论汉语、南岛语的亲属关系 [M]. 郑张尚芳、曾晓渝，译 . // 汉语研
   究在海外 . 北京：北京语言学院出版社 .

沙加尔，2019. 上古汉语词根 [M]. 龚群虎，译 . 上海：上海教育出版社 .

邵晋涵，2017. 尔雅正义 [M]. 北京：中华书局 .

沈兼士，1988. 希、杀、祭古语同源考 [M]// 沈兼士学术论文集 . 北京：中华书局 .

沈涛，1988. 论语孔注辨伪 [M]// 王先谦 . 清经解续编 . 上海：上海书店 .

沈万钶，2002. 诗经类考 [M]// 续修四库全书 . 上海：上海古籍出版社 .

施向东，2000. 汉语和藏语同源体系的比较研究 [M]. 北京：华语教育出版社 .

石生汉，2013. 四民月令校注 [M]. 北京：中华书局 .

司马光，1936. 太玄经 [M]// 四部丛刊 . 北京：中华书局 .

宋翔凤，1986. 过庭录 [M]. 北京：中华书局 .

宋应星，1978. 天工开物 [M]. 北京：中华书局 .

孙宏开、丁邦新、江荻、燕海雄，2017. 汉藏语语音和词汇 [M]. 北京：民族出版社 .

孙嵘，1991. 西园随录 [M]. 扬州：广陵古籍刻印社 .

孙希旦，1989. 礼记集释 [M]. 北京：中华书局 .

孙星衍，1986. 尚书今古文注疏 [M]. 北京：中华书局 .

孙诒让，1988. 大戴礼记斠补 [M]. 济南：齐鲁书社 .

孙诒让，2015. 周礼正义 [M]. 北京：中华书局 .

孙诒让，2018. 墨子间诂 [M]. 北京：中华书局 .

孙中运，2001. 论六书之假借 [M]. 长春：吉林人民出版社 .

索绪尔，1985. 普通语言学教程 [M]. 高名凯，译 . 北京：商务印书馆 .

汤姆森，2009. 十九世纪末以前的语言学史 [M]. 黄振华，译 . 北京：世界图书出版
公司 .

唐纳，1986. 原始苗瑶语构拟中的问题 [Z]. 向日征，译 . // 中国社会科学院民族研
究所 . 民族语文研究情报资料集：第 7 集 .

万时华，2002. 诗经偶笺 [M]// 续修四库全书 . 上海：上海古籍出版社 .

汪维辉，2017. 东汉－隋常用词演变研究（修订本）[M]. 北京：商务印书馆 .

汪维辉，2020. 齐民要术词汇语法研究（修订本）[M]. 上海：上海教育出版社

汪梧凤，2002. 诗学女为 [M]// 续修四库全书 . 上海：上海古籍出版社 .

王冰，1980. 黄帝内经素问注 [M]. 北京：人民卫生出版社 .

王凤阳，2011. 古辞辨（增订本）[M]. 北京：中华书局 .

王辅世，1988. 苗语古音构拟问题 [J]. 民族语文（2）.

王辅世、毛宗武，1995. 苗瑶语古音构拟 [M]. 北京：中国社会科学出版社 .

王观国，1988. 学林 [M]. 北京：中华书局 .

王国维，2010a. 肃霜涤场说 [M]// 观堂集林 . 杭州：浙江教育出版社，广州：广东
教育出版社 .

王国维，2010b. 王国维全集 [M]. 杭州：浙江教育出版社，广州：广东教育出版社 .

王国珍，2009. 释名语源疏证 [M]. 上海：上海辞书出版社

王辉，2008. 古文字通假字典 [M]. 北京：中华书局.

王静如，1955. 关于湘西土家语言的初步意见 [Z]// 中央民族学院研究部. 中国民族问题研究集刊：第 1 辑.

王静如，1998. 王静如民族研究文集 [M]. 北京：民族出版社.

王力，1980. 汉语史稿 [M]. 北京：中华书局.

王力，1981. 中国语言学史 [M]. 太原：山西人民出版社.

王力，1982a. 同源字典 [M]. 北京：商务印书馆

王力，1982b. 汉语滋生词的语法分析 [M]// 龙虫并雕斋文集（三）. 北京：中华书局.

王力，1985. 新训诂学 [M]// 开明书店二十周年纪念文集. 影印本. 北京：中华书局.

王力，2003. 黄侃古音学述评 [M]// 王力语言学论文集. 北京：商务印书馆.

王力，2007. 王力古汉语字典 [M]. 北京：中华书局.

王利器，2010. 风俗通义校注 [M]. 北京：中华书局.

王丽媛，2013. 俄语身体词研究 [D]. 武汉：华中科技大学.

王念孙，1983. 广雅疏证 [M]. 上海：上海古籍出版社.

王念孙，2000. 释大 [M]// 高邮王氏遗书. 南京：江苏古籍出版社.

王念孙，2014. 读书杂志 [M]. 上海：上海古籍出版社.

王聘珍，1983. 大戴礼记解诂 [M]. 北京：中华书局.

王琦，2014. 李太白全集 [M]. 北京：中华书局.

王润吉，2005. 释名研究与整理 [M]. 北京：群言出版社.

王维言，2023. 方言释义 [M]. 王彩琴，点校. 北京：中华书局.

王先谦，1984a. 释名疏证补 [M]. 上海：上海古籍出版社

王先谦，1984b. 释名疏证补 [M]. 祝敏彻、孙玉文，点校. 北京：中华书局.

王先谦，2020. 三家诗义集疏 [M]. 北京：中华书局.

王先谦，2023. 汉书补注 [M]. 北京：中华书局.

王引之，1984. 经传释词 [M]. 长沙：岳麓书社.

王引之，1985. 经义述闻 [M]. 南京：江苏古籍出版社.

王应麟，2006. 急就篇补注 [M]. 北京：国家图书馆出版社.

王应麟，2015. 困学纪闻 [M]. 上海：上海古籍出版社.

王云路，1986. 读《读书杂志》札记 [J]. 中国语文（1）.

王云路、王前，2009. "烦疼" 辨析 [J]. 古汉语研究（3）.

王筠，1983. 说文句读 [M]. 上海：上海古籍出版社

王育德，1960. 汉语五大方言词汇统计估算 [J]. 言语研究（36）.

王质，1982. 诗总闻 [M]// 四库全书. 影印本. 台北：台湾商务印书馆.

魏了翁，2002. 毛诗要义 [M]// 续修四库全书. 上海：上海古籍出版社.

魏代富，2023. 尸子疏证 [M]. 南京：凤凰出版社.

魏鹏飞，2023. 王念孙方言遗说辑录 [M]. 北京：中华书局.

魏宇文，2016. 刘熙释名与文化探析 [M]. 北京：中国社会科学出版社.

闻一多，1993. 诗经通义 [M]// 闻一多全集. 武汉：湖北人民出版社.

闻宥，1980. 语源丛考 [M]// 中华文史论丛：第 4 辑. 上海：上海古籍出版社.

吴安其，2002. 汉藏语同源研究 [M]. 北京：中央民族大学出版社.

吴安其，2022. 历史语言学 [M]. 上海：上海教育出版社.

吴锤，2010. 释名声训研究 [M]. 北京：民族出版社.

吴闿生，1959. 诗义会通 [M]. 北京：中华书局.

吴予天，1936. 方言注商 [M]. 北京：商务印书馆.

伍铁平，1986. 论词源学及其意义和研究对象 [J]. 外语学刊（4）.

伍铁平，1988. 语言类型学研究的意义 [J]. 学术研究 1988（3）.

伍铁平，2011. 比较词源研究 [M]. 上海：上海外语教育出版.

鲜松奎，2000. 新苗汉词典 [M]. 成都：四川民族出版社.

萧东海，2007. "条桑"正释 [M]// 诗经研究丛刊：第 12 辑. 北京：学苑出版社.

向熹，2016. 诗经词典（修订本）[M]. 北京：商务印书馆.

谢枋得，2002. 诗传注疏 [M]. 吴长元，辑 .// 续修四库全书. 上海：上海古籍出版社.

邢公畹，1989. 红河上游傣雅语研究 [M]. 北京：语文出版社.

邢公畹，1995. 汉苗语语义学比较法试探研究 [J]. 民族语文（6）.

邢公畹，1996. 汉藏语系研究和中国考古学 [J]. 民族语文（4）.

邢公畹，1999. 汉台语比较手册 [M]. 北京：商务印书馆.

邢公畹，2000. 邢公畹语言学论文集 [M]. 北京：商务印书馆.

邢公畹，2001. 汉藏语同源词初探 [M]// 丁邦新、孙宏开 . 汉藏语同源词研究（二）.
　　桂林：广西民族出版社.

熊廷弼，2011. 巡按奏疏 [M]// 熊廷弼集 . 北京：学苑出版社.

熊万里，2009. 襄音无改 [M]. 香港：华夏文化艺术出版社.

徐复，1996. 章氏成韵图疏证 [M]// 徐复语言文字丛稿. 南京：江苏教育出版社.

徐灏，2002a. 通介堂经说 [M]// 续修四库全书. 上海：上海古籍出版社.

徐灏，2002b. 说文解字段注笺 [M]. 合肥：安徽教育出版社.

徐锴，2017. 说文解字系传 [M]. 北京：中华书局.

许宝华、宫田一郎，2020. 汉语方言大词典（修订本）[M]. 北京：中华书局.

严粲，2002. 诗缉 [M]// 续修四库全书. 上海：上海古籍出版社.

姚际恒，2020. 诗经通论 [M]. 北京：语文出版社.

姚舜牧，2002. 重订诗经疑问 [M]// 续修四库全书. 上海：上海古籍出版社.

雅洪托夫，1986. 语言年代学和汉藏语系 [M]// 汉语史论集 . 北京：北京大学出版社 .

扬雄，2017. 方言 [M]. 影印本 . 北京：国家图书馆出版社 .

扬之水，2000. 诗经名物新证 [M]. 北京：北京古籍出版社 .

杨伯峻，1981. 附录：孟子词典 [M]// 孟子译注 . 北京：中华书局 .

杨伯峻，1982. 春秋左传注 [M]. 北京：中华书局 .

杨简，1982. 慈湖诗传 [M]// 四库全书 . 影印本 . 台北：台湾商务印书馆 .

杨宽，2016. 西周史 [M]. 上海：上海人民出版社 .

杨慎，1985. 升庵经说 [M]// 丛书集成初编 . 北京：中华书局 .

杨树达，1980. 汉文文言修辞学 [M]. 北京：中华书局 .

杨树达，1982a. 释属 [M]// 积微居小学金石论丛 . 北京：中华书局 .

杨树达，1982b. 说马 [M]// 积微居小学金石论丛 . 北京：中华书局 .

杨树达，1983a. 释黹 [M]// 积微居小学金石论丛（增订本）. 北京：中华书局 .

杨树达，1983b. 释死 [M]// 积微居小学金石论丛（增订本）. 北京：中华书局 .

杨树达，1983c. 诗上入执宫功解 [M]// 积微居小学金石论丛（增订本）. 北京：中华书局 .

杨树达，1983d. 诗于以采蘩解 [M]// 积微居小学金石论丛（增订本）. 北京：中华书局 .

杨树达，1983e. 古音对转疏证 [M]// 积微居小学金石论丛（增订本）. 北京：中华书局 .

杨树达，1983f. 说觊 [M]// 积微居小学金石论丛（增订本）. 北京：中华书局 .

杨树达，2006. 卜辞求义 [M]. 上海：上海古籍出版社 .

杨树达，2007a. 释衢 [M]// 积微居小学述林全编 . 上海：上海古籍出版社 .

杨树达，2007b. 说文读若探源 [M]// 积微居小学述林全编 . 上海：上海古籍出版社 .

杨树达，2007c. 淮南子证闻后序 [M]// 积微居小学述林全编 . 上海：上海古籍出版社 .

杨树达，2007d. 诗于以采蘩解 [M]// 积微居小学述林全编 . 上海：上海古籍出版社 .

杨树达，2007e. 文字孳乳之一斑 [M]// 积微居小学述林全编 . 上海：上海古籍出版社 .

杨树达，2007f. 字义同缘于语源同续证 [M]// 积微居小学述林全编 . 上海：上海古籍出版社 .

杨树达，2007g. 积微居小学述林全编 [M]. 上海：上海古籍出版社 .

杨树达，2013a. 淮南子证闻后序 [M]// 积微居小学述林全编 . 上海：上海古籍出版社 .

杨树达，2013b. 释㩵 [M]// 积微居小学述林全编 . 上海：上海古籍出版社 .

杨树达，2013c. 声训举例 [M]// 积微居小学述林全编 . 上海：上海古籍出版社 .

叶德辉，1935. 同声假借字考 [M]// 郋园先生全书 . 叶氏刻本 .

叶正渤，1990. "选"有"俊杰"义证 [J]. 云南教育学院学报（2）.

游汝杰，1993. 黑龙江省的站人和站话述略 [J]. 方言（2）.

游帅，2023. 扬雄方言零札五种 [M]. 北京：中华书局 .

于省吾，1979. 甲骨文字释林 [M]. 北京：中华书局 .

于省吾，1982. 泽螺居诗经新证 [M]. 北京：中华书局 .

俞敏，1949a. 古汉语里的俚俗语源 [J]. 燕京学报（36）.

俞敏，1949b. 汉语的"其"跟藏语的 gji[J]. 燕京学报（37）.

俞敏，1980. 汉藏两族人和话同源探索 [J]. 北京师范大学学报（1）.

俞敏，1989a. 汉藏同源字谱稿 [J]. 民族语文（5-6）.

俞敏，1989b. 俞敏语言学论文集 [M]. 哈尔滨：黑龙江人民出版社 .

俞敏，1991. 东汉以前的姜语和西羌语 [J]. 民族语文（1）.

俞敏，1995a. 汉藏虚字比较研究 [M]// 俞敏语言学论文集 . 北京：商务印书馆

俞敏，1995b. 古汉语派生新词的模式 [M]// 俞敏语言学论文集 . 北京：商务印书馆 .

俞敏，1999. 俞敏语言学论文集 [M]. 北京：商务印书馆 .

俞樾，1988. 诸子平议 [M]. 上海：上海书店 .

俞樾，2002. 群经平议 [M]// 续修四库全书 . 上海：上海古籍出版社 .

俞樾，2021. 上曾涤生爵相 [M]// 春在堂尺牍 . 俞樾全集：第 29 册 . 杭州：浙江古
籍出版社 .

袁宾，1997. 宋语言词典 [M]. 上海：上海教育出版社 .

袁行霈、徐建委、程苏东，2019. 诗经国风新注 [M]. 北京：中华书局 .

臧琳，2002. 经义杂记 [M]// 续修四库全书 . 上海：上海古籍出版社 .

臧庸，1988. 拜经日记 [M]// 清经解 . 上海：上海书店 .

曾宪通，1983. 说繇 [M]// 古文字研究：第十辑 [M]. 北京：中华书局 .

曾益，2009. 温飞卿诗集笺注 [M]. 上海：上海古籍出版社 .

曾仲珊，1983. 唐诗词语拾零 [J]. 中国语文（4）.

章樵，2021. 古文苑注 [M]. 北京：中国书店 .

章太炎，2014. 官制索隐 [M]// 章太炎全集 . 上海：上海人民出版社 .

章太炎，2019. 国故论衡 [M]// 章太炎全集 . 上海：上海人民出版社 .

章太炎，2021a. 文始 [M]. 上海：上海人民出版社 .

章太炎，2021b. 新方言 [M]. 上海：上海人民出版社 .

张次仲，1982. 待轩诗记 [M]// 四库全书 . 影印本 . 台北：台湾商务印书馆 .

张洪明、颜洽茂、邓风平，2004. 汉语"河"词源考 [J]. 浙江大学学报（1）.

张琨，1978. 藏语在汉藏语系比较语言学中的作用 [J]. 史语所集刊（48/1）.

张慎仪，1987. 方言别录 [M]. 成都：四川人民出版社 .

张永祥，1990. 苗汉词典（黔东方言）[M]. 贵阳：贵州民族出版社 .

张永言，1960. 藏语的 -pa 与汉语"- 夫"[J]. 中国语文（11）.

张永言，1983. 语源札记三则 [J]. 民族语文（6）.

张永言，2015. 词汇学简论 [M]. 上海：复旦大学出版社 .

赵元任，1980. 语言问题 [M]. 北京：商务印书馆 .

郑樵，2000. 通志 [M]. 杭州：浙江古籍出版社 .

郑万耕，2014. 太玄校释 [M]. 北京：中华书局 .

郑张尚芳，1995. 汉语与亲属语同源根词及附缀成分比较上的择对问题 [J]. 中国语言学报（专刊）.

郑张尚芳，2001. 汉语的同源异形词和异源共形词 [M]// 侯占虎 . 汉语词源研究（一）. 长春：吉林教育出版社

郑张尚芳，2006. 汉藏两语韵母的异常对应 [J]. 语言研究（2）.

郑张尚芳，2008. 汉语方言表"孩子"义的七个词根的语源 [J]. 语文研究（1）.

郑张尚芳，2009. 夏语探索 [J]. 语言研究（4）.

郑张尚芳，2013. 上古音系 [M]. 2 版 . 上海：上海教育出版社 .

郑张尚芳，2019. 胭脂与焉支——郑张尚芳博客选 [M]. 上海：上海教育出版社 .

郑张尚芳，2024. 华澳语系同源词根研究 [M]. 上海：中西书局 .

中央民族学院苗瑶语研究室，1987. 苗瑶语方言词汇集 [M]. 北京：中央民族学院出版社 .

周及徐，2001. 於菟之"菟"及其同源词 [J]. 民族语文（1）.

周寿昌，1987. 思益堂日札 [M]. 北京：中华书局 .

周志锋，2014. 训诂探索与应用 [M]. 杭州：浙江大学出版社 .

周祖谟，1981. 问学集 [M]. 北京：中华书局 .

周祖谟，2004. 方言校笺 [M]. 北京：中华书局 .

朱珔，1997. 说文假借义证 [M]. 合肥：黄山书社 .

朱骏声，1892. 六书假借经征 [M]. 光绪十八年刻本 .

朱骏声，1984. 说文通训定声 [M]. 北京：中华书局 .

朱熹，1985. 诗集传 [M]. 上海：上海古籍出版社 .

朱右曾，1971. 逸周书集训校释 [M]. 台北：台湾商务印书馆 .

竹添光鸿，2012. 毛诗会笺 [M]. 南京：凤凰出版社 .

N.C. Bodman（包拟古），1958. *A Linguistic Study of Shihming*（释名语言研究）[M]. Asia Major.

Paul K. Benedict（白保罗），1975. *Austro-Thai: Language and Culture, with a Glossary of Toots*（澳泰语言和文化研究）[M]. Harf Press.

Shorto, H. L., 2006. *A Mon-Khmer Comparative Dictionary*（孟高棉语比较词典）[Z]. Pacific Linguistics, Research School of Pacific and Asian Studies, Australian National University.

外语语料来源

《法汉词典》编写组，1979. 法汉词典 [Z]. 上海：上海译文出版社.

《新英汉词典》编写组，1984. 新英汉词典 [Z]. 上海：上海译文出版社.

北京大学东方语言文学系缅甸语教研室，1990. 缅汉词典 [M]. 北京：商务印书馆.

北京大学东方语言文学系印度尼西亚语言文学教研室，1997. 新印度尼西亚汉语词典 [Z]. 北京：商务印书馆.

北京外国语大学《保加利亚语汉语词典》编写组，2007. 保加利亚语汉语词典 [Z]. 北京：外语教学与研究出版社.

北京外国语大学《新捷汉词典》编写组，1998. 新捷汉词典 [Z]. 北京：商务印书馆.

北京外国语学院《意汉词典》组，1985/2008. 意汉词典 [Z]. 北京：商务印书馆.

北京外国语学院西班牙语系《新西汉词典》组编，2008. 新西汉词典 [Z]. 北京：商务印书馆.

陈用仪，2007. 葡汉词典 [Z]. 北京：商务印书馆.

陈振尧，2008. 新世纪法汉大词典 [Z]. 北京：外语教学与研究出版社.

冯志臣、任远，1996/2005. 罗汉词典 [Z]. 北京：北京语言大学出版社.

何成、郑卧龙、朱福丹、王德伦，等，1997. 越汉词典 [Z]. 北京：商务印书馆.

黑龙江大学俄语言文学研究中心辞书研究所，2008. 大俄汉词典（修订版）[Z]. 北京：商务印书馆.

雷立柏，2011. 拉丁语汉语简明词典 [Z]. 北京：世界图书出版公司.

刘沛霖，2004. 韩汉大词典 [Z]. 北京：商务印书馆.

陆谷孙，2010. 英汉大词典 [Z]. 2 版. 上海：上海译文出版社.

潘再平，2000. 新德汉词典 [Z]. 上海：上海译文出版社.

宋文军，2006. 现代日汉大词典 [Z]. 北京：中国商务印书馆，东京：小学馆.

孙宪舜，2001. 美洲西班牙语词典 [Z]. 北京：旅游教育出版社.

孙义桢，2008. 新时代西汉大词典 [Z]. 北京：商务印书馆.

王焕宝、王军、沈萼梅、柯宝泰，2003. 现代意汉汉意词典 [Z]. 北京：外语教学与研究出版社.

现代高级英汉双解辞典 [Z]. 14 版 . 1982. 香港：牛津大学出版社 .

萧鼎章、郝长福、徐士芳，1997. 塞尔维亚克罗地亚语汉语词典 [Z]. 北京：商务印书馆 .

薛建成，2001. 拉鲁斯法汉双解词典 [Z]. 北京：外语教学与研究出版社 .

张才尧、高年生、张载扬、王昭仁、宋钟璜， 2004. 新编德汉词典 [Z]. 北京：外语教学与研究出版社 .

张建华、裴玉芳、高中音、王伟、赵文炎、袁宁、孙桂芳，2007. 现代俄汉词典 [Z]. 北京：外语教学与研究出版社 .

周正清、周运堂，2008. 土耳其语汉语词典 [Z]. 北京：商务印书馆 .

后　记

《比较训诂探索》得到国家社科重大研究专项"汉藏语基本词词库建设"（首届冷门"绝学"和国别史等研究专项 2018VJX074）的资助，特此鸣谢。

本世纪伊始，我尝试着用跨语言的词义比较来探索词义的演变和发展，2012 年出版了第一本词义比较的专著《比较词义探索》，其间陆续发表了一些单篇文章。2015 年，《比较词义再探》出版，汇集了这一时期的单篇文章。两本书出版后，我曾发愿写作比较词义三部曲。经过多年的摸索，比较词义三部曲的最后一本《比较训诂探索》终于完成。

比较词义是跨语言的词义比较，拿汉语跟其他语言的词义进行比较，比较的都是人类自然语言。不同的语言，异彩纷呈，各有特色。语言各有不同，但词义演变却有惊人的一致性。正因为如此，通过比较，就可梳理人类自然语言词义演变的一般规律。

研究语言的结构有语法，研究语音有音法，研究词义应该有义法。义法就是探讨人类自然语言词义演变的一般规律，总结词义演变的法则。各民族都有自己独特的语言，语言的表层尽管各不相同，但其深层的规律却是一样的，这也是语义类型学得以成立的缘由。

义法是语义演变的准则，是语言里词义发展演变的一般法则。在汉语文献里，"义法"一词本来就是指准则。《墨子·非命》有言："凡出言谈，由文学之为道也，则不可而不先立义法。"桐城学派高举义法大旗，方苞声称："义即《易》之所谓言有物也，法即《易》之所谓言有序也。"比较词义中的义法就是词义演化的法则，是人类自然语言词

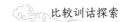

义演变的一般法则。

跨语言的词义比较，一般认为不必考虑语言是否有亲缘关系，更不管亲缘关系的远近；也不看语言是古老，抑或是新近形成的，当然也不论语言是否有文献。只要是自然语言，均可拿来比较。这是一般意义上的词义比较。问题可能远比这复杂。亲属语言的词语，有来自古老母语的同源词。同源词被子孙语言继承过来，到了各自的语言里，又有不同程度的发展。这些语义发展，当然也符合自然语言词义演变的一般规律。以汉藏语系为例，我们认为汉藏语系分化时间大约在5000年前。5000年前分化出来的各兄弟语言中，同一个词，词义会有不同程度的变异。在探讨同源词时，语义就会呈现出不同程度的异常。我们曾以俞敏先生的汉藏语同源词表作过讨论。亲属语言同源词的词义比较，与一般没有亲属关系的词义比较起来，有什么异同，值得深思。

本书所说的比较，除了类型学的比较之外，还有汉藏比较。汉藏历史比较，是经典的历史语言学在亚洲语言里的运用。我们主张在汉藏语研究的大背景下探讨汉语。早期汉语只有在汉藏语系大背景下，才能研究透彻。

训诂学是传统小学的基础，也是最早成立的中国传统语言学的分支学科。本书以经典的训诂学为主，引进汉藏比较语言学、跨语言的词义比较，希望三者相互融合，取长补短，共同进步。

本书酝酿的时间很长。回想1983年，追随先师杨潜斋教授学习训诂学。先生教导我们，文字声韵要打通关；文字声韵要落实到训诂上，训诂要落实到具体经典上。先生教诲，未敢一日或忘。求学期间，在老师的指导下，阅读了包括段注在内的一些经典著作。毕业后进入高校工作，又借助汉藏语对词义进行探讨，最近十余年，一直作跨语言的词义比较。多年的摸索，希望能把几个方面的方法与材料糅合在一起。

本书最先完成的是第二章，原本是词汇史书稿的一章，独立出来后，删削修改，成了现在这个样子。第一章、第六章从《毛诗较诂》析出。第一章从《毛诗较诂》原稿挑选若干例子，敷衍成文。第六章直接从《毛诗较诂》里独立出来。2020 年 11 月，大病重生。休整近两个月后，2021 年元月开始撰写其他三章，持续写作近两年，几经改易，完成了本书的初稿。

汉语上古音是训诂研究的基础。本书古音采用郑张尚芳、潘悟云先生的体系。书中的拟音主要根据郑张先生的《上古音系》第二版。业师潘悟云教授新近出版《汉语古音手册》，带来这个古音系统的最新成果。《汉语古音手册》的出版，必将推动训诂学的研究。

感谢四川大学出版社的张宏辉总编。承蒙宏辉总编的美意，拙著得以列入出版社"传统与诠释"系列丛书的出版计划，申请到国家出版基金资助，又得到 2024 年度四川省重点出版项目专项补助资金资助。

感谢冯胜利、洪波二位教授。二位先生多年来给予我许多无私的帮助、鼓励，铭刻在心，没齿难忘。二位先生鼎力相助，溢美的推荐意见是拙稿列入出版资助的关键。小书出版，又蒙二位先生惠赐大序，作者以及拙著，荣光无限，感激之情难以言表。

王力先生说中国语言学的第一个时期是以训诂为主的时期。训诂学经过两千多年的发展，成为非常成熟的学科。在新的时代，引入汉藏比较语言学、跨语言的词义比较，给古老的训诂学注入了新鲜血液。我们相信古老的训诂学一定会有一个新的气象。

拙稿草就后，承蒙好友曹海东教授阅校一过，是正良多，感激无尽。

责任编辑黄蕴婷女史，不辞辛劳，细心编排，精益求精。三审四校，原稿谬误得以纠正，谨致崇高的敬意。

2024 年 5 月 2 日草于 G511 列车

5 月 24 日修改于望京寓所